LES ANCIENS ET LES MODERNES –
ÉTUDES DE PHILOSOPHIE
sous la direction de Chantal Jaquet et Pierre-Marie Morel
40

Descartes et le christianisme

Ouvrage publié avec le soutien de la faculté de théologie
de l'université de Genève

Aurélien Chukurian

Descartes et le christianisme

L'approche philosophique de l'eucharistie

PARIS
CLASSIQUES GARNIER
2019

Aurélien Chukurian, ancien assistant en éthique à la faculté de théologie de l'université de Genève, docteur en philosophie et en théologie (en cotutelle entre l'université de Genève et l'ENS de Lyon), est actuellement post-doctorant à l'université de Montréal. Ses recherches portent sur la philosophie cartésienne et ses postérités, en se concentrant sur les rapports qu'elles engagent avec le champ théologique.

ISBN 978-2-406-08841-7 (livre broché)
ISBN 978-2-406-08842-4 (livre relié)
ISSN 2109-8042

À la douce mémoire de mon cousin Guilhem
et de mon beau-père.

Nous travaillons dans les ténèbres. Nous faisons ce que nous pouvons. Notre doute est notre passion et notre passion est notre tâche. Le reste est la folie de l'art[1].

C'est proprement avoir les yeux fermés, sans tâcher jamais de les ouvrir, que de vivre sans philosopher[2].

1 H. James, *Les années médianes et autres nouvelles*, traduit de l'anglais par L. Servicen, Paris, Gallimard, 1972, p. 206.

2 Descartes, Lettre-Préface de l'édition française des *Principes*, p. 771.

INTRODUCTION

PROBLÉMATIQUE

Les approches traditionnelles de Descartes retiennent volontiers de sa philosophie la promotion de la rationalité, engendrant un nouveau rapport au monde, l'emploi du doute pour faire « table rase[1] » des anciennes conceptions et rechercher un nouveau fondement certain à la science, et le bouleversement inauguré par le *cogito*, signant l'avènement de la modernité en raison de la primauté du sujet. C'est toutefois oublier assez rapidement que la vérité de la découverte de ma propre existence, première dans l'ordre analytique du savoir, est seconde dans l'ordre synthétique[2], où Dieu tient la première place. Le Dieu cartésien recèle une tension, gravitant autour de la question de savoir s'il s'agit seulement d'un Dieu objet, garantissant, par sa véracité (*summe verax*) la validité de la connaissance humaine, ou si celui-ci exprime davantage, revêtant une dimension relationnelle et vivante, au point de s'identifier au Dieu des chrétiens.

La tension liée au Dieu cartésien englobe celle, plus générale, du « christianisme de Descartes[3] ». L'expression, employée notamment par M. Blondel dans un article resté célèbre, mérite d'être bien entendue. Celle-ci désigne, non pas tant l'auteur, mais la portée même du « système[4] » cartésien, dans

1 Au sens propre, nous ne trouvons pas le concept de *tabula rasa* dans la pensée cartésienne, formulée davantage par J. Locke.

2 La voie de l'analyse (ou de la résolution) s'assimile à la hiérarchie des inventions, alors que celle de la synthèse, ou de la composition, admet un rapport hiérarchique de fondation logique : dans un cas, les vérités premières sont celles que l'on découvre les premières, alors que dans l'autre, ce sont celles occupant une position fondatrice.

3 BLONDEL, Maurice, « Le Christianisme de Descartes », *in La revue de métaphysique et de morale*, Tome IV, No. 4, 1896.

4 Nous avons conscience des enjeux recouvrant le terme « système ». La question de savoir si la philosophie cartésienne forme un système est débattue parmi les spécialistes. La lecture structuraliste de M. Guéroult, célébrant la systématicité de la pensée cartésienne

le rapport qu'il entretient avec la « foi », c'est-à-dire ici, même si le terme est peu utilisé par l'auteur, la religion chrétienne ou le christianisme. Or, le regard porté sur le « christianisme de Descartes » est ambivalent. Il est courant d'opposer schématiquement deux types de lectures, opposés et vérifiables historiquement, dont nous approfondirons les termes. D'un côté, la philosophie cartésienne est présentée comme fortement tournée vers le christianisme, avec lequel elle serait compatible ou dont elle prendrait la défense dans un dessein apologétique, étant l'archétype de ce qui est appelé « une philosophie chrétienne ». De l'autre, elle est décrite dans son hostilité latente au christianisme, indiquée par la fameuse « prudence » de l'auteur, qui masquerait sa volonté de rompre avec celui-ci.

La problématique régissant le présent essai consiste à interroger, à nouveaux frais, les modalités d'articulation entre la philosophie cartésienne et le christianisme. Qu'en est-il du rapport que l'une entretient avec l'autre ? Or, la question ne peut être posée sans prendre en considération la structure interne de la philosophie cartésienne, notamment concernant l'articulation entre raison et foi : il est nécessaire de se pencher sur ces éléments pour faire émerger les enjeux qui enveloppent la question du « christianisme de Descartes ».

ORGANISATION INTERNE DU SYSTÈME CARTÉSIEN
Une séparation entre raison et foi

Le premier élément réside dans la séparation tracée par l'auteur entre la philosophie et la théologie, chacune ayant une base méthodologique différente : l'une retient la raison pour instrument herméneutique, l'autre repose sur la foi. La lumière naturelle de la raison et la lumière surnaturelle de la foi sont pensées dans la philosophie cartésienne, sur le

---

avançant selon un ordre de raisons, a été pondérée par d'autres commentateurs, notamment F. Alquié et G. Rodis-Lewis, lesquels mettent avant sa dimension évolutive au regard de ses implications existentielles, et de son développement interne. Pour notre part, nous nous rangerons du côté de la seconde interprétation : attentifs aux étapes chronologiques de la pensée cartésienne, nous nous emploierons à rendre justice au développement évolutif de celle-ci tout en soulignant sa cohérence d'ensemble, au point qu'elle demeure un système, non pas fermé mais ouvert qui s'approfondit.

mode d'une distinction et d'une séparation : elles sont « complètement séparées dans l'œuvre du philosophe[5] ». Il s'agit là d'une règle constitutive de la philosophie cartésienne. La raison, instrument de la philosophie, désigne, dans le langage cartésien, « la puissance de distinguer le vrai du faux, et d'agir d'après cette perception[6] ». Un texte du *Discours de la Méthode* confirme cette définition : « La puissance de bien juger et distinguer le vrai d'avec le faux, qui est proprement ce qu'on nomme le bon sens ou *la raison*, est naturellement égale en tous les hommes[78] ». La lumière naturelle de la raison est commune à tous les hommes, tandis que celle, surnaturelle, de la foi, dépend de la grâce divine : l'universalité de la première contraste avec le statut particulier de la seconde. La raison et la foi s'apparentent à deux modes de connaissance dont la différence s'éprouve à plusieurs niveaux. La connaissance « qui naît de la seule lumière de la raison[9] » s'appuie sur l'intuition et la déduction : celles-ci permettent d'établir des vérités évidentes et sont présentées comme « les deux voies les plus certaines pour parvenir à la science[10] ». L'évidence, se distinguant des simples opinions communes ou de ce qui est probable, est la marque de la science. Telle est l'épistémologie développée dans les *Regulae*, qui diffère de celle déployée dans les *Méditations*. On observe que c'est l'idée, dont les *Regulae* proposent une définition encore

5 Gouhier, Henri, *La pensée religieuse de Descartes*, Paris, Vrin, 1924, Deuxième édition, 1974, 2006, p. 188.

6 Buzon, Frédéric de, et Kambouchner, Denis, *Le vocabulaire de Descartes*, Paris, Ellipses, 2002, p. 63.

7 À noter que les références aux textes cartésiens renverront, dans notre enquête, à l'édition de F. Alquié : *Œuvres Philosophiques*, textes établis, présentés et annotés par F. Alquié, Paris, Garnier, trois tomes, 1963-1973, réimpression, 2010, avec une préface de D. Moreau. L'édition de F. Alquié fait, avec celle réalisée par Ch. Adam et P. Tannery au début du XXe siècle (1897-1913), autorité dans la recherche, tant elle a « depuis bientôt un demi-siècle », « accompagné et nourri le développement des études sur Descartes » (D. Moreau, Préface, *Œuvres Philosophiques*, Paris, Garnier, 2010, p. 10). L'appareil critique déployé par F. Alquié, mais aussi la présentation chronologique des textes cartésiens reflétant un choix philosophique à part entière de la part du commentateur, constituent les caractéristiques fortes de l'édition de F. Alquié. Nous nous référerons ponctuellement à d'autres éditions pour consulter certaines lettres cartésiennes qui ne sont pas contenues dans l'édition de F. Alquié. Nous l'indiquerons alors spécifiquement.

8 Descartes, René, *Discours de la Méthode*, Première Partie, t. 1, p. 568. Nous n'entrons pas dans les difficultés que suscite la question de la distinction, ou non, du bon sens d'avec la raison.

9 *Règles pour la direction de l'esprit*, Troisième Règle, t. 1, p. 87.

10 *Ibid.*, p. 90.

lacunaire et incomplète, qui se présente, dans les *Méditations*, comme le pourvoyeur de la connaissance humaine[11].

La connaissance rationnelle est marquée du sceau de l'évidence, supérieure aux opinons et aux probabilités. De son côté, la foi s'appréhende à l'aune de la distinction entre sa matière, obscure pour l'entendement, et sa raison formelle, évidente, mais d'une évidence d'une autre nature que celle en jeu dans la connaissance rationnelle. La foi porte sur des choses obscures dans le sens où ce que Dieu a révélé est « au-dessus de la portée de notre esprit[12] ». Mais l'obscurité de la foi « *s'entend seulement de sa matière*, et *non point de la raison formelle* pour laquelle nous croyons[13] ». La raison formelle de la foi recèle une part de crédibilité qui préside à l'acte de la foi. Approfondissons la « psychologie[14] » de celui-ci. La foi se présente comme un « acte de la volonté[15][16] » qui s'enracine dans la grâce divine, de sorte qu'elle est assimilée à un don de Dieu : la foi est « moins un élan de l'homme vers Dieu », par le biais uniquement de sa volonté, « qu'une action de Dieu sur[17] » la volonté de l'homme, par l'intermédiaire de sa grâce[18]. Aussi la foi permet-elle d'accéder, par la lumière intérieure et surnaturelle répandue par la grâce divine, aux choses révélées par Dieu : c'est pourquoi

11 Descartes ne conceptualise réellement la notion d'idée que dans les *Méditations*, où elle se déploie comme idée mentale, à l'aune de la distinction entre réalité objective et réalité formelle, alors que dans les *Regulae*, l'idée est encore entendue comme idée-figure.

12 *Principes de la Philosophie*, Première Partie, art. 25 (« Et qu'il faut croire tout ce que Dieu a révélé, encore qu'il soit au-dessus de la portée de notre esprit »), t. 3, p. 107.

13 *Méditations Métaphysiques*, Réponses aux Secondes Objections, t. 2, p. 572-573 : « encore qu'on die que la foi a *pour objet des choses obscures*, néanmoins ce pourquoi *nous les croyons n'est pas obscur, mais il est plus clair qu'aucune lumière naturelle*. D'autant qu'il faut distinguer *entre la matière ou la chose à laquelle nous donnons notre créance et la raison formelle qui meut volonté à la donner*, car c'est *dans cette seule raison formelle que voulons qu'il y ait de la clarté et de l'évidence* » [mots soulignés par nous].

14 Gouhier, Henri, *op. cit.*, p. 189.

15 Notons d'ailleurs qu'en définissant la foi comme un acte de la volonté, Descartes prend ses distances avec la tradition thomiste, pour qui la foi est un acte d'intelligence.

16 Descartes, René, *Règles pour la direction de l'esprit*, Troisième Règle, t. 1, p. 90.

17 Gouhier, Henri, *op. cit.*, p. 190.

18 De telles considérations amèneront Descartes à préciser que dans la foi, l'homme demeure entièrement libre, bien qu'elle soit dépendante de la grâce. L'auteur soutiendra ce point à de nombreux endroits : dans la Quatrième Méditation, il affirme que « la grâce divine et la connaissance naturelle, bien loin de diminuer ma liberté, l'augmentent plutôt et la fortifient » (t. 2, p. 462) ; et dans les Réponses aux Secondes Objections, il souligne que la lumière surnaturelle de la grâce « dispose l'intérieur de notre pensée à vouloir », mais « ne diminue point la liberté » (t. 2, p. 574). La préservation de la liberté humaine est fondamentale, surtout si l'on prête attention à l'effort accompli par Descartes pour concilier, sur un plan philosophique, la providence et le libre arbitre.

elle constitue, à côté de la raison, une modalité de connaissance, Descartes évoquant les « lumières de la foi[19] » ou « la lumière de la grâce[20] ». La foi est cette certitude ou plutôt, pour reprendre les mots de Descartes, cette « confiance certaine[21] » , répandue en nous par la grâce divine, que nous avons à l'égard des choses révélées. De par son enracinement dans la grâce, la connaissance procédant de la foi se caractérise par son immédiateté, traduisant l'absence de médiation méthodique, et par sa supériorité épistémique[22] : elle est investie d'un degré supérieur de certitude en tant qu'elle met en jeu une « croyance infaillible » à laquelle l'esprit se trouve « élevé tout d'un coup » par la grâce divine[23].

Ainsi trouvons-nous une théorie proprement cartésienne de la foi, qui se laisse apprécier dans toute son hétérogénéité par rapport à la recherche philosophique de la sagesse humaine reposant sur la raison. Étrangère à l'intuition et la déduction, la foi porte sur des choses obscures, relève d'un acte de la volonté soutenu par la grâce, et implique une certitude supérieure à la raison, acquise non progressivement, mais immédiatement, qui échappe par-là au doute. Une telle conception n'est pas sans conséquence, dans la mesure où elle rend difficile la constitution de la théologie comme science authentique[24] : Descartes inaugure une « crise[25] »

---

19 Descartes, *Méditations Métaphysiques*, Réponses aux Sixièmes Objections, dixième paragraphe, p. 887, t. 2 : nul ne peut connaître « les personnes de la très Sainte Trinité s'il n'est éclairé des lumières de la foi ».

20 *Cf.* la lettre à l'Hypersapistes d'août 1641, troisième paragraphe, t. 2, p. 364.

21 *Méditations Métaphysiques*, Réponses aux Secondes Objections, t. 2, p. 573-574 : parce que « la raison formelle pour laquelle nous croyons consiste en une certaine lumière intérieure, de laquelle Dieu nous ayant surnaturellement éclairés, nous avons une confiance certaine que les choses qui nous sont proposées à croire ont été révélées par lui, et qu'il est entièrement impossible qu'il soit menteur et qu'il nous trompe : ce qui est plus assuré que toute autre lumière naturelle, et souvent même plus évident, à cause de la lumière de la grâce ».

22 *Cf.* les *Règles pour la direction de l'esprit*, Troisième règle ; *Principes de la philosophie*, Première Partie, art. 25 (« Et qu'il faut croire tout ce que Dieu a révélé, encore qu'il soit au-dessus de la portée de notre esprit ») et art. 76 (« Que nous devons préférer l'autorité divine à nos raisonnements, et ne rien croire de ce qui n'est pas révélé que nous ne le connaissions fort clairement »).

23 Lettre-Préface de l'édition française des *Principes de la Philosophie*, t. 3, p. 772 [mots soulignés par nous].

24 Bardout, Jean-Christophe, Marion, Jean-Luc, « Philosophie cartésienne et théologie. Distinguer pour mieux unir », *in Philosophie et théologie à l'époque moderne*, Tome III, Volume dirigé par J.-C. Bardout, Paris, Cerf, 2010, p. 202 : « En soustrayant ainsi la théologie à l'empire de la méthode sous couvert de la transcendance des vérités dont elle traite au regard de notre entendement, Descartes semble lui dénier du même coup le statut de science véritable ».

25 Nous empruntons l'expression à H. Gouhier. *Cf.* l'appendice de son ouvrage, *op. cit.*

de la théologie spéculative, définie comme tentative d'intellection des vérités révélées en prenant appui sur un socle philosophique et en convoquant l'autorité de la Tradition. La métaphysique cartésienne, prenant Dieu et l'âme pour objet comme nous le soulignerons, vient en un sens compenser l'ébranlement de la théologie spéculative, dont l'office propre se reporte davantage sur l'exégèse de l'Écriture. Aussi, nous verrons que se distingue un double niveau de la théologie dans l'œuvre cartésienne : la théologie positive qui désigne l'enseignement dogmatique de l'Église catholique requérant une inspiration divine et fixant les articles de foi, et la théologie spéculative, discipline humaine qui consiste dans une « représentation systématique des données révélées[26] » reposant sur une assise philosophique. Descartes va chercher à désolidariser la première de l'aristotélisme tout en posant les bases d'une réforme de la seconde, en proposant ses propres concepts philosophiques comme socle d'une nouvelle théologie.

Foi et raison, se présentant comme deux lumières différentes et constituant deux sources d'accès à la connaissance, déterminent le champ de deux ordres de vérités. D'un côté, les vérités que Descartes nomme « acquises », vérités qui, relevant de la philosophie, sont obtenues par la seule raison, généralement par un processus d'intuition ou de déduction. De l'autre, les vérités « révélées[27] », c'est-à-dire révélées dans la foi par la grâce divine, qui sont l'objet du champ théologique. Si les vérités révélées renvoient aux mystères de la foi, les vérités acquises désignent l'ensemble des vérités qui appartiennent à la discipline philosophique, c'est-à-dire les vérités métaphysiques, physiques et morales. Descartes insiste sur la « grande différence[28] » entre ces deux ordres de vérités, exigeant de ne pas mélanger les sphères : on ne saurait s'appuyer sur la foi pour tirer des vérités philosophiques ni recourir à la raison pour établir des vérités révélées.

La séparation de la raison et de la foi éclaire le sens du projet cartésien : Descartes entend faire œuvre de philosophe, se réclamant de la lumière naturelle de la raison, sans jamais s'appuyer sur celle de

26 Gouhier, Henri, *op. cit.*, p. 232.

27 Pour la distinction entre « vérités acquises » et « vérités révélées », *cf.* Descartes, Lettre à ***, août 1638, t. 2, p. 81. De fait, l'expression « vérités acquises » est bien de la plume de Descartes, mais il convient d'en reconnaître le caractère quelque peu surprenant, au regard notamment de l'innéisme qui traverse sa philosophie.

28 *Ibidem.*

la foi, émettant « une fin de non-recevoir[29] » sur ce qui relève de la théologie : « La philosophie que je cherche, ainsi que tous ceux qui ont conçu pour elle une noble passion, est la connaissance des vérités qu'il nous est permis d'acquérir par les lumières naturelles, et qui peuvent être utiles au genre humain : il n'est pas d'étude plus belle, plus digne de l'homme ; il n'en est point qui puisse mieux servir notre bien-être ici-bas[30] ». De nombreux passages attestent justement la manière dont l'auteur écarte de son champ d'expertise ce qui touche à la théologie, au motif que celle-ci requiert la grâce par laquelle il ne se sent point inspiré[31]. Ces derniers ont souvent été interprétés comme exprimant la prudence inquiète de Descartes face au champ théologique, de sorte qu'ils masqueraient bien des dissimulations. Ces passages peuvent aussi être perçus comme témoignant de l'organisation interne du système cartésien. Ne traitant « que des choses qui sont connues clairement par la lumière naturelle[32] », Descartes se résout au silence devant les questions théologiques : « j'ai voulu éviter, autant que j'ai pu, les controverses de la théologie, et me tenir dans les bornes de la philosophie naturelle[33] ». La séparation devient alors l'indice de l'autonomie du champ philosophique qui, avançant selon ses propres lumières, ne dépend pas de celles de la théologie : la philosophie, émancipée du champ de la théologie, dont elle était la servante à l'époque médiévale, ne se résume plus au projet d'une intelligence de la foi.

La séparation structurelle entre raison et foi commande l'organisation de l'ensemble du système philosophique cartésien. La philosophie elle-même se décompose, selon la métaphore de l'arbre déployée dans les *Principes de la Philosophie*, en trois grandes parties, que sont la métaphysique, prenant Dieu et l'âme pour objet en les approchant sur la base de la raison, la physique, portant sur l'univers et les lois le régissant,

29 Gouhier, Henri, *op. cit.*, p. 197.

30 Descartes, Lettre à Voet, *in René Descartes et Martin Schoock, La querelle d'Utrecht*, Textes établis, traduits et annotés par Theo Verbeek, Introduction, Paris, Les impressions nouvelles, 1988, p. 339-340.

31 *Méditations Métaphysiques*, Réponses aux Sixièmes Objections, Cinquième scrupule, t. 2, p. 869 : « je ne sens point en moi d'inspiration divine, qui me fasse juger capable de l'enseigner ». *Discours de la Méthode*, Première Partie, p. 575 : « je pensais que pour entreprendre de les examiner (les vérités révélées) et y réussir, il était besoin d'avoir quelque extraordinaire assistance du ciel, et d'être plus qu'homme ».

32 Lettre au Père Dinet, t. 2, p. 1095.

33 Lettre au Père Mesland du 2 mai 1644, t. 3, p. 73.

et enfin la mécanique, la médecine et la morale[34]. La métaphysique forme les racines de l'arbre au sens où elle en assure les fondements, de par notamment la thèse de la véracité divine, la physique en est le tronc, tandis que la médecine, la mécanique et la morale constituent les branches qui en sortent, et en représentent la principale utilité.

La séparation tracée entre la raison, conjuguée à la métaphore de l'arbre de la philosophie, rendent difficile la question du christianisme de Descartes : la théologie est repoussée hors de son champ d'investigation et ne figure pas parmi les disciplines composant l'arbre de la vraie philosophie. Cette dernière met en jeu différents degrés de sagesse. Le cinquième degré, atteint par la philosophie cartésienne et formant la sagesse parfaite, par la connaissance des premiers principes présidant à une chaîne de raisons, s'oppose aux quatre premiers degrés d'une sagesse imparfaite, principalement de type empirique. Ces différents niveaux de la sagesse n'intègrent pas la révélation divine, celle-ci étant, de par son immédiateté et sa supériorité déjà entrevues, exclue[35].

UNE SÉPARATION NON CONTRADICTOIRE, DÉBOUCHANT SUR L'AFFIRMATION D'UN ACCORD

Dès lors, comment envisager, à partir de ces remarques propédeutiques, le rapport entretenu par la philosophie cartésienne avec le christianisme ? Celui-ci n'est-il pas de fait impossible, la séparation entre raison et foi empêchant toute tentative de faire communiquer le champ de la philosophie avec celui, théologique, du christianisme ? Notre enquête serait-elle vouée d'emblée à l'échec ? Or, tout l'intérêt consiste à comprendre que l'articulation de la philosophie cartésienne au christianisme ne se laisse apprécier que dans le contexte de la séparation

34 Lettre-Préface de l'édition française des *Principes de la Philosophie*, t. 3, p. 779-780 : « Ainsi toute *la philosophie est comme un arbre*, dont les *racines* sont la *métaphysique*, le *tronc* est la *physique*, et les *branches* qui sortent de ce tronc sont toutes *les autres sciences*, qui se réduisent à trois principales, à savoir la *médecine, la mécanique et la morale* » [mots soulignés par nous].

35 *Ibidem*, p. 772 : « Je ne mets point ici en rang la révélation divine, parce qu'elle ne nous conduit pas par degrés, mais nous élève tout d'un coup à une croyance infaillible ».

préalable entre raison et foi, en tenant compte de la revendication d'œuvre philosophique de Descartes.

D'une part, maintenir la séparation est indispensable, la confusion entre la raison et la foi, les vérités acquises et les vérités révélées, étant « le vrai moyen de se fermer tout chemin à la vérité[36] » : le drame des hérésies provient justement de l'intervention de la raison dans ce qui relève de la révélation[37]. Aussi est-ce à partir de la distinction et de la nécessaire séparation de la raison et de la foi que des choses véridiques pourront être établies. D'autre part, et c'est là sans doute l'élément déterminant, la séparation instaurée par Descartes entre la raison et la foi est « non contradictoire » ou « non conflictuelle[38] » : les vérités établies par la raison prétendent ne pas contredire celles de la foi[39], et réciproquement, celles de la foi, tout en étant au-dessus de la raison, ne sont pas contre celle-ci. Ce que la raison démontre et ce que la foi révèle ne sauraient rentrer en opposition. L'impossibilité d'un conflit procède de l'unicité de la vérité. L'auteur affirme, en de nombreux textes, « qu'une vérité ne peut jamais être contraire à une autre vérité[40] », en des termes rappelant ceux de Tertullien[41] dont ils sont comme la « réminiscence[42] ». Autrement dit, le philosophe et

36 Lettre à Morus d'août 1649, t. 3, p. 935.

37 Lettre au Père Mersenne du 27 mai 1630, t. 1, p. 268 : « Pour la question *an Dei bonitati sit conveniens homines in aeterum damnare* [s'il convient à la bonté de Dieu de damner les hommes pour l'éternité), cela est de *Théologie* : c'est *pourquoi absolument vous me permettrez, s'il vous plaît, de n'en rien dire* ; non pas que les *raisons des libertins en ceci aient quelque force*, car elles me *semblent frivoles et ridicules* ; mais que *je tiens que c'est faire tort aux vérités qui dépendent de la foi, et qui ne peuvent être prouvées par démonstration naturelle, que de les vouloir affermir par des raisons humaines, et probables seulement* » [mots soulignés par nous].

38 Carraud, Vincent, « Descartes et l'Écriture sainte », *in L'Écriture Sainte au temps et de Spinoza et dans le système Spinoziste*, Groupe de recherches spinozistes, N° 4, Paris, Presses de l'université de Paris Sorbonne, p. 48. L'expression « séparation non contradictoire » se retrouve dans d'autres études consacrées au cartésianisme. *Cf.* Moreau, Denis, *Deux cartésiens : la polémique Arnauld Malebranche*, Paris, Vrin, 1999, p. 315.

39 Descartes, Lettre au Père Dinet, t. 2, p. 1088 : « ce serait une espèce d'impiété d'appréhender que les vérités découvertes en la philosophie fussent contraires à celle de la foi » ; Lettre à ***, août 1638, t. 2, p. 82 : la raison doit « prendre garde » à ce que ses « raisonnements ne nous persuadent aucune chose qui soit contraire à ce que Dieu a voulu que nous crussions ».

40 Lettre au Père Dinet, t. 2, p. 1088.

41 *Notae in programma*, Examen du susdit placard, t. 3, p. 802 : « Car comme nous avons été premièrement hommes que faits chrétiens, il n'est pas croyable que quelqu'un embrasse sérieusement et tout de bon des opinions qu'il juge contraires à la raison qui le fait homme, pour s'attacher à la foi par laquelle il est chrétien ».

42 Carraud, Vincent, « Descartes et l'Écriture sainte », *op. cit.*, p. 48.

le théologien ne peuvent établir des vérités antagonistes, raison et foi ne pouvant se contredire[43]. À cet égard, la séparation entre celles-ci, chacune présidant à un ordre de vérité, ne se dirige jamais vers une doctrine de la double vérité : la vérité demeure une, raison et foi étant deux sources d'accès à la connaissance selon des modalités distinctes.

En outre, la séparation entre raison et foi, qui ne se traduit jamais par une opposition, n'exclut pas des lieux de rencontre, notamment sur le terrain intermédiaire de la « métaphysique » : la raison et la foi partagent certains objets, principalement Dieu et l'âme, chacune les approchant selon l'économie même de sa démarche en produisant un discours différent, mais complémentaire et non opposé. Le texte polémique des *Notae in programma quoddam* (1647), corrigeant les erreurs du disciple infidèle Regius (Henri Le Roy, 1598-1679), est particulièrement éloquent à ce sujet : repérant trois genres de questions, Descartes distingue, entre les choses ressortissant à la foi en tant qu'elles sont tributaires de la révélation (trinité et incarnation) et celles qui s'adressent uniquement à la raison (les questions mathématiques, physiques), celles qui occupent une position médiane (Dieu et ses attributs, l'âme et son immortalité), concernant en premier lieu la foi tout en pouvant être approchées par la raison[44]. De fait, l'auteur établit l'existence d'une zone frontière, constituée par Dieu et de l'âme, qu'il revient à la philosophie de penser à partir de ses propres concepts. Techniquement, c'est alors à la métaphysique que Descartes confie l'étude de ces objets : « J'ai toujours estimé que ces deux questions, *de Dieu et de l'âme, étaient les principales de celles qui doivent plutôt être démontrées par les raisons de la philosophie que de la théologie*[45] ». Il s'agit là d'un geste fort, illustrant la manière dont la métaphysique cartésienne annexe le champ traditionnellement dévolu à la théologie naturelle, lui octroyant une dimension rationnelle[46]. Descartes marque un ébranlement de la

43 Descartes, *Principes de la Philosophie*, Troisième Partie, art. 45 (« Que même j'en supposerai ici quelques-unes que je crois fausses »), t. 3, p. 248 : « La religion chrétienne veut que nous le croyions ainsi, et la raison naturelle nous persuade absolument cette vérité ».

44 Sur le découpage de ces trois questions, qui délimite les compétences du philosophe et du théologien, le lecteur pourra se reporter à la lecture du texte cartésien, dont nous avons retranscrit le sens. *Cf. Notae in programma*, Examen du susdit placard, remarques sur chaque article, t. 3, p. 801-802.

45 *Méditations Métaphysiques*, Épître dédicatoire, t. 2, p. 383 [mots soulignés par nous].

46 Bardout, Jean-Christophe, Marion, Jean-Luc, « Philosophie cartésienne et théologie. Distinguer pour mieux unir », *op. cit.*, p. 205-206 : « le geste cartésien contribue de manière décisive à la constitution de la théologie naturelle comme discipline rationnelle ».

théologie (spéculative) en tant qu'il transfère une partie de ses compétences à la métaphysique, lui assignant pour tâche de prouver par la raison les préambules – ou « fondements[47] » – de la foi : susceptibles d'une détermination rationnelle, ils jouissent par-là d'un gain de rationalité.

Par-dessus tout, la séparation non contradictoire se mue d'elle-même en revendication d'un *accord* dont nous entendons faire le fil rouge de notre enquête, en analysant son sens : « mais maintenant je me propose, après avoir expliqué ma nouvelle philosophie, de faire voir clairement qu'elle s'accorde beaucoup mieux avec toutes les vérités de la foi, que ne fait celle d'Aristote ». Si nous entendons nous concentrer sur la revendication, à nos yeux, cruciale, de cet accord, il est nécessaire d'évoquer le contexte et la datation de la lettre dans laquelle elle intervient. D'une part, l'affirmation de l'accord entre sa philosophie et toutes les vérités de la foi interfère dans un contexte où Descartes s'enthousiasme de la conformité formée entre le texte biblique de la Genèse et sa physique concernant la création du monde : « J'avance fort peu, mais j'avance pourtant. Je suis après à décrire la naissance du Monde, où j'espère comprendre la plus grande partie de la physique. Et je vous dirai que depuis quatre ou cinq jours, en relisant le premier Chapitre de la Genèse, j'ai trouvé comme par miracle qu'il se pouvait tout expliquer suivant mes imaginations (le latin dit *secundum cogitationes meas*), beaucoup mieux ce me semble qu'en toutes les façons que les interprètes l'expliquent, ce que je n'avais pas ci-devant jamais espéré ; mais maintenant… ». Cette confrontation de la physique cartésienne au récit fondateur de la Bible connaîtra toutefois, selon le découpage traditionnel opéré par H. Gouhier et E. Gilson que reprend V. Carraud[48], différentes étapes. Partant d'un accord d'ensemble (1619-1637), se prolongeant par l'ambition d'un accord détaillé (1640-1641), elle se soldera par une déception qui entraînera son abandon (1644-1647)[49]. D'autre part, notons que la

47 Descartes, *Règles pour la direction de l'esprit*, Troisième Règle, t. 1, p. 90 : « ce qui n'empêche pas non plus, si cette foi possède des fondements dans l'entendement, que ceux-ci ne puissent et ne doivent, plus que tout le reste, être découverts par l'une ou l'autre des voies déjà mentionnées, comme nous le montrerons peut-être un jour plus au long ».

48 Gilson, Étienne, « Commentaire historique du Discours de la Méthode », *in René Descartes. Discours de la Méthode*. Texte et commentaire par E. Gilson, Paris, Vrin, 1925, 1967[4], p. 379-383 ; Gouhier, Henri, *op. cit.*, p. 204-206 ; Carraud, Vincent, *op. cit.*, p. 49-50.

49 De 1619 à 1637, Descartes affirme que le récit de la création du monde qu'il propose dans l'ouvrage du *Monde* est conforme, globalement, avec les étapes de celui de la Genèse, par rapport notamment à l'ordre de succession : une compatibilité d'ensemble

date et le correspondant de celle-ci sont sujets à controverses parmi les commentateurs de Descartes. Il existe d'ailleurs deux versions de cette lettre, l'une en latin[50], tenue pour originale, l'autre en français, la traduction étant perçue comme assurée par C. Clerselier (1614-1684). L'édition de C. Adam et A. Tannery propose pour destinataire W. Boswell (vraisemblablement 1583-1650), et la date, hypothétiquement, de 1646, mais plusieurs notes émettent des réserves, certains indices (*parum quidem progredior*, la référence ultérieure à Harvey (1578-1657), que Descartes a lu en 1632) permettant de la rattacher à une période antérieure, soit 1632-1633, soit 1636, voire 1641. E. Gilson, avançant également la possibilité qu'elle soit adressée à Boswell, la situe très exactement en 1641 (seconde moitié), en raison de la surcharge de travail de Descartes en cette période (les réponses aux Objections, les polémiques avec Bourdin et Voet), expliquant le « j'avance peu », et de la description de la naissance du monde correspondant à l'état d'avancement de l'écriture des *Principes* (achevé d'imprimer en juillet 1644). H. Gouhier, indiquant que la *Correspondance* du Père M. Mersenne (1588-1648) présente la lettre datée du 14 octobre 1630, ne se prononce pas sur le destinataire, et lui attribue une date incertaine : il la situe entre la période de rédaction du *Monde*, vers 1630-1633 et la préparation des *Principes de la Philosophie*, vers 1640-1641. F. Alquié, qui estime le destinataire inconnu, la date

---

peut être établie entre l'hypothèse des tourbillons, conjuguée à la fluidité de la matière céleste, et le récit biblique (*cf.* Cinquième partie du *Discours*). Toutefois, quelques détails résistent à l'instauration de cet accord : la principale pierre d'achoppement consiste dans la lumière, créée avant les astres dans la Genèse (1, 3), alors qu'elle consiste, selon la physique cartésienne, dans le mouvement communiqué par la matière subtile et se rapporte, *in fine*, à l'action produite par celle-ci sur les yeux (Lettre au Père Mersenne du 23 décembre 1630). Ces points de désaccord de détails entre le *Monde* et la Genèse sont d'abord contournés sans être levés : c'est pourquoi ils débouchent sur la revendication d'un accord d'ensemble, reprenant les grandes étapes (matière, chaos, Soleil et étoiles, lumière, terre, mer, règne végétal, animal, humain). À partir des années 1640-1641, Descartes ambitionne de surmonter les oppositions de détails afin de mettre en valeur l'accord, dans la lettre et le détail, entre son explication physique de l'origine du monde et le récit de la Genèse, illustrant par là la supériorité de son système physique sur celui de la scolastique hérité d'Aristote (ce serait l'un des contextes de la lettre dite à Boswell). Or, cet essai d'explication détaillé du premier chapitre de la *Genèse* à l'aune de la physique nouvelle, corroboré notamment par l'apprentissage de l'hébreu, aboutit à un échec, entrainant son abandon dès 1644 : la lettre à Chanut du 6 juin 1647 fait état de celui-ci et *L'Entretien avec Burman* en garde le vif souvenir.

50 « *nunc vero, post novae meae Philosophiae explicationem, mihi propositum est clare ostendere illam cum omnibus fidei veritatibus multo melius consentire, quam Aristotelicam* ».

hypothétiquement de 1633-1635, traçant un lien entre le projet proposé par Descartes de montrer l'accord de sa philosophie avec les vérités révélées et la condamnation de Galilée (1564-1642), survenue en 1633. Enfin, V. Carraud la cite comme étant destinée à Boswell et datée de la fin 1641[51]. Les observations d'H. Gouhier, conjuguées aux indications données par C. Adam, nous font également penser que cette lettre est composée de pièces appartenant à des époques différentes : la mention par Descartes de l'exposition de la philosophie fait écho à la période du *Monde*, mais pourrait aussi renvoyer aux *Principes*, comme l'établit E. Gilson. Surtout, la référence faite à la Genèse incline à la rattacher à la période de 1641, en tant qu'elle se retrouve, jointe avec la transsubstantiation, dans une autre lettre de cette année-là (lettre au Père Mersenne du 28 janvier 1641). C'est pourquoi nous la désignerons de la façon suivante : lettre dite à Boswell de 1641.

Aussi, nous proposons de ne pas limiter la revendication de l'accord au contexte du rapprochement de la physique et de la Genèse[52], mais de lui conférer une portée systématique en tant que, réitérée dans d'autres contextes, elle parcourt l'ensemble de la philosophie cartésienne et participe de son économie interne, touchant tous les domaines qui la composent (métaphysique, physique, morale). En effet, « rejetant » la philosophie scolastique[53] « comme *répugnante*

51 CDLXXVI *quater* à Boswell, Lettre à ***, *in Œuvres de Descartes*, Publiées par C. Adam et P. Tannery, Correspondance, t. 4, juillet 1643-avril 1647, Paris, Vrin, 1976, p. 698-715 ; Gilson, Étienne, *op. cit.*, p. 381 ; Gouhier, Henri, *op. cit.*, p. 205 ; Alquié, Ferdinand, *in* Descartes, *Œuvres Philosophiques*, *op. cit.*, t. 1, p. 486 ; Carraud, Vincent, « Descartes et l'Écriture sainte », *op. cit.*, p. 50.

52 Ce projet de confrontation entre la Genèse et la physique cartésienne revêt un intérêt, non pas tant pour l'accord, sur lequel porte notre attention, que pour la question de l'interprétation cartésienne de l'Écriture sainte. Nous renvoyons à ce sujet, à l'article cité de V. Carraud (*op. cit.*) et nous permettons aussi d'ajouter, ce sera la seule fois, l'un des nôtres : Chukurian, Aurélien, « À la recherche d'une philosophie cartésienne de la religion : le rapport raison – foi et l'ambivalence de la norme d'interprétation de la Bible », *in Théorèmes*, *Une Philosophie de la religion avant les Lumières*, 9/16.

53 La scolastique, nommée aussi philosophie de l'École, constituait la doctrine répandue dans les instituts ecclésiastiques, les collèges et les universités d'Europe, du IXe au XVIIe siècle. La scolastique s'assigne pour tâche de concilier la foi et la raison, notamment sous l'impulsion de Thomas, mais la seconde est placée dans une situation de dépendance vis-à-vis de la première. Marqué par son caractère fortement aristotélicien, son enseignement reposait essentiellement sur le commentaire d'ouvrages du Stagirite. Elle s'appuyait également sur des « ouvrages systématiques, comme les *Sommes* de Thomas d'Aquin, *Les Disputes Métaphysiques* de Suarez, ou *La Somme Philosophique* d'Eustache de Saint-Paul, ou enfin

à la foi[54] », Descartes est convaincu de la supériorité de sa propre philosophie, non seulement en elle-même sur le plan de la vérité des principes qu'elle institue, mais quant à sa conciliation avec le christianisme : aucune philosophie ne « *s'accorde si bien* avec la foi[55] » que la sienne. À ce titre, nous estimons que la revendication de cet accord est centrale, donnant la clé d'articulation entre raison et foi sur la base de leur séparation préalable, tout en exprimant la portée polémique de la philosophie contre celle d'Aristote. D'un côté, l'équilibre subtil de la position de l'auteur consiste à distinguer « raison et foi pour mieux unir[56] ». De l'autre, la nouvelle philosophie prétend, tout en demeurant en harmonie avec le christianisme, supplanter l'ancienne philosophie aristotélicienne[57], représentant alors le socle de la théologie scolastique. Ainsi Descartes s'exclame-t-il qu'il a « sujet de rendre grâces à Dieu » de ce que les opinions les plus vraies en sa philosophie, instaurées « par la considération des causes naturelles, ont toujours été celles *qui s'accordent le mieux de toutes avec les mystères de la Religion* », comme il espère « faire voir clairement aux occasions[58] ».

L'enjeu de notre essai consistera alors, en prêtant crédit à l'assertion cartésienne, à étudier la signification d'un tel accord, les éléments à partir desquels il est instauré et les enseignements qui s'en dégagent concernant l'articulation entre la philosophie cartésienne et le christianisme. Autrement dit, si l'on postule que la philosophie cartésienne trouve l'une de ses

---

des dictionnaires, comme le *Lexique* de Goclenius » (Buzon, Frédéric de, Kambouchner, Denis, *Le vocabulaire de Descartes*, Paris, Ellipses, 2002, p. 22-23). Elle regroupe toutes les formes de savoir, englobant l'ensemble de la philosophie, de la métaphysique et la physique en passant par la logique et la morale, tout en incluant la théologie. Sans nous prononcer ici sur le lien entre la philosophie cartésienne et la pensée médiévale, retenons que la première s'efforce de rompre avec la scolastique sans sortir du christianisme, en recherchant un accord avec celui-ci.

54 Descartes, Lettre au Père Mersenne du 31 mars 1641, t. 2, p. 323. [mot souligné par nous].

55 *Ibid.*, p. 324 [mots soulignés par nous]. *Cf.* aussi à Lettre à *** de mars 1642, t. 2.

56 Nous empruntons l'expression, déjà employée par M. Blondel, à J.-C. Bardout, J.-L. Marion, « Philosophie cartésienne et théologie. Distinguer pour mieux unir », *op. cit.*, p. 205-206.

57 Interroger cette ambition de nouveauté, en soulignant les éventuels résidus scolastiques s'observant dans la philosophie cartésienne, relèverait d'un autre travail et ne sera pas intégré au nôtre.

58 Descartes, Lettre au Père Fournet [et non au Père Noël] du 3 octobre 1637, t. 1, p. 798 [mots soulignés par nous].

prérogatives dans la manière dont ses principes tendent à s'accorder avec les vérités de la foi chrétienne, quel sens donner à cet accord et comment se met-il en place ? Que nous apprend-il sur le rapport entre la philosophie cartésienne et le christianisme ? Cet accord peut-il revêtir des sens différents, traduisant différentes modalités d'articulation avec le christianisme ? Selon quel sens le christianisme se laisse-t-il apprécier : dans son sens général, dans le sens spécifique du catholicisme ?

Une telle problématique exige également de prendre en considération un élément, dont la portée historique est discutée. Descartes lui-même se revendique philosophe chrétien[59], manifestant à l'occasion sa foi catholique[60], tout en conférant une portée apologétique à sa philosophie, au sens où elle permet de défendre la gloire de Dieu[61], notamment contre les libertins[62]. Ces affirmations parsemant l'œuvre cartésienne sont accueillies de manière contrastée, tant par les contemporains de l'auteur que par les commentateurs de notre époque. D'aucuns les tiennent pour sincères, traduisant sa révérence pour le christianisme. D'autres, à l'inverse, les utilisent pour signifier la prudence de l'auteur, masquant la réelle portée de son système, contraire au christianisme et menant à l'athéisme. Sur ce point, nous ferons crédit à la sincérité de Descartes, en prenant les textes selon leur sens positif, tout en prêtant un intérêt subsidiaire à l'homme qu'était Descartes en son temps : c'est la portée des principes de sa philosophie, dans leur articulation avec la foi, qui nous intéresse.

Cette prise de position sur l'économie d'ensemble de la philosophie cartésienne, structurée par une séparation non contradictoire entre raison et foi débouchant sur un accord, et la confiance placée dans la sincérité de l'auteur, nous conduisent à nous situer dans les lectures sur la philosophie cartésienne.

---

59 L'expression se trouve dans l'Épître dédicatoire des *Méditations* : Descartes l'emploie, en renvoyant à la huitième session du concile du Latran (1513) qui assigne aux « philosophes chrétiens » de démontrer l'immortalité de l'âme. Celle-ci est, avec Dieu, intégrée par la métaphysique cartésienne dans son champ d'expertise.

60 Descartes, Lettre au Père Mersenne de décembre 1640, t. 2, p. 288 ; Lettre au Père Mersenne de mars 1642, t. 2, p. 923.

61 Les références à la gloire de Dieu sont nombreuses, culminant notamment dans la thématique de la libre création des vérités éternelles, celle-ci prétendant rendre justice à la majesté de l'infinité divine (*cf.* les lettres au Père Mersenne de 1630). Nous les retrouvons également dans les discussions avec Élisabeth sur la providence (*cf.* les lettres à Élisabeth de 1645-1646).

62 *Cf.* l'Épître dédicatoire des *Méditations Métaphysiques*.

ÉTAT DE LA RECHERCHE

À l'instar de nombreuses études sur Descartes prenant pour cible un aspect particulier de sa pensée (son épistémologie, les passions, la conception de la médecine), celles portant spécifiquement sur le rapport de sa philosophie au christianisme sont le terreau d'affrontement entre deux lectures antagonistes. D'un côté, nombre de commentateurs s'attachent à valoriser la dimension « religieuse » de la pensée cartésienne. H. Gouhier voit dans la philosophie de Descartes « tout entière », sa métaphysique comme sa physique, « *la* philosophie chrétienne[63] ». À partir d'une argumentation différente, menée notamment dans *Le rationalisme de Descartes*, la conclusion de J. Laporte fait de la philosophie cartésienne « un des types de ce qu'on appelé "la philosophie chrétienne"[64] », rejoignant ainsi H. Gouhier qui la pose en alliée du christianisme. Plus récemment, L. Devillairs parvient à des conclusions identiques, en convoquant notamment la présence de la thématique de l'amour de Dieu dans la philosophie cartésienne[65]. D'une façon plus nuancée, D. Moreau met en avant l'harmonie de la raison et de la foi[66]. Ces lectures exaltent la philosophie cartésienne comme profondément articulée avec le christianisme, sans que ne soit totalement explicitée la modalité de cette articulation, si ce n'est en invoquant la dimension chrétienne du Dieu cartésien, la portée apologétique des principes cartésiens, réputés compatibles avec le christianisme. À l'opposé se situent les lectures postulant une dissimulation, marquées par l'influence de M. Leroy[67], et dont C. Adam se faisait déjà l'écho[68] : Descartes est décrit comme un philosophe prudent, avançant masqué, selon la formule d'Ovide qu'il cite lui-même « *bene vixit, bene qui latuit* ("il a bien vécu, celui qui a vécu caché", Ovide, *Tristes*, III, IV, 25)[69] ». Il détiendrait alors des possibles liens avec

63 Gouhier, Henri *op. cit.*, p. 209.

64 Laporte, Jean, *Le rationalisme de Descartes*, Paris, Vrin, 1950, p. 468.

65 Devillairs, Laurence, *Descartes et la connaissance de Dieu*, Paris, Vrin, 2004, p. 294.

66 Moreau, Denis, *La philosophie de Descartes*, Paris, Vrin, 2016.

67 Leroy, Maxime, *Descartes, le philosophe au masque*, Paris, Éditions Rieder, 1929.

68 Adam, Charles, *Vie et œuvres de Descartes, Étude historique*, Paris, Léopold, 1910, p. 304-307.

69 Descartes, Lettre au Père Mersenne d'avril 1634, t. 1, p. 495.

le mouvement rosicrucien[70], et surtout ouvrirait subrepticement la voie à l'athéisme. Aussi faudrait-il, de par les camouflages opérés par Descartes[71], rechercher les points de convergence de sa pensée, non pas avec le christianisme, mais davantage du côté des libertins[72]. Selon ce type de lecture, la philosophie cartésienne serait l'instigatrice d'une modernité sécularisée[73] eu égard à son athéisme latent : elle signerait l'avènement de la libération de la raison contre l'obscurantisme de la religion, au point d'être célébrée comme « l'ennemi implacable des dogmes révélés ». La formule, restée célèbre, est prononcée à la Sorbonne par le dirigeant communiste M. Thorez (après avoir placé Descartes dans la généalogie des grands penseurs communistes)[74], et citée par F. Azouvi dans son étude des rapports entretenus par le philosophe avec la France, restituant les étapes par lesquelles s'est construite autour de Descartes la construction du mythe national d'identité[75]. La rivalité de ces deux lectures discordantes, qui atteint son apogée dans la recherche francophone, se retrouve, à un degré moindre sans

70 Le point de vue d'une appartenance secrète de Descartes au courant de la Rose-Croix apparaît irrecevable de nos jours. En revanche, la question du rapport du jeune Descartes (*Cogitationes Privatae*) à cette secte est digne d'intérêt. *Cf.* Arnold, Paul, *Histoire des Rose-Croix et les origines de la Franc-Maçonnerie*, Paris, Mercure de France, 1955, réédition, 1990, note 19, p. 305-333 ; GOUHIER, Henri, *Les premières pensées de Descartes. Contribution à l'histoire de l'anti-renaissance*, Paris, Vrin, 1958, p. 117-141 ; Shea, William René Joseph, "Descartes and the Rosicrucians", *Annali dell'Instituto e Museo di storia della Scienza di Firenze*, Firenze, 1979 ; *Descartes et la chimie*, Paris, Vrin, 2011, p. 54-58.

71 Hallyn, Fernand, *Descartes : dissimulation et ironie*, Genève, Droz, 2006.

72 Staquet, Anne, *Descartes et le libertinage*, Paris, Hermann, 2009.

73 D'ailleurs, il est intéressant de noter les multiples entrées dont fait l'objet le terme, galvaudé, de sécularisation. Assurément, il s'agit d'un terme hybride et polysémique qui suscite différents jugements, étant tantôt décrié, tantôt célébré. Relevant de manière générale de l'âge séculier, par distinction d'avec l'état régulier et ecclésiastique, le terme désigne avant tout la diminution de l'influence religieuse et l'affranchissement vis-à-vis des institutions religieuses. Or, il a souvent été rapproché de l'athéisme, au point qu'il signifierait l'opposition à la religion, alors qu'il exprime une idée différente, celle selon laquelle les institutions religieuses n'organisent plus la vie sociale. La sécularisation est un facteur déterminant des sociétés démocratiques contemporaines, au regard de la dissociation du religieux et du politique. C. Taylor a certainement marqué de son empreinte les études sur la sécularisation, en faisant dialoguer celle-ci avec la religion (*L'âge séculier*, Paris, Seuil, 2011). Nous ne nous prononcerons pas ici sur les liens pouvant être opérés entre la philosophie cartésienne ou même le cartésianisme (qui désigne la postérité de celle-ci) et la sécularisation.

74 Thorez, Maurice, « Le 350e anniversaire de Descartes », *Œuvres de Maurice Thorez*, Paris, 1950-1965, 23 vol., t. XXII, p. 67-68.

75 Azouvi, François, *Descartes et la France*, Paris, Fayard, 2002, p. 316.

doute, dans la littérature secondaire anglophone. J. Cottingham[76] et R. Ariew[77] insistent, depuis des perspectives différentes (la place de Dieu, la fonction du dualisme dans l'instauration de l'immortalité de l'âme pour l'un, le dialogue polémique avec la scolastique tardive, sur le plan métaphysique et physique pour l'autre), sur l'effort cartésien de maintenir un équilibre entre raison et foi, tandis que G. Steiner plaide pour la place du christianisme dans la philosophie cartésienne[78]. À l'inverse, P. A. Schouls situe cette dernière en porte-à-faux avec celui-ci : la promotion cartésienne de la primauté du sujet, entée sur le *cogito* et relayée par la promesse d'une maîtrise de la nature issue du *Discours*, tendrait vers une opposition avec les vues religieuses[79]. De même, H. Caton[80], rejoint par K. Dorter[81], se pose en promoteur de la *dissimulation thesis* : le commentateur va même jusqu'à orienter la pensée de Descartes vers un matérialisme l'inscrivant à rebours du christianisme, emboîtant le pas d'une interprétation provenant de J. O. de La Mettrie (1709-1751), ayant lui-même pris Descartes pour initiateur de son matérialisme. Sous l'égide de ces lectures, la philosophie cartésienne devient alors, selon une image passée à la postérité, le héraut d'une force antireligieuse ("anti-religious force")[82], dissimulée sous des apparats de théisme, de sorte qu'elle prélude les Lumières, elles-mêmes conçues dans leur hostilité au religieux.

Notons que ces deux lectures ne reflètent pas un débat anachronique sur le « christianisme de Descartes ». Au contraire, celles-ci ont également été tenues par des contemporains même de l'auteur, de son vivant et après sa mort. Certains s'empressent de défendre la philosophie

---

76 Cottingham, John, *Cartesian reflections. Essays on Descartes's philosophy*, Oxford university Press, Oxford, 2008.

77 Ariew, Roger, *Descartes and the Last Scholastics*, Cornell Univ. Press, 1999, with a second, expanded edition, *Descartes among the Scholastics* (Brill Academic, 2011).

78 Steiner, Gary, *Descartes as a moral thinker. Christianity, technology and nihilism.*

79 Schouls, Peter A., *Descartes and the Enlightenment*, McGill-Queen's University Press, Montreal, 1989.

80 Caton, Hiram, *The origin of subjectivity. An Essay on Descartes*, New Haven, Yale University Press, 1973.

81 Dorter, Kenneth, "Science and religion in Descartes's Meditations", *in The Thomist*, 37, 2, April 1973.

82 Le mot est de B. Williams, mais généralement sorti de son contexte. *Cf.* Williams, Bernard, *Descartes. The project of pure enquiry*, Hardmondsworth, Penguin, 1978, repr. London, Routledge, 2005, p. 24 : "This image of Descartes as an anti-clerical and indeed anti-religious force, deeply contrary to his actual disposition, was to persist".

cartésienne comme le plus solide appui de la religion chrétienne : citons par exemple A. Arnauld (1612-1694) qui, voyant en Descartes un « envoyé » de la Providence de Dieu[83], considère la philosophie de celui dont il se prétendra le disciple comme une apologie du christianisme. À l'inverse, d'autres, percevant dans les preuves cartésiennes de l'existence de Dieu un caractère stratégique, s'empressent de dénoncer l'athéisme larvé contenu dans la philosophie cartésienne, au point de ranger Descartes au sein des libertins, en faisant de l'auteur l'émule de G. C. Vanini (1585-1619) et le précurseur de Spinoza[84] (1632-1677), deux figures qui, hautement transgressives pour l'époque, sont tenues pour symboles de l'impiété : parmi ces opposants à Descartes figurent des jésuites (le Père P. Bourdin (1595-1653), auteur des septièmes objections aux *Méditations*, L. le Valois[85] (1639-1700, sous le pseudonyme L. de la Ville) et des ministres protestants (G. Voetius (1589-1676) : *cf.* le pamphlet anti-cartésien, composé par un de ses élèves M. Schoock (1614-1669), *L'Admirable Méthode*[86]). Enfin, juste après la mort du philosophe, l'Église se prononça contre Descartes dans ce débat, ce dont A. Arnauld s'indignera. En effet, les principales œuvres cartésiennes font l'objet d'une condamnation *donec corrigantur* (non *donec expurgetur*) de la part de la congrégation de l'Index en 1663 (et à nouveau en 1720), sur l'autel de la dangerosité de certains principes cartésiens, métaphysiques et physiques, pour la foi[87]. Certes, l'*Index librorum prohibitorum*, plongeant ses racines dans le concile de Trente (1545-1563), a été supprimé en 1966 à

83 Arnauld, Antoine, *Examen du Traité de l'essence du corps contre Descartes*, Paris, Fayard, 1999, p. 85. *Cf.* également Ndiaye, Aloyse Raymond, *La philosophie d'Antoine Arnauld*, Paris, Vrin, 1991, p. 271.

84 Cette conception persistante d'un Spinoza hostile au religieux pourrait d'ailleurs aussi être discutée et renouvelée, en indiquant les points de continuité et de rupture dans la manière dont, par rapport à Descartes, Spinoza articule sa philosophie avec le religieux. Ce ne sera pas là notre objet. Concernant le rapport de la philosophie spinoziste avec la sphère religieuse, nous renvoyons à deux études : Matheron, Alexandre, *Le Christ et le salut des ignorants chez Spinoza*, Paris, Aubier-Montaigne, 1971 ; Bouchilloux, Hélène, *Spinoza. Les deux voies du salut*, Paris, L'Harmattan, 2018.

85 Nous reviendrons sur l'opposition du Jésuite L. le Valois à la philosophie cartésienne.

86 Citons aussi une lecture moins connue, Leech, David, « More et la lecture athée de Descartes », Traduction d'Anfray Jean-Pascal, *Les Études philosophiques* 1/2014 (nº 108), p. 81-97.

87 Pour consulter le texte de la condamnation, *cf.* Bouillier, Francisque, *Histoire de la philosophie cartésienne*, 2 vol. Paris, Durand, 1854, 1868[3], réimp. Bruxelles, Culture et civilisation, 1969, v. 1, p. 466-467.

la suite du deuxième concile du Vatican, la censure gardant une valeur seulement morale sans force de loi ecclésiastique : la congrégation de l'Index a été remplacée par celle du Saint-Office (1917) puis par celle pour la doctrine de la foi (1965). Pour autant, notons toutefois que Descartes demeure une figure controversée au sein du catholicisme. M. Blondel, dans l'article cité inspirant le titre de notre essai, tient Descartes pour être le responsable de la « philosophie séparée », jugée nocive au christianisme. De même, Descartes est ciblé comme l'un des chaînons de la crise de la tradition chrétienne signée par la modernité à laquelle Jean-Paul II (Karol Wojtyla) consacre sa critique, en tant que la formulation cartésienne du *cogito ergo sum*, inaugurant une science de la pure pensée rompant avec le thomisme, annonce le rejet de l'Être et l'oubli de Dieu au profit de l'autonomie du sujet[88].

Ainsi deux camps s'affrontent-ils, posant les bases d'un débat tenace, actuel et philosophique. Notre position, face à ces types de lecture, sera à la fois tranchée et nuancée. Nous entendons nous ranger parmi la première, reprochant à la seconde de ne pas tenir compte de l'organisation interne du système cartésien, dont l'accord entre raison et foi est partie prenante : opposer la philosophie cartésienne au christianisme et projeter en celle-ci un athéisme dissimulé et pernicieux constituent une interprétation récusée par les textes cartésiens eux-mêmes, en particulier ceux, nombreux, illustrant l'effort accompli par Descartes de concilier ses principes avec la foi chrétienne. Sur ce point, notre méthode de lecture sera de lire les textes cartésiens selon ce qu'ils expriment, non selon ce qu'ils pourraient cacher. Toutefois, nous ne souscrivons pas non plus entièrement à la première lecture, au regard de son orientation parfois partiale et partielle : la philosophie cartésienne est encensée comme une « philosophie chrétienne », avec le lot d'indétermination problématique lié à ce terme polémique (nous y reviendrons). De surcroît, Descartes est un penseur chrétien en tant que catholique, dont la philosophie est agencée avec un christianisme qui se réduit, sans explicitation argumentative, au catholicisme, et dont les rapports avec le thomisme sont même ambigus. Autrement dit, même si nous nous sommes beaucoup nourris de la première lecture, ces deux approches nous paraissent,

88 Jean-Paul II, *Mémoire et identité*, Traduction par F. Donzy, Paris, Flammarion, 2005, p. 20-21. *Cf.* aussi Portier, Philippe, *La pensée de Jean-Paul II*. V. 1, *La critique du monde moderne*, Paris, Éditions de l'Atelier, 2006.

pour des raisons distinctes, lacunaires, souffrant communément d'une portée exclusive et biaisée : exposer la philosophie cartésienne comme repoussoir de la religion ou comme une « philosophie chrétienne » nous semble occulter la subtilité de la position cartésienne dans son rapport avec le christianisme.

EUCHARISTIE

Ainsi notre enquête aspire-t-elle, modestement, à une forme d'originalité, au sens où nous ambitionnons de penser, de manière neuve, l'articulation entre la philosophie cartésienne et le christianisme. La valorisation de la « pensée religieuse » de Descartes s'est opérée traditionnellement en empruntant plusieurs voies. Celle de la métaphysique, à travers les preuves cartésiennes de l'existence de Dieu : la métaphysique, s'appropriant le domaine traditionnellement attribué à la théologie naturelle, justifie dans une démarche rationnelle les préambules de la foi, en instaurant une preuve de l'existence de Dieu et de l'âme. Mentionnons également celle des parentés de la pensée cartésienne avec des auteurs médiévaux, notamment saint Augustin, déjà ouverte par A. Arnauld à l'époque même du philosophe, empruntée par E. Gilson[89], et revivifiée par des commentateurs contemporains[90].

Nous avons décidé de ne retenir aucune de ces voies, non par un souci artificiel de nouveauté, mais parce que chacune, pour des raisons distinctes, ne permettait pas de traiter pleinement notre sujet, en dégageant les enseignements relatifs à l'articulation de la philosophie cartésienne avec le christianisme. C'est pourquoi, afin d'approfondir le sens de l'accord instauré par Descartes entre sa philosophie et la foi chrétienne, nous proposons de jeter les bases d'une nouvelle recherche

89 Gilson, Étienne, Études sur le rôle de la pensée médiévale dans la formation du système cartésien, Paris, Vrin, 1930, 1984.

90 Menn, Stephen, *Descartes and Augustine*, Cambridge University Press, Cambridge, 1998. Janowski, Zbigniew, *Index augustino-cartésien*, Paris, Vrin, 2000 ; *Cartesian Theodicy : Descartes' Quest for Certitude*, Dordrecht, 2000. Hankey, Wayne J., "Between and Beyond Augustine and Descartes : More than a Source of the Self", *in Augustinian Studies*, 32 (2001).

qui se déploiera en deux volets, à l'appui de deux thématiques choisies minutieusement parmi celles parsemant la philosophie cartésienne, et généralement peu étudiées en elles-mêmes : l'eucharistie et la morale. Le présent essai se consacrera entièrement à l'eucharistie, et ce n'est qu'à son terme que nous indiquerons des éléments relatifs à la morale, qui seront traités dans un autre. Ces deux sujets présentent le méritent d'épouser les parties de l'arbre cartésien : l'eucharistie, comme nous le verrons, fait appel aux principes physiques cartésiens, fondés sur une assise métaphysique, laquelle se trouvera également engagée dans la morale, tenue pour le couronnement du système.

Ainsi est-ce l'eucharistie qui nous servira de baromètre pour déterminer le rapport de la philosophie cartésienne au christianisme. Méthodologiquement, nous procéderons selon plusieurs étapes. D'une part, il sera particulièrement important d'envisager en quel sens la thématique de l'eucharistie est présente dans un système philosophique : de quel point de vue Descartes demeure-t-il philosophe en se penchant sur l'eucharistie ? Aussi importe-t-il d'emblée de savoir que la théorie eucharistique cartésienne, s'inscrivant dans le contexte catholique de la présence réelle et de la transsubstantiation, est cimentée par deux explications, conformément aux deux problèmes repérés par Descartes dans l'eucharistie : l'une s'attache à rendre compte du sort des espèces, l'autre éclaire le mode de présence du corps du Christ au Saint Sacrement. Nous dégagerons également les enjeux philosophiques de cette thématique. Nous insisterons sur la dimension philosophique, insoupçonnée, de la théorie eucharistique cartésienne. L'eucharistie met en jeu l'ensemble de la physique cartésienne ; mieux, c'est à l'occasion de l'eucharistie que Descartes pousse ses principes dans une direction jamais entrevue, en livrant des indices pour régler des problèmes réputés insolubles dans sa philosophie : la première explication attribue un rôle central à la notion de superficie sur le plan physique, tandis que la seconde enrichit la conception cartésienne de l'union.

Enfin, nous tirerons parti de cette thématique pour étudier le rapport au christianisme qui en découle. À quelle modalité d'articulation avec la foi chrétienne l'approche cartésienne de l'eucharistie nous fait-elle assister ? L'intérêt de l'étude sera de montrer que l'eucharistie révèle, dans un premier temps, un Descartes attaché à la recherche d'une conformité au dogme catholique, le concile de Trente jouant la principale référence dans ce contexte : l'auteur obéit à d'une démarche d'« accommodement[91] », en mettant au jour comment ses principes physiques se concilient, mieux que ceux de la tradition aristotélico-thomiste, avec les décrets tridentins, servant de base normative à son approche. Les explications cartésiennes jouissent alors d'une portée apologétique, revendiquant la défense du dogme contre les attaques protestantes : elles contribuent à fonder sa possibilité d'un point de vue rationnel. Aussi présagent-elles l'établissement d'une nouvelle théologie, supplantant l'ancienne théologie scolastique, une théologie cartésienne qui serait arrimée aux principes philosophies cartésiens et non plus aristotéliciens. Nous reviendrons également sur les difficultés enveloppant la conciliation des principes explicatifs cartésiens avec le dogme catholique.

À ce titre, les explications eucharistiques cristalliseront un rapport possible de la philosophie cartésienne avec le christianisme. Homogène, un tel rapport contiendra toutefois des points de tension, traduisant l'évolution qui se joue dans les deux explications. Les dernières réflexions eucharistiques menées par Descartes feront signe vers une autre signification de l'accord : elles indiquent que la philosophie, sans outrepasser son domaine, ne se contente plus de se conformer au dogme mais produit d'elle-même du sens à propos de l'eucharistie. En puisant dans les seules ressources de la raison, Descartes apporte une intelligibilité propre à la matière eucharistique, à laquelle cette fois la théologie devra s'agencer. Cette seconde modalité d'articulation, esquissée, ne sera pas cependant pleinement exploitée lors de la thématique de l'eucharistie : elle affleurera sans être poussée à son terme. Il reste qu'elle sera décisive pour notre enquête, ouvrant un autre niveau de l'accord recherché, tout en étant le point de transition avec la morale en tant que nous la verrons pleinement à l'œuvre dans cette thématique qui succède chronologiquement à l'eucharistie. Il s'ensuit que l'eucharistie possède cette fécondité philosophique de donner à voir deux significations, différentes mais non opposées, de l'accord recherché, où l'articulation avec le christianisme ne se joue pas de la même façon. À une « orthodoxie catholique », au sens d'une conformité au dogme, s'ajoutera ce nous nommerons un « investissement » philosophique du christianisme, au sens où la

91 Nous empruntons le terme à Descartes lui-même. Lettre au Père Mersenne du 28 janvier 1641, t. 2, p. 314 : « Il n'y aura, ce me semble, aucune difficulté d'accommoder la théologie à ma façon de philosopher ».

philosophie en fournit une compréhension spécifique, à partir de ses principes. Nous nous inspirons, dans le sens que nous accordons au terme « investissement », de l'étude menée J. Greisch sur la philosophie de la religion, *Le Buisson ardent et les lumières de la raison* (Trois Tomes, Paris, Cerf, 2002). Le terme « investissement » exprime sous notre plume la manière dont la philosophie pense la religion chrétienne à l'appui de ses propres principes et lui fournit une intelligibilité propre. J. Greisch qualifie l'entreprise de la philosophie de la religion dans un sens similaire : celle-ci s'assigne pour tâche de « penser la religion », « dans toute sa complexité », « dans la totalité de ses manifestations », en cernant « l'intelligibilité philosophique du phénomène religieux, considéré dans toute son épaisseur historique et dans l'ensemble de ses manifestations[92] ». Dans notre enquête, nous employons le terme « investissement » en dehors du contexte d'une philosophie de la religion qui dépasse, en toute rigueur, le sens du projet auquel Descartes obéit. Celui-ci consiste à concilier ses principes instaurés rationnellement avec le christianisme là où la philosophie de la religion pense le religieux à distance, selon une exigence de neutralité, en intégrant la totalité de ses composantes. Toutefois, la seconde modalité d'articulation avec le christianisme que nous repérons dans la philosophie cartésienne pourrait être mise en écho, dans une autre enquête, avec la démarche d'une philosophie de la religion (nous avons notamment proposé une hypothèse de lecture postulant l'existence d'une philosophie cartésienne de la religion à partir de la lecture cartésienne de la Bible : *cf.* notre article cité précédemment). À ce titre, nous entendons nous concentrer, non sur l'idée d'une philosophie de la religion, mais sur l'idée d'un second rapport au christianisme que met en jeu la philosophie cartésienne, lequel se trouve cristallisé par le terme investissement : celui-ci désigne alors la manière dont la philosophie cartésienne confère une compréhension propre, à partir de ses propres présupposés, à certains objets partagés avec le christianisme. Cet essai abordera l'intelligibilité particulière donnée par la philosophie à l'eucharistie, tandis qu'un autre envisagera, à travers la morale, celle qu'elle apporte à la providence, mais aussi à l'immortalité de l'âme, à l'image de Dieu, et enfin au rapport aux autres hommes à travers la générosité. Cet éclaircissement apporté permet de mieux annoncer ce

---

92 Greisch, Jean, *Le Buisson ardent et les lumières de la raison*, Trois Tomes, Paris, Cerf, 2002, t. 1, Introduction, p. 31-34.

qui est en jeu : la philosophie cartésienne manifeste deux manières d'instaurer un accord, la différence portant sur la démarche adoptée. L'une où Descartes conforme ses principes philosophiques à une base normative détenue par l'Église ; l'autre où la philosophie, se faisant plus ambitieuse, génère elle-même du sens, conférant une intelligibilité propre à des objets sur lesquels porte également la foi, comme ici l'eucharistie. Cette dernière marque ainsi un accroissement de la zone frontière dont les *Notae in programma quoddam* font état, en tant que la raison propose une approche de ce sacrement, selon deux modalités.

Dès lors, la thèse de fond de notre essai se décline clairement. Nous soutenons, non seulement que la philosophie cartésienne, loin de rejeter le christianisme, ambitionne d'instaurer un accord avec celui-ci au sens où l'une permet de penser les vérités de l'autre, mais que cet accord revêt un sens pluriel, reflétant une articulation ambivalente avec celui-ci. À notre connaissance, cette différence, découverte selon une méthode heuristique de lecture des textes, n'a jamais été étudiée, et constitue l'avancée majeure des recherches que nous allons exposer.

CHEMINEMENT DE NOTRE ENQUÊTE

L'introduction se terminera sur une conséquence de notre problématique, relative à la mise à l'écart, pour des raisons principalement méthodologiques, de la conception présentant la philosophie cartésienne sous le jour d'une « philosophie chrétienne ». Une telle présentation, partagée pourtant par de nombreux commentateurs (H. Gouhier, J. Laporte, L. Devillairs), contient sans doute, à certains égards, une intuition juste mais recèle d'inextricables lacunes sitôt que l'attention porte sur l'expression philosophie chrétienne, rendant inopérante son application à la philosophie cartésienne.

Une mise au point conceptuelle s'impose. La notion de philosophie chrétienne est lourde de sens : elle recouvre une histoire riche et mouvementée, ponctuée d'une période glorieuse mais traversée également par des débats et des conflits sur sa possibilité épistémologique et son existence factuelle. Nous ne pourrons retracer ici l'ensemble de sa riche histoire, de ses origines, où le christianisme s'affirme lui-même comme vraie philosophie, à son sens technique d'une philosophie produite par le christianisme. Indiquons seulement que l'expression philosophie chrétienne est utilisée pour la première fois par J. Chrysostome, dans son homélie *In Kalendas* (386-387), et par saint Augustin, dans le *Contra Iulianum* (410). Son sens précis et technique s'est construit dans le contexte de l'alliance entre la révélation chrétienne et la philosophie antique et païenne. La philosophie chrétienne désigne, dans le sens technique hérité d'E. Gilson qui en est le principal champion, une philosophie engendrée par le christianisme : la philosophie chrétienne est la philosophie issue du christianisme. La philosophie chrétienne désigne, non pas seulement l'auteur, mais le système. Et le caractère chrétien d'une philosophie renvoie, non à une simple influence, mais à la manière dont le christianisme pénètre le contenu d'une philosophie, au point que celle-ci l'intègre mais en résulte également.

De fait, dans la perspective d'E. Gilson à partir de laquelle nous nous situerons, la philosophie chrétienne ne renvoie pas au concept d'une essence pure mais n'est intelligible que dans l'horizon d'une réalité historique complexe, atteignant son apogée au Moyen-Âge, impliquant que la révélation chrétienne est génératrice de raison[93]. Philosophie et théologie demeurent distinctes, mais ces deux ordres entretiennent une relation intrinsèque eu égard au rôle de fondement occupé par le christianisme vis-à-vis de la philosophie et sa fertilité pour celle-ci. Les philosophies chrétiennes sont celles dans lesquelles se produit une fécondité philosophique du christianisme. Les objets appartenant à la philosophie sont tributaires de la révélation chrétienne : création, nature, Dieu comme être subsistant, liberté, péché, substance, sont des notions que la philosophie a reçues de la révélation chrétienne et qu'elle a développées. En ce sens, celle-ci se présente bien comme génératrice

93 Gilson, Étienne, « La notion de philosophie chrétienne », *in Bulletin de la société française de philosophie*, XXXI, p. 39 : « Il s'agit de savoir si le christianisme a joué un rôle observable dans la constitution de certaines philosophies. S'il existe des systèmes philosophiques, purement rationnels dans leurs principes et leurs méthodes, dont l'existence ne s'expliquerait pas sans l'existence de la religion chrétienne, les philosophies qu'ils définissent méritent le nom de philosophies chrétiennes. Cette notion ne correspond donc pas au concept d'une essence pure : celle du philosophe ou celle du chrétien, mais à la possibilité d'une réalité historique complexe : celle d'une révélation génératrice de raison. Les deux ordres restent bien distincts, bien que la relation qui les unit soit intrinsèque ».

de raison. Autrement dit, la philosophie chrétienne confère au christianisme une force éthique et cognitive : le christianisme détient une fécondité philosophique assimilée à un fait empirique observable. En ce sens, la philosophie chrétienne désigne bien la philosophie provenant du christianisme, renouvelée, régénérée et inspirée par celui-ci : elle équivaut, d'un point de vue philosophique, à une *instauratio christiana* de la philosophie. En outre, elle se réfère principalement au contexte de la patristique et de la scolastique, où se joue la synthèse de l'antique philosophie païenne et de la religion chrétienne : la philosophie chrétienne, tout en prenant acte de la distinction entre philosophie et théologie, renvoie à une philosophie qui occupe une position ancillaire dans la mesure où, loin de faire abstraction de la révélation chrétienne, elle l'exploite et en est issue.

Telle est l'acception que les milieux catholiques du XIXe et du début du XXe siècles partagent : nous délaissons ici volontairement la perspective protestante. À l'exception de R. Melh[94], et à un degré moindre, de K. Barh, nombre de protestants éprouvent des difficultés à admettre la notion de philosophie chrétienne, eu égard au rejet général de la philosophie émis par la Réforme. La philosophie chrétienne se comprend principalement dans la reprise de l'héritage scolastique, en tant que la philosophie scolastique, gravitant autour du thomisme, détient le monopole de la vérité – *philosophia perennis* – et détient une orthodoxie d'un point de vue catholique – *ancilla theologiae*.

Nous toucherons quelques mots de la portée polémique de la philosophie chrétienne, culminant principalement au XIXe et au XXe siècles : elle a suscité, au cours de son histoire, de violentes controverses, provenant aussi bien de la philosophie que de la théologie, interrogeant la pertinence du concept même[95]. Déjà, M. Heidegger (1889-1976) n'hésitait pas à

94 Mehl, Roger, *La condition du philosophe chrétien*, Neuchâtel, Delachaux et Niestlé, 1947 ; Barth, Karl, *Éthique*, Cours donné à Münster et à Bonn, 1928-1930, D. Braun éd., trad. Philibert Secrétan, Paris, P.U.F., 1998.

95 Pour quelques références bibliographiques sur ce thème, *cf.* : RENARD, Alexandre, *La querelle sur la possibilité de la philosophie chrétienne*, Paris, Ed. École et Collège, 1941 ; *Le problème de la philosophie chrétienne*, Paris, P. U. F., 1949 ; Henry, André, « La querelle de la philosophie chrétienne », *Recherches et Débats*, Cahier 10, mars 1955, p. 35-68 ; *La philosophie chrétienne*, Juvisy, 11 septembre 1933, Journées d'Études de la Société thomiste II, Le Saulchoir, Juvisy, Cerf ; *Pour une philosophie chrétienne*, Philosophie et Théologie, Namur-Paris, Le Sycomore, Lethielleux, 1983 ; Secretan, Philibert, (éd.), Préface de X. Tilliette, Fribourg, Academic Press Fribourg, 2006, p. 12.

adresser une critique notoire à la philosophie chrétienne, pesant comme un oracle sur sa propre destinée. Il la dénonce comme étant impossible intrinsèquement. Il illustrait cette impossibilité en réduisant la philosophie chrétienne à l'oxymore du cercle carré (*hölzernes Eisen*) ou du fer en bois. La portée polémique de la philosophie chrétienne a atteint son apogée en France à l'occasion d'un colloque tenu à Juvisy, dans les années trente du siècle dernier, au cours duquel éclata une querelle notoire. La philosophie chrétienne a eu ses partisans, mais aussi ses détracteurs, dont le plus célèbre est E. Bréhier. Celui-ci dépouille le concept de toute valeur du point de vue de l'histoire de la philosophie. À ses yeux, la philosophie chrétienne se rend coupable d'une confusion fatale de la philosophie et de la théologie, de sorte qu'elle relève en dernière instance du domaine théologique. Il n'y a pas de philosophie chrétienne pas plus qu'il n'y a de physique chrétienne. E. Bréhier reproduit alors les accusations, déjà poussées à leur paroxysme par M. Heidegger, selon lesquelles la philosophie chrétienne, mêlant philosophie et théologie, contient un sens contradictoire proche de l'oxymore[96].

Quatre grandes positions, irréconciliables sous certains aspects, se sont affrontées au sujet de la philosophie chrétienne, chacune étant incarnée par un auteur en particulier. E. Gilson perçoit dans la philosophie chrétienne celle qui provient du christianisme. M. Blondel y voit plutôt la destination de la philosophie, en tant qu'elle conduit au christianisme, qui en est le point d'arrivée. J. Maritain soutient que la philosophie et le christianisme coïncident dans la philosophie chrétienne, mais préfère l'expression « philosophe chrétien », où la démarche du philosophe est teintée par sa foi. E. Bréhier s'oppose à la philosophie chrétienne, l'assimilant à un non-sens, en sorte que la vraie philosophie requiert d'être déconnectée du christianisme.

Cette mise au point conceptuelle, nullement destinée à résoudre le débat entourant la philosophie chrétienne, fait ressortir le caractère inapproprié et anachronique du geste consistant à assimiler la philosophie cartésienne à une philosophie chrétienne, au regard de l'organisation interne de l'une et du sens spécifique de la seconde. Deux principaux obstacles entravent leur concordance : la séparation structurelle entre

96 Bréhier, Émile, *Histoire de la philosophie*, Vol. 1-2, Paris, P. U. F., 1927, 1947, p. 487-495 ; « Y a-t-il une philosophie chrétienne ? », *in Revue de métaphysique et de morale*, 38, 1931, p. 133-162.

raison et foi tracée par Descartes empêche le lien intrinsèque qu'elles ont dans la philosophie chrétienne ; l'instauration cartésienne de l'autonomie du champ philosophique, dont la révélation chrétienne est exclue au profit de la seule raison, remet en cause la fécondité philosophique de celle-ci, postulée par la philosophie chrétienne. D'un côté, sous l'impulsion de Descartes, la philosophie s'est libérée du joug de la théologie et n'est plus dans une position ancillaire où elle était jusqu'alors. À l'inverse, la philosophie chrétienne désigne, au sens technique, des philosophies entées sur la théologie. Les deux projets sont incompatibles. Le geste cartésien de séparer la raison de la foi est décisif, annonçant l'aurore de la modernité. Et, tout l'effort de Descartes consiste, en maintenant cette séparation, à lui conférer une portée non contradictoire dans le sens où la philosophie établit rationnellement des vérités qui, loin de contredire la révélation, s'y accordent, et peuvent même la soutenir dans un élan apologétique. De l'autre, la philosophie chrétienne désigne la manière dont la révélation chrétienne est génératrice de raison et touche la philosophie : la philosophie chrétienne trouve dans la révélation chrétienne une richesse inépuisable, de par sa puissance éthique et cognitive incommensurable. Une telle fécondité philosophique du christianisme n'est pas à l'œuvre dans la pensée cartésienne, obstruant l'assimilation de cette dernière à une philosophie chrétienne. Certes, il est indéniable que la philosophie cartésienne s'enracine dans un contexte chrétien, qui exerce certainement une influence. Mais celle-ci ne signifie nullement que la révélation chrétienne pénètre le contenu de la philosophie cartésienne dans l'élaboration de ses concepts. Autrement dit, même si le christianisme joue un rôle certain dans la philosophie cartésienne, il n'occupe pas une position de fondement : Descartes ne fait pas appel aux « trésors spéculatifs de la tradition chrétienne[97] » pour construire son système. Il ne puise pas dans le christianisme les vérités de sa philosophie. Le christianisme n'est pas générateur de raison : il n'a pas été fécond philosophiquement en produisant directement des concepts qui auraient inspiré la philosophie cartésienne et qu'elle aurait intégrés et développés. La philosophie, émancipée de l'ombre tutélaire de la théologie, procède de manière autonome. Elle ne reçoit pas les lumières de la révélation, mais avance selon celles de la raison, entièrement naturelles.

97 Secretan, Philibert, (éd.), *op. cit.*, p. 12.

Objecterait-on que cette raison est déjà chrétienne parce que donnée à l'homme par Dieu ? Au contraire, l'objection confirme notre point de vue dans la mesure où la philosophie cartésienne est solidaire d'une prise de position à la retombée théologique sur la « puissance de la raison ». Cette dernière est en mesure de connaître le vrai et le faux, en vertu du critère de clarté et de distinction lui-même appuyé sur la véracité divine. La philosophe peut, protégée par la véracité divine et la confiance placée dans le pouvoir de la raison, découvrir la vérité sur l'homme, le monde et Dieu, selon des voies entièrement naturelles : c'est d'ailleurs pourquoi Dieu est approché et aimé à partir de la raison (Lettre à Chanut du 1er février 1647).

Dès lors, les éléments introductifs sur l'organisation cartésienne du rapport raison-foi, associés à cette mise au point, montrent que la philosophie cartésienne ne répond pas à la démarche d'une philosophie chrétienne : mieux, la première sert même à cibler certains défauts inhérents à la seconde, au regard de la séparation entre raison et foi dans laquelle la philosophie puise son indépendance, s'émancipant de l'emprise de la théologie. Reste que récuser d'assimiler la philosophie cartésienne à la philosophie chrétienne ne doit pas occulter la place dévolue au christianisme, eu égard à la manière dont l'une entend se concilier avec l'autre. La philosophie cartésienne peut alors être perçue sous les traits d'une philosophie chrétienne, en désolidarisant ce terme du sens technique qui lui a été assigné et en l'amendant : nous repérons dans la philosophie cartésienne, non une inspiration chrétienne, mais une aspiration au christianisme, dans le sillage d'une séparation préalable entre raison et foi. En d'autres termes, la philosophie cartésienne se laisse apprécier comme une philosophie chrétienne par rapport, non pas à la fécondité philosophique du christianisme, mais à la visée de celui-ci. La philosophie cartésienne vise le christianisme à travers l'accord qu'elle cherche à mettre en œuvre, selon les différentes modalités sous lesquelles il va se présenter : l'accord, objet de notre enquête, traduit, d'un certain point de vue, une aspiration au christianisme, à travers la manière dont les principes de l'une tendent à permettre de penser les vérités de l'autre[98]. Par-là, nous entendons présenter Descartes comme

98 Nous nous inspirons d'une remarque allusive de X. Tilliette en l'adaptant à l'inspiration de notre pensée et en le développant : « L'alliance contre nature, stigmatisée par Kierkegaard, du roi Sodome et d'Abraham ne doit cependant pas effacer *l'aspiration philosophique au*

un philosophe chrétien, dont la philosophie est chrétienne au regard de son aspiration au christianisme, exprimée dans la recherche d'un accord au sens pluriel. Aussi faut-il retenir par aspiration au christianisme le dialogue que la philosophie cartésienne engage avec celui-ci, à partir d'une séparation des sphères : la philosophie paraît attentive à une voie étrangère séparée de la sienne, avec laquelle elle cherche à dialoguer en instaurant des points de convergence en tant que la vérité est une.

Dans cette optique, sans faire de ce point un axe de réflexion indépendant, notre propos sera l'occasion d'avancer que la philosophie cartésienne peut faire office, encore aujourd'hui, de grille de lecture pour repenser la relation de la raison et de la foi. Descartes maintient leur continuité, mais sur la base de leur séparation préalable : l'une s'accorde avec l'autre et peut même lui ouvrir la voie. Aussi l'auteur confère-t-il à sa philosophie, de par les vérités qu'elle instaure, le pouvoir de « préparer » à la foi, selon le propre mot de l'auteur[99]. Or, si une telle préparation est possible pour Descartes, point sur lequel se rejoignent unanimement H. Gouhier[100], F. Alquié[101] et N. Grimaldi[102], la question sera de savoir où se situe le point d'interaction, la foi restant un don gratuit de Dieu : l'eucharistie mettra en évidence que les vérités instituées par l'Église, en tant qu'elles sont porteuses de salut, assurent la transition de la raison à la foi.

Il s'ensuit que la philosophie cartésienne s'apparente, à nos yeux, à une troisième voie dans la perspective des rapports raison-foi, entre ceux qui jugent la raison et la foi complémentaires, au risque de faire de la première la servante de la seconde comme dans les traditions de l'augustinisme et du thomisme, et ceux qui établissent un lien entre leur séparation et leur opposition, l'une étant considérée comme

---

christianisme si notable chez Descartes – dans la fameuse lettre à Chanut du 1er février 1647 – et surtout chez Leibniz qui "commençait en philosophie et finissait en théologien" », X. Tilliette, *Le Christ de la philosophie. Prolégomènes à une christologie philosophique*, Paris, Cerf, 1990, p. 18.

99 Descartes, Lettre au Père Mersenne de mars 1642, p. 924-925.

100 Gouhier, Henri, *op. cit.*, p. 214-215.

101 Alquié, Ferdinand, *in* Descartes, *Œuvres philosophiques*, *op. cit.*, t. 2, Lettre au père Mersenne de mars 1642, note 1, p. 925. Nous pouvons également citer le commentaire effectué par F. Alquié de l'épître des *Méditations Métaphysiques*, où il souligne que « selon Descartes, la philosophie, sans remplacer ni comprendre (rappelons que l'infini est incompréhensible) la religion, y prépare », p. 383, note 2.

102 Grimaldi, Nicolas, *Études cartésiennes : Dieu, le temps, la liberté*, Paris, Vrin, 1996, p. 52.

le prélude de l'autre. À rebours de l'interprétation que donne par M. Blondel, nous pensons que Descartes a le grand mérite de donner à penser un rapport de la raison et de la foi sur la base de leur séparation préalable, l'harmonie entre l'une et l'autre se cristallisant dans le Dieu infini et incompréhensible. Certes, nous ne sommes pas sans savoir les conséquences, historiques, de cette séparation. Certaines histoires de la philosophie s'empressent d'affirmer que celle-ci aurait davantage ouvert la voie à la sortie du christianisme que favorisait une articulation, même critique, avec ce dernier. Et effectivement, les Lumières tiendront que l'autonomie du champ philosophique, dont la séparation est la marque, s'accomplit « dans sa parfaite neutralité théologique, quand ce n'est pas dans l'athéisme théorique ou la justification de la lutte antireligieuse[103] ». Toutefois, notre enquête n'entend nullement se situer sur un plan historique, en cherchant à déterminer si Descartes, tout en le créditant de vouloir concilier ses principes avec le christianisme, n'aurait pas desservi ce dernier en préparant sa fin. Nous pourrions convoquer l'objection de G. Voet, via M. Schoock, en la sortant de son contexte, en tant que le théologien perçoit Descartes comme un auteur masquant son hostilité au christianisme : il s'agirait de se demander si Descartes, tout en s'efforçant de démolir les murs de l'athéisme, n'aurait pas produit le contraire, en les renforçant et les faisant grandir[104]. Cette question portant sur les suites du projet cartésien nous paraît extrêmement délicate et réclamerait une étude à part entière. Notre enquête procède de l'intérieur du champ philosophique, sans envisager les conséquences historiques générales pour le christianisme du rapport que la philosophie cartésienne établit avec celui-ci : au demeurant, nous en discuterions volontiers les termes[105].

Ainsi ressort-il de ces remarques programmatiques que la philosophie cartésienne, sans s'introduire dans le champ propre de la théologie, n'est

103 Bardout, Jean-Christophe, Marion, Jean-Luc, « Philosophie cartésienne et théologie. Distinguer pour mieux unir », *op. cit.*, p. 203.

104 Schoock, Martin, *L'admirable méthode, in René Descartes et Martin Schoock, La querelle d'Utrecht*, Textes établis, traduits et annotés par Theo Verbeek, Introduction, Paris, Les impressions nouvelles, 1988, p. 315.

105 La philosophie cartésienne n'a pas forcément enfanté des systèmes athées et antireligieux si l'on regarde, notamment en France mais aussi aux Pays-Bas, sa postérité théologique variée, catholique et protestante, selon la diversité des courants attachés à ces confessions.

pas « théologiquement neutre[106] », au regard de son articulation avec la foi chrétienne. De même que l'union cartésienne est l'histoire d'un « malentendu[107] », nous pensons que le rapport entre raison et foi, même plus généralement, le « christianisme de Descartes », sont également l'histoire d'un malentendu que nous entendons dissiper en nous attachant à restituer le projet poursuivi par l'auteur dans sa philosophie : celui-ci consiste à instaurer un accord de la raison et de la foi en partant de leur séparation. Il est temps à présent d'amorcer notre enquête, en envisageant le sens de l'accord à l'aune de l'eucharistie.

Je tiens à remercier Saverio Ansaldi qui suit mes recherches depuis le départ, les nourrissant de ses conseils ; François Dermange qui aura contribué, en m'ouvrant à la théologie, à l'approfondissement de mes questionnements philosophiques. Enfin, j'adresse ma reconnaissance à la faculté de théologie de l'UNIGE, ainsi qu'à Mme Antoine-Mahut et MM. Leduc, Moreau et Waterlot pour leurs remarques éclairantes.

106 Bardout, Jean-Christophe, Marion, Jean-Luc, « Philosophie cartésienne et théologie. Distinguer pour mieux unir », *op. cit.*, p. 203.

107 Gouhier, Henri, *La pensée métaphysique de Descartes*, Paris, Vrin, 1962, Quatrième édition, 1987, 1999, p. 321.

ÉTAPE PROPÉDEUTIQUE

CONTEXTUALISATION

L'eucharistie, provenant du latin *eucharistia*, signifiant actions de grâces, est un sacrement chrétien, prenant sa source dans le récit de la Cène, étant également désignée sous le nom de *sacrifice de la Cène* ou *sacrement du Corps et du Sang de Jésus-Christ*. Les sources bibliques de l'eucharistie sont plutôt connues.

À la veille de son arrestation, Jésus organisa avec ses disciples un dernier repas et les chargea des préparatifs (Mt, 26, 17-19 ; Mc, 14, 12-16 ; Lc, 22, 7-13). La Cène tient alors lieu, selon la présentation qu'en font les Évangiles, du repas traditionnellement partagé par la communauté juive lors de la Pâque[1]. Les juifs se réunissaient chaque année autour d'un repas rituel, la Pâque, appelée aussi fête des Azymes, où ils célébraient l'agneau pascal pour commémorer la sortie d'Égypte et la délivrance du peuple d'Israël. Mais au cours de ce repas rituel, Jésus eut un geste particulier, qui conféra une dimension proprement chrétienne à ce qui se déroulait jusqu'alors dans une atmosphère juive. Le moment clef du récit de la Cène réside dans les paroles prononcées par le Christ durant le repas, qui marquent l'établissement de l'eucharistie. Ainsi, après avoir désigné celui qui le trahira et le livrera[2], Jésus, prenant du pain, le bénissant et le rompant, l'offrit à ses disciples en disant : « Prenez, mangez, *ceci est mon corps* » (Mt, 26, 26 ; Mc, 14, 22 ; Lc, 22, 19-20). De même, saisissant le calice, il leur donna du vin en disant : « Buvez-en

1 *Dictionnaire de théologie catholique, contenant l'exposé des doctrines de la théologie catholique, leurs preuves et leur histoire*, Commencé sous la direction de A. Vacant, continué sous celle de E. Mangenot, Tome Cinquième, Première Partie, art. Eucharistie, Paris, Éditeurs Letouney et Ané, 1913, p. 1032 : « tous les interprètes catholiques et la plupart des critiques admettent que, selon Marc et Matthieu, la cène fut un repas pascal ».

2 Ce récit vient après l'institution de l'eucharistie dans l'évangile de saint Luc.

tous, car *ceci est mon sang* » (Mt, 26, 27-28 ; Mc, 14, 23). Les paroles de la consécration prononcées par le Christ représentent le point nodal de l'eucharistie : toute la signification de celle-ci dépend du sens qui leur est accordé.

Liée au dernier repas du Christ, préfigurant la Passion par l'annonce du don de son corps et de son sang[3], l'eucharistie recèle un enjeu théologique fort. Dans la perspective de l'Église catholique romaine, elle a d'ailleurs été tenue, à une époque, pour l'essence même de la foi catholique, en tant qu'elle constitue « le sommet et le centre de la vie chrétienne[4] ». Des sept sacrements reconnus traditionnellement dans la religion catholique, l'eucharistie a été érigée, notamment aux XVIe et XVIIe siècles, en tête des sacrements. Tout en se voyant conférer une dignité supérieure, l'eucharistie a aussi une histoire controversée, dans la mesure où elle a suscité nombre de divisions quant à l'interprétation de son sens théologique. Lieu des controverses les plus vives, l'eucharistie est le sacrement à propos duquel se jouent les schismes et les hérésies, devenant une problématique confessionnelle. Ces affrontements, regroupant non seulement les catholiques et les protestants, mais les catholiques eux-mêmes, atteignent leur apogée du XVIe au XVIIIe siècles. Outre sa portée théologique, intrinsèquement forte et polémique, l'eucharistie mobilise des enjeux liturgiques, qui sont sujets, eux aussi, à discussion. J.-R. Armogathe résume très bien ces différents enjeux enveloppant l'eucharistie, qu'il ne s'agira nullement de tous aborder dans cette étude : « C'est à plusieurs titres, et à juste raison, que la question eucharistique est le chapitre *le plus important de la théologie chrétienne.* L'Eucharistie occupe en effet, dans l'économie du salut, la place du sacrifice renouvelé et du mémorial de la passion rédemptrice ; *en théologie sacramentelle, elle tient la place du sacrement par excellence*, le Christ sauveur s'offrant aux pécheurs ; dans la tradition chrétienne, son origine remonte à la Cène. *Elle possède un passé liturgique d'une immense richesse. Sa théologie propre est, enfin, des plus contestées, le lieu par excellence des grands affrontements, des schismes et des hérésies*[5] ».

---

3 À l'exception des citations, nous n'emploierons pas les mots « corps » et « sang » du Christ avec une majuscule, afin de préserver la neutralité et l'aspect académique de notre enquête et de ne pas basculer dans le registre de la piété.

4 *Textes doctrinaux du magistère de l'Église sur la foi catholique*, Traduction et présentation de Gervais Dumeige, Paris, Éditions de l'Orante, 1969, p. 395.

5 Armogathe, Jean-Robert, *Theologia cartesiana. L'explication physique de l'Eucharistie chez Descartes et dom Desgabets*, La Haye, Martinus Nijhoff, 1977, p. 3 [mots soulignés par nous].

Or, l'eucharistie est une question présentant des enjeux, non seulement théologiques, mais aussi philosophiques. Ce sacrement a attisé l'attention de nombreux philosophes, notamment au XVIIe siècle. Les auteurs se rattachant à la tradition dite du cartésianisme, tels que Descartes, Arnauld, Malebranche (1638-1715), Leibniz (1646-1716), mais aussi d'autres moins connus, tels que J. Rohault (1617 ou 1618-1672), R. Fédé (1644-1716), ont livré une théorie eucharistique philosophique, au sens d'une réflexion arrimée à leurs principes philosophiques. La dimension philosophico-théologique de l'eucharistie est avérée : les travaux d'histoire de la philosophie et de la théologie s'attachent, depuis une période relativement récente, à en restituer l'importance, en lui accordant une place. Citons l'étude menée par X. Tilliette qui parcourt les « philosophies eucharistiques », de Descartes à M. Blondel, en passant par Pascal, l'idéalisme allemand, etc. (*Philosophies eucharistiques, De Descartes à Blondel*, Paris, Cerf, 2006).

Descartes se situe à un moment charnière, dans la mesure où nous pouvons considérer qu'il a, d'une certaine manière, signé l'acte de naissance de la philosophie eucharistique. Non que les théories eucharistiques faisant appel à des concepts philosophiques n'existaient pas auparavant. Mais Descartes a ouvert la voie à une approche nouvelle du sacrement eucharistique, représentant une étape par rapport à la perspective médiévale : principalement théologique, cette dernière s'attachait, suite notamment aux hérésies de B. de Tours (999-1050), à fixer la lettre du dogme, à l'appui de saint Thomas (1225-1274). Si la Réforme, qui s'ouvre par l'affichage des 95 de M. Luther (1483-1546) sur la porte de l'Église de Wittenberg le 31 octobre 1517, est venue renouveler le sens théologique de l'eucharistie, Descartes, pour sa part, situe son approche de l'eucharistie à l'intérieur du champ philosophique en cherchant, à partir de la raison, à l'expliquer. L'auteur a développé, au cours de son œuvre philosophique, une « explication », selon le mot revenant constamment sous sa plume, de l'eucharistie, à l'aune de ses propres principes philosophiques, souvent méconnue et même passée sous silence, alors qu'elle est pourtant essentielle. La théorie eucharistique cartésienne revêt un intérêt du point de vue de l'histoire de la philosophie cartésienne. Les textes dans lesquels Descartes traite de l'eucharistie sont généralement peu connus. En outre, ils détiennent une portée philosophique : la réflexion menée par l'auteur sur l'eucharistie s'appuie sur des concepts inhérents à son système philosophique, qui viennent le compléter et le parachever. Mais surtout, l'eucharistie enveloppe un enjeu philosophique majeur, consistant à donner à voir un autre visage de la philosophie cartésienne, marquée par son articulation avec le christianisme. En ce sens, l'eucharistie cristallise l'organisation interne du système cartésien reposant sur la séparation, non contradictoire, établie par l'auteur entre raison et foi : tout en se déclarant philosophe, l'auteur apparaît soucieux d'instaurer des principes philosophiques novateurs qui, tout en prenant le contre-pied de ceux d'Aristote, ne contredisent pas la foi mais s'y concilient et peuvent même la soutenir dans un élan apologétique. À cet égard, l'eucharistie s'inscrit dans la problématique d'ensemble motivant notre essai. Le geste cartésien, consistant à expliquer l'eucharistie sur la base de sa philosophie, constitue une expérience cruciale pour déterminer le projet d'un accord avec le christianisme, que nous tenons pour structurel, en nous inspirant de la citation déjà avancée : « mais maintenant je me propose, après avoir expliqué ma nouvelle philosophie, de faire voir clairement qu'elle s'accorde beaucoup mieux avec toutes les vérités de la foi, que ne fait celle d'Aristote[6] ».

De fait, nous étudierons la théorie eucharistique cartésienne, non pas en elle-même, mais du point de vue du fil conducteur de notre propos : celle-ci sera étudiée en la prenant comme le miroir du rapport de la philosophie cartésienne avec le christianisme, et elle va refléter deux modalités d'articulation avec celui-ci. Ce présupposé méthodologique confère une part d'originalité à notre approche de la théorie eucharistique cartésienne, sur laquelle un important travail a été mené par J.-R. Armogathe (*Theologia cartesiana. L'explication physique de l'Eucharistie chez Descartes et dom Desgabets*, La Haye, Martinus Nijhoff, 1977), dont nous sommes redevable[7]. Nous nous appuierons sur celui-ci, tout en apportant un regard nouveau sur cette thématique, au regard de la

6 Descartes, Lettre dite à Boswell de fin 1641.

7 Les sources bibliographiques sur l'eucharistie dans la philosophie cartésienne sont loin d'être pléthoriques. Nous avons signalé les travaux de J.-R. Armogathe et de X. Tilliette. Ajoutons : Gouhier, Henri, *op. cit.*, p. 221-232 ; Laporte, Jean, *op. cit.*, 405-419 ; Adam, Michel, *L'eucharistie chez les penseurs français du dix-septième siècle*, Hildesheim-New York, Georg Olms Verlag, 2000. La littérature secondaire anglophone contient également peu de références, n'ayant pas consacré d'étude à part entière à cette thématique. Nous pouvons renvoyer à Ariew, Roger, *Descartes among the Scholastics*, *op. cit.*, chap. 7 ; Alexandrescu, Vlad, "Descartes and Pascal on the Eucharist", *in Perspectives on science*, 2007, 15/4.

démarche d'ensemble dans laquelle nous insérons la théorie eucharistique cartésienne.

L'approche cartésienne de l'eucharistie se déploie à travers une série de textes, dont la teneur diffère, mais qui présente le point commun de ne pas faire l'objet d'un ouvrage à proprement parler. C'est un point important à prendre en considération : Descartes n'a pas laissé un traité eucharistique. Sa réflexion sur ce sacrement s'élabore dans des textes appartenant à une époque différente et ne revêtant pas le même statut, ressortissant à la *Correspondance* ou aux Réponses aux Objections aux *Méditations Métaphysiques*. Les écrits cartésiens touchant l'eucharistie peuvent être regroupés en trois grandes périodes. Nous pouvons dégager la lettre de 1630 qui contient la première référence cartésienne à l'eucharistie, au détour d'une allusion : c'est le moment « de la découverte de Descartes[8] » qui, jusqu'à 1638, élabore une explication du sacrement qu'il garde pour lui-même. Puis, à la suite d'une série de lettres datées de 1638 et de 1641, nous informant du bon avancement de ses recherches eucharistiques, Descartes rendra publique son « explication » du sacrement dans ses Réponses aux Quatrièmes Objections aux *Méditations Métaphysiques*. Le dévoilement de son explication signe un premier tournant dans la formation de la théorie eucharistique cartésienne. Viennent ensuite les lettres de 1645 au Père Mesland, confidentielles, dans lesquelles Descartes enrichit sa théorie eucharistique et lui apporte des éléments nouveaux, en abordant une autre question que celle traitée dans la première explication. Il s'agit du deuxième tournant, impliquant une seconde explication dont le statut diffère de la première : la publication de l'une contraste avec la dimension secrète attachée à l'autre, par l'auteur lui-même. Enfin, après la découverte de 1630, l'explication publiée dans les Réponses, celle délivrée dans les lettres secrètes au Père Mesland, vient la phase de « clôture », terme que nous préférons, avec J.-R. Armogathe, à celui de « coupure[9] », inopérant pour concevoir l'histoire d'une pensée : en dépit des sollicitations pressantes dont il fait l'objet de la part de ses interlocuteurs, Descartes refusera catégoriquement de se prononcer à nouveau sur les questions eucharistiques, émettant à ses correspondants une fin de non-recevoir. Tel est le *corpus* cartésien que nous avons retenu et que nous souhaitons

8 Armogathe, Jean-Robert *op. cit.*, p. 43.
9 *Ibid.*, p. 44.

affirmer, en toute humilité, exhaustif. L'exhaustivité des textes sera tout du moins notre aspiration et notre exigence.

Nous prendrons le parti méthodologique de lire Descartes à la lumière des textes pour saisir le cheminement et l'évolution de sa pensée sur l'eucharistie, adoptant une méthode quasi herméneutique : tout part d'une découverte, primitive, de Descartes sur l'eucharistie, qui va s'étoffer. La philosophie cartésienne est l'histoire de la pensée de Descartes, et sa théorie eucharistique n'y échappe pas. Nous rejoignons F. Alquié qui, dans son introduction à l'édition des œuvres complètes de Descartes, opte pour un ordre chronologique dans la présentation des textes de l'auteur : posant qu'il pense « l'œuvre inséparable de l'homme », le commentateur souligne que la « plupart des erreurs commises sur Descartes viennent de ce que l'on se refuse à considérer son esprit *dans le mouvement de sa découverte*, alors que lui-même veut nous livrer l'histoire de sa pensée, et donne, de sa métaphysique, une présentation temporelle[10] ». En nous inspirant de la lecture temporelle et existentialiste de la pensée cartésienne suivie par F. Alquié dans *La découverte métaphysique de l'homme*, ouvrage paru en 1950, nous prenons nos distances avec la lecture structuraliste dont elle peut faire l'objet, dont M. Guéroult s'est fait le champion dans *Descartes selon l'ordre des raisons*, publié en deux volumes en 1953 : nous n'entrons pas ici dans le détail de cette querelle qui opposa vivement ces deux auteurs et ces deux modèles de lecture de la pensée cartésienne[11]. Nous proposons, nous aussi, une présentation temporelle de la théorie eucharistique cartésienne, en étudiant successivement les différentes étapes chronologiques qui la parsèment : dans notre enquête, nous resituerons la théorie eucharistique selon la dynamique de la pensée cartésienne, en assistant aux moments de son évolution, entre celui de sa genèse, de son élaboration, de sa maturation et de sa clôture. Et c'est en présentant les

10 Alquié, Ferdinand, *in* Descartes, *Œuvres Philosophiques*, *op. cit.*, t. 1, Introduction,, p. 16 [mots soulignés par nous].

11 Écoutons F. Alquié qui synthétise les deux positions en présence : « Certains auteurs essaient de comprendre le système par la cause finale. Ils ne voient dans le cartésianisme qu'un ensemble d'idées qu'ils jugent du point de vue de la seule valeur objective. Ils coordonnent des textes selon le critère de la cohérence. D'autres au contraire ne dédaignent pas d'expliquer la pensée de Descartes par son histoire. Pour eux, l'ordre véritable du cartésianisme n'est pas celui dans lequel s'enchaînent logiquement des idées, c'est l'ordre temporel dans lequel une pensée vivante s'est développée », Alquié, Ferdinand, *Descartes, L'homme et l'œuvre*, Introduction, Paris, Hatier-Boivin, 1956, p. 8.

textes dans leur économie temporelle que nous pourrons mesurer en quel sens ils sont homogènes et permettent de conférer une dimension systématique à la théorie eucharistique cartésienne : ce n'est que dans l'horizon des étapes chronologiques auxquelles la pensée cartésienne obéit que celle-ci peut se déployer comme un système, non pas clos, mais ouvert et se développant.

Une telle approche, ancrée sur les textes, poursuit un objectif pédagogique qui est double. D'une part, mettre en lumière que l'eucharistie est une thématique qui jalonne l'ensemble de l'œuvre cartésienne, des écrits de jeunesse à ceux plus tardifs : en dépit de quelques éclipses, la thématique de l'eucharistie recouvre, au sein de l'œuvre cartésienne, une certaine cohérence, son apparition obéissant à un cadre précis. Aussi pouvons-nous repérer un *commencement* et une *fin* à la théorie eucharistique cartésienne. D'autre part, saisir que l'eucharistie constitue, même si cela peut paraître déroutant, une question que Descartes a intégrée à son champ d'expertise philosophique. Descartes s'est intéressé de lui-même, de manière volontaire et spontanée, à l'eucharistie. Autrement dit, l'eucharistie ne constitue pas une thématique ponctuelle, sur laquelle Descartes, subissant une contrainte extérieure, se serait penché de manière désordonnée. Au contraire, nous aurons à cœur de souligner que l'eucharistie participe de l'économie d'ensemble de la pensée cartésienne, Descartes lui portant un intérêt précoce, spontané et même philosophique. En outre, la place de l'eucharistie dans le système cartésien sera renforcée à travers la manière dont Descartes approche celle-ci à partir de principes essentiels de sa philosophie, dont elle permet d'ailleurs l'approfondissement. Eucharistie et philosophie se nourrissent mutuellement. Les principes cartésiens servent à expliquer l'eucharistie, et réciproquement, cette dernière est l'occasion pour Descartes de développer ceux-ci.

Notre étude de la théorie eucharistique cartésienne sera cimentée de plusieurs moments. En premier lieu, nous nous interrogerons sur les raisons qui ont conduit l'auteur à traiter de l'eucharistie, en nous penchant sur la genèse de son intérêt pour cette thématique. Nous exposerons ensuite en détail les explications qu'il en propose, en restituant leurs différentes étapes, à travers les textes dans lesquels elles sont avancées. Dans ce cadre, nous sonderons l'ambition cartésienne, en mettant au jour l'intention qu'il poursuit ; puis, nous adopterons un regard critique sur ces explications, en dégageant leurs enjeux philosophico-théologiques ; enfin, nous déterminerons la modalité du rapport qu'elles impliquent avec le christianisme.

L'EUCHARISTIE DANS LA TRADITION CATHOLIQUE

LE CONCILE DE TRENTE

Avant de nous pencher sur Descartes et de dévoiler le contenu de sa théorie eucharistique, il est primordial de restituer, brièvement, le statut et le sens revêtus par l'eucharistie dans le christianisme. Ce passage par la tradition catholique sert de prolégomènes nécessaires pour saisir la signification et la portée de la conception cartésienne de l'eucharistie. L'intelligibilité et l'orthodoxie de la théorie cartésienne ne pourront être mesurées sans évoquer, dans un moment propédeutique, l'approche théologique de l'eucharistie. Il convient de délimiter notre point de vue, en circonscrivant celui-ci à la perspective à laquelle Descartes lui-même obéit. Or, « zélé à la religion catholique[12] », se déclarant ouvertement « catholique romain[13] », l'auteur s'inscrit dans une perspective catholique dans son approche de l'eucharistie. Aussi, c'est le catholicisme tel que Descartes le connaissait et tel qu'il était répandu en son temps dont nous traiterons. Le concile de Trente (1545-1563) sert de principale référence dans ce contexte : il s'agit du dernier concile œcuménique s'étant rassemblé à cette époque, et nous savons, d'après ses œuvres, que Descartes connaissait celui-ci. Il s'agit de sa principale référence, celle avec laquelle il dialogue et qu'il cite expressément : l'auteur va notamment s'employer à montrer comment son explication de l'eucharistie s'accorde avec les décrets tridentins sur l'eucharistie, tout en mettant en exergue l'écart séparant l'enseignement du concile de la doctrine thomiste. En outre, le concile de Trente occupe une position décisive dans la mesure où, s'inscrivant dans un mouvement de Contre-Réforme, il définit les articles de foi et fixe les hérésies à travers les anathèmes.

---

12 Descartes, Lettre au Père Mersenne de décembre 1640, t. 2, p. 288.

13 Lettre au Père Mersenne de mars 1642, t. 2, p. 923.

D'ailleurs, les décrets tridentins sur l'eucharistie ont longtemps servi de base au droit canonique, jusqu'à une période encore relativement récente (1917). Ces différentes raisons justifient de recourir au concile de Trente pour exposer la position catholique sur l'eucharistie. À ce titre, notre intérêt pour celui-ci ne s'inscrit nullement dans le cadre d'une démarche confessante. Il s'agit de reconstruire l'architectonique et l'unité de l'enseignement tridentin, afin d'offrir un repère à notre lecteur et de pouvoir saisir la manière dont Descartes met en rapport son explication avec la foi catholique.

Le concile de Trente s'étend, de par des conjonctures historiques difficiles, sur plus d'une dizaine d'années : ouvert le 13 décembre 1545, il est conclu, après plusieurs ajournements et un déplacement à Bologne, le 4 décembre 1563[14]. Le concile, réuni par l'Église catholique romaine pour faire face au défi lancé par le mouvement de Réforme en Allemagne, incarne la riposte catholique.

L'ENSEIGNEMENT DU CONCILE

Sacrement et sacrifice : un sacrement revêtant une dignité supérieure

Plusieurs éléments traversent l'enseignement du concile sur l'eucharistie. Certains touchent d'abord au statut de l'eucharistie. Celle-ci est un sacrement, tout en étant sacrement et sacrifice. Pour des raisons méthodologiques, nous nous concentrerons principalement sur le premier aspect dans la mesure où, comme nous le soulignerons, Descartes lui-même, s'astreignant à une démarche physique d'explication, privilégie l'eucharistie comme sacrement et délaisse le plan du sacrifice, réservé à la théologie.

Dans la perspective catholique, les sacrements se rapportent à ce qui a été institué par le Christ pour le salut des hommes : recensés, notamment depuis la liste établie par P. Lombard (1100-1160) dans

14 Nous pouvons distinguer trois grandes Sessions qui s'entendent sur quatre périodes, dont trois à Trente et une à Bologne. Durant la première période (décembre 1545-1547) se déroule les huit premières Sessions, avec le décret sur les sacrements en général. La seconde (mars 1547-septembre 1549) se tient à Bologne, comprenant les Sessions 9 à 10. La deuxième période de Trente (mai 1551-avril 1552) comprend les Sessions 11 à 16, dont le Décret sur l'eucharistie. Enfin, la troisième période de Trente (janvier 1562-décembre 1563) comprend les Sessions 17 à 25.

ses *Sentences* (4, 2, 1), au nombre de sept dans cette confession[15], ils se définissent, traditionnellement, comme le signe visible de la grâce qu'il communique. Or, l'eucharistie revêt, dans le contexte du catholicisme, une dignité supérieure par rapport aux autres sacrements. L'eucharistie possède une « excellence » et « une particularité[16] », en vertu desquelles celle-ci est placée en tête des sacrements. La supériorité de l'eucharistie procède de sa spécificité : elle ne peut être réduite à être seulement le signe de la grâce qu'elle communique, ce que sont précisément, selon leurs définitions, les autres sacrements. L'Église catholique romaine tient pour article de foi que le Christ est, dans le sacrement eucharistique, réellement et totalement présent sous les espèces du pain et du vin. Loin d'être le signe de la grâce qu'elle confère, l'eucharistie est grâce. Autrement dit, « elle ne se contente pas d'une relation analogique avec la sainteté, mais elle est, au premier chef, le Saint par excellence[17] ». La grâce étant intrinsèque à l'eucharistie, cette dernière détient une prééminence, de sorte qu'elle cause la grâce indépendamment de sa réception par le croyant : « La très sainte eucharistie a, certes, ceci de commun avec les autres sacrements qu'elle est le "symbole d'une réalité saine et forme le signe visible d'une grâce invisible". Mais ce que l'on trouve en elle d'excellent et de particulier est que les autres sacrements ont la vertu de sanctifier lorsque quelqu'un y a recours, alors que dans l'eucharistie se trouve l'auteur même de la sainteté avant qu'on ne la reçoive[18] ».

Le dogme de la présence réelle : présence du Christ, substantielle et sacramentelle

L'imprescriptible primauté de l'eucharistie, que nous n'interrogerons pas d'un point de vue théologique, est liée au dogme de la présence réelle : celui-ci constitue le centre névralgique de l'enseignement catholique

15 Baptême, confirmation, eucharistie, pénitence, onction des malades, ordre et mariage. Par distinction, Luther reconnaît initialement trois sacrements, le baptême, la pénitence, et l'eucharistie, puis finit par ne retenir que le baptême et l'eucharistie, les deux seuls admis par Calvin.

16 Denzinger, Heinrich, *Symboles et définitions de la foi catholique*, Concile de Trente, Décret sur le sacrement de l'eucharistie, Chap. 3, Paris, Cerf, 1996, p. 440/1639. *Cf.* aussi le titre même de ce chapitre : « *Excellence de la très sainte eucharistie* par rapport aux autres sacrements » [mots soulignés par nous].

17 Armogathe, Jean-Robert, *op. cit.*, p. 5.

18 Denzinger, Heinrich, *op. cit.*, Décret sur le sacrement de l'eucharistie, Chap. 3, p. 440/1639.

relatif à l'eucharistie, faisant l'objet du premier chapitre du décret du concile de Trente. Mais que faut-il entendre par « présence réelle » ? Il importe de considérer que la présence réelle n'est pas l'apanage du catholicisme : tout chrétien confesse la présence réelle du Christ dans le sacrement eucharistique. Mais le sens attribué à la réalité de cette présence diffère, eu égard au critère retenu. Dans le sillage de la position catholique, remarquons que l'adjectif réel est à prendre dans son opposition à ce qui relève du signe et qui se comprend dans un sens figuré. L'eucharistie n'est pas la figure ou le signe de la présence du Christ. Au contraire, loin d'être là sous le mode d'un signe, le Christ est présent en vérité ou *véritablement* : « ce fut toujours la foi dans l'Eglise de Dieu que, immédiatement après la consécration, *le véritable Corps et le véritable Sang de notre seigneur se trouvaient sous les espèces du pain et du vin*[19] ». À ce titre, le concile professe que les paroles prononcées par le Christ, loin de souffrir d'une quelconque obscurité, sont limpides. Se présentant en un sens propre et très clair, elles font l'objet d'une interprétation littérale et non pas symbolique ou plutôt figurée. Celles-ci témoignent de la présence réelle du Christ, au sens où ce sont son vrai corps et son vrai sang qui sont offerts par Jésus à ses disciples : « notre Rédempteur a *institué ce sacrement si admirable lors de la dernière Cène*, lorsque, *après avoir béni le pain et le vin*, il *attesta en termes clairs* et *précis* qu'il *leur donnait son propre Corps et son propre Sang*[20] ».

Poursuivons. La présence réelle du Christ dans le sacrement de l'eucharistie se réfère alors à sa présence substantielle. Telle est, *in fine*, la signification du dogme de la présence réelle : « En premier lieu, le saint concile enseigne et professe ouvertement et sans détour que, dans le vénérable sacrement de la sainte eucharistie, après la consécration du pain et du vin, *notre Seigneur Jésus Christ, vrai Dieu et vrai homme, est vraiment, réellement et substantiellement* [*can.* 1] *contenu sous l'apparence de ces réalités sensibles*[21] ». Le Christ est présent par mode de substance. Que faut-il ici

19 *Ibid.*, p. 440/1640 [mots soulignés par nous].
20 *Ibid.*, Chap. 1, p. 439/1637 [mots soulignés par nous]. *Cf.* aussi, Chap. 2, p. 440/1640 : « En effet, les apôtres n'avaient pas encore reçu l'eucharistie de la main du Seigneur [voir Mt, 26, 26; Mc 14, 22] qu'il affirmait pourtant que c'était vraiment son Corps qu'il présentait » et *Ibid.*, chap. 4, p. 440/1642 : « le Christ notre Rédempteur a dit qu'était vraiment son corps ce qu'il offrait sous l'espèce du pain [voir Mt, 26, 26-29; Mc, 14, 22-25 ; Lc 22, 19 s ; 1 Co 11, 24-26] ».
21 *Ibid.*, chap. 1, p. 438/1636 [mots soulignés par nous].

entendre par substance ? Le terme substance, d'usage scolastique, est hérité de la tradition aristotélico-thomiste. Il est probablement employé, mais de manière assez vague, pour la première fois « par Fauste de Riez, vers 452-478 », avant d'être repris, dans un contexte plus moderne, par « Étienne de Baugé, évêque d'Autun (1139-1149)[22] ». Il ne s'agit nullement de parcourir l'histoire de la notion de substance dans la tradition catholique. C'est essentiellement à la scolastique que se réfère le concile à travers l'emploi du mot substance. Dans la tradition aristotélico-thomiste, la substance, qui renvoie à l'être individuel subsistant, désigne le sujet de tout prédicat et le substrat qui demeure identique dans tout changement accidentel, auquel elle sert de support (conformément à l'origine étymologique du terme, *sub-stare*, la substance désigne ce qui demeure sous quelque chose). Toutefois, il convient d'avoir conscience de la pluralité des perspectives sur la substance à l'époque : saint Thomas et D. Scot (1266-1308) par exemple ne la définissent pas de la même manière et répondent autrement à sa relation avec l'essence. D'ailleurs, l'âge classique constituera un tournant par rapport aux développements de la période médiévale consacrés à la notion latine de *substantia*. Dans cette optique, le concile recourt au terme substance, chargé d'un fort sens scolastique, mais ne définit pas celui-ci, ne tranchant pas entre les différentes perspectives dont il peut faire l'objet, tout en le désolidarisant du terme accident, comme nous le verrons.

Il s'ensuit que, dans le contexte de l'enseignement tridentin, la présence substantielle du Christ est la marque de la vérité de sa présence : le Christ est réellement présent en tant qu'il l'est substantiellement. Aussi le concile souligne-t-il que le Christ est substantiellement présent sous les espèces des hosties déposées sur l'autel, tout en résidant toujours, selon son mode d'existence propre, au Ciel : le Christ est présent dans deux endroits simultanément, mais étant entendu qu'il n'y existe pas sous le même mode. Le sacrement eucharistique implique un mode d'existence substantiel et sacramentel du Christ, par distinction d'avec le mode d'existence propre et surnaturel. Selon son mode d'existence propre et surnaturel, le Christ est dans les cieux, alors qu'il est *sacramentellement* (ou *eucharistiquement*) présent, par mode de substance, dans le sacrement eucharistique sous les espèces du pain et du vin. De ce point de vue, c'est parce que son mode d'existence dans le sacrement eucharistique est

22 Armogathe, Jean-Robert, *op. cit.*, p. 8.

sacramentel que le Christ peut être substantiellement présent dans de nombreux autels sous différentes hosties, tout en demeurant au ciel : « Il n'y a en effet aucune opposition à ce que notre Sauveur lui-même siège toujours dans les cieux à la droite du Père, selon un mode d'existence qui est surnaturel, et à ce que néanmoins il soit pour nous sacramentellement présent en de nombreux autres lieux en sa substance[23] ». La présence sacramentelle du Christ, empruntée à Thomas, est décisive, signifiant implicitement l'exclusion d'une présence locale du Christ par mode de dimensions : le Christ ne saurait être présent à la manière dont un corps se trouve dans un lieu en tant qu'il est présent sacramentellement.

Toutefois, le concile reste discret sur la présence sacramentelle, ne développant pas la distinction, thomiste, entre présence sacramentelle et présence locale, ni mode de substance et mode de quantité. Le concile insiste sur le caractère quasi ineffable de la présence du Christ. Le Christ est présent sacramentellement selon sa substance, en tant qu'il l'est « par un *mode d'existence que nous pouvons à peine exprimer par des mots*, et que nous pouvons cependant reconnaître et constamment croire comme possible à Dieu [*voir Mt*, 19, 26 ; *Lc* 18, 27], par notre pensée éclairée par la foi[24] ». Souligner la dimension en partie indicible de la présence du Christ ne revient nullement à amenuiser la portée de la réalité de sa présence. Professer celle-ci constitue, non un défaut de l'enseignement du concile, mais un élément positif qui en est partie prenante, renvoyant à la part de mystère attachée à l'eucharistie. Le sacrement de l'eucharistie demeure un mystère et engage la puissance de Dieu. Seule celle-ci peut rendre possible que le Christ, au Ciel selon son mode propre, soit réellement présent selon un mode sacramentel et substantiel à l'autel. En ce sens, la présence réelle du Christ requiert les lumières de la foi pour être saisie par l'esprit humain.

À la lumière de notre parcours, nous pouvons à présent saisir la signification du dogme de la présence réelle. La doctrine catholique participe d'un réalisme eucharistique, dans le sens où ce sont le vrai corps et le vrai sang du Christ qui sont présents sous les espèces du pain et du vin. Toutefois, il serait erroné de réduire le dogme de la présence à une présence matérielle ou physique. Le Christ n'est pas présent sous ses propres

23 Denzinger, Heinrich, *op. cit.*, Concile de Trente, Décret sur le sacrement de l'eucharistie, Chap. 1, p. 438/1636.

24 *Ibid.* [mots soulignés par nous].

apparences mais sous celles du pain et du vin. Surtout, la modalité de la présence du Christ est substantielle et sacramentelle, sans être locale, tout en étant difficile à exprimer par le langage humain : de tels éléments rendent caduque toute interprétation matérielle. Enfin, le dogme de la présence réelle du Christ dans le sacrement signifie que la présence du Christ ne se confine pas à l'usage du sacrement et ne se limite pas à la foi du fidèle durant le temps de la communion[25] : le Christ demeure présent tant que les espèces sous lesquelles il est contenu subsistent.

La thèse de la transsubstantiation

Le dogme de la présence réelle est solidaire de la thèse de la transsubstantiation, celle-ci en étant l'accomplissement et l'explication. Comment le Christ peut-il être présent par mode de substance ? La consécration du pain et du vin, que le prêtre effectue en répétant les paroles du Christ, opère un changement ou conversion de substance, celui de toute la substance du pain en la substance du Corps du Christ, et celui de toute la substance du vin en la substance de son Sang : « Parce que le Christ notre Rédempteur a dit qu'*était vraiment son corps* ce qu'il *offrait sous l'espèce du pain* [voir *Mt*, 26, 26-29 ; *Mc*, 14, 22-25 ; *Lc* 22, 19 s ; 1 *Co* 11, 24-26], on a *toujours* été persuadé dans *l'Église de Dieu* – et c'est ce que *déclare de nouveau aujourd'hui ce saint concile* – que *par la consécration du pain et du vin* se fait un *changement* de *toute* la *substance* du pain en *la substance du corps du Christ* notre Seigneur et *de toute la substance du vin* en *la substance de son sang*[26] ». Relevons dans un premier temps l'importance des termes, le concile parlant de « changement » ou de la « conversion » dans le texte latin (*Quae conversio*). Qu'est-ce à dire ? Le concile ne développe pas les implications de ce terme, mais elles sont implicites. En effet, le choix du terme est significatif par lui-même. Ce qui advient dans l'eucharistie est une conversion, et non pas une succession. Il ne s'agit nullement ici d'affirmer que la substance du corps et du sang du Christ succède à celle du pain et du vin[27] ; c'est au contraire cette dernière qui, immédiatement après la consécration, est

25 *Ibid.*, Canons sur le saint sacrement de l'eucharistie, Can. 4, p. 444/1654.

26 *Ibid.*, Décret sur le sacrement de l'eucharistie, Chap. 4, p. 440/1642 [mots soulignés par nous].

27 Une succession est impossible du fait notamment que la substance du pain et du vin ne demeure pas.

convertie en celle-ci. La conversion est instantanée et immédiate. D'autre part, la conversion s'opère de substance à substance : ce ne sont pas les apparences du pain et du vin qui sont changées, mais leur substance. Cette conversion, qui « n'a pas fait, pendant longtemps, l'objet d'une définition précise quant à sa nature et quant à son objet », porte le nom de transsubstantiation, à la suite de la définition fixée par Thomas, reprenant « un mot de Hildebert de Tours » (1055-1133)[28]. Le concile de Trente s'approprie cette notion de transsubstantiation, dont le premier usage officiel dans l'Église catholique remonte au Quatrième concile du Latran (1215)[29]. Le changement, « admirable et unique » de substance qui advient lors de l'eucharistie est nommé, dans le concile de Trente, « d'une manière très appropriée[30] », transsubstantiation.

De fait, la transsubstantiation, effectuée par la consécration des hosties, entretient un lien étroit avec la présence réelle, dans le sens où elle est ce par quoi le Christ est rendu réellement présent. C'est parce qu'il y a conversion de substance, et donc transsubstantiation, que le Christ est réellement présent sous les apparences du pain et du vin. Sans ce mode de conversion, le Christ ne serait pas réellement présent par mode de substance. La transsubstantiation est l'expression la plus adéquate de la présence réelle tout en éclairant la modalité de la présence du Christ. La transsubstantiation constitue l'opération sacramentelle convenant proprement à l'eucharistie, dans la mesure où elle seule rend compte de la présence réelle, en engageant un changement de substance : « la transsubstantiation est le *mode de conversion tenu pour le plus convenable* pour *expliquer* que le Christ soit *contenu vere, realiter ac substantialiter* dans le sacrement[31] ». Mais la transsubstantiation reflète également le rôle tenu par les paroles de la consécration dans la perspective catholique,

28 Armogathe, Jean-Robert *op. cit.*, p. 6 et p. 7.

29 Denzinger, Heinrich, *op. cit.*, Quatrième Concile du Latran, Chap. 2, p. 292/802 : « Il y a une seule Église universelle des fidèles, en dehors de laquelle absolument personne n'est sauvé, et dans laquelle le Christ est lui-même à la fois le prêtre et le sacrifice, lui dont le corps et le sang, dans le sacrement de l'autel, sont vraiment contenus sous les espèces du pain et du vin, le pain étant transsubstantié au corps et le vin au sang par la puissance divine, afin que, pour accomplir le mystère de l'unité, nous recevions nous-mêmes de lui ce qu'il a reçu de nous ».

30 *Ibid.*, Concile de Trente, Décret sur le sacrement de l'eucharistie, Canons sur le saint sacrement de l'eucharistie, Can. 2, p. 444/1652. *Cf.* aussi Décret sur le sacrement de l'eucharistie, Chap. 4, p. 441/1642 : « ce changement a été justement et proprement appelé, par la sainte Église catholique, transsubstantiation ».

31 Armogathe, Jean-Robert, *op. cit.*, p. 7.

prononcées originellement par le Christ, et répétées par le prêtre lors du sacrement. Rappelons que dans tout sacrement se distinguent trois éléments : la matière, la forme et la personne du ministre, dont l'intention est de prolonger ce que fait l'Eglise et qui agit au nom de la personne du Christ. Concernant l'eucharistie, les hosties, c'est-à-dire les espèces du pain et du vin, sont la matière ; les paroles de la consécration prononcées par le Christ sont la forme ; le ministre est le prêtre qui préside à la messe. Or, la place des paroles du Christ est cruciale. Elles font l'objet d'une interprétation littérale et non pas figurée de la part du concile : lors de la Cène, le Christ, par la force de ses propres paroles, change le pain et le vin en son propre corps et sang, offrant ces derniers à ses disciples[32]. En ce sens, les paroles de la consécration jouent un rôle clé lors du sacrement : elles détiennent l'efficacité sacramentelle, ou, pour le dire dans des termes plus techniques et moins théologiques, elles recèlent une valeur performative dans la mesure où elles réalisent concrètement ce qu'elles expriment. Ce sont ces paroles qui, répétées par le ministre, rendent le Christ réellement présent en opérant une transformation. Elles produisent le changement de toute la substance du pain et du vin en celle du corps et du sang du Christ. L'efficacité sacramentelle qu'elles possèdent lors de la célébration eucharistique procède de celle-là même qu'elles ont eue lors de leur formulation originaire par le Christ. Il s'ensuit que c'est donc également le statut même du prêtre qui se trouve engagé dans la conception catholique de l'eucharistie : l'efficacité sacramentelle des paroles de la consécration dépend ce que le prêtre est tenu comme étant, par son ordination, le représentant du Christ sur terre, l'Église étant l'épouse bien aimée de ce dernier.

Cette explicitation des paroles du Christ permet de mieux saisir les enjeux ontologiques de la conception catholique. Il se joue dans l'eucharistie, par l'intermédiaire des paroles de la consécration, une présence du Christ efficace et efficiente, efficace par ses effets, salvifiques, efficiente par sa réalité, pleine et non représentative (ou symbolique). C'est ici la répercussion ontologique majeure de la liturgie catholique,

---

32 Denzinger, Heinrich, *op. cit.*, Concile de Trente, Décret sur le sacrement de l'eucharistie, Chap. 2, p. 440/1640 : « En effet, les apôtres *n'avaient pas encore reçu* l'eucharistie de la main du Seigneur [*voir Mt*, 26, 26 ; *Mc* 14, 22] *qu'il affirmait pourtant* que *c'était vraiment son Corps qu'il présentait* ». *ibid.*, Chap. 4 : « le Christ notre Rédempteur *a dit qu'était vraiment son corps ce qu'il offrait sous l'espèce du pain* [*voir Mt*, 26, 26-29 ; *Mc*, 14, 22-25 ; *Lc* 22, 19 s ; 1 *Co* 11, 24-26] » [mots soulignés par nous].

dans la manière dont l'eucharistie marque l'irruption d'une ontologie de l'effectualité, en faisant se rejoindre l'être et l'effet, l'opération et l'œuvre : « l'effectualité nomme l'être en tant qu'effectif, en tant qu'il produit certains effets et se trouve en retour déterminé par ces effets. L'effectualité est donc la nouvelle dimension ontologique qui s'affirme d'abord dans la sphère liturgique pour s'étendre progressivement jusqu'à coïncider dans la modernité avec l'être en tant que tel[33] ». Les paroles prononcées par le Christ au dernier souper revêtent un caractère effectif et opératif, qui fonde l'opérativité qu'elles recèlent lors de leur répétition par le prêtre : « L'effectualité de l'action liturgique coïncide ici avec la performativité de la parole du Christ[34] ». À ce titre, l'efficacité sacramentelle des paroles du Christ lors de l'eucharistie renvoie donc à l'efficacité effective qu'elles détiennent.

Poursuivons. Pouvons-nous concevoir la transsubstantiation sous la forme d'un dogme ? La transsubstantiation ne constitue pas, au sens propre, un dogme : le dogme catholique est celui de la présence réelle. Il n'empêche que la transsubstantiation est une thèse constitutive de l'enseignement tridentin dans la mesure où elle participe du dogme de la présence réelle. Ce dernier et la transsubstantiation sont placés, dans le sillage de la foi catholique, dans une relation de corrélation, dans la mesure où ils renvoient réciproquement l'un à l'autre : le Christ est rendu réellement présent par un changement de substance, et le changement de substance exprime la modalité de la présence réelle, au sens de substantielle et sacramentelle. Toutefois, en dépit de l'importance qu'il lui prête, le concile demeure relativement discret sur la transsubstantiation. Son enseignement se limite à trois points assez généraux, chacun étant la conséquence de l'autre. D'une part, il convient de relever que c'est « toute » la substance du pain et « toute » la substance du vin qui sont changées, par les paroles de la consécration, en celle du corps et celle du sang du Christ. D'autre part, en tant que c'est toute la substance, rien ne demeure de la substance du pain et du vin, qui n'est plus après la consécration : dans la mesure où elle est toute entière convertie en celle du corps et du sang, la substance du pain et du vin a disparu. Enfin, si rien ne subsiste de la substance du pain et du vin, les « espèces » du

33 Agamben, Giorgio, *Opus Dei, Archéologie de l'office, Homo Sacer*, II, 5, Traduit de l'italien par M. Rueff, Paris, Seuil, 2012, p. 63.
34 *Ibid.* p. 72.

pain et du vin, quant à elles, perdurent : les espèces sont invariables et ne sont pas atteintes pas les paroles de la consécration, dont le terme est la conversion de la substance du pain et du vin. Telle est d'ailleurs l'une des spécificités de l'eucharistie : cette dernière met en présence d'une expérience singulière, consistant dans la permanence des espèces du pain et du vin alors que la substance du pain et du vin n'est plus, transsubstantiée en corps et en sang du Christ. D'où l'assignation d'une fonction aux sens et à la foi. Nos sens perçoivent la permanence des espèces mais ne peuvent accéder à ce qui est contenu sous les espèces du pain et du vin, à savoir le vrai corps et le vrai sang du Christ. Telle est l'opération de l'acte de foi qui croit en une réalité, la présence du corps et du sang du Christ, au-delà de ce que les sens indiquent : les yeux de la foi perçoivent autre chose que les sens. C'est là le propre même d'un « mystère de la foi[35] ». Le principal enjeu de l'eucharistie consiste alors à préserver l'harmonie des rapports entre la foi et les sens, l'intérêt étant de montrer que la foi surpasse les sens sans ne les contredire ni les entrainer dans le discrédit : cet enjeu sera justement à l'œuvre chez Descartes.

La permanence des espèces : l'invariance de la sensation

Penchons-nous un instant sur le vocable d'« espèce », qu'il convient de distinguer de celui d'accident, d'héritage aristotélico-thomiste, que nous définirons ultérieurement. Le concile professe la permanence des espèces du pain et du vin après la consécration, sans évoquer le sort des accidents, notion absente du texte du concile. Nous pouvons recenser quinze emplois du terme d'espèce dans le Décret sur l'eucharistie, alors que celui d'accident y est totalement occulté. Nous pèserons par la suite l'importance de cette absence, qui servira notamment de fondement pour soutenir la différence entre l'enseignement tridentin et celui de Thomas d'Aquin sur l'eucharistie. Évoquons brièvement l'étymologie de la terminologie d'espèce. L'espèce provient du terme latin *species*, lequel est traduit le plus couramment par espèce, mais peut être rendu

35 *Cf.* Denzinger, Heinrich, *op. cit.*, Innocent III : Lettre à Jean de Lyon, La forme sacramentelle de l'eucharistie, p. 282/782 : « On dit cependant "mystère de la foi" parce que autre chose y est cru que ce qui est vu et qu'autre chose est vu que ce qui est cru. On voit en effet les espèces du pain et du vin, et l'on croit la vérité de la chair et du sang du Christ, ainsi que la vertu de l'unité et de la charité ».

également par impression ou par aspect. Dérivant du grec *eidos, species* détient un sens polysémique. Sa traduction est difficile de par la multitude de sens qui lui ont été attribués[36], de l'Antiquité au Moyen-Âge, époque charnière où la *species* ne sera plus « seulement la forme ou l'apparence », mais aussi « l'image, la représentation, le signe, l'effet d'une cause ou encore l'impression[37] ». Employé par saint Augustin, dans le cadre de sa réflexion sur la place du signe dans le sacrement, défini comme signe visible d'une grâce invisible, le terme *species* a aussi fait l'objet d'une approche physique, sous l'impulsion notamment de R. Bacon (1212-1294), ce dernier étant certainement « celui qui a poussé le plus loin la théorisation de la *species* et celui qui fournira le prétexte à de nombreuses discussions théologiques[38] ».

Délaissant la généalogie de la notion et les différents sens qu'elle a recouverts, nous nous concentrerons exclusivement sur la signification globale du terme dans le contexte théologique de l'eucharistie, marquée par l'empreinte scolastique. Il peut être considéré d'un double point de vue corrélatif. D'une part, les espèces du pain et du vin, à ne pas confondre avec l'espèce et le genre, renvoient aux apparences sensibles du pain et du vin qui subsistent après la consécration. C'est là le sens traditionnellement accordé aux espèces sacramentelles, que ce soit chez Thomas ou dans le concile. Le corps et le sang du Christ, qui ne sont pas visibles ni localisables sous leur apparence propre, sont contenus sous les espèces du pain et du vin qui, elles, peuvent être appréhendées par les sens et localisées dans l'espace. Les espèces sont le résidu sensible du pain et du vin qui persiste après la conversion eucharistique.

Néanmoins, la signification du terme espèce ne se limite pas aux apparences sensibles du pain et du vin. Les espèces sont les impressions éprouvées par nos sens à la vue du pain et du vin. Dans son sens scolastique, l'espèce désigne en effet l'objet immédiat de la connaissance sensible : l'espèce ne renvoie pas à la connaissance de telle réalité, ni à la réalité connue, mais constitue l'intermédiaire entre la modalité de la connaissance et la réalité appréhendée. Affirmer, comme le fait le concile, que les espèces du pain et du vin perdurent signifie que les sensations

---

36 *Cf. Vocabulaire européen des philosophes. Dictionnaire des intraduisibles.* Paris, Seuil, 2004, p. 1174-1180.

37 Dobert, Aurélien, « Scepticisme ou renoncement au dogme ? Interpréter l'eucharistie aux XIIIe et XIVe siècles », *in Chôra, Revue d'études anciennes et médiévales*, 6, 01/2008, p. 258.

38 *Ibid.*

causées par le pain et le vin demeurent identiques : la permanence des espèces renvoie à l'immuabilité de la sensation dans le sens où, après la consécration, le pain et le vin présentés à nos sens suscitent en nous les mêmes impressions sensibles qu'avant la consécration. Le pain et le vin conservent leurs mêmes apparences visibles (couleur...), leur même odeur, leur même texture, etc. Autrement dit, les espèces traduisent l'expérience des sens selon laquelle, après la consécration, ce sont toujours du pain et du vin qui sont perçus, sentis, touchés et mangés. Les espèces désignent cette « invariance de la sensation » : « par espèces, on entend ce qui demeure invariant au sacrement de l'eucharistie[39] ».

Conférons une unité à la double remarque apportée sur la signification de l'espèce. La définition selon laquelle elle désigne les apparences sensibles et celle selon laquelle elle renvoie à l'invariance de la sensation ne sont pas exclusives l'une de l'autre mais se complètent. Les espèces désignent les apparences sensibles du pain et du vin dans le sens où les sensations occasionnées par ces apparences demeurent identiques.

Origines scripturaires et présence totale

Partant, nous avons mis en lumière le sens du dogme de la présence réelle et de la thèse de la transsubstantiation : liés, ils sont clef de voûte de l'enseignement tridentin. Ajoutons sur ce point que le concile se place sous la tutelle de l'Écriture, dans laquelle il prétend puiser son enseignement. Présence réelle et transsubstantiation ne sont pas, à proprement parler, des affirmations bibliques dans la mesure où ce vocable n'est nullement utilisé par les évangélistes. Néanmoins, pour la doctrine catholique, elles participent d'une authenticité évangélique dans la mesure où elles ne sont que la « transcription philosophique[40] » des propres paroles prononcées par le Christ lors du récit de la Cène. De surcroît, la transsubstantiation sert au discernement des doctrines hérétiques, en tant qu'elle implique de soutenir de manière irréversible les éléments qui lui sont liés : conversion totale, disparition de la substance,

39 Armogathe, Jean-Robert, *op. cit.*, p. 65.

40 *Dictionnaire de théologie catholique*, *op. cit.*, Tome Cinquième, Première Partie, art. Eucharistie, p. 1119-1120 : « prises à la lettre, elles fournissent la doctrine de la transsubstantiation : ce qu'il présente est son corps, son sang ; ce n'est donc plus du pain, ni du vin. Si la formule produit la présence réelle, elle opère ce qu'elle signifie, et s'il en est ainsi, le pain et changé en corps du Christ ».

permanence des espèces sont des réquisits de la transsubstantiation. *A contrario*, il n'est nullement permis d'envisager la permanence d'un résidu de la substance du pain et du vin après la consécration. De même, toute doctrine qui nie l'actualité d'une conversion substantielle dans le sacrement eucharistique est répudiée[41].

Soulignons, pour parachever notre propos que le Christ est *totalement* présent sous les espèces du pain et du vin : le Christ est autant substantiellement qu'intégralement présent sous les espèces du pain et du vin. Le Christ est intégralement présent dans le sens où, conjointement à son corps et à son sang, sont contenues sous les espèces du pain et du vin l'âme et la divinité de celui-ci : « ce fut toujours la foi dans l'Église de Dieu que, immédiatement après la consécration, le véritable Corps et le véritable Sang de notre seigneur se trouvaient sous les espèces du pain et du vin en même temps que son âme et sa divinité[42] ». La présence réelle du Christ englobe aussi celle de son âme et de sa divinité : ne pas les inclure est condamné par le concile[43]. D'une part, l'âme du Christ est contenue sous les espèces du pain et du vin « en vertu de la connexion naturelle et de cette concomitance qui unissent entre elles les parties du Christ Seigneur qui, ressuscité des morts, ne meurt plus [voir *Rm* 6, 9][44] ». La notion de concomitance est héritée de saint Thomas, bien que ce dernier n'évoque pas directement la notion de connexion naturelle dont fait part le concile. D'autre part, de par l'union hypostatique, la divinité du Christ est, elle aussi, présente dans le sacrement : « La divinité est unie, à cause de cette admirable union hypostatique avec son corps et son âme[45] ». L'union hypostatique – en personne –, traverse l'histoire de la théologie chrétienne, se retrouvant également chez saint Thomas. Elle renvoie à l'Incarnation, où Dieu se fait homme, par l'union de son Verbe à la nature humaine, dans la personne de Jésus le Christ.

41 Denzinger, Heinrich, *op. cit.*, Concile de Trente, Canons sur le saint sacrement de l'eucharistie, Can. 1, p. 443-444/1652 : « Si quelqu'un dit que, dans le très saint sacrement de l'eucharistie, la substance du pain et du vin demeure avec le Corps et le Sang de notre Seigneur Jésus-Christ, et s'il nie ce changement admirable et unique de toute la substance du pain et en son Corps et de toute la substance du vin en son Sang, alors que demeurent les espèces du pain et du vin, changement que l'Église catholique appelle d'une manière appropriée transsubstantiation : qu'il soit anathème ».

42 *Ibid.*, Décret sur le sacrement de l'eucharistie, Chap. 3, p. 440/1640.

43 *Ibid.*, Canons sur le saint sacrement de l'eucharistie, Can. 1, p. 443/1651.

44 *Ibid.*, Décret sur le sacrement de l'eucharistie, Chap. 3, p. 440-1640.

45 *Ibid.*

Le Christ est habité par une dualité de natures, l'humaine et la divine, tout en demeurant une même personne.

En vertu de deux principes – concomitance naturelle ; union hypostatique –, le Christ est totalement présent dans le sacrement eucharistique. Il s'ensuit que le corps du Christ présent dans l'eucharistie n'est pas *n'importe* quel corps : c'est *Le* corps du Christ, né de la Vierge, incarné, crucifié, ressuscité et assis à la droite du Père. Aussi est-ce en tant que *vrai Dieu* et *vrai homme* que le Christ est réellement et totalement présent lors de l'eucharistie. Mais encore faut-il ici comprendre que le Christ est totalement présent sous chaque partie de chacune des deux espèces. Le concile défend la communion sous une seule espèce, thématique qui suscitait de vives querelles à l'époque : s'inspirant de Thomas, il mobilise la thèse de la connexion naturelle, tout en reprenant la distinction entre vertu du sacrement et vertu de la concomitance. En vertu du sacrement, chaque espèce contient respectivement le corps et le sang du Christ. Néanmoins, en vertu de la concomitance, le pain contient le sang du Christ, et le vin son corps, chaque espèce contenant également son âme, de par la connexion naturelle, et sa divinité, de par l'union hypostatique. De fait, chaque espèce, mieux chaque partie de celle-ci, contient, non pas seulement le corps et le sang, mais le Christ dans sa totalité, à savoir son âme et sa divinité.

Écueils protestants

Le dogme de la présence réelle constitue le cœur de l'enseignement tridentin, tout en représentant le point de rupture entre les catholiques et les protestants. Ces derniers, tout en se rejoignant dans leur opposition au dogme catholique, soutiennent des positions qui, loin d'être unifiées, sont diverses. Nous proposons ici de regrouper les positions protestantes de manière synthétique, en les comprenant dans leur relation au dogme catholique. Il s'agit de présenter brièvement les positions protestantes, non en et pour elles-mêmes, mais dans la manière dont le catholicisme les perçoit et dénonce leurs erreurs, ce qui sera utile ensuite pour notre approche de Descartes. La doctrine luthérienne de l'eucharistie est perçue par le catholicisme comme tendant vers une forme de consubstantiation. Sans renoncer à une part de réalisme eucharistique, Luther soutient toutefois que pain et le vin ne sont pas totalement changés en corps et sang du Christ mais co-existent avec ces derniers : le pain reste pleinement pain tout en étant pleinement corps du Christ. Telle est la doctrine dite de la consubstantiation ou de l'impanation, sanctionnée d'anathème par la foi catholique dans la mesure où elle nie des éléments constitutifs de la thèse de la transsubstantiation : dans l'impanation, la substance du pain subsiste avec celle du corps du Christ, ce qui n'est nullement admis par la foi catholique. Calvin comprend autrement la présence du Christ, en la concevant comme une présence spirituelle rattachée à la foi et procédant du Saint-Esprit : c'est dans l'expérience de la foi que le fidèle fait l'expérience de la réalité de la présence du Christ. Or, le dogme catholique exige de soutenir la présence sacramentelle et substantielle du Christ, qui ne se limite nullement à l'usage du sacrement ni à la foi du fidèle. Zwingli rompt avec le réalisme eucharistique, en assimilant la Cène à un mémorial de la passion du Christ : le sacrement eucharistique commémore la passion du Christ. Dans ce cadre, la présence du Christ est assimilée à un signe, ce à quoi s'oppose le dogme en maintenant la réalité de la présence du Christ. Une doctrine eucharistie se voulant orthodoxe devra ainsi éviter les écueils des positions protestantes : elle devra, entre autres, préserver la vérité de la présence substantielle, sacramentelle et intégrale du Christ (corps, âme et divinité), sauvegarder la totalité de la conversion substantielle et maintenir la permanence des seules espèces.

RAPPORT DU CONCILE À THOMAS

LA CONCEPTION THOMASIENNE DE L'EUCHARISTIE

Le couple substance-accident comme assise méthodologique

Ainsi avons-nous restitué les principaux éléments parsemant la conception catholique de l'eucharistie, telle qu'elle s'exprime dans le concile de Trente. Or, qu'en est-il du rapport entretenu entre le concile et saint Thomas ? L'enseignement tridentin sur l'eucharistie, surtout concernant la transsubstantiation, revendique une double inspiration : le concile prétend puiser essentiellement dans les Écritures le dogme de la présence réelle, mais c'est principalement aux Pères de l'Église, et plus particulièrement, à saint Thomas d'Aquin, qu'il emprunte la thèse de la transsubstantiation. Si nous pouvons trouver des traces de celle-ci chez Paschase Radbert (790-865), c'est essentiellement à saint Thomas que revient l'élaboration de la thèse de la transsubstantiation. Cette dernière a suscité de nombreuses polémiques lors de la rédaction des décrets et des canons durant le concile de Trente. Il convient alors de déterminer le rapport que le concile entretient avec Thomas, en étudiant la manière dont l'un se réfère à l'autre. La question mérite d'être posée, tant l'enseignement du concile est traditionnellement perçu comme étant, à première vue, thomiste. Outre l'héritage de la thèse de la transsubstantiation, perpétuée par le concile, le Dominicain italien tient une place importante dans celui-ci : le concile avait déclaré Thomas docteur universel de l'Église. Le concile se positionne contre le mouvement de la Réforme, en se basant notamment sur saint Thomas (et aussi saint Augustin) pour fixer l'enseignement de la foi catholique concernant l'eucharistie, mais aussi les questions de la grâce et de la justification.

Il nous faut accomplir un détour en présentant la doctrine thomasienne[46] de l'eucharistie, en nous penchant particulièrement sur la transsubstantiation, pour mesurer les éléments que le concile emprunte et se réapproprie du docteur angélique, et ceux qu'il délaisse et dont il s'écarte. Le docteur angélique revêt, dans le cadre de notre enquête, un double intérêt, étant le pôle de référence d'une double tradition. D'une part, il s'agit d'évaluer les points communs mais aussi les écarts entre la conception de l'eucharistie véhiculée par Thomas et celle professée dans le concile. D'autre part, il est primordial de s'intéresser à celui-ci eu égard à Descartes, dont on ne saurait répéter assez le rôle qu'il tient dans sa pensée. L'auteur des *Méditations* va construire son explication eucharistique en prenant ouvertement le contre-pied de la conception

46 Nous préférons au terme « thomisme » celui de « thomasien » pour désigner expressément la doctrine de Thomas. En effet, le terme thomisme, chargé de sens, se réfère davantage à la postérité de Thomas, et à la manière dont il a été perpétué, et interprété, à travers les différentes écoles le tenant pour leur père fondateur. Par ailleurs, le terme thomisme ne signifiera pas nécessairement, dans le contexte de notre étude, les écoles thomistes. Ainsi, quand nous nous demandons si l'enseignement du concile est thomiste, nous entendons savoir s'il est fidèle ou non à Thomas suivant les œuvres mêmes de ce dernier, et non sa postérité.

scolastique héritée du docteur angélique, tout en revendiquant une conformité au dogme catholique : une telle attitude présuppose la possibilité de dissocier l'enseignement de concile de celui de Thomas, question sur laquelle notre propos nous permettra de nous prononcer objectivement, en confrontant les sources.

Précisons d'ores et déjà que l'approche thomasienne du sacrement eucharistique prend pour support méthodologique le couple physico-ontologique[47], d'héritage aristotélicien, de la substance et des accidents. Pour les besoins de notre étude, il est nécessaire d'opérer une mise au point sur la signification des termes de substance et d'accident. Commençons par la perspective aristotélicienne avant d'évoquer celle de Thomas. La substance se rattache aux catégories (*katègoria*) de l'Être, lequel « se prend plusieurs acceptions[48] » ou encore, selon d'autres traductions, se dit en plusieurs sens. Le mot substance dérive de « l'intraduisible[49] » terme grec *ousia*, substantif formé sur la base du participe présent féminin (*ousa*) du verbe « être » (*eina*). Nous pouvons déceler deux niveaux à propos de la substance. Un niveau grammatical, par rapport au discours logique, au sein duquel la substance est le sujet de tout prédicat, sans être prédicable. Un niveau ontologique, par rapport à l'être, où la substance est le substrat permanent des différentes modifications de l'être. La substance est également ce qui existe par soi et non dans un autre être. En outre, la substance désigne « un ceci déterminé » (*tode ti*), c'est-à-dire l'être individuel[50]. Surtout, le trait caractéristique de la substance réside dans son existence séparée : elle renvoie à l'être individuel, possédant une existence séparée (*chôriston*), c'est-à-dire qu'elle est autonome sur le plan ontologique (ce point est important car Descartes s'y référera). Enfin, à cette signification individuelle de la substance s'ajoute un sens essentiel : la substance n'est pas seulement l'être individuel mais aussi l'essence. Elle n'est pas

47 Précisons que le terme ontologie est en toute rigueur anachronique dans la mesure où il n'est nullement utilisé par Thomas ou Aristote. Pellegrin, Pierre, *Dictionnaire Aristote*, Paris, Ellipses, 2007, p. 150 : « Ce mot formé de deux termes grecs *on*, "étant", et *logos*, "discours rationnel" ne se trouve pas chez les auteurs grecs et n'est apparu qu'au XVIIe siècle sous sa forme latine, *ontologia* ».

48 Aristote, *Métaphysique*, Livre Gamma, 2, 1003a30, Traduction et notes par J. Tricot, Tome 1, Paris, Vrin, 2000, p. 110. *Cf.* aussi Livre Epsilon, 1026a33, p. 228 : « l'Être proprement dit se prend en plusieurs acceptions » ; 1026b2, p. 228 : « les différentes acceptions de l'être ».

49 Pellegrin, Pierre, *Dictionnaire Aristote*, Paris, Ellipses, 2007, p. 176.

50 Aristote, *Métaphysique*, *op. cit.*, Livre Zêta, 1028a28, p. 238.

seulement *tode ti*, mais *ti esti*, qui sera rendu en français par essence. Aristote soutient alors que l'essence de la substance (pour les substances naturelles composées) est la forme du composé qui détermine l'individu. La forme est ce qui constitue l'essence d'une chose, ce qui fait qu'une chose est ce qu'elle est. L'être de la substance réside alors, *in fine*, dans la quiddité, conférant à un être son individualité distinctive, indiquée par sa définition : « la quiddité, exprimée dans la définition, est dite aussi la substance de chaque chose[51] ». Par conséquent, la substance, se rattachant aux catégories de l'Être, occupe une position privilégiée par rapport à celles-ci, en tant que l'être lui appartient d'une manière primordiale, et non dérivée. Constituant le sens premier de l'Être, à la fois logiquement et, selon le temps, la substance est, non pas seulement une modalité de l'être, mais l'être en tant que tel : « L'Être, au sens fondamental, non tel mode de l'être, mais l'être absolument parlant, doit être la substance[52] ».

La substance, dont nous avons volontairement ignoré la différence entre les substances premières et les substances secondes, se distingue de l'accident. Ce dernier porte le caractère de l'inhérence, en tant qu'il lui convient d'exister dans un sujet. Accident provient de la traduction du terme grec *symbebêkos*, dérivant du verbe *symbainein* signifiant « aller avec » : l'accident « va avec » une substance, à laquelle il appartient et dont il dépend. Il est ce qui existe *dans* une substance ou ce qui est *dit d'une* substance. Si la substance désigne le substrat qui demeure permanent dans tout changement accidentel, l'accident est une modification contingente de la substance, dont il tire son être et à laquelle il appartient. Il en ressort une indéfectible primauté logique et ontologique de la substance par rapport à l'accident, marquée par l'inséparabilité de celui-ci à l'égard de celle-ci.

Poursuivons notre propos sur le couple substance-accident en nous intéressant à Thomas, dans la manière dont il perpétue l'héritage aristotélicien et lui apporte des éléments propres. Sur ce point, signalons que le couple substance-accident s'intègre dans la doctrine thomasienne de l'analogie de l'être, qu'il est nécessaire de rappeler en quelques mots[53].

51 *Ibid.*, Livre Delta, 8, 9, 1017b22, p. 183.

52 *Ibid.*, Livre Zêta, 1028a30, p. 238 : « De sorte que l'être, au sens fondamental, non tel mode de l'être, mais l'être absolument parlant, doit être la substance ».

53 On trouve, non pas « une analogie de l'être "thomasienne", mais plutôt un faisceau de textes dont l'interprétation est délicate », Sang Ong-Van-Cung, Kim, *Descartes et l'ambivalence de la création*, Paris, Vrin, 2000, p. 169.

L'être est une notion analogique, « c'est-à-dire qu'elle contient, de façon à la fois différenciée et unifiée, les diverses modalités de l'être[54] ». L'analogie est une modalité d'attribution logique qui est « intermédiaire » entre la modalité d'attribution équivoque et la modalité d'attribution univoque. Cette doctrine apparait en filigrane dans l'ouvrage *De ente et essentia* avant d'être développée par Thomas dans son *Commentaire de la Métaphysique d'Aristote.* Désignant de manière générale des rapports entre certains êtres, l'auteur distingue deux modes d'analogie. D'un côté, l'analogie d'attribution, directement tirée, semble-t-il, d'Aristote, et, de l'autre, l'analogie de proportionnalité, laquelle se subdivise en analogie métaphorique et analogie propre (*De veritate*, q. 11, a.2). Le Père dominicain H. D. Gardeil, dans son célèbre travail sur la pensée thomasienne, estime, avec Jean de saint Thomas, philosophe et théologien scolastique du XVIIe, que l'analogie de proportionnalité revêt une priorité sur l'analogie d'attribution, mais dans le sens où « l'être est analogue d'une analogie de proportionnalité incluant virtuellement une analogie d'attribution[55] ». Aussi, le couple substance-accident est tributaire de la différence tracée par Thomas entre l'existence et l'essence, reproduisant celle entre l'acte (l'existence en tant que pure actualité) et la puissance (l'essence en tant que capacité de réception)[56]. Par ailleurs, les deux significations de l'*ousia* chez Aristote, comme substance et comme essence, sont exprimées par Thomas par deux termes latins, *substantia* et *essentia.*

Thomas se montre d'abord fidèle à Aristote dans les caractéristiques qu'il attribue à la substance. La substance désigne au premier chef ce qui existe. La plaçant en tête des dix catégories de l'être, le docteur angélique fait de la substance le sens premier et fondamental de l'être (D. Scot rompra avec ce modèle). En outre, la substance est le sujet de tout prédicat, sans être elle-même dans une position de prédicat, tout en étant le substrat identique des changements accidentels. Faisant correspondre la substance à l'être individuel, Thomas insiste également sur la propriété de celle-ci d'exister par soi (*esse per se*), de sorte qu'elle existe de manière séparée et autonome. Une telle caractéristique est rendue par le terme suppôt (*suppositum*), équivalent latin du mot grec hypostase, ou encore

54 Gardeil, Henri, Dominique *Initiation à la philosophie de saint Thomas d'Aquin*, Tome IV, Métaphysique, Paris, Les Éditions du Cerf, 1966, p. 40.

55 *Ibid.*, p. 41.

56 Thomas D'Aquin, *De potentia*, Q. 7, Art. 2, ad. 9.

par « subsistence » (*subsistentia*), termes synonymes qui ont revêtu une importance notable dans la théologie chrétienne : « le mot *hypostasis* (et son équivalent latin *subsistentia*) finit par désigner le mode d'exister de la substance, qui existe en elle-même et par elle-même et se maintient elle-même[57] ». De même, Thomas conserve la différence asymétrique entre la substance et l'accident. Insistant sur la dépendance de celui-ci à l'égard de celle-là, il définit l'accident par son inhérence à l'égard d'un sujet : l'accident est dit d'un sujet et est dit dans un sujet, de sorte qu'il est inséparable de la substance, dont il est une modification contingente. Thomas met alors en avant la primauté de la substance, sur plusieurs plans. Du point de vue chronologique, la substance est antérieure aux accidents, de par son indépendance et sa position de sujet. Du point de vue de la définition, les accidents sont dits d'une substance, dont ils sont le prédicat. Sur le plan ontologique, les accidents sont inséparables d'une substance. D'un point de vue épistémologique, les accidents ne peuvent être connus que dans une substance[58].

Si cette conception de la substance est commune avec Aristote, Thomas ajoute un élément fondamental, eu égard au principe d'individuation de la substance, définie comme être individuel subsistant. Alors qu'Aristote n'a pas tranché cette question, Thomas fait résider le principe d'individuation des substances – premières en tant que composées d'une matière particulière et d'une forme commune – dans la matière : cette dernière « est ce qui rend la forme concrète et individuelle et, dès lors, il semble facile d'en conclure que la matière est l'élément qui cause l'individuation[59] ». Toutefois, cette conception, exprimant l'originalité de Thomas, est source de difficultés, la matière étant pure puissance, alors que la forme est en acte. C'est pourquoi Thomas, cherchant ce qui, dans la matière, est antérieur à la forme et détient une effectivité individuante, se tourne vers la quantité, qui est une catégorie de l'être. Il s'agit de la quantité dimensive ou de la quantité déterminée par les dimensions et non de la quantité mathématique. Première disposition de la matière, la quantité mesurée

57 Elders, Léo, *La métaphysique de saint Thomas d'Aquin, Dans une perspective historique*, Paris, Vrin, 1994, p. 286.

58 Thomas d'Aquin, *Métaphysique d'Aristote, Commentaire de Thomas d'Aquin*, Tome II, Livre VII, Leçon 1, paragraphes 1257-1258-1259, p. 46-47.

59 Rabachou, Julien, « L'individualité de la substance chez Thomas d'Aquin, Deux explications concurrentes », *in* « Trans-paraître », *La substance*, Paris, Éditions de la Transparence, janvier 2009, p. 31.

par les dimensions constitue « un certain principe d'individuation » en tant qu'elle « a par elle-même une certaine individuation[60] ».

De fait, c'est la matière déterminée par la quantité (*materia signata quantitate*), en tant que quantité dimensive, qui fait office de principe d'individuation des substances. Néanmoins, une telle perspective, représentant l'apport majeur de Thomas par rapport au Stagirite, se heurte à un obstacle paraissant infranchissable : la quantité, rangée parmi les dix catégories de l'être, est un accident. Comment un accident pourrait-il être le principe d'individuation d'une substance, alors même qu'il a pour propriété d'être inhérent à celle-ci, d'en être inséparable et d'en être une modification contingente ? Pourrait-on considérer que Thomas a mesuré cette difficulté, en prenant soin d'affirmer que la quantité dimensive est un « certain » principe d'individuation, ce qui signifierait qu'elle ne l'est pas au sens propre ? Toutefois, nous ne nous étendrons pas ici sur les difficultés jalonnant la question du principe d'individuation des substances dans la pensée thomasienne ni sur les éventuelles réponses envisagées par l'auteur pour les résoudre (*cf.* par exemple le rôle de la cause agente par laquelle Thomas entend attribuer une capacité individuante à la quantité sans qu'elle préexiste à la forme). Nous mentionnons la quantité dimensive en tant qu'elle sera convoquée lors de l'eucharistie.

Présence réelle et transsubstantiation

Cette mise au point conceptuelle effectuée, intéressons-nous à la doctrine thomasienne de l'eucharistie, en prenant pour appui textuel les Q. 75, 76 et 77 de la *Somme Théologique* (ouvrage composé entre 1266 et 1273, resté inachevé). Penchons-nous notamment sur la Question 75. Ayant trait à la transsubstantiation, celle-ci commence cependant par un premier article, absolument essentiel, que Thomas n'avait pas initialement envisagé dans la version primitive du texte latin. Ajouté lors de la rédaction de la question, après l'élaboration du sommaire, lequel reproduit celui du *Commentaire des sentences*, l'article se rapporte à la présence réelle, placée avant la transsubstantiation. La Question 75 tient par là une place essentielle dans la *Somme*. Son contenu ne suit pas

60 Thomas D'Aquin, *Somme théologique*, II-III, Questions 77, art. 2, rép.3°, Quatrième Tome, Paris, Éditions du Cerf, 1986, p. 595.

ce qui est annoncé dans le sommaire. Surtout, l'organisation interne des articles de la Question traduit l'implication réciproque de la présence réelle et de la transsubstantiation : la présence réelle, point nodal de l'eucharistie, précède la transsubstantiation, tandis que cette dernière éclaire la modalité de la présence du Christ.

Thomas établit que *le vrai corps* et *le vrai sang* du Christ sont présents dans le sacrement eucharistique. Le Christ n'est pas présent dans ce dernier seulement en figure ou comme dans un signe ; il l'est « en vérité réelle[61] ». Parce qu'il « contient réellement le Christ lui-même[62] », le sacrement eucharistique jouit d'une supériorité par rapport aux autres sacrements. S'opérant sous les apparences du pain et du vin mais étant inaccessible aux sens, la présence réelle du Christ relève d'une présence spirituelle et invisible, ressortissant à la perfection de la foi dont l'autorité divine est le socle[63]. D'inspiration augustinienne, la présence spirituelle, se rapportant à la vertu de l'esprit et à l'invisible, se démarque d'un sens charnel accordé à la présence réelle, relatif au mode d'exister propre à un corps, visible sous son apparence propre. Conférant une dimension vivifiante à la présence réelle, la présence spirituelle occupe un rôle essentiel dans la doctrine eucharistique thomasienne, mais n'est toutefois pas développée par le concile. Si le Christ est réellement présent de manière spirituelle, il s'ensuit que la présence réelle du Christ est une présence sacramentelle : le Christ est présent « selon un mode spécial, qui est propre à ce sacrement » et non « à la manière dont corps se trouve dans un lieu avec lequel ses dimensions coïncident[64] ». La présence sacramentelle exclut la présence locale, le Christ n'étant pas là comme dans un lieu : l'existence locale, se rapportant au mode de quantité, est écartée, le Christ étant présent par mode de substance et sacramentellement, tout en étant selon son aspect propre au Ciel. Le Christ se rattache au lieu par le biais de dimensions qui lui sont extérieures, celles du pain, celui-ci étant localement présent selon ses propres dimensions. À cet égard, « le corps du Christ n'est pas mangé sous son aspect propre, mais sous son aspect sacramentel[65] ».

61 *Ibid.*, Q. 75, art. 1, rép. 1°.
62 *Ibid.*
63 *Ibid.*, rép. 3°.
64 *Ibid.*, sol. 3.
65 *Ibid.*, Q. 77, art. 7, sol. 3, p. 600.

Après avoir traité la présence réelle du Christ, en la constatant davantage qu'il ne la démontre, Thomas approfondit la modalité de la présence du Christ, en formulant celle-ci dans le cadre de ses catégories philosophiques. Le dominicain italien déploie les conséquences de la présence réelle du Christ, procédant de manière graduelle, par élimination, pour parvenir à la transsubstantiation. Le Christ étant réellement présent de manière sacramentelle sous les espèces du pain et du vin, tout en étant, selon son lieu d'existence propre, au Ciel, il est impossible qu'il soit présent dans le sacrement par un transfert local ou changement de lieu[66], qui serait aperçu par les sens. C'est pourquoi le Christ est présent par une *conversion* de substance, la conversion de toute la substance du pain et du vin en celle du corps et du sang du Christ. Or, la thèse de la conversion implique, selon les règles physiques, que la substance du pain et du vin ne puisse demeurer après la consécration. Et Thomas insiste sur la modalité de cette disparition, fruit d'une conversion et non d'un anéantissement ou d'une réduction en une matière antérieure : « La substance du pain et du vin, une fois la consécration accomplie, ne subsiste ni sous les espèces sacramentelles ni ailleurs. Il ne s'ensuit pas qu'elle soit anéantie ; elle est convertie en corps du Christ[67] ». La modalité de la disparition du pain est une thématique controversée. L'argumentation thomasienne a pour conséquence de rejeter deux thèses, celle de la succession, que soutiendra R. Bellarmin (1542-1621), et celle de l'anéantissement ou de l'annihilation, dont sera partisan le docteur subtil D. Scot (1270-1308).

Les problèmes posés par l'approche thomasienne de la transsubstantiation

Toutefois, si l'eucharistie est le lieu d'une conversion substantielle, cette dernière, tout en préservant la vérité du sacrement, suscite des difficultés sur le plan physique. Comment une conversion substantielle est-elle possible, alors même que toute conversion est une espèce du genre changement qui réclame un sujet d'abord en puissance puis en acte, et que la substance n'a pas de sujet dont elle serait le prédicat ? Les lois de la nature président seulement à l'établissement de conversions

66 *Ibid.*, Q. 75, art. 2, rép. 1°, p. 574 : « il est évident que le corps du Christ ne commence pas à se trouver dans ce sacrement par suite d'un transfert local ».

67 *Ibid.*, art. 3, sol. 1, p. 575.

formelles, dans la mesure où tout changement porte sur ce existe en acte et qui se détermine par sa forme. La conversion eucharistique parce qu'elle est, non pas formelle mais substantielle, déroge aux lois de la nature, lesquelles échouent à rendre compte de ce qui se déroule dans le sacrement. Thomas se trouve confronté à une difficulté profonde, tenant à son présupposé méthodologique résidant dans le recours à des principes physico-ontologiques aristotéliciens pour penser une réalité, la présence réelle, relevant de la foi chrétienne. Pour résoudre ce problème, Thomas met en lumière que la conversion eucharistique, totale et substantielle, est surnaturelle et unique, dans le sens où elle est rendue possible et effective par la seule vertu de Dieu, de par sa toute-puissance. Échappant aux lois de la nature, la conversion eucharistique n'appartient pas, en toute rigueur, au mode de la conversion qui désigne toute espèce du genre changement s'effectuant selon la forme. C'est pourquoi elle porte le nom de « transsubstantiation », qui est « son nom propre[68] » : « c'est un mot [celui de conversion], en revanche, que nous pouvons employer pour ce sacrement comme pour une transformation naturelle. Mais comme, dans ce sacrement, toute la substance est changée en toute une substance différente, cette conversion s'appelle proprement une transsubstantiation[69] ». Le terme transsubstantiation répond au cheminement de la pensée thomasienne sur l'eucharistie, selon les difficultés rencontrées. Il est employé pour rendre compte de la spécificité de la conversion eucharistique : parce qu'elle est substantielle et totale, elle se situe en dehors de l'ordre naturel et se déploie comme surnaturelle, étant l'œuvre de la toute-puissance de Dieu. Ajoutons que la conversion substantielle est instantanée, excluant toute succession : la conversion s'accomplit instantanément par les paroles du Christ répétées par le prêtre, dans la mesure où il appartient à la vertu divine d'opérer d'un seul coup. Si le concile reprend cette instantanéité de la conversion, qui advient immédiatement après la consécration, il ne revient pas sur la réflexion corrélative menée par Thomas concernant le temps de prolation. Enfin, remarquons que le Christ demeure présent tant que les espèces sous lesquelles il est contenu subsistent : la présence du Christ dans le sacrement ne se limite pas à l'usage du sacrement, point élément également enseigné par le concile, notamment contre Luther.

68 *Ibid.*, art. 4, rép., p. 576.
69 *Ibid.*, art. 8, rép., p. 581.

Or, la difficulté concernant le type de conversion en jeu dans l'eucharistie, surpassant les lois de la nature et réclamant l'intervention de Dieu, est suivie de celle relative au statut ontologique des accidents : le Christ étant réellement présent de manière sacramentelle et substantielle sous les apparences du pain et du vin, la vérité du sacrement implique la permanence des accidents du pain et du vin séparés – indépendamment – de la substance du pain et du vin, celle-ci étant convertie en corps et sang du Christ. Pourtant, une telle permanence est ontologiquement impossible. Thomas repère lui-même ces deux difficultés[70], redoutables, posées par la conversion substantielle, désignée à présent par le nom de transsubstantiation. Alors que la substance, antérieure aux accidents, existe par elle-même, ceux-ci sont dépendants de la substance, à laquelle ils appartiennent et dans laquelle ils inhèrent : les accidents du pain et du vin ne peuvent demeurer si leur substance n'est plus. Leur relation causale contredit également leur subsistance, la substance étant cause première alors que l'accident est cause seconde. La substance, dont les accidents sont des modifications contingentes, est la cause propre et efficiente de l'être des accidents et les maintient dans l'existence. La difficulté rencontrée par Thomas, résidant dans la persistance des accidents séparés de leur substance, menace doublement le sacrement eucharistique. D'un côté, le sacrement s'expose à l'accusation de tromperie dans la mesure où nos sens perçoivent du pain et du vin alors qu'ils n'en sont plus en réalité, leur substance ayant été transsubstantiée en corps et sang du Christ. De l'autre, la réalité eucharistique, invisible et accessible seulement dans la foi, semble aller à l'encontre des données empiriques. Or un sacrement ne peut être trompeur (« il ne doit y avoir ni désordre ni fausseté dans ce sacrement de vérité[71] » ; « dans ce sacrement de vérité il n'y avoir aucune tromperie[72] ») et la foi ne peut aller contre les sens (« Bien que notre foi ne soit pas soumise à la raison, elle n'est pas cependant contre elle, mais au-dessus d'elle, comme on l'a dit au début de cet ouvrage. Or notre raison tire son origine de la connaissance sensible. Notre foi ne doit donc pas être contre les sens[73] »). Autrement dit, Thomas doit préserver le sacrement de toute fausseté et sauver l'harmonie des rapports

70 *Ibid.*, sol. 3, p. 582.
71 *Ibid.*, Q. 77, art. 1, obj. 1, p. 592.
72 *Ibid.*, Q. 75, art. 5, obj. 2, p. 577.
73 *Ibid.*, obj. 3.

de la foi et de la raison. Pour répondre à ce double objectif, le docteur angélique doit commettre une grave entrave aux règles de l'ontologie, en accordant aux accidents eucharistiques la capacité de demeurer sans substance.

Thomas justifie la permanence des accidents en convoquant la toute-puissance de Dieu, mais aussi le caractère raisonnable de l'action divine. D'une part, en tant que cause première, Dieu peut maintenir dans l'être des êtres postérieurs alors que les êtres antérieurs ne sont plus : la cause assurant la permanence des accidents n'est plus, dans le cas de l'eucharistie, ce qui leur est antérieur et qui leur sert de support, la substance, mais ce qui est antérieur à tout et la cause première de toutes choses, Dieu. Compte tenu de ce soutien divin, il s'ensuit que les accidents existent par eux-mêmes dans le sacrement, séparés de la substance, seulement parce que Dieu assure miraculeusement, après la consécration, le rôle traditionnellement tenu par la substance, en les maintenant dans l'être. En ce sens, par la vertu divine, les accidents subsistent séparément tout en demeurant des accidents, d'où les difficultés. D'autre part, Thomas mobilise la dimension raisonnable de la providence divine, rendant nécessaire la subsistance des accidents séparés de leur substance : Dieu agissant raisonnablement, les accidents du pain et du vin ne peuvent pas ne pas demeurer, dans la mesure où le contraire susciterait horreur et moqueries, tout en portant atteinte à la dignité du sacrement. Les accidents eucharistiques, non seulement ne perdurent pas par eux-mêmes mais par la vertu divine, mais ne subsistent pas non plus pour eux-mêmes. Leur subsistance a pour but d'offrir le corps et le sang du Christ sous la seule apparence sensible sous laquelle l'homme peut la recevoir et la consommer, le pain et le vin. À cet égard, la persistance des accidents séparés de la substance est un miracle[74], tout autant possible à Dieu que nécessaire : celle-ci préserve la dignité du sacrement, renforce sa crédibilité, tout en augmentant les mérites de la foi et réconcilie les rapports de cette dernière avec la raison.

Ainsi, si les paroles de la consécration produisent le miracle de la présence réelle du Christ dans le sacrement, Thomas est conduit, par

74 À noter que nous n'évoquerons pas les considérations relatives au type de miracle à l'œuvre dans le sacrement de l'eucharistie. La théorie thomasienne participe en effet d'une organisation des miracles que nous ne pouvons aborder ici. Thomas distingue entre les miracles *praeter naturum, contra naturam*, et *supra naturam*.

son système physico-ontologique, à insérer deux autres miracles : celui de la conversion substantielle, impossible selon les lois de la nature, qui offrent seulement des conversions formelles, et celui de la permanence des accidents qui, après la consécration, subsistent alors que la substance du pain n'est plus et qui demeurent tout en étant privés de sujet. Descartes reprochera au dominicain italien une telle multiplication, jugée arbitraire, des miracles. Toutefois, signalons que Thomas lui-même s'emploie à réduire le recours aux miracles, conscient que leur prolifération dessert la vérité du sacrement. Il propose une solution pour concilier la permanence des accidents eucharistiques privés de sujet et les règles régissant le rapport substance-accident. Il convoque la quantité dimensive qu'il a érigée, en dépit de son appartenance au groupe des accidents, en principe d'individuation. En prenant pour point de départ le miracle de la persistance des accidents du pain et du vin sans substance ni sujet, il est possible de chercher le sujet de ces derniers à l'intérieur d'eux-mêmes, même si les lois de la nature proscrivent qu'un accident soit le sujet d'un accident en tant qu'il n'existe pas par lui-même : « Mais selon qu'il existe dans un autre être, un accident est appelé le sujet d'un autre, en tant qu'un accident est reçu dans le sujet par l'intermédiaire d'un autre ; c'est ainsi qu'on dit de la surface qu'elle est le sujet de la couleur. Donc, quand la vertu divine accorde à un accident d'exister par lui-même, il peut encore par lui-même être le sujet d'un autre accident[75] ». La quantité est le sujet récepteur des accidents. Plus précisément, les accidents qui subsistent ont pour sujet une quantité qui elle-même demeure durant le sacrement eucharistique : les accidents « qui subsistent dans ce sacrement ont, en guise de sujet, la quantité du pain et du vin, laquelle subsiste[76] ». La persistance de la quantité est un fait d'expérience sensible. Nos sens en ont l'évidence : « il apparaît aux sens qu'une certaine quantité existe ici comme colorée et affectée d'autres accidents[77] ». Il s'ensuit que la persistance des accidents du pain et du vin dans le sacrement eucharistique repose sur celle de la quantité du pain et du vin, dont elle est le fondement. À ce titre, la quantité, en tant qu'accident, peut servir de sujet aux accidents du pain et du vin dans le sacrement eucharistique. Étant leur sujet, elle fait office de leur principe

75 Thomas D'Aquin, *Somme théologique*, II-III, Q. 77, art. 2, sol. 1, p. 595.
76 *Ibid.*, rép.
77 *Ibid.*, rép. 1°.

d'individuation : « puisque le sujet est le principe d'individuation des accidents, il faut que ce que l'on donne comme sujet de certains accidents soit de quelque manière leur principe d'individuation[78] ». Notons la locution « de quelque manière », indiquant que la quantité n'est pas proprement le « principe » mais plutôt la médiation par laquelle il est possible d'individuer des accidents : les accidents subsistent dans la mesure où ils « se réfèrent au sujet par l'intermédiaire de la quantité déterminée par les dimensions[79] ».

Après la consécration, la quantité est tenue pour le sujet des accidents, assumant par là même le rôle de substrat jusque-là dévolu à la substance : « la quantité du pain et du vin garde sa nature propre et reçoit miraculeusement la vertu et la propriété de la substance[80] ».

Nous pouvons saisir à quel point la théorie eucharistique de Thomas participe d'un entremêlement des catégories aristotéliciennes de la substance et de l'accident avec les données fournies par la foi chrétienne touchant l'eucharistie. Encore convient-il de bien saisir leurs positions respectives. Thomas ne prend pas le couple substance-accident comme un outil conceptuel pertinent et utile pour rendre compte du sacrement eucharistique et résoudre les difficultés théologiques qu'il contient ; c'est au contraire l'eucharistie qui, à travers la présence réelle et la transsubstantiation, interroge et remet en cause de tels concepts. L'eucharistie est appréhendée à partir de la substance et de l'accident, non par opportunisme, mais en vertu d'un présupposé méthodologique selon lequel l'être se compose de la substance et de l'accident. Une telle ontologie provoque, lorsqu'elle est appliquée à l'eucharistie, de terribles difficultés, conduisant l'auteur à commettre des entorses aux règles aristotéliciennes. Nous comprenons que le problème auquel Thomas se trouve confronté n'est pas tant d'expliquer le sacrement eucharistique par les concepts aristotéliciens, que de sauver ces derniers des difficultés enfantées par le premier : la vérité du sacrement eucharistique plonge Thomas dans un embarras profond et perceptible, qu'il exprime lui-même, eu égard aux notions par lesquelles il pense l'être. Aussi, de par sa sincérité qui affleure tout au long de sa doctrine, Thomas ne peut renoncer à ce couple conceptuel, qui exprime sa conception de l'être, tout en ne pouvant se

78 *Ibid.*, rép. 3°.
79 *Ibid.*, rép. 2°.
80 *Ibid.*, art. 5, sol. 3, p. 599.

résigner à dénaturer la vérité du sacrement. Le Christ est réellement présent sous les apparences du pain et du vin, dont ne demeurent que les accidents et non leur substance. Celle-ci a été entièrement convertie en celle du corps et du sang du Christ par une conversion substantielle, totale et instantanée, opérée par les paroles de la consécration. Présence réelle et transsubstantiation, telles sont les thèses dictées par la foi de Thomas ; la substance et ses accidents, telles sont les thèses ontologiques, inspirées du maître aristotélicien. Deux types de thèses, deux paradigmes de pensée, l'un relevant de la foi et de la religion chrétienne, l'autre ressortissant à la philosophie aristotélicienne. Ne pouvant abandonner ni la vérité du sacrement eucharistique ni les catégories de l'être, Thomas, dans un geste admirable d'honnêteté intellectuelle non dénué certainement d'une forme de témérité, s'est efforcé de maintenir ensemble celles-ci et de les articuler, au prix d'infidélités à Aristote. Le cœur de la doctrine eucharistique de Thomas, comme de l'ensemble de son œuvre, réside dans l'effort de concilier la révélation chrétienne et la raison grecque incarnée par le Stagirite. Enfin, il importe selon nous de ne pas s'empresser de conclure trop vite à la réussite de l'entreprise thomasienne, dans la manière dont il parviendrait à résoudre les difficultés rencontrées. Si nous rejoignons A. Raulin dans la manière dont, dans ses commentaires accompagnant la *Somme théologique*, il loue la droiture intellectuelle de Thomas, nous nous en séparons lorsqu'il considère que c'est une « main de maître[81] » que le docteur angélique intègre le couple substance-accident à la vérité du sacrement. Au contraire, nous pensons que la complexité de la doctrine eucharistique thomasienne atteint son apogée, non dans l'évacuation des problèmes, mais quand on mesure pleinement leur portée. Ce sont ces mêmes difficultés que Descartes repérera et qu'il s'emploiera à dépasser en changeant de modèle physique, ciblant notamment la prolifération des miracles dont souffre l'approche thomasienne.

Enfin, achevons notre propos en esquissant quelques éléments touchant le mode d'existence du Christ dans la doctrine thomasienne. Celui-ci est traité lors de la Question 76. Thomas souligne la présence totale du Christ dans le sacrement, au sens où sont présentes l'âme et la divinité du Christ. Il élabore une distinction entre la vertu du sacrement et la

81 *Ibid.*, Q. 75, art. 6, note 73, p. 579.

vertu de la concomitance naturelle. Tandis que le corps est contenu dans le sacrement par la seule force de ce dernier seulement, l'âme et la divinité le sont par concomitance naturelle, qui implique la présence de ce qui est uni au terme de la conversion. Aussi la concomitance naturelle exige la présence de l'âme et de la divinité dans le sacrement sur la base de deux articles de foi : l'Incarnation pour la divinité du Christ et sa Résurrection pour son âme. Par l'Incarnation, la divinité est unie au corps du Christ et par sa résurrection son âme lui est associée.

Thomas aborde également la question des dimensions du corps du Christ, montrant que le corps du Christ est présent, non pas selon ses propres dimensions, mais selon celles du pain et du vin. Thomas opère alors une distinction fondamentale entre ce qui existe par mode de substance et ce qui existe par mode de quantité, en l'appliquant à celle entre la vertu du sacrement et celle de la concomitance naturelle. Par la vertu du sacrement, la quantité dimensive du corps du Christ n'est pas présente dans le sacrement : les accidents du pain et du vin existent par mode de quantité, dont les dimensions sont perçues par les sens, tandis que le Christ existe par mode de substance. En revanche, les dimensions du corps du Christ sont également présentes, en vertu de la concomitance naturelle[82]. Nos sens perçoivent les dimensions du pain sous lesquelles est présente, selon la vertu du sacrement, la substance du corps du Christ, tandis que les propres dimensions de ce dernier sont dans le sacrement par concomitance naturelle, respectant les règles aristotéliciennes posant l'inséparabilité des dimensions d'un corps avec sa substance. En outre, la concomitance naturelle permet également d'établir que le Christ est totalement présent sous chaque partie de chacune des deux espèces, justifiant la communion sous une seule espèce.

---

82 *Ibid.*, Q. 76, art. 3, rép., p. 586 : « dans ce sacrement se trouve la substance du corps du Christ en vertu du sacrement, et la quantité déterminée par les dimensions en vertu de la concomitance réelle »

ÉCART ENTRE LE CONCILE ET THOMAS

Mise au jour d'une différence : l'absence de thématiques et l'omission du terme accident, au profit de celui d'espèce

L'exposé consacré à la doctrine thomasienne de l'eucharistie nous permet à présent d'envisager le rapport entretenu par le concile de Trente avec celle-ci. Repérons les éléments que celui-ci conserve de Thomas et ceux qu'il passe sous silence. Le concile s'approprie la présence réelle et celle de la transsubstantiation dans sa signification thomasienne générale. Loin d'être le signe de la présence du Christ, le sacrement contient son vrai corps et son vrai son sang. Le concile emprunte à Thomas la modalité de la présence du Christ, substantielle, sacramentelle, totale, ne se limitant pas à l'usage du sacrement, tout en rejetant implicitement la présence locale, le Christ n'étant pas là comme dans un lieu puisqu'il est au Ciel selon son mode d'existence propre. De même, il reprend la conversion substantielle – le texte latin emploie le terme « *conversio* » –, par laquelle le Christ est rendu réellement présent : la conversion eucharistique, instantanée, advenant par les paroles de la consécration, de toute la substance du pain en celle du corps du Christ, porte également le nom de transsubstantiation. En vertu de ces éléments, un rapport de communauté peut être établi entre le concile et Thomas quant au mode de présence du Christ dans le sacrement : le premier suit le second.

Cependant, dans les éléments qu'il récupère, le concile ignore ceux qui leur sont joints par Thomas. Le concile observe une discrétion concernant la thématique de la modalité de la présence du Christ : la présence spirituelle n'est pas directement évoquée, l'opposition entre présence locale et présence sacramentelle est seulement esquissée, tandis que la distinction entre mode de substance et mode de quantité n'est pas mentionnée et la thématique des dimensions du corps du Christ est délaissée. Plus fondamentalement encore, les difficultés rencontrées par Thomas et les réponses techniques qu'il leur apporte, engageant son ontologie, demeurent étrangères au concile, qui ne les aborde jamais. Le concile ne se prononce pas sur la modalité de la disparition du pain, se gardant de trancher entre Thomas et Scot. Le concile professe que l'eucharistie met jeu une conversion substantielle, au cours de laquelle la substance du pain ne subsiste pas. Mais il ne se prononce pas sur la modalité de cette disparition. De même, le concile ne s'épanche pas sur la conception de la transsubstantiation qu'il privilégie, notamment entre celle du dominicain et du franciscain. Scot soutiendra la thèse de la transsubstantiation adductive. Il pose l'anéantissement de la substance et l'adduction d'une autre : annihilation de la substance du pain et du vin et adduction de celle du corps et du sang du Christ, l'adduction et l'annihilation étant placées en corrélation. *A contrario*, Thomas avait récusé l'annihilation, rejetée comme fausse – et non pas hérétique – : il pose la conversion de la substance en une autre. La conversion met l'accent sur la relation de liaison entre le corps du Christ et les espèces eucharistiques : il n'y a nullement annihilation ni adduction. À cet égard, Thomas refuse la transsubstantiation adductive dans la mesure où, comportant une double opération (annihilation plus adduction), elle multiplie arbitrairement les miracles. De manière opposée, Thomas juge sa théorie de la transsubstantiation plus pertinente au regard de l'économie des miracles, puisqu'elle implique une seule opération miraculeuse[83] : la théorie scotiste de la transsubstantiation adductive est par conséquent refusée, sur l'autel de la simplicité des voies.

Enfin, le concile ne fait jamais référence, comme nous l'avons remarqué *supra*, au terme « accident », lui préférant constamment celui d'espèce. En effet, le concile tient pour article de foi que, après la consécration, la substance du pain et du vin a disparu. Toutefois, aucun élément n'est délivré sur le mode de subsistance du pain et du vin, dont il est indiqué que seules les « espèces » demeurent. Or, il est difficile de poser un rapport d'équivalence entre l'accident, catégorie aristotélicienne dont la propriété principale est d'inhérer dans un sujet dont il est le prédicat, et les espèces : une telle équivalence apparaît comme un raccourci abusif et incorrect, au regard du sens respectif de chacun des termes. Loin de pouvoir être réduite à la notion d'accident, celle d'espèce détient un sens propre, de sorte qu'un écart demeure entre les espèces et les accidents : ce sont deux notions résolument distinctes. À ce titre, soutenir la permanence des espèces après la consécration ne revient nullement à

83 Or, nous avons souligné que, devant les difficultés posées par l'eucharistie à son ontologie, Thomas est contraint lui aussi de multiplier les miracles afin de les contourner. Comment peut-il refuser la théorie scotiste de la transsubstantiation de par le supplément de providence qu'elle exige alors qu'il s'arroge le privilège d'y recourir dans sa théorie ?

défendre nécessairement celle des accidents : ce sont deux thèses différentes qui ne sauraient être tenues pour identiques. Recourir au seul terme « d'espèce » permet au concile d'évacuer les difficultés rencontrées par Thomas concernant la permanence des accidents eucharistiques, comme celles d'accidents séparés de la substance ou d'accidents sans sujet. De même, le concile ne fait jamais mention de la notion de « quantité », par laquelle Thomas entend attribuer un sujet aux accidents du pain et du vin après la consécration. Par-là, en se privant du terme accident, le concile évite les difficultés (ontologiques) qui rendaient la position de Thomas vulnérable.

Du couple aristotélico-thomiste substance-accident, le concile retient seulement le premier terme et écarte le second : il a « refusé, comme on l'a souvent remarqué, de "canoniser" la doctrine aristotélicienne de la substance et des accidents[84] ». Le déséquilibre est criant entre les deux termes. Celui d'accident n'est jamais employé alors que la terminologie de substance, constante, est ouvertement privilégiée, à travers la présence réelle par mode substantiel et la transsubstantiation. Il convient de nous arrêter un instant sur cette situation étrange et inédite à laquelle nous confronte le concile en recourant au terme substance tout en occultant celui d'accident. Ainsi apparaît-il que, si le concile n'offre aucune indication sur la signification du terme substance, l'absence de son interlocuteur privilégié obscurcit davantage son sens. Nous ne pouvons être réellement fixé sur la signification du terme substance dans le concile puisqu'aucune définition n'en est apportée et son répondant direct et opposé en est absent. En découplant le terme substance de celui d'accident, le concile jette le trouble sur le sens de celui-ci : quelle signification accordée à la notion de substance privée de celle d'accident ? Comment parler d'une substance sans évoquer ses accidents ? Certes, nous comprenons que la substance entretient, dans le cadre du concile, une relation étroite et privilégiée avec l'être : elle renvoie à l'être au sens propre, puisqu'elle rend compte de la présence réelle du Christ. Le Christ ne peut être réellement présent qu'en tant qu'il l'est par mode de substance. Mais, si la substance désigne au premier chef ce qui existe, le concile n'apporte aucun élément de définition : il ne précise ni que la substance occupe une position de sujet

84 Armogathe, Jean-Robert, *op. cit.*, p. 29.

d'un prédicat et de substrat des changements accidentels, ni qu'elle constitue l'être individuel subsistant par soi.

En se passant du terme accident tout en employant celui de substance, le concile demeure relativement vague sur le sens du terme substance, qui paraît indéterminé. Il ouvre alors la voie à une pluralité de significations concernant le terme substance. À ce titre, par ses choix méthodologiques, le concile n'autorise-t-il pas d'autres théories eucharistiques, pour autant que le terme de substance est employé, et que les principaux dogmes en sont respectés, comme ceux de présence réelle et de transsubstantiation ? Descartes percera à jour cette ouverture du concile. Revendiquant sa fidélité à la foi catholique, il proposera une explication du sacrement eucharistique à partir de notions qui, partageant le même nom que celles de la scolastique, en bousculent pourtant le sens.

De fait, le mode de subsistance des espèces du pain et du vin après la consécration, tout comme le mode de disparition de la substance du pain et du vin, ne sont nullement abordés par le concile, alors qu'il s'agissait de thématiques d'une haute importance dans la pensée thomasienne. De même, le concile ne professe pas la permanence des accidents séparés de la substance. Pour autant, cette position n'est pas récusée, que ce soit sur le plan philosophique ou théologique. Affirmer que ce sont les accidents qui subsistent après la consécration constitue une thèse qui, sans être prescrite, n'est pas pour autant répudiée pour fausse ou hérétique. Autrement dit, une telle thèse n'est pas partie prenante de l'enseignement tridentin, sans lui être cependant opposée et contraire. De cette situation découlent deux possibilités : celle de ne pas recourir au terme accident, ou de l'employer, comme le fera le *Catéchisme du Concile de Trente.*

Que conclure ? L'enseignement tridentin est traversé par une indéniable inspiration thomiste : le concile emprunte à Thomas de nombreux éléments, mais ne reprend pas tous ceux rattachés à sa doctrine eucharistique, notamment par rapport à la transsubstantiation En délaissant le terme accident et en passant sous silence le mode de subsistance et le mode de conversion, le concile accomplit des gestes forts par lesquels il distingue lui-même son enseignement de celui de Thomas. L'un ne peut être posé comme identique à l'autre, mais en diffère, le concile ne reproduisant pas dans le détail la théorie thomasienne. Comment expliquer cette distance entre le concile et Thomas ? Pour expliquer celle-ci, il faut se tourner vers le contexte de la rédaction du décret sur l'eucharistie lors du concile de Trente. C'est le 31 janvier 1547 que le décret sur l'eucharistie est discuté pour la première fois, avant que la discussion ne reprenne, suite à l'épidémie qui atteint la ville de Trente et le refus par Charles Quint que le concile se tienne à Bologne, en 1551. Même si la réunion du concile est difficile pour des questions historiques, théologiens et Père tridentins se rejoignent dans leur volonté commune de ne pas rentrer dans les difficultés d'Écoles. Écoutons J. R. Argomathe qui souligne cet élément : « ils insistèrent à plusieurs reprises sur un point déjà souligné par les théologiens : *le Concile n'allait pas décider des questions débattues dans les Écoles. "Le Concile a assez à faire s'il veut condamner les hérétiques"*, déclarait le légat Crescenzi, "et il n'a pas à prendre parti dans les discussions d'école" ; l'archevêque Guerrero, de Grenade, répéta un souhait identique qui fut vigoureusement repris par Alepo, l'archevêque de Sassari[85] ».

Loin de se rattacher à une en particulier, au point de la promouvoir, le concile renonça à trancher entre les différentes écoles (thomistes, scotistes, ockhamistes ou encore augustiniennes) concernant l'eucharistie. Cette volonté, décisive, de se tenir délibérément éloigné des querelles, se traduit par la recherche constante de thèses communes et par l'emploi d'un vocabulaire volontairement général et prudent. C'est pourquoi le concile refusa de statuer, entre autres, sur la question de la transsubstantiation, qui divisait durant les sessions les dominicains, se réclamant de saint Thomas, et les cordeliers, désignant les franciscains de France, qui ont pour champion D. Scot. À cet égard, par souci de ne pas offusquer un seul des deux partis, qui ne parvenaient pas à s'accorder, la congrégation générale décide de faire, selon les mots de P. Sarpi (1552-1623), auteur d'une *Histoire du concile de Trente*, cités par J.-R. Armogathe, « une déclaration en termes si généraux qu'elle pût s'accommoder au sens des deux partis[86] ». D'où l'absence, dans les décrets tridentins, de la question de savoir si la substance du pain et du vin disparaît par mode de conversion ou par mode d'anéantissement. La lecture du concile de Trente exige de tenir compte de ces éléments traversant son enseignement, les divergences durant les sessions entre les représentants des différentes écoles aboutissant à une position ouverte teintée de prudence, afin de permettre

85 *Ibid.*, p. 29 [mots soulignés par nous].
86 *Ibid.*, p. 31.

à chacun de s'y retrouver : « Dans la délégation générale du 9 octobre, l'évêque de Bitonto, Cornelius de Mussis, revient à plusieurs reprises sur ce refus de la commission de trancher autrement qu'en utilisant la philosophie commune la plus simple[87] ».

Dès lors, si Thomas demeure à l'arrière-plan de l'enseignement du concile, ce dernier ne peut, en toute rigueur, être nommé thomiste. Au contraire, de par les éléments qu'il occulte, une distance sépare le concile de Thomas. Toutefois, certains interprètes modernes, tels que le cardinal Franzelin (1816-1866), auquel d'autres ont emboîté le pas, tels que F. Jansen dans son article sur l'eucharistie dans le *Dictionnaire de théologie catholique*, ou encore E. Schillebeeckx (1914-2009) s'attachent à montrer le thomisme sous-jacent de l'enseignement du concile de Trente. Loin de chercher une solution commune et prudente qui réunirait les différents partis, le concile adhérerait clairement à Thomas. Le principal argument en faveur de la dimension thomiste de l'enseignement du concile consisterait à affirmer que la permanence des espèces reviendrait à rejoindre la position thomasienne reconnaissant la persistance des accidents séparés de leur substance et sans sujet : il y aurait une équivalence entre espèces et accidents sans sujet, faisant de ceux-là une partie de l'enseignement tridentin. Tout l'enjeu de la lecture du concile de Trente réside dans cette problématique : cherche-t-il à demeurer ouvert et prudent, au point de paraître parfois indéterminé, ou énonce-t-il en réalité une position implicitement thomiste ? La question est prépondérante : la foi catholique peut-elle faire l'économie, concernant la vérité du sacrement eucharistie, de la persistance des accidents, et par conséquent, d'une ontologie d'obédience aristotélico-thomiste ? Est-ce hérétique de se passer du terme accident, ou est-il possible de penser la foi catholique en dehors du couple aristotélico-thomiste substance-accident ?

Or, une telle interprétation n'est pas recevable : elle n'est pas fidèle à la lettre des textes conciliaires, et elle omet le processus historique des discussions entourant les décrets et canons. Ce n'est pas trahir leur sens que de reconnaître qu'ils ne sont pas d'obédience thomiste. Les arguments sont imparables. Le concile écarte le terme accident, et privilégie délibérément celui d'espèce, les deux notions ne pouvant être assimilées l'une à l'autre : la distinction substance accident, et la subsistance d'accidents sans sujet, n'est pas présente dans le texte du concile. Ce dernier ne se prononce pas sur le

87 *Ibid.*

mode de disparition de la substance du pain ni sur le mode de subsistance des espèces du pain et du vin après la consécration, deux points sans lesquels on ne peut revendiquer une identité thomiste. Dans cette optique, il n'y a pas d'hérésie à se passer du terme accident : le cœur de l'enseignement réside dans la permanence des espèces et la conversion de toute la substance – découplée de l'accident. En revanche, l'hérésie consiste, lorsque le vocable d'accident est employé, à soutenir la non-permanence des accidents.

Les thèses promulguées proprement par Thomas sur l'eucharistie ne constituent pas, à l'époque de Descartes, article de foi : la foi catholique ne se confond pas avec Thomas. Au contraire, il faut savoir distinguer, au sujet de l'eucharistie, l'enseignement de l'Église catholique romaine, qui s'exprime dans le concile de Trente, de celui délivré par Thomas. Bien que le premier puise dans le second, il ne le suit pas intégralement, de telle sorte qu'on ne saurait tenir pour équivalentes la doctrine tridentine sur l'eucharistie et celle de Thomas : loin de se confondre, chacune réclame son identité spécifique. Prendre acte de cette distance séparant le concile de Thomas constitue une avancée centrale et décisive dans notre enquête, contribuant à dessiner avec clarté et fermeté les contours de la doctrine catholique sur l'eucharistie à l'époque de Descartes.

Une objection venue du Catéchisme du Concile de Trente ? Différence de statut

Néanmoins, une objection ne pourrait-elle pas être levée en tournant notre regard vers le *Catéchisme du concile de Trente* ? Évoquons brièvement le contexte de rédaction du Catéchisme, ordonnée par le concile en 1562 et commencée la même année. Le concile achevé, le Pape Pie IV chargea Charles Borromée de superviser la suite des opérations. À la mort du Pape Pie IV le 9 décembre 1565, Pie V délégua la révision du manuscrit déjà rédigé et la publication, confiée à Paul Manuce, intervient en avril 1566. La version française, supervisée par le Pape, parut en 1567.

Si le concile ne recourt nullement au terme accident, prônant exclusivement celui d'espèce, ce dernier n'étant nullement l'équivalent du premier, une difficulté apparaît dans le *Catéchisme*, qui emploie le terme accident[88]. Ce texte ne semble pas faire de distinction entre la notion

88 Une recension minutieuse nous permet de dégager le nombre réduit d'emploi du terme « accident », le terme « espèce » prévalant largement : nous pouvons relever que le terme

d'espèce et celle d'accident, qui sont posées comme synonymes. Les accents thomistes du catéchisme sont manifestes, avec l'emploi d'une terminologie propre à Thomas et la reprise de thèses qu'il soutient : mentionnant la thèse de la présence réelle et de la transsubstantiation, le *Catéchisme* professe la permanence des accidents séparés de la substance et sans sujet[89], qui constitue « un miracle », une expérience défiant le cours ordinaire de la nature.

Que devons-nous conclure de cette difficulté provenant du *Catéchisme*, qui remet au gout du jour le terme accident ? J.-R. Armogathe, qui cite le texte dans son étude, ne tient pas compte de ce décalage terminologique entre le concile et le Catéchisme, soutenant que l'enseignement tridentin sur l'eucharistie ne peut être identifié à celui de Thomas, tout en maintenant la différence entre les espèces et les accidents. À nos yeux, le texte du *Catéchisme*, en dépit des réminiscences thomistes qu'il offre, ne nous conduit pas à remettre en cause l'interprétation que nous avons soutenue à propos de l'écart entre l'enseignement du concile et celui de Thomas. Ce texte ne possède pas le même statut théologique et ne revêt pas la même valeur normative que le concile. Si le *Catéchisme* peut être lu à partir du concile, le concile ne peut être lu à partir du *Catéchisme*. Là où le concile définit les articles de foi et fixe les canons à travers les anathèmes, le *Catéchisme*, dont la visée est beaucoup plus modeste, s'adresse aux prêtres et aux curés : la préface nous indique qu'il est « destiné directement aux curés de paroisse[90] ». Aussi ce catéchisme est-il nommé « Catéchisme à l'usage des curés » :

« espèce » est utilisé vingt-sept fois contre seulement quatre usages de celui « d'accident ».

89 *Catéchisme du concile de Trente*, Deuxième Partie, Chapitre 19, traduction française par Marbeau-Charpentier, Paris, *Itinéraires*, 1969, p. 218 : « la foi catholique enseigne et croit, sans hésitation aucune, que les paroles de la consécration produisent spécialement trois effets admirables. Le premier, c'est que le vrai corps de Notre-Seigneur Jésus-Christ, Celui-là même qui est né de la Vierge Marie, qui est assis à la droite du Père, est contenu dans l'Eucharistie. Le second c'est que dans le Sacrement il ne reste rien de la substance de deux éléments, quoi que cela semble tout à fait opposé et contraire au rapport des sens. Le troisième, qui se déduit aisément des deux autres, et qui est positivement exprimé par les paroles de la Consécration, c'est que par une disposition inexplicable et toute miraculeuse, *les accidents* qui apparaissent eux yeux, et que les autres sens perçoivent aussi, *se soutiennent sans le secours d'aucun sujet.* Ils présentent encore toutes les apparences du pain et du vin. *Mais ils ne tiennent à aucune substance ; ils subsistent par eux-mêmes.* Quant à la substance même du pain et du vin, elle est tellement changée au Corps et au Sang de Jésus-Christ, qu'il n'en reste absolument rien, et qu'il n'y a réellement plus ni substance du pain, ni substance du vin ».

90 *Ibid.*, Préface, p. 4.

il constitue pour ces derniers la méthode à suivre « pour la catéchèse de chaque sacrement[91] ».

La visée du *Catéchisme* n'est pas proprement théologique. Loin d'être au cœur des controverses théologiques, le *Catéchisme* est un ouvrage pastoral, qui expose les rudiments de la foi chrétienne et offre une méthode aux pasteurs. Les destinataires et le statut du texte du *Catéchisme* et de celui du concile sont tout à fait différents, ce qui réduit la portée du premier et empêche de le placer sur le même plan que le second. La force d'un concile œcuménique ne saurait se réduire au projet du *Catéchisme* : là où l'un contient un enseignement dogmatique et combat les hérésies, l'autre a davantage pour but de donner un « "guide", solide et sûr[92] » aux curés tout en cherchant à instituer la légitimité des pasteurs, en insistant sur leur nécessité et leur autorité dans l'Église.

Il s'ensuit que l'intérêt, théologique et philosophique, pour notre étude réside dans le concile et non dans le *Catéchisme* : c'est dans celui-ci que nous lisons la foi catholique. Aussi, le *Catéchisme* ne discrédite pas les avancées de notre recherche. Au contraire, il les confirme. En effet, le *Catéchisme* ne fait, *in fine*, qu'attester la distance séparant l'enseignement du concile sur l'eucharistie de celui de Thomas dans la mesure où le *Catéchisme* pousse dans une direction thomiste un enseignement qui, *de facto*, ne l'était pas. Si une différence apparaît entre le concile et le *Catéchisme* au niveau du vocabulaire et des thèses soutenues, c'est bien que le concile n'était pas thomiste et que le *Catéchisme* a lui-même développé des thèses qui n'y étaient pas contenues. Cet argument achève de consommer la différence entre la doctrine tridentine sur l'eucharistie et celle de Thomas, différence qui se déploie désormais comme irréfutable. D'ailleurs, nous pouvons avancer que le silence d'Armogathe sur la pseudo-difficulté émanant du *Catéchisme* ne fait que traduire cette différence entre les deux textes.

Synthèse : les axes de l'enseignement tridentin

Notre préambule consacré à la tradition catholique touche à son terme. Nous avons parcouru l'enseignement catholique relatif à l'eucharistie, placée en tête des sacrements, à l'aune du concile de Trente. Celui-ci

91 Simon, Maurice, *Un catéchisme universel pour l'Église catholique. Du Concile de Trente à nos jours*, Louvain, Presses universitaires de Louvain, 1992, p. 57.

92 *Ibid.*, p. 59.

gravite, principalement, autour de trois axes. Le dogme de la présence réelle, selon lequel le vrai corps et le vrai sang du Christ sont présents dans le sacrement, par mode de substance et de manière sacramentelle. La thèse corrélative de la transsubstantiation : les paroles de la consécration répétées par le prêtre, qui détiennent l'efficacité sacramentelle, ont pour effet de changer toute la substance du pain et toute celle du vin en celle du corps et celle du sang du Christ. À la suite de cette conversion substantielle, ou changement substantiel, il demeure seulement les espèces du pain et du vin : nul résidu de la substance du pain et du vin. Le terme espèce, à distinguer de celui d'accident, désigne les apparences sensibles du pain et du vin (goût, toucher, odorat) et renvoie à l'invariance de nos sensations. Enfin, le Christ est tout entier présent dans le sacrement, le corps, le sang, l'âme et la divinité du Christ étant contenus sous les deux espèces à la fois, en vertu de la concomitance naturelle et de l'union hypostatique.

Telles sont les principales thèses parsemant la conception catholique de l'eucharistie, exprimées dans le concile de Trente. Nous avons envisagé le rapport de celui-ci à saint Thomas. La théorie thomasienne de l'eucharistie s'articule principalement autour du couple physico-ontologique, d'héritage aristotélicien, de la substance et des accidents. Dans la tradition aristotélico-thomiste, la substance renvoie à l'être individuel subsistant de manière séparée et autonome, alors que l'accident désigne la détermination contingente d'une substance, dont il est dépendant et sans laquelle il ne peut exister. Ce postulat méthodologique entraîne une série de difficultés redoutables, que l'auteur assume et qu'il cherche témérairement à résoudre en ajoutant notamment des miracles, afin de concilier la vérité du sacrement avec la vérité de l'ontologie d'obédience aristotélicienne. Or, un certain décalage sépare Thomas du concile. Si les sources thomistes de certains décrets sont manifestes, il est indéniable que l'enseignement du concile de Trente sur l'eucharistie ne saurait être posé comme identique à celui de Thomas. Il ne s'agit pas de mettre au jour une opposition mais de déceler une distinction, à la faveur notamment d'un double argument. Le concile ne reproduit nullement l'ensemble des thèses soutenues par Thomas. En outre, nous pouvons repérer un décalage terminologique important, qui se cristallise dans l'absence du terme accident dans les décrets tridentins : le concile recourt au terme espèce et écarte celui d'accident. Si le concile diffère de Thomas, les raisons de cet écart sont, principalement, historiques et contextuelles. Le concile refuse de se mêler des querelles d'École et de promouvoir une conception particulière de l'eucharistie (thomiste, scotiste ...) : il concentre sa lutte contre les hérésies liées au mouvement de la Réforme initié en Allemagne, contre lequel il se dresse et en réaction duquel il est organisé. D'où l'emploi d'une terminologie transversale, la recherche de thèses communes et une discrétion à l'endroit des thèmes controversés. Il importe de prendre acte de cette différence entre l'enseignement tridentin et celui de Thomas, distinction dont Descartes lui-même s'est fait le héraut et qu'il a repérée.

De fait, le dogme de la présence réelle, associé à la transsubstantiation, avec tous les éléments qui l'accompagnent (totalité de cette présence, conversion substantielle, permanence des espèces...), constituent articles de foi à l'époque de Descartes. Toute théorie eucharistique est jugée à partir de sa capacité à intégrer ces thèses et à répondre au défi qu'elles posent : elle devra, par exemple, rendre compte de la vérité de la présence du Christ, de la conversion qui s'opère de substance à substance impliquant la disparition de la substance du pain et du vin et la permanence des seules espèces. Le concile est intransigeant en la matière, les anathèmes étant là pour rappeler ce qui fait office d'hérésie : une théorie eucharistique qui nie la vérité de la présence du Christ pour en faire une figure ou un signe, ou qui remet en cause l'actualité d'une conversion substantielle, ou encore, qui soutient la permanence de la substance du pain et du vin après la consécration, porte atteinte à la foi catholique. Néanmoins, s'il se montre inflexible, nous pouvons d'ores et déjà nous demander si le concile, de par sa retenue sur certains thèmes, l'omission du terme accident, rendant relativement indéterminé celui de substance, n'ouvre pas déjà la voie à des théories eucharistiques qui, sans être d'obédience scolastique, sont susceptibles de s'accorder au dogme catholique. Telle semble être, *in fine*, la conséquence à laquelle conduit le concile de Trente, que Descartes exploitera en proposant une explication de l'eucharistie qui s'appuie, à travers la notion de superficie, sur une nouvelle théorie physique, où la notion d'accident, tombée en désuétude, est écartée ouvertement, et où celle de substance reçoit une autre signification que celle qui lui était accordée dans la tradition scolastique. C'est ce que le chapitre suivant envisagera.

LA GENÈSE DE LA THÉORIE EUCHARISTIQUE CARTÉSIENNE

ÉTONNEMENT DU LECTEUR

Le premier chapitre a restitué le dogme catholique sur l'eucharistie à la lumière du concile de Trente, tout en soulignant la différence entre l'enseignement tridentin et celui de Thomas sur ce sacrement. Tournons-nous à présent notre regard vers Descartes et l'« explication », selon le mot employé de manière récurrente par l'auteur, qu'il apporte à l'eucharistie. Or, il convient d'exprimer, en premier lieu, un étonnement, par lequel toute démarche philosophique commence. N'est-il pas surprenant de recenser l'eucharistie parmi les thématiques qui ont intéressé Descartes ? Si ce dernier a développé, au cours de son œuvre, une véritable théorie eucharistique, cette dernière interpelle au regard de l'organisation interne de sa pensée. Mesurer la portée d'un tel étonnement, légitime, constitue une étape indispensable pour pénétrer la pensée eucharistique cartésienne.

Descartes trace une séparation, non contradictoire, entre le domaine de la philosophie et celui de la théologie, que nous avons rappelée. Or, dans ce contexte, il se revendique d'une discipline et se démarque de l'autre. Si l'auteur ne condamne pas la théologie, lui assignant une place précise et préservant la spécificité de son domaine, il n'est pas théologien : au contraire, prenant seulement la lumière naturelle de la raison pour instrument herméneutique, il se réclame, tout au long de son œuvre, philosophe et s'occupe expressément des vérités acquises (et non révélées). Il importe de mesurer la primauté de la raison dans le système cartésien. Celle-ci jouit d'une autonomie sur le plan épistémologique.

Mis à part ce qui regarde la connaissance des vérités révélées, réclamant le soutien de la grâce, la raison, loin de dépendre de l'apport de la foi, suffit dans la connaissance de l'ensemble des vérités philosophiques. Certes, celle-ci requiert la véracité divine, garantissant le critère de clarté et de distinction, de sorte que Dieu est la pierre angulaire du système cartésien. Mais Dieu est convoqué sur la base d'une approche rationnelle, sans être tributaire du secours de la foi. Autrement dit, la raison peut seule constituer le fondement et le pourvoyeur de la connaissance humaine, n'ayant pas besoin d'être éclairée par la lumière surnaturelle de la foi : la lumière de la raison est suffisante dans l'élaboration d'une métaphysique, d'une physique et d'une morale. La philosophie cartésienne implique une promotion de la raison : celle-ci s'inscrit dans l'ambition cartésienne d'assurer l'émancipation de la philosophie vis-à-vis de la théologie, dont elle n'était que la servante à l'époque médiévale et dans la perspective scolastique. Descartes entend rompre avec la situation ancillaire de la philosophie, n'étant plus l'auxiliaire de la théologie. En faisant de la raison un authentique instrument de connaissance, l'auteur consacre l'indépendance de la discipline philosophique, tout en ayant pour ambition de montrer que ce qu'il élabore en philosophe ne contredit pas les données de la foi, mais s'y accorde.

Philosophe, Descartes exclut de sa démarche la lumière surnaturelle de la foi comme outil épistémologique. Refusant de prendre part à l'étude des vérités révélées, placées au-dessus de l'intelligence humaine, il écarte de son champ d'expertise ce qui relève de la théologie, discipline qu'il tient en haute estime[1], mais dont il ne veut « se mêler[2] » : « je m'abstiens, le plus qu'il est possible, des questions de théologie[3] ». C'est d'ailleurs ce qu'il « répète à tous les échos : "je ne fais pas de théologie"[4] ». En tant qu'il ne « *détermine jamais rien sur les choses* dont il[je] n'a aucune *raison certaine* pour donner lieu à des *conjectures*[5] », Descartes se résout à « *se taire*[6] » devant les vérités révélées, lesquelles

1 Descartes, *Discours de la Méthode*, Première Partie, t. 1, p. 575 : « je révérais notre théologie et prétendais, autant qu'un autre, à gagner le ciel ».
2 Lettre au Père Dinet, t. 2, p. 1095.
3 Lettre au Père Mesland du 2 mai 1644, t. 3, p. 75.
4 Gouhier, Henri, *La pensée religieuse de Descartes*, *op. cit.*, p. 217.
5 Descartes, Lettre au Père Mesland du 2 mai 1644, t. 3, p. 931 [mots soulignés par nous].
6 Lettre au Père Mersenne du 27 mai 1630, t. 1, p. 269 : « Les 4, 5, 6, 8, 9 et derniers points de votre lettre sont tous de Théologie ; c'est pourquoi je m'en tairai, s'il vous plaît ».

nécessitent un traitement, non pas philosophique, mais théologique. L'auteur s'impose pour règle essentielle de ne jamais dépasser son domaine de compétence en se retenant de s'immiscer dans le champ des vérités révélées : il fait vœu de se vouer à la philosophie et de ne jamais se prononcer sur les questions qui dépendent de la théologie. À ce titre, l'entreprise philosophique cartésienne, reconnaissant ses propres limites devant les mystères de la foi dont elle ne peut pénétrer le sens, s'arrête là où commence la révélation.

Or, la distinction entre la philosophie et la théologie, et la revendication d'œuvre philosophique proclamée par Descartes, font naître une difficulté par rapport à la théorie eucharistique cartésienne. Mobilisant la lumière surnaturelle de la foi, celle-ci appartient à la sphère des vérités révélées et échoit à la discipline de la théologie. Aussi parle-t-on du mystère eucharistique, parce qu'il implique, entre autres, la « présence réelle » du Christ. Dans ce cadre, recenser l'eucharistie parmi les thématiques sur lesquelles Descartes s'est penché est non seulement inattendu, mais aussi problématique : comment expliquer la présence d'une thématique théologique dans un système philosophique, fondé sur la séparation, non contradictoire, entre raison et foi ? Comment celui qui revendique faire œuvre de philosophe et évacue les questions théologiques de son système a-t-il pu s'intéresser à une thématique aussi théologique que celle de l'eucharistie ? En apportant une « explication » à l'eucharistie au cours de son œuvre, Descartes a-t-il outrepassé les limites qu'il avait lui-même assignées à la philosophie par rapport à la théologie ? L'auteur a-t-il rompu ce silence auquel il promettait pourtant ouvertement de s'astreindre devant les mystères de la révélation et les questions théologiques ? Autrement dit, Descartes a-t-il franchi les bornes de la philosophie en se tournant vers l'eucharistie, au point de transgresser une règle constitutive de son système philosophique ?

L'eucharistie nous confronte à une difficulté majeure, aux contours contradictoires : faisant office d'un mystère de foi appelant un traitement théologique, elle affleure pourtant dans un système philosophique soucieux de ne pas s'impliquer dans les questions de théologie. Étudier la théorie eucharistique cartésienne requiert de prendre acte de cette difficulté, procédant de l'organisation interne du système cartésien. La surprise éprouvée par le lecteur cartésien engage une quête de sens, en recherchant les raisons présidant à l'apparition de l'eucharistie dans l'œuvre cartésienne : pourquoi Descartes, se réfugiant traditionnellement dans le silence devant ce qui touche aux vérités révélées, a-t-il abordé, une fois dans son œuvre, une question théologique ? L'enjeu consiste à savoir s'il est possible d'articuler la présence de l'eucharistie dans la pensée cartésienne et l'organisation interne régissant celle-ci, eu égard au rapport entre raison et foi. Toute la question revient à savoir quel regard nous devons porter sur le surgissement de la thématique eucharistique. L'auteur s'y intéresse-t-il en tant que théologien ou en tant que philosophe ? Est-il possible de considérer que la théorie eucharistique cartésienne respecte les limites prescrites à la philosophie, ou devons-nous concéder que celle-ci constitue une entrave à la frontière instaurée entre la philosophie et la théologie ? En ce sens, une telle difficulté revient à se demander si l'eucharistie sauvegarde ou remet en cause la cohérence d'ensemble de la pensée cartésienne. On comprend que l'eucharistie impose un double défi à la philosophie cartésienne. D'une part, elle ne doit pas remettre en cause la séparation cartésienne entre la philosophie et la théologie, placée à la racine du système et l'organisant ; d'autre part, l'« explication » cartésienne de l'eucharistie devra, comme nous le verrons, ne pas menacer les données de la foi, mais se concilier avec celles-ci, eu égard à l'ambition d'instaurer un accord.

L'APPARITION DE L'EUCHARISTIE DANS LA LETTRE AU PÈRE MERSENNE DE 1630

UN CONTEXTE PHYSIQUE MARQUÉ PAR DES PRÉOCCUPATIONS D'OPTIQUE

La genèse de la théorie eucharistique cartésienne éclaire le contexte présidant à l'apparition de cette thématique, en indiquant la perspective à laquelle l'auteur obéit : c'est en comprenant comment et de quel point de vue Descartes s'est initialement intéressé à l'eucharistie que pourrons nous prononcer sur la cohérence d'ensemble de la philosophie cartésienne, en déterminant si l'auteur demeure philosophe en traitant d'un sujet théologique.

L'attention de Descartes pour l'eucharistie « se situe de très bonne heure[7] ». L'auteur porte un intérêt précoce et volontaire à cette thématique, dont nous pouvons déceler des traces dans la période dite de jeunesse de l'œuvre cartésienne. Ainsi est-ce dans une lettre adressée au Père Marin Mersenne, de l'ordre des Minimes, datée du 25 novembre 1630, que Descartes évoque pour la première fois, au détour d'une allusion, toutefois lourde de sens, la thématique de l'eucharistie. La lettre prend place dans un contexte scientifique. Elle appartient, en nous inspirant du découpage temporel opéré par F. Alquié, à la période de 1629 à 1633. Celle-ci est marquée par l'effervescence scientifique de Descartes et la diversité des projets qui l'animent. Il a déjà jeté les bases de sa méthode dans les *Regulae* – ouvrage datant de 1627-1628, mais resté inachevé et publié de manière posthume en 1701 –, dont le *Discours* sera le couronnement. L'auteur s'occupe, durant cette période, d'algèbre, propose de réformer les mathématiques, formule les principes de la géométrie analytique, tout en s'intéressant à l'optique, qui le conduit à la découverte majeure des lois de la réfraction, relatées dans la *Dioptrique*, ouvrage à la méthode hypothético-déductive mêlant philosophie et mathématique. Descartes est également préoccupé par des questions cosmologiques, à travers la thématique de la chute des corps et le phénomène des parhélies, ou des faux-soleils. Le Père C. Scheiner (1575-1650) l'avait constaté à Rome le 20 mars 1629. Le médecin H. Rénier, informé par P. Gassendi (1592-1655), en demande une explication à Descartes. Mais ces thématiques, pourtant déjà très diverses, n'épuisent pas la curiosité intellectuelle de Descartes. Loin d'être rassasié, il ne néglige pas non plus l'anatomie, effectuant des dissections. Manifestant également un intérêt pour la médecine et la chimie, il se penche sur l'esthétique et des questions acoustiques.

À travers cette recherche scientifique, intense et frénétique, Descartes poursuit, au fond, le projet d'une physique tout entière, qui embrasse en son sein tous les phénomènes de la nature et à laquelle rien n'échappe[8]. Autrement dit, le « tronc » de l'arbre cartésien de la philosophie, à savoir la physique, règne en cette période, à l'exception de quelques lettres sur la musique et l'esthétique, et d'un *Petit traité de métaphysique*, ouvrage

7 Gouhier, Henri, *op. cit.*, p. 227.

8 *Cf.* Descartes, Lettre au Père Mersenne du 13 novembre 1629, t. 1, p. 226 et Lettre au Père Mersenne du 25 novembre 1630, t. 1, p. 285.

inachevé, aujourd'hui perdu, dont nous ne connaissons pas la teneur, mais que nous devinons probablement fort éloigné des *Méditations*. Aussi, précisons que la théorie de la libre création des vérités éternelles, formulée dans le cadre des échanges avec Mersenne dans les années 1630, est initialement élaborée dans un cadre physique. C'est seulement ultérieurement, à la suite des *Méditations*, que Descartes dégagera les implications métaphysiques de cette théorie, limitée encore à l'époque au champ physique. Aussi convient-il de rappeler que, durant cette période, Descartes n'a pas encore fondé sa métaphysique : aucun élément ne permet de penser qu'elle soit clairement constituée en 1630. D'ailleurs, même le *Discours*, publié en 1637[9], ne fournit pas la métaphysique cartésienne. L'ouvrage constitue un récit, non un système : le *Discours* est une histoire, celle des pensées de Descartes, et n'énonce pas encore la vraie métaphysique, apportée en 1641 par les *Méditations*. La dimension lacunaire du *Discours* sur le plan métaphysique s'éprouve notamment à propos du *cogito* et de la théorie des idées. Le *cogito* est retenu comme critère de vérité scientifique, mettant en jeu un type de relation nécessaire entre la pensée et l'existence, alors qu'il sera une découverte ontologique dans les *Méditations*. Les idées sont tenues pour synonymes de pensées, alors que les *Méditations* les perçoivent comme une manière d'être imparfaite, instaurant une distinction entre leur réalité objective et leur réalité formelle. Toutefois, cette remarque sur la place de la métaphysique dans les considérations physiques de Descartes n'est pas anodine. Au contraire, il faut avoir conscience que la métaphysique, occupant une position première et de fondement, demeure toujours à l'arrière-plan de la physique, la seconde reposant sur la première : ainsi est-ce, par exemple, Dieu qui, placé au commencement de toutes choses, fournit les « fondements[10] » de la physique, les lois de la nature[11] étant

9 Le *Discours de la méthode* constitue le premier ouvrage imprimé de Descartes, qui parut à Leyde le 8 juin 1637, sans nom d'auteur, sous le titre : « Discours de la méthode pour bien conduire sa raison, et chercher la vérité dans les sciences. Plus la Dioptrique, les Météores et la Géométrie qui sont des essais de cette méthode ».

10 Descartes, Lettre au Père Mersenne du 15 avril 1630, t. 1, p. 259 : « je vous dirai que je n'eusse su trouver les fondements de la Physique, si je ne les eusse cherchés par cette voie [c'est-à-dire par la voie de la connaissance de Dieu] ».

11 Elles sont au nombre de trois. Les formulant déjà dans le *Monde*, Descartes les recense dans les articles 37, 39 et 40 de la Seconde Partie des *Principes de la Philosophie*. Rappelons-les rapidement. La première concerne la conservation de la même quantité de mouvement (« que chaque chose demeure en l'état qu'elle est, pendant que rien ne le change »,

déduites de la nature immuable de ce dernier. Nous n'aborderons pas cette spécificité de la physique cartésienne qui reçoit un fondement métaphysique, apporté par l'existence de Dieu et sa nature vérace : le tronc (physique) de l'arbre de la philosophie dépend de ses racines (la métaphysique), Descartes opérant un renversement par rapport à l'articulation aristotélicienne de ces deux disciplines.

Si Descartes est animé par un esprit scientifique durant les années 1629-1633 – et même de 1618 à 1637 –, l'année 1630 est marquée – en dehors des vérités éternelles – par des préoccupations d'optique. Le seigneur du Perron, ainsi qu'il se présentait lui-même[12], s'intéresse à la théorie de la lumière et aux couleurs. Ses recherches sur ce sujet, lui faisant nouer des relations avec des personnalités scientifiques (le mathématicien C. Mydorge (1585-1647), l'artisan J. Ferrier), se cristallisent dans les travaux sur la loi de la réfraction[13] et sur la construction d'un dioptre parfait.

Toutefois, la multiplicité de ces projets scientifiques n'est pas immédiatement relayée dans cette période de 1629-1633 par des publications. Ces diverses recherches scientifiques trouveront leur expression dans deux ouvrages principaux. D'une part, le *Monde et le Traité de l'homme*, ouvrage probablement achevé en 1633, mais qui parut de manière posthume. Descartes a renoncé à le publier de son vivant, en raison principalement de la polémique liée au mouvement de la Terre et de la condamnation de Galilée, proclamée le 22 juin 1633[14]. D'autre part, les recherches scientifiques cartésiennes de cette période sont consignées dans les trois écrits

article 37, p. 185). La seconde est la loi d'inertie (« tout corps qui se meut, tend à continuer son mouvement en ligne droite », article 38, p. 187). La troisième a trait aux lois de la transmission du mouvement (« si un corps, qui se meut, en rencontre un autre plus fort que soi, il ne perd rien de son mouvement, et s'il en rencontre un plus faible qu'il puisse mouvoir, il en perd autant qu'il lui en donne », article 39).

12 Alquié, Ferdinand, *in* Descartes, *Œuvres Philosophiques*, *op. cit.*, t. 1, « I : Les premiers écrits », note 3, p. 26 : « On sait que Descartes se présentait comme seigneur du Perron, gentilhomme du Poitou. D'où le nom de *Picto*, que Beeckman donne également à Descartes ».

13 Nous n'aborderons pas les considérations relatives à l'étrangeté de la démonstration apportée par Descartes à la loi de la réfraction, qui a généré des soupçons de plagiat, notamment de manière posthume, par I. Vossius (1618-1689), en 1662, et par C. Huygens (1629-1695), en 1703. Ces accusations qui ont pesé sur la conception cartésienne ne reçoivent, à ce jour, aucun crédit, en tant qu'elles ne correspondent pas aux étapes chronologiques de la pensée cartésienne.

14 Nous n'évoquerons pas le débat autour des motifs de la rétractation observée par Descartes de publier son *Monde*.

qui suivent le *Discours*, auxquels il sert de préface, que sont *La Dioptrique, Les Météores* et *La Géométrie* : les *Essais* sont des applications de la méthode exposée dans le *Discours*[15] et livrent un aperçu de la physique cartésienne en la présentant sous une forme, non déductive, mais expérimentale. Les recherches cartésiennes en matière d'optique, qu'il désignait aussi sous le nom de « Science des Miracles[16] » de par ses pouvoirs d'illusion, aboutissent justement à l'ouvrage de la *Dioptrique.* Celui-ci énonce la découverte majeure concernant la célèbre loi de la réfraction et regroupe, avec le traité du *Monde*, les recherches en optique effectuées par Descartes.

L'AMBITION D'EXPLIQUER LA PERMANENCE DE LA BLANCHEUR DU PAIN

Lien entre l'optique et la transsubstantiation eucharistique

Telles sont les remarques nous permettant de nous familiariser avec le contexte, résolument physique, enveloppant la Lettre au Père Mersenne du 25 novembre 1630. Dans celle-ci, l'auteur annonce d'ailleurs deux ouvrages. Faisant état de sa volonté d'imprimer sa *Dioptrique*, dont il redoute notamment que Mydorge ne l'apprenne, avec qui il est en désaccord sur des questions d'optique, il mentionne la rédaction d'un *Discours de la lumière*, qu'il veut joindre à la *Dioptrique* – dont il sera la première partie –, tout en signalant également la rédaction du *Monde*, dont il informe son correspondant de son degré d'avancement.

Or précisément, dans cet horizon scientifique, Descartes exprime un intérêt manifeste pour la question théologique de l'eucharistie : « Je crois que je vous enverrai ce *Discours de la lumière*, sitôt qu'il sera fait, et *avant* que de vous envoyer le reste de la *Dioptrique* : car y voulant *décrire les couleurs à ma mode* [à ma manière], *et par conséquent, étant obligé d'y expliquer comment la blancheur du pain demeure au Saint Sacrement*, je serai *bien aise de le faire examiner par mes amis, avant qu'il soit vu de tout le monde*[17] ». Certes, il s'agit ici seulement d'une allusion à l'eucharistie. Nous pouvons

15 Descartes, Lettre à *** de fin mai 1637, t. 1, p. 540.

16 Lettre à *** de septembre 1629, t. 1, p. 221 : « Il y a une partie dans les Mathématiques, que je nomme la Science des Miracles, parce qu'elle enseigne à se servir si à propos de l'air et de la lumière, qu'on peut faire voir par son moyen toutes les mêmes illusions, qu'on dit que les Magiciens font paraître par l'aide des Démons ».

17 Lettre au Père Mersenne du 25 novembre 1630, t. 1, p. 285-286 [mots soulignés par nous].

d'ailleurs supposer, sans trahir le texte, que Descartes n'a pas encore terminé l'« explication » de l'eucharistie dont il fait mention, dans la mesure où la description des couleurs, qui en est le prélude, n'est pas achevée[18] : l'explication eucharistique est, au mieux, en cours d'élaboration.

La lettre, décisive, nous apprend que l'eucharistie prend place dans un cadre physique, Descartes s'y référant dans le contexte général de la *Dioptrique* : l'« explication » qu'il ambitionne d'apporter au sacrement participe de la théorie de la lumière annoncée comme la première partie de la *Dioptrique.* L'auteur opère un lien entre l'eucharistie et l'optique à travers la thématique des couleurs : les couleurs participent, dans la physique cartésienne, d'une théorie de la lumière. Aussi les recherches sur lesquelles il se penche à l'époque, concernant la lumière et les couleurs, le conduisent à traiter de l'eucharistie. Celle-ci présente une difficulté particulière, qui l'intéresse d'un point de vue d'optique, résidant dans la permanence de la couleur blanche du pain[19] après la consécration, appelant une « explication ». Apportons une double remarque corrélative. D'un côté, la théorie de la lumière que Descartes élabore implique, selon lui, qu'il traite l'expérience saisissante à laquelle confronte l'eucharistie. D'où d'ailleurs le retard de sa *Dioptrique*, sa théorie de la lumière étant achevée une fois seulement qu'il aura résolu la difficulté de l'eucharistie. L'eucharistie est, en un sens, une « conséquence », pour reprendre les mots de la Lettre, de sa théorie de la lumière : c'est à l'occasion de cette dernière que Descartes traite de l'eucharistie. L'auteur souligne lui-même ce rapport entre théorie de la lumière et eucharistie : l'eucharistie est l'effet de ses préoccupations d'optique. H. Gouhier prenait déjà note de l'importance du « par conséquent » : « on remarque ce "par conséquent" ; il va de soi qu'on pose le problème de l'eucharistie à propos d'un traité de physique ; ceci ne doit pas être oublié, même lorsqu'il s'agit du père de la philosophie moderne[20] ».

---

18 *Ibid.*, p. 285 : « J'y veux insérer [dans la *Dioptrique*] un *Discours* où je tâcherai d'expliquer la nature des couleurs et de la lumière, lequel m'a arrêté depuis six mois, et n'est pas encore à moitié fait ».

19 La couleur rouge du vin n'est pas citée. Nous verrons que la théorie eucharistique cartésienne met davantage l'accent sur la conversion de la substance du pain en celle du corps du Christ que sur celle du vin en sang du Christ. Tout se passe comme si l'explication de l'une permettait également d'expliquer l'autre : il n'est nullement requis de convoquer un principe explicatif différent pour le pain et le vin. Un seul suffit pour rendre compte de leur conversion en corps et sang du Christ.

20 Gouhier, Henri, *op. cit.*, p. 227.

Nous pouvons également déceler, à travers la difficulté que Descartes ambitionne d'expliquer, à quelle tradition confessionnelle il se rattache à propos de l'eucharistie. Son intérêt pour celle-ci n'est pas vierge sur le plan dogmatique. Au contraire, Descartes se situe dans une perspective catholique. La permanence de la blancheur du pain, à laquelle Descartes s'intéresse d'un point de vue optique, se réfère à la transsubstantiation, bien que le mot ne soit pas mentionné ouvertement : elle renvoie à la permanence des espèces, où le pain et le vin, dont la substance a été changée entièrement en celle du corps et sang du Christ par les paroles de la consécration, conservent les mêmes apparences sensibles – taille, couleur… – et provoquent les mêmes sensations – toucher, goût, odorat.

Le renversement opéré par la physique cartésienne

Ce lien effectué par l'auteur entre eucharistie et optique mérite d'être interrogé : de quel point de vue l'optique, et plus particulièrement, la conception cartésienne de la couleur, dirigent-elles l'auteur vers la permanence de la blancheur du pain eucharistique ? Selon nous, le lien effectué par Descartes procède du regard que pose l'auteur sur la portée novatrice de sa physique. Conscient de la portée renversante de celle-ci par rapport au modèle scolastique, Descartes est soucieux d'articuler sa physique avec le dogme catholique sur l'eucharistie. C'est pourquoi il nous faut envisager, brièvement, le renversement opéré par la physique cartésienne, notamment concernant l'optique, pour comprendre le surgissement de la thématique eucharistique.

Les principales bases de la physique cartésienne sont déjà jetées en cette période – sans que son fondement métaphysique n'ait été encore découvert – : Descartes a déjà rencontré, en 1618, Isaac Beeckman (1588-1637), philosophe et scientifique hollandais. Cette rencontre l'a poussé à délaisser la physique scolastique pour adhérer au mécanisme. Aussi la physique cartésienne s'inscrit-elle en faux contre celle de la scolastique, bien connue de Descartes, lui-même issu du collège jésuite de la Flèche. L'enseignement de la physique scolastique s'appuyait essentiellement sur le commentaire des œuvres d'Aristote (*Physique*, *De Coelo*, *De Generatione* (Livre I) les deux premières années, *De Generatione*, (Livre II), *De anima*, *Métaphysique*, pendant la troisième année). Nous insisterons ici sur la rupture instaurée par la physique cartésienne eu égard à la scolastique, tout en étant conscient qu'il ne faut pas surestimer celle-ci : si la physique cartésienne jouit d'une portée novatrice, elle demeure tributaire, sur certains points, de la pensée médiévale, fusionnant des éléments anciens et modernes, comme le montre l'exemple paradigmatique du vide[21]. Le renversement apporté par la physique cartésienne se manifeste à plusieurs endroits, que nous ne pourrons pas tous aborder. Nous envisagerons ceux détenant des répercussions sur l'eucharistie. Sur ce point, le refus cartésien du paradigme physique, en usage dans la scolastique, des qualités réelles et des formes substantielles, est significatif. Puisées dans la philosophie naturelle d'Aristote, sans qu'elles soient énoncées, ces notions désignent, dans la scolastique, les actions des corps et leurs propriétés : ce sont des entités séparables de la substance, dont elles sont l'accident ou la forme, l'âme étant par exemple la forme substantielle de tout corps animé et la chaleur la qualité réelle d'un corps que la forme du Feu a rendu chaud. Descartes rejette celles-ci, les dénonçant comme « chimériques[22] » et « fantasques[23] ». Il assimile ces notions à des pures productions de l'imagination, dans la mesure où elles témoignent d'une confusion entre ce qui relève du corps et ce qui relève de l'âme : incertaines, elles sont inopérantes pour expliquer les phénomènes de la nature, tout en étant contradictoires sur le plan ontologique, dans la mesure où elles « substantialisent » les qualités, recensées originellement par Aristote comme un accident inhérent à une substance.

Le rejet cartésien des qualités réelles, faisant tomber en désuétude le couple aristotélicien d'acte et de puissance, recouvre alors un profond déplacement dans la manière de concevoir les qualités sensibles[24]. Le seigneur du Perron évite généralement le terme qualité, imprégné d'un sens aristotélicien et renvoyant aux différentes manières de dire l'être, pour lui substituer celui de propriété. Il distingue alors les propriétés des corps de celles de l'esprit, celles-ci étant objectives et mesurables alors que celles-là sont subjectives, annonçant la distinction entre « qualités

---

21 Sur cette question, *Cf.* l'ouvrage éponyme d'E. Gilson, *Études sur le rôle de la pensée médiévale dans la formation du système cartésien*, *op. cit.*

22 Descartes, Lettre au Père Mersenne du 28 octobre 1640, T. 2, p. 269.

23 Sanhueza, Gabriel, *La pensée biologique de Descartes dans ses rapports avec la philosophie scolastique : le cas Gomez-Péreira*, Paris, L'Harmattan, 1997, p. 171.

24 D'ailleurs, cette mutation de sens pour le terme qualité vaut également, comme nous le montrerons, pour la notion de substance, qui ne revêt plus le même sens de la scolastique à Descartes.

premières » et les « qualités secondes », qui sera portée à son paroxysme par J. Locke (1632-1704) et G. W. Leibniz (1646-1716). Or, les qualités sensibles, telles que le chaud, le froid, la couleur, la dureté sont, non pas des propriétés intrinsèques de l'objet senti, mais des sentiments de l'âme. Elles appartiennent à l'âme, entendue comme substance pensante : « c'est l'âme qui sent, et non le corps[25] ». De même, c'est « l'âme qui voit, et non pas l'œil[26] ». La sensation est un mode de la pensée[27]. Il n'y a pas dans les corps des qualités réelles telles que la chaleur, la dureté, la pesanteur. Descartes illustre sa conception en convoquant souvent l'exemple des couleurs que nous percevons ou des sons que nous oyons à l'occasion d'un coup reçu, lesquels, dépendant uniquement de nous, n'ont pas d'existence en dehors de nous et n'appartiennent nullement à l'objet extérieur[28]. Excluant les qualités sensibles de la nature des corps, Descartes place en ceux-ci seulement l'étendue, qui en est l'essence[29], la figure et le mouvement, qui en sont les modes : ils sont à l'origine des sentiments de l'âme. Autrement dit, les sensations ne sont plus occasionnées par des qualités supposées réelles de l'objet, mais dépendent de l'âme : ce sont des sentiments de l'âme provoqués par des objets corporels qui se résument à l'étendue, à la figure et au mouvement.

Descartes revendique la supériorité de sa physique, le caractère mécaniste[30] et géométrique de cette dernière tranchant avec la dimension

25 Descartes, *La Dioptrique*, « Discours quatrième : Des sens en général », t. 1, p. 680-681.

26 *Ibid.*, « Discours sixième : De la vision », p. 710.

27 *Méditations Métaphysiques*, Seconde Méditation, t. 2, p. 420-421 : « Mais qu'est-ce donc que je suis ? Une chose qui pense ? Qu'est-ce qu'une chose qui pense ? C'est-à-dire une chose qui doute, qui conçoit, qui affirme, qui nie, qui veut, qui ne veut pas, qui imagine aussi, et *qui sent* » [mots soulignés par nous].

28 *Principes de la Philosophie*, Quatrième Partie, art. 198 (« Qu'il n'y a rien dans les corps qui puisse exciter en nous quelque sentiment, excepté le mouvement, la figure ou situation et la grandeur de leurs parties »), t. 3, p. 512-513.

29 *Ibid.*, Seconde Partie, art. 4 (« Que ce n'est pas la pesanteur, ni la dureté, ni la couleur, etc., qui constitue la nature du corps, mais l'extension seule »), t. 3, p. 149 : « En ce faisant, nous saurons que la nature de la matière, ou du corps pris en général, ne consiste point en ce qu'il est une chose dure, ou pesante, ou colorée, ou qui touche nos sens de quelque autre façon, mais seulement en ce qu'il est une substance étendue en longueur, largeur et profondeur ».

30 La théorie mécaniste, prenant probablement ses sources dans l'Antiquité à travers le matérialisme de Démocrite et d'Épicure, a connu un essor important au XVIIe siècle, avec le développement de la physique moderne. Galilée lui a donné ses lettres de noblesse et Descartes en a été le champion. Le mécanisme est une philosophie de la nature selon laquelle l'ensemble des phénomènes qui s'y produisent s'explique par les lois du mouvement et les

qualitative de celle de la scolastique. Il construit sa physique selon une exigence d'économie de principe et l'impératif de ne former « aucune nouvelle espèce d'être[31] ». La divisibilité – indéfinie – de la matière[32], dont l'essence est l'étendue, accompagnée des modes que sont la figure, le mouvement et les lois déterminant ce dernier, constituent les principes de la physique cartésienne qui prétendent rendre compte de l'ensemble des phénomènes de la nature tout en étant conformes à l'expérience. À l'inverse, la physique scolastique convoque divers principes qui demeurent obscurs, au regard de la confusion entre ce qui relève de l'âme et du corps : ils sont inefficients pour expliquer les phénomènes de la nature et dépassent l'expérience. Dès lors, par son refus des entités scolastiques – à quoi pourrait s'ajouter la proscription des causes finales –, et leur remplacement par les mouvements d'une matière étendue divisible pour rendre compte des qualités sensibles rapportées à l'âme, la physique cartésienne bouleverse le cadre de pensée en vigueur à son époque : elle opère un renversement décisif, s'assimilant à une véritable « révolution[33] », tout en annonçant l'aube de la modernité, en devançant les résultats de la science moderne[34] (même si celle-ci établira aussi les limites de la physique cartésienne sur d'autres points).

La théorie cartésienne de la lumière et de la couleur s'inscrit dans le sillage de ce renversement. Descartes prend, une fois encore, le contre-pied de la théorie optique professée par la scolastique, marquée par son caractère réaliste et reposant sur le commentaire de deux ouvrages

figures : « Ma philosophie [...] considère les figures, grandeurs et mouvements » (Lettre à Plempius pour Fromondus, t. 1, p. 792); « J'ajoute seulement que je n'ai rien trouvé jusqu'ici sur la nature des choses matérielles dont je ne puisse donner très facilement une raison mécanique » (Lettre à Morus du 15 avril 1649, t. 3, p. 914). Aussi Descartes étendra-t-il le mécanisme à l'ensemble des êtres vivants, et même jusqu'au corps de l'homme (*cf. Traité de l'Homme*). Toutefois, l'homme échappe à une réduction entièrement mécaniste de par l'union de l'âme et du corps par laquelle il se définit. Enfin, rappelons que la mécanique est une discipline de la philosophie, selon la célèbre image de l'arbre de la philosophie de la Lettre-Préface de l'édition française des *Principes*.

31 Descartes, *Règles pour la direction de l'esprit*, Règle XII, t. 1, p. 137.

32 *Cf. Principes de la Philosophie*, Deuxième Partie, art. 20 (« Qu'il ne peut y avoir aucuns atomes ou petits corps indivisibles »).

33 Gouhier, Henri, *op. cit.* p. 222.

34 Bouillier, Francisque, *op. cit.*, v. 1, p. 114 : « En ramenant à un mouvement de parties insensibles ce que les sens nous révèlent du monde extérieur, Descartes a devancé, de plus de deux siècles, un des grands résultats auxquels est venue aboutir la science moderne qui explique par des vibrations, c'est-à-dire par des mouvements, la chaleur, la lumière et les divers phénomènes matériels qui frappent nos sens ».

aristotéliciens, le *De anima* et le traité *Du sens et du sensible.* Descartes refuse de poser, comme Aristote, qu'il existe « une couleur intime à chaque objet[35] ». La couleur n'est pas une propriété de l'objet senti, mais une sensation de l'âme appartenant au sens de la vue. La sensation de blancheur n'est pas causée par un corps dont la nature est blanche, de même que la sensation de chaleur n'est pas engendrée par un corps dont la nature est chaude : la sensation est dissociée du corps qui en est à l'origine. La couleur participe de la théorie cartésienne de la lumière, dont elle dépend, thématique actuelle à l'époque, jouissant d'un prestige en ce « siècle de la Lumière ». Le traitement de l'une requiert de préciser l'autre. La lumière est éclairée par trois comparaisons – bâton de l'aveugle, cuve de vin au temps de vendange, balle du jeu de paume passant dans l'air – qui n'ont pas pour vocation de délivrer la nature de la lumière, en la définissant, comme dans la scolastique, « *per genus et differentiam*[36] ». Elles servent davantage à en déduire les propriétés géométriques. Il en ressort que la lumière est conçue en rapport avec le mouvement communiqué par la matière subtile et fluide : inaccessible aux sens, celle-ci remplit les pores des corps, étant liée à la récusation cartésienne de l'existence du vide. La lumière est un mouvement, ou plutôt, une tendance au mouvement, de sorte qu'elle consiste dans une action, laquelle suscite un sentiment particulier en contact avec l'œil. Mouvement instantané[37] et sans mobile, la lumière obéit aux mêmes lois que le mouvement local. Les rayons lumineux, venant de divers points, peuvent se propager en ligne droite dans plusieurs directions et se croiser sans ne se mêler ni se contrarier. En outre, l'auteur dégage deux types de mouvements, un mouvement droit et rectiligne, et un mouvement rotatoire et translatoire : à partir du premier mouvement, Descartes tire la réflexion et la réfraction[38] de la lumière, alors que la

35 Aristote, *De l'âme*, II, 7, 419 a 1, Traduction et présentation par Richard Bodéüs, Paris, GF Flammarion, 1993, p. 170.

36 Descartes, Lettre à Morin du 12 septembre 1638, t. 2, p. 366.

37 *Cf.* Lettre à Beeckman du 22 août 1634 ; Lettre au Père Mersenne du 17 mai 1638. Nous laissons de côté les découvertes postérieures (provenant notamment de Römer) mettant au jour la fausseté de l'instantanéité de transmission postulée par Descartes.

38 *La Dioptrique* ne présente pas explicitement la réfraction sous la forme de la loi des sinus ($\sin i = k \sin r$). La loi de la réfraction est relatée dans sa forme trigonométrique dans une Lettre au Père Mersenne datée de juin 1632, T. 1, p. 303 : « Pour la façon de mesurer les réfractions de la lumière, j'institue une comparaison entre les sinus des angles d'incidence et des angles réfractés ».

proportion entre le second et le premier donne naissance aux couleurs. Autrement dit, l'action par laquelle Descartes caractérise la lumière explique la couleur. Cette dernière est générée par le mouvement rotatoire et translatoire transmis par la lumière sur les éléments matériels. De même, les différents éventails de couleurs proviennent de l'articulation entre chacun de ces deux mouvements[39].

La couleur, produite par le mouvement de la lumière communiqué par la matière subtile, n'est pas une propriété de l'objet, mais une sensation de l'âme appartenant au sens de la vue, de sorte qu'elle est rattachée au nerf optique : « il [Descartes] rend caduque la notion de sensible propre : *la sensation de luminosité ou de coloration* n'est plus liée à des sensibles extérieurs spécifiques, *mais au nerf optique*, qui est certes normalement mû par la pression de la matière subtile, mais qui peut l'être également par un coup reçu sur l'œil, tout comme l'oreille fortement frappée fait entendre un son[40] ».

Les répercussions de la nouveauté de la physique cartésienne sur l'eucharistie

Revenons à présent à notre Lettre. Le parcours effectué offre l'occasion de jeter un regard nouveau sur les liens entre la physique cartésienne et l'eucharistie, en particulier celui entre l'optique cartésienne et la blancheur du pain eucharistique. Il ressort que la réforme apportée par la nouveauté de la physique cartésienne, notamment de la théorie de la couleur, détient des implications par rapport à l'eucharistie. Nous pouvons en relever deux, qui sont corrélatives.

D'un côté, la refonte des qualités sensibles, suivie de la négation des qualités réelles, introduisent une conséquence majeure par rapport à l'eucharistie : la physique cartésienne prive l'eucharistie de son fondement scolastique traditionnel, hérité de saint Thomas, résidant dans la permanence des qualités sensibles assimilées à des accidents réels. Dans la terminologie scolastique, ceux-ci désignent la manière dont

---

39 Descartes, *La Dioptrique*, « Discours premier : De la lumière », t. 1, p. 662.

40 Simon, Gérard, « La théorie cartésienne de la vision », *in Descartes et le Moyen-Âge*, Actes du colloque organisé à la Sorbonne du 4 au 7 juin 1996 par le Centre d'histoire des sciences et des philosophies arabes et médiévales à l'occasion du quatrième centenaire de la naissance de Descartes, Édités par J. Biard et R. Rashed, Paris, Vrin, 1997, p. 114 [mots soulignés par nous].

des accidents subsistent privés de leur substance. La doctrine traditionnelle de l'eucharistie, en vogue dans l'École – enseignée notamment en Sorbonne –, se basait sur une conception « réaliste » des qualités sensibles, appartenant aux corps. À cet égard, l'incidence de la physique cartésienne sur l'eucharistie est claire : en repensant les qualités sensibles, Descartes sape l'assise physique, imprégnée d'aristotélisme, sur laquelle reposait l'enseignement scolastique concernant le sacrement. Renversant le modèle physique scolastique aux accents qualitatifs, et le supplantant par un autre mécaniste, il revient à Descartes de donner à l'eucharistie un nouveau fondement, à partir de ses propres principes. On mesure l'immensité du défi auquel l'auteur est confronté : comment soutenir la permanence de la blancheur du pain sans se référer à une physique qualitative faisant appel aux qualités réelles et aux formes substantielles, notions tombant en désuétude sous l'impulsion de la physique cartésienne ?

De l'autre, la théorie cartésienne de la couleur requiert d'être conciliée avec la transsubstantiation : comment la substance du pain peut-être elle être changée en celle du corps du Christ, tout en conservant la même couleur, en concevant cette dernière comme une qualité sensible appartenant à l'âme, résultant de la propagation de la lumière communiquée par la matière subtile ? La mise à l'écart du modèle scolastique sur le plan physique réclame d'être suivie d'un travail d'articulation entre la nouvelle théorie optique et la transsubstantiation : il revient à Descartes de mettre en exergue comment sa théorie de la couleur permet de penser la permanence de la blancheur du pain, alors que sa substance a été convertie en celle du corps du Christ. En ce sens, la première apparition de l'eucharistie cristallise, en filigranes, l'ensemble du projet eucharistique cartésien, résidant dans la recherche, hors du modèle scolastique, d'un accord entre les principes cartésiens et le dogme catholique. Et nous pouvons déjà annoncer que cet accord s'appuie d'abord sur l'énoncé du dogme. Descartes cherche à renouveler, non pas la compréhension théologique de l'eucharistie, mais sa base physique.

Nous comprenons à présent de quelle manière l'auteur rencontre, à partir de sa physique, la question eucharistique. C'est un double enjeu que pose, dès 1630, la physique cartésienne par rapport à l'eucharistie. Descartes doit apporter un nouveau fondement à l'eucharistie dans la mesure où il a renversé celui de la scolastique, en repensant le paradigme physique des qualités sensibles, les qualités réelles et formes substantielles étant écartées ; l'auteur doit montrer que sa physique ne menace pas la transsubstantiation, en énonçant les conditions de possibilité de celle-ci : sa théorie physique, en particulier celle de la lumière et des couleurs, rend-elle possible un changement de substance et la permanence des espèces ?

Le sentiment d'obligation

Il reste un dernier point à considérer. Qu'en est-il du sentiment d'obligation dont l'auteur fait état dans la Lettre ? Le terme est à la fois troublant et fort. En quel sens l'auteur se sent-il obligé d'apporter une explication de l'eucharistie ? Tout en étant conscient de ne pouvoir scruter les intentions d'un auteur, nous pouvons, sans sortir du texte et en nous appuyant sur le contexte et les enseignements indiqués, livrer des indices pour interpréter le sentiment d'obligation.

Le sens de l'obligation gravite autour de deux pôles : l'un tient à la portée novatrice de la physique, l'autre au catholicisme de l'auteur. D'un côté, ce dernier est conscient que sa réforme physique rejaillit fortement sur l'eucharistie : le remaniement des qualités sensibles renouvelle l'approche traditionnelle de l'eucharistie, coupée de son support physique puisé dans l'aristotélisme. De l'autre, l'obligation s'enracine dans la conscience catholique de l'auteur, dont elle est la trace : c'est parce que Descartes est un philosophe se définissant lui-même ouvertement comme « catholique romain » qu'il « doit » apporter une nouvelle explication de l'eucharistie, à l'aune de ses propres principes physiques. C'est en tant que philosophe catholique que Descartes mesure pleinement la manière dont sa révolution physique atteint l'eucharistie. Dans cette optique, l'obligation renvoie à la nécessité, dictée par la conscience catholique de l'auteur, de fournir une nouvelle assise physique à l'eucharistie, la base scolastique ayant été escamotée. Pour confirmer notre interprétation, signalons que Descartes réitère, ultérieurement, l'emploi du terme obligation dans un contexte similaire. Il fait état du changement que sa physique impose concernant le socle physique de la transsubstantiation, qu'elle permet toutefois d'expliquer clairement, dans les limites de l'orthodoxie : « Il n'y aura ce me semble, aucune difficulté d'accommoder la théologie à ma façon de philosopher ; car je n'y vois rien à changer que pour la transsubstantiation, qui est extrêmement claire et aisée par mes principes. Et je serai obligé de l'expliquer [la transsubstantiation] en ma physique, avec le premier chapitre de la Genèse[41], ce que je me propose d'envoyer aussi à la Sorbonne, pour être examiné avant qu'on l'imprime[42] ».

Dès lors, l'obligation témoigne, non pas d'une contrainte, mais d'une démarche volontaire : Descartes, loin de subir une pression extérieure, procède volontairement en s'intéressant à l'eucharistie.

La restitution d'une cohérence : concilier physique (cartésienne) et foi (catholique)

Il s'ensuit que ce parcours de la genèse de l'approche cartésienne de l'eucharistie permet de célébrer la cohérence d'ensemble de la pensée cartésienne, la frontière entre philosophie et théologie étant préservée. L'eucharistie prend place dans un cadre physique. Le terme explication, employé de manière récurrente par l'auteur et tenant lieu de « mobile fondamental[43] » de sa théorie eucharistique, constitue justement le sceau de la démarche physique. Loin d'arborer la tenue de théologien, Descartes ne se prononce pas sur le sens théologique de l'eucharistie. Au contraire, il se limite à expliquer ce qui advient – du point de vue d'une perspective catholique – lors de l'eucharistie, considérée en tant que sacrement et non comme sacrifice, perspective délaissée. Il s'agit d'expliquer « comment » la blancheur du pain demeure et non pas « pourquoi » : décrire physiquement ce qui se passe n'indique rien de la signification théologique de l'eucharistie, au regard par exemple du salut. Pour autant, en dépit de la démarche physique à laquelle Descartes obéit, l'eucharistie n'est pas une question proprement physique. Aussi Descartes prend-il soin de se référer à l'eucharistie par le terme de « Saint Sacrement ». Cette terminologie signifie que l'eucharistie n'est pas un simple phénomène de la nature, mais demeure un mystère de foi. Il est essentiel de distinguer l'approche de Descartes, auréolée d'une dimension physique, de la nature de l'objet auquel il s'intéresse, demeurant une vérité révélée appartenant à la théologie. C'est pourquoi nous adopterons

41 L'introduction a fait état de ce qu'il est advenu de ce projet.
42 Descartes, Lettre au Père Mersenne du 28 janvier 1641, t. 2, p. 314.
43 Armogathe, Jean-Robert, *op. cit.*, p. 43.

une position équilibrée : l'intérêt cartésien pour l'eucharistie se situe à l'intérieur du champ philosophique dans le sens où l'enjeu consiste à articuler les principes physiques novateurs et la transsubstantiation. En se tournant vers une question théologique, Descartes ne franchit pas pour autant les bornes de la philosophie. L'eucharistie attire son attention, non dans une perspective théologique, mais du point de vue de la conciliation de son système avec le dogme, en montrant, à partir de ses principes optiques, comment le pain conserve sa blancheur lors de la transsubstantiation. Par conséquent, l'organisation structurelle de sa pensée est garantie, et la frontière entre la philosophie et la théologie sauvegardée : Descartes demeure, à l'aube de sa théorie eucharistique, cohérent avec lui-même, restant philosophe sans assumer un rôle de théologien qui ne lui revient pas.

Terminons en évoquant la prudence finale affichée par Descartes lorsqu'il annonce, dans la Lettre, son explication de la blancheur du pain au saint sacrement. En effet, aussitôt après avoir indiqué que celle-ci est en cours d'élaboration, l'auteur souligne l'importance de solliciter des avis extérieurs. Les recherches sur la théorie de la lumière, appelées à intégrer une explication de l'eucharistie, ne seront pas rendues publiques avant qu'elles n'aient été consultées par les proches de l'auteur : « je crois que je vous enverrai ce *Discours de la lumière*, sitôt qu'il sera fait, et *avant que de vous envoyer le reste de la Dioptrique* : car y voulant décrire les couleurs à ma mode, et, par conséquent, étant obligé d'y expliquer comment la blancheur du pain demeure au Saint Sacrement, je serai *bien aise de le faire examiner par mes amis, avant qu'il soit vu de tout le monde*[44] ». La réserve émise par l'auteur porte autant sur la théorie de la lumière que sur l'eucharistie, de par l'imbrication des deux sujets. L'explication sera provisoirement tenue secrète et divulguée seulement à ses « amis ». La publication de celle-ci dépend de l'accueil de ces derniers. Une telle réserve n'est pas forcément originale. Descartes manifeste, pour d'autres sujets, le souci de ne pas rendre ses travaux publics avant d'avoir « sondé le gué[45] ». Toutefois, nous estimons que celle-ci est significative dans le cas de l'eucharistie, traduisant la prudence adoptée par l'auteur. Celui-ci poursuit un double dessein. Même si nous ne pouvons connaître avec

44 Descartes, Lettre au Père Mersenne du 25 novembre 1630, t. 1, p. 285-286 [mots soulignés par nous].

45 Lettre à *** de fin mai 1637. *Cf.* aussi Lettre à Pollot du 12 février 1638.

exactitude, à ce stade de l'œuvre, le degré d'avancement de l'explication, celle-ci paraît suffisamment élaborée pour que Descartes en perçoive tout le tout potentiel novateur et corrosif à l'égard de la scolastique – ne serait-ce que par rapport au refus des qualités réelles. Sonnant le glas des théories eucharistiques héritées de la scolastique, dont il renverse le modèle physique, Descartes a besoin de s'assurer, par le témoignage de certains de ses amis, de l'orthodoxie de son explication : à travers leurs avis, Descartes veut être certain de la conformité de son explication au dogme catholique. Aussi veut-il, sans doute, disposer de conseils sur la publication même de son explication : à supposer qu'elle soit conforme au dogme, doit-il malgré tout la rendre publique ? N'est-elle pas, eu égard à sa nouveauté, susceptible d'être mal accueillie, au point d'être considérée comme dangereuse pour la foi catholique ? De surcroît, il veut sans doute éviter que sa propre explication ne tombe entre les mains de théologiens mal avisés. De par les polémiques suscitées par l'eucharistie à l'époque, Descartes préfère, dans l'attente du retour de ses amis, soustraire son explication au regard des théologiens. D'ailleurs, remarquons la discrétion observée par l'auteur dans la Lettre. Il ne dévoile à son correspondant aucun élément sur les contours de son explication. Au contraire, Descartes se veut, dans la Lettre, des plus circonspects, ne laissant filtrer aucun indice.

UNE DÉMARCHE PHYSIQUE, RENFORCÉE PAR L'EXISTENCE DE DEUX QUESTIONS

À l'appui de la Lettre au Père Mersenne du 25 novembre 1630, nous avons restitué le cheminement conduisant Descartes à se sentir, à partir de ses propres conceptions physiques, et notamment optiques, « obligé » d'apporter une explication à l'eucharistie. Le sentiment d'obligation, clé de voûte de la Lettre, procède du regard porté par l'auteur sur la portée novatrice de sa propre physique, dans son double rapport au dogme catholique et au modèle scolastique, tout en renvoyant à la conscience catholique de l'auteur. De par le renversement introduit par sa physique par rapport au modèle scolastique, Descartes doit, au titre de philosophe catholique, fournir un nouveau fondement à l'eucharistie, en veillant à préserver le dogme catholique : remanier la conception des qualités sensibles, en excluant notamment les qualités réelles, exige de renouveler l'approche de l'eucharistie concernant sa base physique. Pour ce faire, Descartes doit expliquer, à partir de ses propres conceptions physiques, comment les espèces, et en particulier ici la blancheur du pain, demeurent au Saint Sacrement alors que leur substance a été changée en celle du corps et du sang du Christ, ce qui fait référence à la thèse catholique de la transsubstantiation, laquelle demeure à l'horizon de cette première lettre.

Cette simple allusion à l'eucharistie contenue dans la Lettre de 1630 est édifiante. Elle atteste la manière dont l'auteur s'est, spontanément et très tôt, intéressé à l'eucharistie, eu égard à l'articulation entre la nouveauté de son système physique, en particulier sa théorie optique, et la transsubstantiation. Aussi importe-t-il d'insister sur l'ancrage physique de la démarche à laquelle Descartes obéit dans son approche inaugurale de l'eucharistie, celle-ci n'étant pas d'ailleurs associée à une dimension apologétique, qui émergera ultérieurement.

Les liens entretenus par l'eucharistie avec la physique cartésienne, mis au jour par la Lettre étudiée, se renforcent sitôt que l'on considère que la « révolution » de la physique cartésienne soulève deux difficultés par rapport à la doctrine catholique de l'eucharistie, se rapportant à deux questions qui lui sont intrinsèques. Descartes décèle deux questions traversant l'eucharistie, liées aux présupposés de sa physique : l'une ressortit « au mode de conversion » et l'autre porte sur le « mode de présence[46] ». Nous nous référons ici à une Lettre – selon toute vraisemblance[47] – postérieure aux *Méditations* : « Il y a deux *principales questions touchant* ce mystère. L'une est *comment il se peut faire que tous les accidents du pain demeurent en un lieu où le pain n'est plus* et où il *y a un autre corps en sa place* ; l'autre est *comment le corps de Jésus Christ* peut être so*us les mêmes dimensions où était le pain*[48] ». Explicitons. D'un côté, comment les propriétés sensibles du pain et du vin – assimilées dans la Lettre à des accidents, ce qui est d'ailleurs sans doute volontairement équivoque en tant que cette notion est exclue de la perspective cartésienne – peuvent-elles subsister alors même que leur substance a été totalement changée en celle du corps et du sang du Christ ? Autrement dit, comment le

46 Nous nous inspirons, pour cette distinction, des propos de J.-R. Armogathe, *op. cit.*, p. 63.

47 H. Gouhier estime qu'elle est « impossible à dater », *op. cit.*, p. 222. Pour sa part, F. Alquié situe cette lettre dans l'année 1646, tout en signalant que son destinataire demeure inconnu.

48 Descartes, Lettre à X*** de début mars 1646, t. 3, p. 643 [mots soulignés par nous].

pain et le vin peuvent-ils être changés en corps et sang du Christ, tout en conservant les mêmes propriétés sensibles et en apparaissant toujours comme pain et comme vin à nos sens ? Cette thématique, se référant à ce qui communément nommé le « sort des espèces », « question eucharistique par excellence[49] », recèle une forte dimension physique, accentuée par le parallèle avec le morceau de cire. Il est saisissant de noter qu'elle constitue l'expérience inverse et asymétrique du morceau de cire, exposée dans la Seconde des *Méditations Métaphysiques*. Rappelons que cette expérience consiste à montrer comment, alors même que le morceau de cire, approché du feu, perd toutes ses propriétés sensibles, reste identique : la même substance demeure tandis que les propriétés sensibles changent et ne s'offrent plus de la même manière à nos sens. Le changement apparent des propriétés sensibles du morceau de cire n'affecte pas sa substance : il s'agit du même morceau de cire, bien que les sens soient incapables de le déterminer. De ce point de vue, Descartes opère un renversement épistémologique, mettant au jour que la connaissance des corps, loin de dépendre des sens, repose sur la seule raison : une inspection de l'esprit. À l'inverse, qu'advient-il lors de la transsubstantiation ? Les propriétés sensibles du pain et du vin demeurent identiques, et pourtant, leur substance a été changée en celle du corps et du sang du Christ : les sens perçoivent toujours du pain et du vin alors que ce n'en est plus dans la mesure où la foi établit que sont présents le vrai corps et le vrai sang du Christ sous de telles apparences. Autrement dit, permanence de la substance à travers le changement des propriétés sensibles : la substantialité de la cire n'est pas atteinte par l'altération de ses propriétés ; de l'autre, subsistance des propriétés sensibles au sein du changement de substance : les apparences sensibles du pain et du vin demeurent alors même que leur substance a disparu.

Telle est la première question traversant l'eucharistie. Mais cette dernière en contient une autre. Comment le corps et le sang du Christ peuvent-ils être présents sous les propriétés sensibles du pain et du vin ? Comment soutenir la présence réelle du corps et du sang du Christ sous les apparences du pain et du vin ? Telle est la question à laquelle se réfère le mode de présence, que Descartes a coutume de renvoyer au domaine de la théologie.

49 Tilliette, Xavier, *op. cit.*, p. 10.

De fait, l'auteur recense deux questions au sein de l'eucharistie et ne les range pas sous les mêmes disciplines : l'une se situe à la frontière du philosophique et du théologique tandis que l'autre semble relever du domaine de la théologie. Chaque question renvoie à un axe fort de l'enseignement de l'Église catholique de l'époque : la thèse de la transsubstantiation et le dogme de la présence réelle. Or, chaque question entretient un lien étroit avec la physique cartésienne. Le sort des espèces résonne, comme nous l'avons souligné, comme un problème « spécial[50] » à la philosophie cartésienne, de par le déplacement imposé par la physique cartésienne aux qualités sensibles. La notion cartésienne d'étendue, essence de la substance corporelle, constitue, comme nous le verrons, le point de rencontre de la physique cartésienne avec la modalité de la présence du Christ. Aussi Descartes a-t-il proposé, sur la base de sa propre physique, une explication de chacune de ces questions au cours d'une période précise de son œuvre. La théorie eucharistique cartésienne est composée par deux explications, renvoyant à deux questions repérées au sein de l'eucharistie, se rattachant à des principes forts de la physique cartésienne.

La mise au jour de ces deux questions traversant l'eucharistie nous permet d'annoncer au lecteur un panorama chronologique des principales étapes de la théorie eucharistique cartésienne, en délimitant le *corpus* qui lui correspond. L'intérêt cartésien pour l'eucharistie débute en 1630, se développe en 1644 et 1645 et s'estompe progressivement, dès le début de l'année 1646 pour se refermer définitivement en 1648.

- 1630 : dans la Lettre au Père Mersenne du 25 novembre 1630, Descartes fait référence pour la première fois à la transsubstantiation, au détour d'une allusion dans un contexte d'optique.
- 1638 : dans la Lettre au Père Vatier du 22 février 1638, Descartes indique avoir confectionné une explication de la transsubstantiation dont il ne divulgue pas encore le contenu mais loue la portée apologétique.
- 1641 : Descartes rend publique, dans le cadre des Réponses aux Objections adressées aux *Méditations Métaphysiques*, son explication de la transsubstantiation. *Cf.* ses Réponses aux Quatrièmes et Sixièmes Objections.

50 Laporte, Jean, *Le rationalisme de Descartes*, Paris, P. U. F., 1950, p. 411.

- 1644-1645 : Descartes délivre, de manière confidentielle, son explication de la modalité de la présence du Christ dans les Lettres au Père Mesland, qui seront seulement publiées de manière posthume.
- 1646-1648 : ces années marquent la « clôture » de la théorie eucharistique cartésienne, Descartes refusant catégoriquement, en dépit des sollicitations pressantes dont il fait l'objet, de se prononcer à nouveau sur les questions eucharistiques, émettant à ses correspondants une fin de non-recevoir.

De ces principales étapes de la formation de la théorie eucharistique cartésienne, un constat s'impose : même si elle n'a jamais fait l'objet d'un *Traité* à part entière, l'eucharistie est une thématique qui traverse de fond en comble la philosophie cartésienne. Aussi l'eucharistie apparaît-elle partie prenante de la philosophie cartésienne, de par la manière dont les principes de la physique rejaillissent sur les deux questions traversant la conception catholique de l'eucharistie, aboutissant à l'élaboration de deux explications[51].

TRANSITION : DES *ESSAIS* AUX *MÉDITATIONS*

Il ressort de notre étude de la Lettre de 1630 que, parmi les deux questions repérées, celle du sort des espèces surgit la première dans l'œuvre cartésienne : l'enjeu consiste à expliquer, à partir de la nouvelle physique, comment le pain conserve ses apparences sensibles, en particulier sa blancheur. Or, signalons immédiatement que l'intérêt initial de Descartes pour l'eucharistie, appelé à s'exprimer dans la *Dioptrique* à travers la théorie de la lumière qui en serait la première partie, n'a pas trouvé de prolongement écrit. Descartes n'a pas honoré une partie

---

51 Nous prenons nos distances sur ce point avec les propos de J.-R. Armogathe qui souligne, pour mettre en lumière le statut extérieur de l'eucharistie par rapport à la philosophie cartésienne, que « Descartes n'en a jamais parlé que sollicité de le faire » (*op. cit.*, p. 63). Certes, nous rejoignons le commentateur sur le fait que Descartes a toujours exposé son explication de l'eucharistie, que ce soit celle du mode de présence ou du mode de conversion, à la suite de questions de la part de ses correspondants. Pour autant, cela ne constitue nullement un signe de l'extériorité de l'eucharistie par rapport à la physique cartésienne. Au contraire, l'explication de la transsubstantiation eucharistique est antérieure aux Quatrièmes Objections d'Arnauld, l'auteur étant conduit volontairement à s'y intéresser à travers ses recherches en optique. D'autre part, Descartes suscite lui-même, comme nous le verrons, l'intérêt de Mesland pour se prononcer, en privé, sur le mode de présence.

de ce qu'il avait annoncé dans la Lettre où il précise ses projets de rédaction et de publication : la *Dioptrique* ne contient pas d'allusion à l'eucharistie. L'explication de la permanence de la blancheur du pain au Saint Sacrement ne sera pas délivrée dans cet ouvrage. La structure des *Essais* semble pouvoir éclairer cette absence de considérations eucharistiques. En tant qu'ils sont des applications de la méthode dont il a énoncé les quatre « préceptes » dans le *Discours*[52], Descartes a dû juger que la loi de la réfraction, la description du dioptre parfait, ainsi que la théorie de l'arc-en-ciel sont des manifestations suffisantes de sa méthode : nul besoin d'appuyer l'application de sa méthode par une explication eucharistique.

Dans un premier temps, Descartes a tenu son explication sur l'eucharistie cachée et secrète. Développant des recherches eucharistiques à part soi, celles-ci ont abouti à une découverte qu'il ne divulguera pas dans l'immédiat. En effet, après avoir évoqué son intérêt pour l'eucharistie en 1630, le seigneur du Perron observe un silence qui se prolonge jusqu'en 1638, date à laquelle l'eucharistie refait surface au détour d'une lettre. Dans celle-ci, Descartes présente son explication comme achevée et se montre confiant quant à son orthodoxie, lui attribuant même une utilité apologétique : « Et je vous dirai aussi que je ne crains nullement au fond qu'il s'y trouve rien contre la foi ; car au contraire j'ose me vanter que jamais elle n'a été si fort appuyée par les raisons humaines, qu'elle peut être si l'on suit mes principes ; et *particulièrement la transsubstantiation, que les calvinistes reprennent comme impossible à expliquer par la philosophie ordinaire, est très facile par la mienne*[53] ». Cette lettre nous entraîne alors en 1641 où Descartes, sollicité par Arnauld, rend publique pour la première fois, dans les Réponses aux Quatrièmes Objections, son « explication » de l'eucharistie centrée autour de la notion de superficie.

Ainsi allons-nous épouser le cheminement temporel de la théorie eucharistique cartésienne en nous intéressant à cette nouvelle période de la pensée cartésienne s'étendant de 1638 à 1642.

52 Ces quatre préceptes sont ceux de l'évidence, de la division (ou analyse), de la synthèse, et du dénombrement : ils se réfèrent aux notions d'intuition, d'ordre et de rapport. *Cf.* la Seconde Partie du *Discours de la méthode*.

53 Descartes, Lettre au Père Vatier du 22 février 1638, t. 2, p. 30 [mots soulignés par nous].

L'EXPLICATION DU SORT DES ESPÈCES

LES QUATRIÈMES OBJECTIONS

CONTEXTUALISATION

L'explication eucharistique cartésienne est avancée dans le cadre des Réponses aux Objections adressées aux *Méditations*. Un exposé préalable s'impose sur le contexte même de cette œuvre paradigmatique de la philosophique cartésienne. Nous serons brefs. L'œuvre retrace le cheminement parcouru par l'esprit humain pour parvenir à l'irréfragable science : en partant du doute, méthodique et hyperbolique, Descartes cherche à poser, de manière définitive, les fondements solides d'un savoir certain. L'incertitude enveloppant la connaissance humaine sous l'emprise de l'hypothèse du Dieu trompeur, relayée par la fiction méthodologique du « Malin Génie », s'évanouit par la découverte du *cogito* et celle de l'existence de Dieu. Aussi, sous l'égide de la véracité divine, garantissant le critère épistémologique de la clarté et de la distinction des idées, les connaissances de l'essence et de l'existence des corps extérieurs accèdent à la certitude. En ce sens, les *Méditations* marquent une étape décisive dans la philosophie cartésienne en tant qu'elles présentent la métaphysique cartésienne, socle de l'ensemble du système : celle-ci n'était pas encore achevée dans le *Discours*, de par le statut lacunaire de la conception des idées – absence de la distinction entre réalité objective et réalité formelle –, celle de Dieu et de l'âme.

Les *Méditations* paraissent pour la première fois, à Paris, en latin, le 28 août 1641, chez l'éditeur Michel Soly sous le titre suivant : *Renati Descartes Meditationes de prima philosophia in qua Dei existentia et animae immortalitas demonstratur.* Cette édition comprenait une série de six Objections, accompagnées de leurs réponses. Une seconde sera publiée en mai 1642, chez Louis Elzevier à Amsterdam, augmentée par différentes additions, notamment la fin de la Réponse à Arnauld, retranchée dans la première, les Septièmes Objections avec leurs Réponses, et l'Épître au Père Dinet, qui traite de la querelle avec G. Voetius. Le titre de la seconde édition subit une légère, mais significative modification, la démonstration de la distinction de l'âme et du corps succédant à l'annonce originelle d'une démonstration de l'immortalité de l'âme : *Renati Descartes Meditationes de prima philosophia in quibus Dei existentia et animae humanae a corpore distinction demonstrantur.* Enfin, l'ouvrage fera l'objet d'une traduction française, supervisée par Descartes et rédigée par le duc de Luynes, publiée en 1647 à Paris, que l'on peut tenir pour fidèle au texte latin de 1641.

Quelques remarques sont nécessaires sur le statut des Objections. Descartes avait lui-même sollicité celles-ci en faisant circuler, en France et en Hollande, par l'intermédiaire de Mersenne, diverses copies du manuscrit des *Méditations* antérieurement à leur impression. Engagée dès novembre 1640 par l'envoi de son écrit[1] à celui qui en est considéré comme le « parrain[2] », la démarche cartésienne consistait à obtenir l'examen des meilleurs esprits dans une volonté de clarification de son œuvre. Les Objections, et les Réponses qui les suivent sont indissociables des Six Méditations les précédant, sans lesquelles ces dernières sont inintelligibles. Les Objections ont le mérite de prolonger directement l'œuvre des *Méditations*, en apportant des éclaircissements essentiels et indispensables sur la philosophie cartésienne dans son ensemble, tant au niveau de la métaphysique que de la physique.

Descartes reçut, au total, une série de sept Objections, qui portent sur différents moments de son ouvrage et qui concernent différentes parties de sa philosophie. Ces objections, provenant d'auteurs à l'orientation philosophique distincte, dénotent l'importance que revêtent, avant même leur parution, les *Méditations* dans le champ de la pensée de l'époque, suscitant l'intérêt aussi bien des philosophes que des théologiens. Œuvre

1 Descartes, Lettre au Père Mersenne du 11 novembre 1640, t. 2, p. 280 : « Je vous envoie enfin mon écrit de Métaphysique, auquel je n'ai point mis de titre, afin de vous en faire le parrain, et vous laisser la puissance de le baptiser. Je crois qu'on le pourra nommer, ainsi que je vous ai écrit par ma précédente [même date], *Meditationes de prima Philosophia* ; car je n'y traite pas seulement de Dieu et de l'âme, mais en général de toutes les premières choses qu'on peut connaître en philosophant par ordre ».

2 *Ibid.*

majeure du *corpus* cartésien, les *Méditations* signent un tournant dans l'histoire de la philosophie, annonçant l'aurore de la modernité tout en étant le point de départ des systèmes philosophiques qui suivent (Spinoza, Leibniz, Malebranche).

Concentrons-nous sur les Quatrièmes Objections, émanant de la plume d'Antoine Arnauld (1612-1694). À l'époque de celles-ci, datant de l'année 1640, Arnauld n'est pas encore le « Grand Arnauld », surnom attribué par la postérité aussi bien pour louer sa finesse que pour le distinguer de son père. En effet, le premier ouvrage de l'auteur, à l'origine de sa célébrité, *De la Fréquente communion*, ne paraîtra qu'en 1643. Arnauld est seulement âgé de 28 ans quand il envoie, par l'intermédiaire de Mersenne, ses objections à Descartes. De même, il n'est pas encore Docteur en Sorbonne, titre qu'il recevra le 12 décembre 1641, faisant de lui « le plus jeune docteur de Sorbonne[3] », année qui coïncide également avec son ordination comme prêtre, le 21 décembre 1641. C'est d'ailleurs pourquoi la première édition des *Méditations* ne comporte pas la mention « Docteur en théologie », seulement ajoutée dans l'édition suivante en 1642.

La présence d'Arnauld au rang des objecteurs des *Méditations Métaphysiques*, alors même qu'il était si jeune, s'explique par le contexte même de l'œuvre. Descartes désirait ardemment, du fait notamment de son conflit[4] avec

3 Ndiaye, Aloyse Raymond, *op. cit.*, p. 12.

4 La physique de Descartes a en effet suscité de grandes objections de la part des Jésuites. Le Père Pierre Bourdin (1695-1653), professeur de mathématiques au collège de Clermont à Paris – appelé depuis le collège Louis-le-Grand, avait fait soutenir en 1640 une thèse contre la physique cartésienne, visant notamment la matière subtile, par un élève nommé Potier, au collège Clermont, à Paris. Descartes mentionne ce point dans une lettre : « Au reste, je crois que je vais entrer en guerre avec les Jésuites ; car leur mathématicien de Paris [le Père Bourdin] a réfuté publiquement ma *Dioptrique* en ses thèses ; sur quoi j'ai écrit à son Supérieur (le Père Hayneuve) [*Cf.* la lettre au Père Mersenne du 22 juillet 1640], afin d'engager tout leur corps en cette querelle. Car, bien que je sache assez, il y a longtemps le proverbe : *Noli irritare crabrones* (n'irritez pas les frelons), je crois pourtant que, puisqu'ils s'irritent d'eux-mêmes et je ne le puis éviter, il vaut mieux que je les rencontre une bonne fois tous ensemble, que de les attendre l'un après l'autre, en quoi je n'aurais jamais de fin », Lettre à Huygens du 31 juillet 1640, T. 2, p. 260. Aussi la métaphysique, que Descartes s'apprête à publier, doit lui permettre de mieux faire accepter sa physique, tant contestée par les Jésuites, dans la mesure où « ces six *Méditations* contiennent tous les fondements de ma physique » (Lettre au Père Mersenne du 18 février 1641, T. 2, p. 316). Descartes mentionne dans sa *Correspondance* cette relation conflictuelle qu'il entretient avec les « Pères de la Compagnie », envisageant d'entrer « en guerre ouverte » contre eux, pourvu que cette dernière débouche, néanmoins, sur

les Pères de la Compagnie[5], surtout le Père Bourdin, que ses *Méditations* soient approuvées par les Docteurs de la Sorbonne. C'est pourquoi il leur dédia une Épître liminaire placée en tête de l'ouvrage, afin d'obtenir leurs faveurs et qu'ils deviennent « ses protecteurs en la cause de Dieu[6] ». Aussi, il avait fait circuler, par la médiation du Père Mersenne, plusieurs copies de son ouvrage, destinées aux Docteurs de la Sorbonne. L'effort de Descartes fut vain : non seulement il n'obtint pas l'approbation recherchée, mais les Docteurs restèrent silencieux sur son œuvre. Seul Arnauld, sur le point d'achever son doctorat en Sorbonne – il en sera exclu en 1656 alors qu'il avait éprouvé tant de peines à y pénétrer, en raison de l'opposition du cardinal de Richelieu –, consentit à examiner l'ouvrage. Il adressa une série de remarques portant sur des difficultés repérées par ses soins. La jeunesse d'Arnauld ne constitue nullement un handicap quant au degré de pertinence de ses objections ; au contraire, l'auteur, « quoi que jeune, était préparé à cet examen par deux années d'enseignement de la philosophie, en Sorbonne, au collège du Mans, de 1639 à 1641[7] ». D'ailleurs, la pertinence des objections d'Arnauld se mesure à l'accueil enthousiaste que lui réservera Descartes, qui en exalta la finesse et la profondeur au point de les considérer comme les meilleures de toutes objections reçues.

Les Objections d'Arnauld sont à part dans le paysage des *Méditations*, de par leur richesse, mais également en raison de la relation entretenue entre Descartes et Arnauld. Ce dernier se pose d'emblée moins en adversaire qu'en disciple. Il a lu, compris, et fortement apprécié – ce qui va rarement de pair (!) – les *Méditations*,

---

« une paix », l'auteur étant très soucieux de sa propre tranquillité, tenue pour nécessaire à son épanouissement philosophique : « j'espère que, voyant que j'ai bec et ongles pour me défendre, il [le Père Bourdin] sera d'autant plus retenu, quand il voudra parler de moi à l'avenir. Et bien qu'il me serait peut-être plus avantageux d'être en guerre ouverte contre eux [les Jésuites], et que j'y sois entièrement résolu, s'ils m'en donnent juste sujet, j'aime toutefois mieux la paix, pourvu qu'ils s'abstiennent de parler », Lettre au Père Mersenne de décembre 1640, T. 2, p. 285. Enfin, signalons que le Père Bourdin, auteur des septièmes Objections, a fait l'objet d'un regain d'intérêt, notamment au sein des recherches cartésiennes anglophones : Ariew, Roger, « Pierre Bourdin and the Seventh Objections », *in Descartes and His Contemporaries : Meditations, Objections, and Replies*, ed. Roger Ariew / Marjorie Grene, Chicago, University of Chicago Press, 1995.

5 Les « Pères de la Compagnie », ou les « Pères de la Compagnie de Jésus », désignent les Jésuites, la Compagnie ayant été fondée, entre autres, par I. de Loyola (1491-1556) en 1539.

6 Descartes, Lettre au Père Mersenne du 5 octobre 1640, t. 2, p. 263.

7 Bouillier, Francisque, *op. cit.*, v. 1, p. 223.

dont la « communication » qui lui en a été faite est mise au rang des plus « signalés bienfaits[8] ». Aussi fait-il l'éloge de la personne Descartes et de sa philosophie : « Car que voulez-vous [Arnauld s'adresse à Mersenne] de moi : mon jugement touchant l'auteur ? Nullement *; il y a longtemps que vous savez en quelle estime j'ai sa personne, et le cas que je fais de son esprit et de sa doctrine*[9] ». Arnauld adresse à Descartes des demandes d'éclaircissement davantage que des objections proprement dites : il signale des difficultés plutôt qu'il ne cherche la dispute.

LA DOUBLE DIFFICULTÉ RELATIVE À LA TRANSSUBSTANTIATION

Les Quatrièmes Objections d'Arnauld sont organisées d'une façon singulière, divisées entre une partie philosophique et une partie théologique. Ainsi se succèdent des questions ressortissant au domaine de la métaphysique, concernant « la nature de l'esprit humain » et « Dieu », tandis que « les choses qui peuvent arrêter les théologiens » viennent clore le texte d'Arnauld. Ce dernier revêt, dans le texte des Quatrièmes Objections comme dans l'ensemble de son œuvre propre, un double rôle : il prend l'habit du philosophe tout en arborant la robe du théologien, conformément au vœu de Descartes qui, se présentant lui-même « au tribunal de la théologie », recherchait, parmi les Docteurs de la Sorbonne, un interlocuteur sur ce terrain pour ses *Méditations*[10]. Les difficultés philosophiques, précédées d'un rapprochement avec saint Augustin concernent principalement l'âme, la *causa sui*, la relation circulaire entre le critère de l'évidence, la démonstration de l'existence de Dieu, et la thématique des idées matériellement fausses. Les scrupules soulevés dans le domaine de la théologie sont tout à fait spécifiques. Ils ne sont pas véritablement énoncés par Arnauld lui-même : loin de les mettre en son nom, l'auteur entend repérer, dans la philosophie cartésienne, des difficultés qui pourraient susciter les objections de certains théologiens. Celles-ci portent sur le doute,

8 Arnauld, Antoine, Quatrièmes Objections, « Lettre dudit S. au R. P. Mersenne », *in* Descartes, *Œuvres Philosophiques*, *op. cit.*, t. 2, p. 632 : « Je mets au rang des signalés bienfaits la communication qui m'a été faite par votre moyen [il s'adresse au Père Mersenne] des *Méditations* de Monsieur Descartes ».

9 *Ibid.* [mots soulignés par nous].

10 *Ibid.*, p. 633 [mots soulignés par nous].

l'origine de l'erreur, et les différents niveaux de savoir (croire, entendre et opiner). Or, les difficultés provoquées par la philosophie cartésienne sur le plan théologique atteignent, selon Arnauld, leur paroxysme concernant l'eucharistie. Là encore, il n'énonce pas l'objection en son nom. Il présume que celle-ci sera adressée à Descartes par ses lecteurs théologiens qui s'offusqueront, au regard de l'eucharistie, de certains principes de sa philosophie. En quel sens ? Les principes de la philosophie cartésienne semblent contredire l'enseignement de l'Église concernant l'eucharistie : « Mais ce dont je prévois que *les théologiens s'offenseront le plus*, est que, selon *ses principes*, il ne semble pas que les *choses que l'Église nous enseigne* touchant le *sacré mystère de l'Eucharistie puissent subsister et demeurer en leur entier*[11] ». Arnauld se réfère alors à la transsubstantiation : « Car *nous* tenons *pour article de foi* que la *substance* du pain étant *ôtée* du pain eucharistique, les *seuls accidents y demeurent*. Or *ces accidents* sont l'étendue, la figure, la couleur, l'odeur, la saveur, et les *autres qualités sensibles*[12] ». Plusieurs remarques peuvent être apportées. Arnauld interroge les implications des principes de la philosophie cartésienne, potentiellement contraires à la transsubstantiation. Arnauld présente une conception scolastique de celle-ci, en l'appréhendant par le biais des catégories aristotélico-thomistes de la substance et des accidents. De la substance du pain et du vin, changée en celle du corps et du sang du Christ, demeurent seulement les apparences sensibles, assimilées par Arnauld aux accidents. La permanence des accidents sans leur substance, érigée par Arnauld en article de foi, porte le nom, dans la tradition scolastique, d'« accidents réels ». Le terme ne se trouve pas chez Thomas, mais est utilisé par l'École pour rendre compte de la permanence des accidents privés de leur substance, professée dans la doctrine eucharistique de celui-ci. Et ce sont parce que les accidents réels subsistent que nous percevons toujours, à la suite de la consécration, les apparences sensibles du pain et du vin, alors même que leur substance a disparu, convertie en celle du corps et du sang du Christ : « L'École avait appelé *accidents réels* ces manières d'être du pain et du vin (couleur, figure, odeur, saveur, étendue) pour bien montrer qu'ils n'étaient pas liés inséparablement à la substance, et qu'ils pouvaient exister par eux-mêmes, lorsque

11 *Ibid.*, p. 655 [mots soulignés par nous].
12 *Ibid.* [mots soulignés par nous].

la substance qui leur servait de support était changée[13] ». Arnauld s'inscrit dans un contexte empreint de scolastique : soutenant la permanence des accidents du pain et du vin privés de leur substance, il tend à assimiler l'enseignement de l'Église à celui de saint Thomas. Dans ce contexte, la physique cartésienne ne lui paraît pas compatible avec la transsubstantiation eucharistique, définie dans les termes – thomistes – de la substance et des accidents. En quel sens ? Pour quelle raison ? L'« objection[14] » d'Arnauld, qui a toute sa pertinence, se décline en deux volets.

Refonte des qualités sensibles,
et inséparabilité des modes et de leur substance

Tout d'abord, Arnauld estime très justement que la physique cartésienne renverse la conception scolastique des qualités sensibles. Celles-ci sont destituées de leur objectivité et rapportées à l'âme, les corps étant réduits, dans le mouvement du mécanisme, à la seule étendue, à la figure et au mouvement : « Des qualités sensibles, notre auteur n'en reconnaît point, mais seulement certains différents mouvements des petits corps qui sont autour de nous, par le moyen desquels nous sentons ces différentes impressions, lesquelles puis après nous appelons du nom de couleur, de saveur, d'odeur, etc. Ainsi il reste seulement la figure, l'étendue et la mobilité[15] ». Nous avons déjà traité ce point. Arnauld estime que la physique cartésienne impose un changement de paradigme se répercutant sur la conception scolastique de la transsubstantiation eucharistique. En déplaçant les qualités sensibles, qui ne sont plus des modes du corps, mais des sentiments de l'âme, tout en écartant la notion d'accident, la physique cartésienne remet en cause le fondement même de la théorie scolastique de la transsubstantiation eucharistique, résidant dans la permanence des accidents réels. Arnauld fait preuve d'une grande lucidité : la physique cartésienne menace et ruine l'édifice de la conception scolastique de la transsubstantiation,

13 Gouhier, Henri, *op. cit.*, p. 222.
14 Pour des raisons de commodité, nous désignerons parfois les difficultés soulevées par Arnauld par le terme « d'objection », bien que le terme ne convienne pas à proprement parler pour les raisons que nous avons évoquées.
15 Arnauld, Quatrièmes Objections, « Des choses qui peuvent arrêter les théologiens », p. 655-656.

prenant pour socle le couple substance-accident[16]. Le futur janséniste perçoit dans la nouveauté de la physique cartésienne des retombées sur la doctrine traditionnelle de l'eucharistie, celles-là mêmes qui avaient alerté Descartes dans la Lettre au Père Mersenne de 1630 et qui l'avaient conduit à élaborer une explication. Dans cette optique, Arnauld se demande comment expliquer, à partir de la physique cartésienne, que le pain et le vin conservent leurs apparences sensibles, alors même que leur substance n'est plus, en tenant compte du renversement des qualités sensibles et de la mise à l'écart de l'accident.

Arnauld souligne une seconde difficulté, corrélative de la première, toujours relative au rapport entre la physique cartésienne et la transsubstantiation. Les propriétés des corps sont rapportées à l'étendue, qui en est l'essence ou l'attribut principal, ainsi qu'à la figure et la mobilité, qui en sont les modes, lesquels sont indissociables de la substance corporelle. La difficulté repérée par Arnauld est justement tirée de la manière dont Descartes conçoit le rapport entre substance et mode. Apportons un éclairage sur cette thématique, avant de revenir à la manière dont Arnauld l'envisage. Les modes, ou façons, sont des diversifications de la substance : lorsqu'ils permettent de dénommer la substance, ils sont appelés qualités, alors que lorsqu'ils sont inhérents à une substance, ils sont nommés des attributs. Ceux-ci se distinguent entre ceux communs aux substances, qui en sont des simples propriétés, et l'attribut principal, constituant l'essence d'une substance, la caractérisant ontologiquement et dont tous les autres attributs dépendent. Les modes, propres aux substances créées, sont distincts d'une substance tout en étant inséparables de cette dernière : la substance est complète et indépendante ontologiquement alors que les modes sont incomplets et inséparables d'une substance à laquelle ils appartiennent, sans laquelle ils ne peuvent exister et être clairement conçus. Le vocabulaire cartésien approprié pour désigner la relation du mode à l'égard de sa substance est alors celui de distinction modale (*modalis*), se démarquant de la distinction réelle (*realis*) – entre deux substances – et de la distinction qui se fait par la pensée (*rationis*) – séparant par la pensée ce qui est inséparable, comme la substance de son attribut principal[17].

16 Gouhier, Henri, *op. cit.*, p. 228 : « il est tout à fait entendu que sa physique détruit la vieille explication eucharistique ».

17 Toute la question, qui a divisé F. Alquié et M. Guéroult, devient alors celle de savoir si la substance se réduit, ou non, à son attribut principal. Nous y reviendrons.

Nous pouvons concevoir un mode séparément de la substance, dont il dépend, seulement par une abstraction de l'esprit – à ne pas confondre avec l'exclusion[18] –, opération intellectuelle qui livre une connaissance imparfaite d'une chose rendue incomplète[19].

Arnauld observe l'inséparabilité des modes à l'égard de la substance, estimant qu'ils en sont séparés seulement par une « distinction formelle » dans la philosophie cartésienne : « Mais notre auteur nie que ces facultés puissent être entendues sans quelque substance en laquelle elles résident, et partant aussi, qu'elles puissent exister sans elle ; ce que même il répète dans ses réponses aux premières objections. Il ne reconnaît point aussi entre ces modes ou affections de la substance, et la substance, de de distinction autre que la formelle, laquelle ne suffit pas, ce semble, pour que les choses qui sont ainsi distinguées, puissent être séparées l'une de l'autre, même par la toute-puissance de Dieu[20] ». L'apparition de la terminologie de « distinction formelle » sous la plume d'Arnauld a de quoi surprendre dans la mesure où elle n'est pas proprement cartésienne : elle est employée par Catérus dans ses Premières Objections[21] et provient de D. Scot pour désigner des « choses qui ont des "quiddités" différentes, en sorte que l'une n'est pas l'autre, et qui, cependant, ne peuvent exister séparément[22] ». Or, Descartes utilise un tel vocabulaire seulement pour rapporter la distinction formelle à la distinction modale : « Pour ce qui regarde la distinction formelle que ce très docte théologien dit avoir prise de Scot, je réponds brièvement qu'elle ne diffère point de la modale[23] ». Arnauld vise clairement, à travers la distinction formelle, la distinction modale : Descartes rapportera lui-même celle-ci à celle-là dans sa réponse.

18 *Cf.* la Lettre au Père Mesland du 2 mai 1644.

19 Descartes, *Méditations Métaphysiques*, Réponses aux Premières Objections, t. 2, p. 539. *Cf.* aussi H. Gouhier, *La pensée métaphysique de Descartes*, *op. cit.*, p. 390 : « Abstraire, c'est considérer à part ce qui ne peut pas exister à part, un mode sans un autre mode, par exemple, comme le mouvement sans la figure, ou un mode sans la substance dont il est la modification, comme le mouvement sans l'étendue. [...]. Il y a là une connaissance partielle et incomplète d'une chose partiellement et incomplètement connue ».

20 Arnauld, Quatrièmes Objections, « Des choses qui peuvent arrêter les théologiens », p. 656.

21 Catérus, Premières Objections, t. 1, p. 518 et p. 539-540.

22 Alquié, Ferdinand, *in* Descartes, *Œuvres philosophiques*, *op. cit.*, t. 1, *Méditations Métaphysiques*, Réponses aux Premières Objections, note 1, p. 539.

23 Descartes, *Méditations Métaphysiques*, Réponses aux Premières Objections, t. 2, p. 539.

La difficulté posée par la distinction modale vis-à-vis de l'eucharistie se dégage alors clairement : comment la substance du pain et du vin peut-elle être changée en celle du corps et du sang du Christ tout en conservant ses mêmes modes, alors même que ces derniers sont tenus pour inséparables de la substance corporelle ? Comment les modes de la substance du pain et du vin peuvent-ils subsister alors même que la substance à laquelle ils appartiennent, dont ils ne diffèrent que selon une distinction modale ou formelle, mais en aucune manière réelle, n'est plus, changée en corps et sang du Christ ? La transsubstantiation se heurte au principe cartésien de l'inséparabilité des modes et de leur substance, d'un double point de vue. D'une part, il est impossible que les modes subsistent sans leur substance, en tant qu'ils en sont inséparables, alors que la transsubstantiation exige que les modes de la substance du pain et du vin subsistent tandis que la substance a été ôtée, changée en celle du corps et du sang du Christ. D'autre part, si les modes demeurent identiques, cela signifierait, en retour, que la substance n'a pas été totalement changée : la permanence des modes serait l'indice d'une permanence d'un résidu de la substance du pain, ce qui s'oppose à la transsubstantiation eucharistique et tend vers l'hérésie de l'impanation luthérienne.

L'articulation entre la physique cartésienne et la doctrine catholique visée par Arnauld

Tels sont les deux volets de l'objection d'Arnauld. Nous pouvons en mesurer la puissance et la force à plusieurs niveaux. La connaissance arnaldienne de la philosophie cartésienne suscite l'admiration. Arnauld mesure avec justesse les implications des principes cartésiens par rapport à la conception catholique, et plus précisément encore, scolastique, de l'eucharistie : le déplacement imposé aux qualités sensibles, suivi de la négation des accidents réels, associé à l'inséparabilité des modes l'égard de la substance, détiennent des répercussions – fatales ? – sur la transsubstantiation. En ce sens, l'objection, tout en étant classée parmi « les choses qui peuvent arrêter les théologiens », n'est pas au sens propre théologique : elle se situe davantage sur le terrain de l'articulation entre les principes cartésiens et la transsubstantiation eucharistique, dans le sens où la première pourra être reçue par certains théologiens comme entravant la seconde. Descartes est sollicité par Arnauld, non pas comme théologien, mais comme philosophe, sans dépasser les limites assignées à sa discipline : le « tribunal de la théologie », que Descartes convoque lui-même, est le lieu d'une réflexion, non sur la signification théologique de l'eucharistie, mais sur les conséquences de ses propres principes philosophiques sur ce sacrement (!). D'ailleurs, l'eucharistie elle-même n'apparaît mentionnée qu'au titre de sacrement, sans que ne soit envisagé son statut de sacrifice.

Dès lors, les deux difficultés soulevées par Arnauld cristallisent, finalement, un questionnement en lien avec notre présente problématique, consacrée au rapport de la philosophie cartésienne avec le christianisme : les principes de la philosophie cartésienne se concilient-ils avec le dogme catholique sur l'eucharistie ou le renversent-ils ? Est-il possible de rendre compte de la transsubstantiation par les principes philosophiques cartésiens ou, *a contrario*, ces derniers s'y opposent-ils ? Philosophie cartésienne et transsubstantiation eucharistique peuvent-elles tenir ensemble ou sont-elles exclusives l'une de l'autre ? Un tel questionnement revient à s'interroger sur le rapport entre la philosophie cartésienne et la foi catholique, en se demandant si l'une se concilie avec l'autre ou entraîne un divorce avec cette dernière. Entre les principes de la philosophie cartésienne et la foi catholique, faut-il choisir de manière cornélienne l'une aux dépens de l'autre ? D'un mot, est-il possible d'épouser la foi catholique et de souscrire à la philosophie cartésienne, sachant que l'une exige la transsubstantiation et que l'autre requiert d'être partisan de la réduction de l'essence des corps à l'étendue, du renversement des qualités sensibles, de la négation des accidents et de l'inséparabilité des modes à l'égard des substances ? À cet égard, l'eucharistie n'est pas une question anodine : elle constitue l'expérience cruciale pour définir l'accord des principes philosophiques cartésiens avec la foi catholique, illustrant par-là une modalité d'articulation entre la philosophie cartésienne et le christianisme.

Une explication publique de la transsubstantiation selon les principes physiques cartésiens devient, au regard des difficultés pointées par Arnauld, nécessaire et urgente. Descartes doit assurer son correspondant, mais aussi les autres théologiens, de l'accord de sa philosophie avec la foi catholique, en mettant au jour que ses principes conservent la vérité de la transsubstantiation eucharistique. L'enjeu consiste à savoir comment soutenir un changement de substance et la permanence des apparences sensibles du pain et du vin à partir des principes de la physique cartésienne : comment rendre compte de la permanence des apparences sensibles du pain et du vin si les accidents réels sont niés et les qualités sensibles tenues pour des modifications, non pas du corps, mais de l'âme ? Et comment soutenir une conversion substantielle totale qui n'affecte pas les propriétés du pain et du vin, qui subsistent, alors même que les modes sont tenus pour indissociables de la substance corporelle étendue ?

Notre parcours permet de mettre au jour les intentions poursuivies par Arnauld dans l'ensemble des difficultés théologiques qu'il adresse à Descartes. Celles-ci traduisent la démarche préventive à laquelle obéit Arnauld : c'est pour mieux protéger Descartes et sa philosophie qu'il l'invite à se prononcer sur ces sujets, particulièrement sur l'eucharistie, sacrement central de la foi chrétienne à l'époque. Le futur janséniste veut prémunir Descartes du péril consistant à ce que sa philosophie soit accusée d'impiété par certains théologiens et récupérée par les libertins[24] : il vaut mieux qu'un futur disciple pose ces difficultés et que Descartes les dissipe, plutôt qu'elles ne soient relevées par d'autres et exploitées à son encontre. Aussi Arnauld exprime-t-il, à la fin de son objection, la confiance qu'il place dans le discernement de Descartes pour lui répondre, au regard de deux choses qu'il tient pour acquises[25] : il célèbre la piété de Descartes, incontestable, et vante le projet apologétique auquel obéit la philosophie cartésienne, dont témoigne notamment la preuve de l'existence de Dieu et de l'immortalité de l'âme. Celle-ci est tournée vers la défense de la cause de Dieu, protégeant le christianisme contre l'impiété des libertins, au point qu'Arnauld percevra Descartes comme un « envoyé[26] » de la Providence de Dieu[27].

---

24 Arnauld, Quatrièmes Objections, « Des choses qui peuvent arrêter les théologiens », t. 2, p. 655 : « Monsieur Descartes peut maintenait juger combien il est nécessaire de distinguer ces choses, de peur que plusieurs de ceux qui penchent aujourd'hui vers l'impiété, ne puissent se servir de ses paroles pour combattre la foi et la vérité de notre créance ».

25 *Ibid.*, p. 656 : « Je ne doute point que Monsieur Descartes, dont la piété nous est très connue, n'examine et ne pèse diligemment ces choses, et qu'il ne juge bien qu'il lui faut soigneusement prendre garde, qu'en tâchant de soutenir la cause de Dieu contre l'impiété des libertins, il ne semble pas leur avoir mis des armes en main, pour combattre une foi que l'autorité du Dieu qu'il défend a fondée, et au moyen de laquelle il espère parvenir à cette vie immortelle qu'il a entrepris de persuader aux hommes ».

26 Ndiaye, Aloyse Raymond, *op. cit.*, p. 271 : Arnauld voit en Descartes « un *envoyé de la Providence* ayant pour *mission de réduire* les *assauts des libertins* et freiner la montée du matérialisme épicurien » [mots soulignés par nous]. *Cf.* aussi F. Bouillier, *op. cit.*, p. 168 : « Aussi Arnauld croit-il à une sorte de mission providentielle de Descartes. Il faut citer en entier le remarquable passage où Arnauld représente Descartes comme suscité par la Providence pour arrêter les progrès du libertinage, de l'athéisme et du matérialisme ».

27 Arnauld, *Examen du Traité de l'essence du corps contre Descartes*, Paris, Fayard, 1999, p. 85 : « toutes les personnes pieuses doivent regarder comme un effet singulier de la Providence

L'EXPLICATION CARTÉSIENNE PAR LA NOTION DE SUPERFICIE

LA RÉPONSE CARTÉSIENNE SUR L'EUCHARISTIE ET SON ORGANISATION TRIPARTITE

Ainsi Descartes va-t-il relever le défi lancé par Arnauld en soumettant sa philosophie à l'épreuve de conformité imposée par la question de l'eucharistie. Il va proposer une explication de la transsubstantiation à l'aune de ses propres principes physiques, reposant sur la notion de superficie, celle-ci permettant de parer à la double difficulté repérée par Arnauld. Aussi Descartes répondra-t-il par une lecture affinée du concile de Trente, arguant que ce dernier ne recourt précisément pas à la catégorie aristotélico-thomiste d'accident réel : observant que le concile délaisse délibérément cette dernière, Descartes fera remarquer à son interlocuteur qu'il privilégie la notion d'espèce, qu'il rapprochera de sa notion physique de superficie. Par ce rapprochement opéré entre une notion tridentine et une notion cartésienne, l'auteur s'emploiera à mettre en lumière la conformité de son explication au dogme catholique, tout en célébrant sa supériorité par rapport à la doctrine thomiste de la transsubstantiation fondée sur les accidents réels. L'auteur ne craindra pas de consacrer une virulente critique à cette dernière, en soulignant qu'elle tend à contredire l'enseignement de l'Église concernant la transsubstantiation. C'est pourquoi il militera pour la mise à l'écart de la doctrine des accidents au profit de sa propre explication, devant désormais constituer la référence suprême de la foi catholique. Dans cette optique, le sens de l'argumentation cartésienne dans la réponse à Arnauld va consister à montrer comment, sur la question de l'eucharistie, sa physique s'accorde, mieux que celle de la tradition aristotélico-thomiste, avec la foi catholique. Nous nous focaliserons sur les Réponses aux Quatrièmes Objections, en obéissant à l'économie même du texte, tout en convoquant également d'autres sources dans lesquelles Descartes enrichit

---

de Dieu [ce qu'a écrit M. Descartes sur le sujet de notre âme], qui a voulu arrêter la pente effroyable que beaucoup de personnes de ces derniers temps semblent avoir à l'irréligion et au libertinage, par un moyen proportionné à leur disposition ». Pour des raisons de commodité, nous avons actualisé l'orthographe.

son explication, notamment les Réponses aux Sixièmes Objections, certains articles issus des *Principes de la Philosophie*, ainsi que le début de la Lettre au Père Mesland du 9 février 1645.

Tout d'abord, il convient de souligner que les objections d'Arnauld sont, dans leur ensemble, accueillies par Descartes avec joie, provoquant en lui un profond enthousiasme. L'épître adressée au Père Mersenne, servant de prélude à la réponse cartésienne, met l'accent sur l'esprit pénétrant d'Arnauld et la bienveillance de celui-ci dans ses objections[28]. Mesurant la pertinence de celles-ci, en tant qu'elles concernent la structure même de sa philosophie, Descartes les élève au rang de « meilleures de toutes : non qu'elles pressent davantage, mais à cause qu'il est entré plus avant qu'aucun autre dans le sens de ce que j'ai écrit[29] ». L'auteur se réjouit également du « secours » salutaire que lui offre Arnauld en plaçant sa philosophie sous la tutelle de saint Augustin[30].

S'il discute des points soulevés par Arnauld concernant la philosophie, Descartes accueille favorablement les remarques sur les « choses qui peuvent arrêter les théologiens », à l'exception des celles consacrées à l'eucharistie : « Je me suis opposé aux premières raisons de Monsieur Arnauld, j'ai tâché de parer aux secondes, et je donne entièrement les mains à celles qui suivent, *excepté à la dernière, pour raison de laquelle j'espère qu'il ne me sera pas difficile de faire en sorte que lui-même s'accommode à mon avis*[31] ». Les difficultés d'Arnauld touchant l'eucharistie ne surprennent nullement Descartes : il les avait lui-même rencontrées, et son explication de la transsubstantiation est, rappelons-le, antérieure aux objections d'Arnauld. C'est pourquoi l'auteur mesure parfaitement le lieu du désaccord. Les principes de la physique cartésienne entravent la doctrine scolastique de la transsubstantiation. La notion scolastique d'accident réel, servant de support à la permanence des apparences sensibles, tenue pour article de foi, est récusée, tandis que les modes sont tenus pour inséparables de la substance corporelle : « Il reste le sacrement de l'Eucharistie, avec lequel Monsieur Arnauld *juge que mes*

28 Descartes, *Méditations Métaphysiques*, Réponses aux Quatrièmes Objections, « Réponse aux choses qui peuvent arrêter les théologiens », t. 2, p. 657.

29 Lettre au Père Mersenne du 18 février 1641, t. 2, p. 318.

30 *Méditations Métaphysiques*, Réponses aux Quatrièmes Objections, « Réponses à la première partie : de la nature de l'esprit humain », t. 2, p. 658.

31 *Ibid.*, « Réponse aux choses qui peuvent arrêter les théologiens », p. 691-692 [mots soulignés par nous].

opinions ne peuvent pas convenir, "parce que", dit-il, "nous tenons pour article de foi que, la substance du pain étant ôtée du pain eucharistique, *les seuls accidents y demeurent*". Or il pense que *je n'admets point d'accidents réels*, mais *seulement des modes*, qui ne peuvent pas être *entendus sans quelque substance en laquelle ils résident, et partant, ils ne peuvent pas exister sans elle*[32] ». Cependant, là où Arnauld a mis en doute la conciliation de la physique cartésienne avec l'enseignement de l'Église sur la transsubstantiation eucharistique, Descartes entreprend de la restaurer : ses principes physiques ne conduisent pas à nier la permanence des apparences sensibles et à contester le changement de substance. Loin de la rendre impossible, ils préservent la transsubstantiation mais en l'expliquant autrement que par une physique reposant sur les accidents réels. Tout l'enjeu de l'explication cartésienne va consister à montrer comment elle peut s'émanciper d'une doctrine des accidents réels tout en demeurant conforme au dogme catholique, réclamant de distinguer l'enseignement de l'Église d'une doctrine théologique. La marge de manœuvre de l'auteur ne saurait être plus étroite.

La réponse cartésienne aux difficultés d'Arnauld visant l'eucharistie s'organise en plusieurs étapes, qu'il convient de délimiter. La première est « rhétorique », Descartes refusant de considérer l'objection soulevée par Arnauld en se retranchant derrière des arguments de façade ; la seconde est « dogmatique », l'auteur dévoilant le contenu de son explication eucharistique, basée sur la notion physique de superficie, qu'il juge en accord avec le dogme de l'eucharistie, extrait du concile de Trente ; la dernière est « polémique[33] », Descartes s'attaquant de front au thomisme en proclamant la supériorité de son explication de la transsubstantiation sur la théorie des accidents, qu'il condamne : il estime celle-ci non conforme au dogme catholique, et erronée d'un point de vue philosophique, au point qu'il l'accusera d'avoir ouvert la voie à l'hérésie luthérienne.

---

32 *Ibid.*, p. 693 [mots soulignés par nous].

33 Nous nous inspirons, pour cette manière tripartite de découper la réponse cartésienne, d'un article de C. Paillard, « Le problème de la transsubstantiation eucharistique chez Descartes », disponible sur Internet.

LE MOMENT RHÉTORIQUE

Descartes inaugure sa réponse par une « *captatio benevolentiae*[34] » : il élude les deux difficultés soulevées par Arnauld afin de se dispenser d'y répondre. Au jugement d'Arnauld selon lequel la physique cartésienne nie les accidents réels, Descartes rétorque, à l'inverse, qu'il n'a « jamais nié que les accidents fussent réels[35] ». L'auteur se réfugie derrière l'ouvrage des *Météores*, dans lequel il s'évertue à ne point rompre « la paix avec les philosophes[36] » en feignant de maintenir les qualités réelles et les formes substantielles. Et il assure ne pas récuser les accidents réels dans les *Méditations*, sur l'autel de l'ordre analytique – distinct de l'ordre synthétique – auquel obéit l'ouvrage, réservant la possibilité de les découvrir ultérieurement. Or, la position semble difficilement tenable, s'assimilant à un faux-fuyant. La physique cartésienne, en raison de son caractère mécaniste, sonne irrémédiablement le glas de la physique qualitative de la scolastique, dès le *Discours* et les *Essais* qui le suivent. La démarche analytique ne peut non plus réserver la possibilité des accidents, dans la mesure où, apparaissant immédiatement à nos sens, ils ne peuvent être découverts ultérieurement.

De même, l'auteur se retranche derrière l'infinité de la puissance divine pour rendre compte de la possibilité de séparer les modes de leur substance. L'inséparabilité des modes et de leur substance convient à notre nature, humaine et finie, mais Dieu peut y déroger, au regard son infinité incompréhensible. En vertu de sa toute-puissance qui échappe aux prises de notre entendement et n'est pas limitée par le principe de non-contradiction, Dieu peut séparer les modes d'une substance, et faire en sorte que les premiers existent indépendamment de la seconde alors qu'ils en sont pour nous inhérents. Cependant, là encore, l'argument n'est pas recevable : son caractère ponctuel en amenuise la portée et l'invalide. La toute-puissance intervient dans un contexte particulier dans la philosophie cartésienne. Celle-ci est généralement convoquée dans le cas d'une distinction réelle – séparer des choses conçues clairement comme séparables – et non dans le cas d'une distinction modale – séparer des choses conçues clairement comme inséparables.

---

34 Tilliette, Xavier, *op. cit.*, p. 14.

35 Descartes, *Méditations Métaphysiques*, Réponses aux Quatrièmes Objections, « Réponse aux choses qui peuvent arrêter les théologiens », t. 2, p. 693.

36 *Les Météores*, « Discours Premier : De la nature des corps terrestres », t. 1, p. 726.

Descartes adopte une posture de prudence : il s'abrite derrière des arguments de façade qui, atténuant la relation conflictuelle entretenue par sa physique avec celle l'École, sauvegardent l'approche scolastique de la transsubstantiation eucharistique dans laquelle Arnauld lui-même s'était situé. La permanence des accidents réels lors de l'eucharistie est pensable à partir de la philosophie cartésienne car cette dernière ne supprime pas la réalité des accidents, tandis que les modes peuvent être séparés de la substance sous l'égide de la toute-puissance divine, l'intervention de celle-ci présentant d'ailleurs de fortes réminiscences thomistes (*cf. Somme Théologique*, III, 77, I). Or, les accidents réels sont supprimés par la physique mécaniste de Descartes et l'appel à la toute-puissance paraît trop artificiel pour fonder la séparabilité des modes et de leur substance. Le rapprochement initial opéré par Descartes entre sa physique et la conception scolastique de l'eucharistie est vain et feint, préparant le terrain pour sa propre explication marquant un renversement par rapport à l'approche scolastique fondée sur les accidents réels.

Ainsi, à la stratégie purement rhétorique succède une posture plus sincère : l'auteur consent à « procéder avec plus de franchise[37] », dissipant toute ambigüité quant à la portée novatrice de sa physique. Loin de l'éluder, il va alors reconnaître et s'approprier le problème soumis par Arnauld pour y répondre véritablement : si la physique cartésienne nie effectivement la réalité des accidents et pose l'inséparabilité des modes et de leur substance, comment Descartes va-t-il rendre compte, selon ses principes, de la transsubstantiation ? Nous entrons dans le moment « dogmatique » de la réponse : l'auteur va exposer au grand jour une explication de la transsubstantiation à partir des principes novateurs instaurés par sa physique.

37 Descartes, *Méditations Métaphysiques*, Réponses aux Quatrièmes Objections, « Réponse aux choses qui peuvent arrêter les théologiens », t. 2, p. 695.

LE MOMENT DOGMATIQUE : LA NOTION DE SUPERFICIE, POINT NODAL DE L'EXPLICATION

La superficie : fondement de la sensation, terme médian, existence modale, relation à Aristote

La pierre angulaire de l'explication cartésienne réside dans la notion physique et géométrique de superficie. Dans une phase propédeutique, Descartes clarifie cette notion. La superficie constitue le fondement de la sensation : « il n'y a rien autre chose par quoi *nos sens soient touchés*, que *celle seule superficie*[38] ». Les Sixièmes Réponses sont plus directes en érigeant la superficie en pierre de touche de la sensation : « rien ne peut être senti que la superficie des corps[39] ». Qu'est-ce à dire ? Il convient de restituer les bases de la physique cartésienne. Les accidents et leur réalité ont été récusés dans la physique cartésienne en tant que ce sont des entités occultes, et les qualités sensibles, telles que la couleur, l'odeur, la saveur, la chaleur, ont subi un renversement. Désormais rapportées à l'âme, dont elles sont des sentiments, et non plus aux corps, les qualités sensibles ne rendent plus compte de l'origine de nos sensations. Celles-ci s'expliquent par l'action des objets corporels, réduits à l'étendue à la figure et à la mobilité, sur nos sens. Et cette action se définit comme contact : « rien n'est senti si ce n'est par contact[40] ». Le contact est le berceau de la sensation. Les sensations naissent par le mouvement des corps en contact avec les organes des sens[41] : « Ces mouvements, nous dirions volontiers ces vibrations éveillent en nous les sensations par contact avec les organes des sens[42] ». Cette primauté conférée au contact dans la source de la sensation est partie prenante de la physique cartésienne, réitérée dans la réponse aux Sixièmes Objections à l'occasion du septième scrupule : « nul sentiment ne se fait sans contact[43] ».

38 *Ibid.*, p. 695 [mots soulignés par nous].

39 *Ibid.*, Réponses aux Sixièmes Objections, « Réponse au septième scrupule », p. 875.

40 *Ibid.*, Réponses aux Quatrièmes Objections, « Réponse aux choses qui peuvent arrêter les théologiens », p. 697.

41 La primauté accordée au contact dans l'origine de nos sensations permet à X. Tilliette d'opérer brièvement un rapprochement intéressant avec Berkeley pour qui la vue « est un toucher à distance » (X. Tilliette, *op. cit.*, p. 14).

42 Gouhier, Henri, *La pensée religieuse de Descartes*, *op. cit.*, p. 223.

43 Descartes, *Méditations Métaphysiques*, Réponses aux Sixièmes Objections, « Réponse au septième scrupule », p. 875.

Or, et c'est là le centre de gravité de la physique cartésienne, le contact par lequel adviennent nos sensations se produit dans la seule superficie des corps : « je ne dissimulerai point que je me persuade qu'il n'y a rien autre chose par quoi nos sens soient touchés, que cette seule superficie[44] ». La superficie est ce qui meut nos sens et fait naître nos sentiments. Toute sensation procède de la superficie dans la mesure où elle est ce sur quoi s'opère le contact : « c'est en la superficie seule que se fait le contact, lequel est si nécessaire pour le sentiment, que j'estime que sans lui pas un de nos sens ne pourrait être mû[45] ». C'est uniquement dans et par la superficie des corps que s'effectue le contact nécessaire au sentiment. Pour le dire autrement, le contact par lequel nos sensations sont mises en mouvement réside uniquement dans la superficie des corps. À ce titre, « la superficie est la surface du contact[46] ». C'est pourquoi, en tant que source du contact qui éveille nos sensations, la superficie des corps est le fondement de la sensation : elle est ce par quoi nos sens sont touchés et mis en mouvement. En ce sens, la superficie constitue la condition de possibilité des sensations : c'est uniquement par la superficie que l'objet est senti.

La superficie se dévoile comme la clé de voûte de la physique cartésienne dans la mesure où elle est la base du contact mettant en mouvement nos sensations. Par exemple, la sensation du pain et du vin repose sur leur superficie : « le *pain et le vin ne sont point aperçus par les sens*, sinon en tant que *leur superficie est touchée par l'organe du sens*, ou immédiatement, ou médiatement par le moyen de l'air ou des autres corps[47] ».

Descartes renverse alors un préjugé à propos de la superficie. La superficie ne se limite pas seulement à la surface extérieure d'un corps se manifestant immédiatement à nos sens ou médiatement par le moyen d'un autre : telle est d'ailleurs la manière dont nous la considérons traditionnellement. Loin de se réduire au « petit circuit[48] » qui l'environne tout entier, la superficie d'un corps revêt une dimension corpusculaire en tant qu'elle englobe tous les intervalles qui sont entre les petites

44 *Ibid.*, Réponses aux Quatrièmes Objections, « Réponse aux choses qui peuvent arrêter les théologiens », p. 695.

45 *Ibid.*

46 Tilliette, Xavier, *op. cit.*, p. 14.

47 Descartes, *Méditations Métaphysiques*, Réponses aux Quatrièmes Objections, « Réponse aux choses qui peuvent arrêter les théologiens », t. 2, p. 695 [mots soulignés par nous].

48 *Ibid.*, p. 696.

parties dont un corps est composé. Autrement dit, la superficie n'est pas seulement la surface extérieure. Ou, mieux, « la surface est plus que la (simple) surface[49] ! ». La superficie n'est pas seulement extérieure, mais aussi intérieure au corps : « elle est partout, dans les interstices et intervalles de la matière[50] ». À la superficie – surface s'ajoute une superficie corpusculaire : « Et il faut remarquer que *ce n'est pas la seule figure extérieure des corps* qui est *sensible aux doigts et à la main*, qui doit *être prise pour cette superficie*, mais qu'il faut aussi *considérer tous ces petits intervalles qui* sont, par exemple, *entre les petites parties de la farine dont le pain est composé*[51] ». Un corps est traversé par une dimension poreuse. Il est composé par un ensemble de particules de matière en mouvement perpétuel et séparé par des intervalles, qui loin d'être vides, sont occupés par l'air ou quelque autre matière : « Car, certes, ces *petites parties de tous les corps* ayant diverses figures et grosseurs et différents mouvements, jamais elles ne peuvent être si bien arrangées ni si justement jointes ensemble, *qu'il ne reste plusieurs intervalles autour d'elles, qui ne sont pas néanmoins vides*, mais qui sont remplis d'air ou de quelque autre matière[52] ». L'ensemble des particules matérielles composant un corps laisse entre elles des intervalles. Or, ces intervalles laissés entre elles par l'ensemble des petites particules matérielles composant un corps sont eux aussi de la superficie. C'est en ce sens que la superficie se déploie au niveau corpusculaire. Dans cette perspective, la superficie est le terme des interstices entre les petites particules matérielles composant un même corps : la superficie d'un corps, celle-là même à l'origine de la sensation, « n'est pas celle qui par un petit circuit l'environne tout entier, mais celle qui touche immédiatement chacune de ces petites parties[53] ». Il s'ensuit que la superficie est plongée dans un « continuel mouvement[54] », de par le mouvement des parties dont elle est le terme. Par exemple, ces petites particules matérielles laissant des intervalles qui définissent la superficie d'un corps sont, principalement, de la farine pour le pain, alors qu'elles sont de l'eau-de-vie, de l'eau douce, ou de vinaigre, de la lie ou du tartre pour le vin.

---

49 Tilliette, Xavier, *op. cit.*, p. 15.

50 *Ibid.*

51 Descartes, *Méditations Métaphysiques*, Réponses aux Quatrièmes Objections, « Réponse aux choses qui peuvent arrêter les théologiens », t. 2, p. 696 [mots soulignés par nous].

52 *Ibid.* [mots soulignés par nous].

53 *Ibid.*

54 *Ibid.*, p. 697.

Une telle superficie corpusculaire est prépondérante. D'une part, elle confère un statut supérieur, en termes de richesse et d'analyse conceptuelle, au texte des Réponses aux Quatrièmes Objections qu'à celui des Sixièmes. Dans ce dernier, Descartes avance que la superficie « peut être fort proprement être appelée l'extrémité, tant du corps contenu que de celui qui contient, au sens que l'on dit que les corps contigus sont ceux dont les extrémités sont ensemble[55] ». D'ailleurs, Descartes estimait les Quatrièmes Objections supérieures aux Sixièmes, dont il ignorait qu'elles étaient de Mersenne et qu'il ne jugeait pas pertinentes. Descartes va plus loin dans sa Réponse aux Quatrièmes Objections, en conférant une dimension corpusculaire à la superficie.

Il ressort également de ces considérations que la superficie extérieure d'un corps est le résultat de l'ensemble des petites superficies qui le composent. La superficie extérieure devient tributaire de la superficie corpusculaire : « *toutes les petites superficies* qui *terminent* ces *intervalles* [laissés par les petites particules matérielles qui composent un corps], *font partie de la superficie de chaque corps*[56] ». La superficie entendue comme surface extérieure ne saurait rendre compte de la superficie d'un corps, de par la multiplicité des intervalles laissés par les particules des corps : « ces minuscules intervalles multiplient les surfaces, il y en a autant que de corpuscules[57] ». La superficie entendue dans son sens cartésien nous place bien plus loin que la surface externe. Par exemple, la superficie du pain ne saurait résider entièrement dans sa seule blancheur extérieure, de par les particules matérielles hétérogènes qui le composent. Enfin, et c'est là la conséquence décisive, il résulte de cette superficie corpusculaire que le changement des petites parties n'implique pas celui des superficies intérieures, et, *a fortiori*, de la superficie extérieure : « *le pain demeure toujours le même*, encore que l'air, ou telle autre matière qui est contenue dans ses pores soit changée[58] ». Le changement des parties n'affecte pas la superficie du corps qui demeure identique : « Ces parties peuvent changer : les superficies particulières (et donc la superficie totale) restent

55 *Ibid.*, Réponses aux Sixièmes Objections, « Réponse au septième scrupule », p. 875.

56 *Ibid.*, Réponses aux Quatrièmes Objections, « Réponse aux choses qui peuvent arrêter les théologiens », p. 696 [mots soulignés par nous].

57 Tilliette, Xavier, *op. cit.*, p. 15.

58 Descartes, *Méditations Métaphysiques*, Réponses aux Quatrièmes Objections, « Réponse aux choses qui peuvent arrêter les théologiens », t. 2, p. 696 [mots soulignés par nous].

les mêmes[59] ». Autrement dit, « le pain demeure toujours le même », même si les petites parties qui le composent changent.

Les éléments considérés contribuent à mettre au jour le statut ontologique de la superficie. La superficie d'un corps se définit comme le terme médian entre les intervalles laissés par les petites particules du corps environné et le corps environnant, tout en n'appartenant pas en propre à la substance : la superficie désigne « ce *terme* que l'on *conçoit être moyen* entre *chacune des particules de ce corps* et les *corps* qui les *environnent*, et qui n'a point *d'autre entité que la modale*[60] ». Descartes détermine dans ce passage la définition générique de la superficie tout en fixant sa manière d'exister. Le statut ontologique qui lui est attribué est celui d'une entité modale et elle n'est pas une partie de la substance ou même de la quantité : « par la superficie du pain ou du vin, ou de quelque autre corps que ce soit, *on n'entend pas ici aucune partie de la substance, ni même de la quantité de ce même corps*[61] ». Descartes refuse de tenir la superficie pour une partie de la substance. Aussi la superficie ne saurait-elle appartenir à la substance du corps en tant qu'elle est seulement le terme moyen : « il est constant que ces choses n'appartiennent point à la substance du pain, et partant, que sa superficie n'est pas celle qui par un petit circuit l'environne tout entier, mais celle qui touche immédiatement chacune de ses petites parties[62] ». La non-substantialité de la superficie est capitale. Si elle n'est pas partie de la substance, la superficie est assimilée à un mode « ou une façon[63] » : elle est, non pas substance, mais un mode du corps. Or, en tant que mode du corps, la superficie ne serait être tenue pour partie du corps, car « le corps est une substance dont le mode ne peut être partie[64] ». L'enjeu d'une existence modale de la superficie est crucial dans la mesure où elle se rapporte à la situation et à la localisation d'un corps. La superficie « n'est rien de la chose corporelle qu'elle cerne[65] ». Au contraire, n'ayant d'autre entité que la modale, la superficie d'un corps « *en est seulement la*

59 Armogathe, Jean-Robert, *op. cit.*, p. 64.

60 Descartes, *Méditations Métaphysiques*, Réponses aux Quatrièmes Objections, « Réponse aux choses qui peuvent arrêter les théologiens », t. 2, p. 697 [mots soulignés par nous].

61 *Ibid.* [mots soulignés par nous].

62 *Ibid.*, p. 696.

63 *Principes de la Philosophie*, Seconde Partie, art. 15 (« Comment la superficie qui environne un corps peut être prise pour son lieu extérieur »), t. 3, p. 161.

64 *Méditations Métaphysiques*, Réponses aux Sixièmes Objections, « Réponse au septième scrupule », t. 2, p. 874.

65 Tilliette, Xavier, *op. cit.*, p. 15.

localisation dans l'espace, le mode étendu, comme telle, *elle n'appartient pas plus à ce corps qu'à cet autre*, puisqu'elle est seulement la place commune – l'emplacement – qu'ils occupent[66] ».

La superficie se décline, non comme partie du corps, mais comme le terme médian entre le corps environnant, l'air ambiant le plus souvent, et les mouvements internes agitant les petites particules matérielles du corps environné laissant entre elles des intervalles. Mode du corps, la superficie ne doit pas être réduite à une partie de la substance sans être confondue avec un corps ni une partie de ce dernier : elle n'est pas une partie du corps environné (pain) ni une partie du corps environnant (l'air ambiant), mais, au contraire, la limite séparant le corps environné du corps environnant.

La superficie, telle que nous l'avons définie, peut être rapprochée du « *locus exturnus* », « lieu extérieur ». Celui-ci, ébauché dans les *Méditations*, et surtout développé des *Principes*, renvoie à la situation d'un corps. Descartes se demande « Comment *la superficie qui environne un corps peut* être prise pour *son lieu extérieur* ». Le lieu extérieur se distingue du lieu intérieur : le premier marque comment un corps « est situé entre les autres corps[67] », alors que le second[68] désigne l'espace constitutif du corps[69]. Le lieu externe peut être pris pour la superficie du corps qui entoure lorsqu'on ne la considère jamais comme partie du corps[70], mais toujours comme ce qui délimite les deux corps. La conception cartésienne

66 *Ibid.*, p. 16 [mots soulignés par nous].

67 Descartes, *Principes de la Philosophie*, Seconde Partie, art. 13 (« Ce que c'est que le lieu extérieur »), t. 3, p. 158.

68 *Cf.* les articles 10 (« Ce que c'est que l'espace ou le lieu intérieur »), et 11 (« En quel sens on peut dire qu'il n'est point différent du corps qu'il contient ») des *Principes de la Philosophie*.

69 *Principes de la philosophie*, art. 10 (« Ce que c'est que l'espace ou le lieu intérieur »), p. 155 : « L'espace, ou le lieu intérieur, et le corps qui est compris en cet espace, ne sont différents aussi que par notre pensée. Car, en effet, la même étendue en longueur, largeur et profondeur, qui constitue l'espace, constitue le corps ».

70 *Ibid.*, art. 15 (« Comment la superficie qui environne un corps peut être prise pour son lieu extérieur »), p. 160-161 : « L'intérieur [le lieu intérieur] ne diffère en aucune façon de l'espace ; mais nous *prenons quelquefois l'extérieur ou pour la superficie qui environne immédiatement la chose qui est placée* (et il est à remarquer que, par la *superficie, on ne doit entendre aucune partie du corps qui environne*, mais *seulement l'extrémité qui est entre le corps qui environne et celui qui est environné, qui n'est rien qu'un mode ou une façon*), ou bien pour la superficie en général, qui n'est point partie d'un corps plutôt que d'un autre, et qui semble toujours la même, tant qu'elle est de même grandeur et de même figure » [mots soulignés par nous].

de la superficie, entendue comme lieu extérieur, est éclairée par un exemple : « Car, encore que nous voyions que le corps qui environne un autre corps, passe ailleurs avec sa superficie, nous n'avons pas coutume de dire que celui qui en était environné ait pour cela changé de place, lorsqu'il demeure en la même situation à l'égard des autres corps que nous considérons comme immobiles. Ainsi nous disons qu'un bateau qui est emporté par le cours d'une rivière, mais qui est repoussé par le vent d'une force si égale qu'il ne change point de situation à l'égard des rivages, demeure en même lieu, bien que nous voyions que toute la superficie qui l'environne change incessamment[71] ». Depuis le rivage, la superficie, entendue comme lieu externe, du bateau ne change pas, lequel est rendu immobile par la force du vent et celle contraire de la rivière, alors que la superficie des corps environnants ne cesse de changer.

De même, l'exemple de la tour, proposé dans les Réponses aux Sixièmes Objections, illustre comment la superficie, qui n'est point partie ni du corps environné ni du corps environnant, demeure identique lors d'un changement. L'air environnant de la tour connaît des fluctuations permanentes, et pourtant la superficie de la tour ne change pas, même si elle était remplacée par un objet de même figure ; « la même silhouette se profile à l'horizon[72] » : « Car on ne dit point que le lieu d'une tour soit changé, quoique que l'air qui environne le soit, ou qu'on substitue un autre corps en la place de la tour ; et partant la superficie, qui est ici prise pour le lieu, n'est point partie de la tour, ni de l'air qui environne[73] ».

Retenons que ces exemples jalonnant la théorie cartésienne de la superficie, entendue comme lieu extérieur, sont tournés vers l'identité de celle-ci dans l'altération des substances : ils exaltent « la stabilité au sein de l'instabilité environnante[74] ». Ils indiquent comment la superficie peut, dans les divers changements touchant une substance, demeurer identique, en tant qu'elle se définit comme le terme moyen jouissant d'une entité modale et se présente comme l'origine de la sensation. Ils traduisent l'effort de Descartes pour découpler la superficie des différentes altérations subies par une substance corporelle : ils tendent

71 *Ibid.*, p. 161.

72 Tilliette, Xavier, *op. cit.*, p. 17.

73 Descartes, *Méditations Métaphysiques*, Réponses aux Sixièmes Objections, « Réponse au septième scrupule », t. 2, p. 875.

74 Tilliette, Xavier, *op. cit.*, p. 17.

à désolidariser la superficie, restant la même, des mutations substantielles, ce qui contraste avec l'inséparabilité des modes à l'égard de leur substance. Cette possibilité d'une permanence de la même superficie dans le flux d'altérations d'une substance corporelle est décisive pour la transsubstantiation. En un sens, les exemples exposent, pour le dire dans un autre vocabulaire qui n'est pas spécifiquement cartésien, comment « la matière se perd tandis que la forme demeure », c'est-à-dire comment la substance est altérée alors que la superficie reste identique, ce qui est d'ailleurs l'inverse du morceau de cire, où « la forme se perd et la matière demeure[75] ».

Il convient de prendre en compte un dernier élément, tenant à la filiation aristotélicienne revendiquée par Descartes. Loin de se l'approprier et d'en proclamer la nouveauté, Descartes fait remonter à Aristote la notion de superficie : « je ne suis pas le seul de cette opinion : Aristote même et quantité d'autres philosophes avant moi en ont été[76] ». C'est également ce qu'il indique à Mersenne pour rassurer ses correspondants théologiens : « elle [c'est-à-dire la superficie des corps] ne diffère en rien du *locus aristotelicus* des écoles[77] », et ce qu'il répète dans les Sixièmes Réponses : « Et même ce lieu, qui est appelé par les péripatéticiens la superficie du corps qui environne, ne peut être conçu être une autre superficie[78] ». Toutefois, le patronage d'Aristote, que l'on peut appuyer sur le Livre IV de la *Physique*, 209 B, pose question. La physique cartésienne confère, comme l'avons relevé *supra*, une dimension corpusculaire à la superficie, absente chez Aristote : la superficie des corps n'est pas seulement leur surface extérieure, mais se déploie à l'intérieur des corps. En outre, la conception cartésienne de la superficie prend place dans une physique mécaniste récusant les notions, héritées d'Aristote, d'accident, de qualités réelles et de formes substantielles. Surtout, le rôle que la superficie tient vis-à-vis à des sensations, dont elle est la source, est propre à Descartes, tout comme la définition qui lui est assignée et le statut ontologique qui lui est attribué : elle rend compte des sensations qui sont rapportées à l'âme et se définit comme le terme médian dont

75 *Ibid.*, p. 17.

76 Descartes, *Méditations Métaphysiques*, Réponses aux Quatrièmes Objections, « Réponse aux choses qui peuvent arrêter les théologiens », t. 2, p. 695.

77 Lettre au Père Mersenne du 23 juin 1641, septième paragraphe, t. 2, p. 342.

78 *Méditations Métaphysiques*, Réponses aux Sixièmes Objections, « Réponse au septième scrupule », t. 2, p. 875.

le statut ontologique est modal. De tels éléments signent la spécificité de la conception cartésienne de la superficie. Le rapprochement avec Aristote, se situant seulement par rapport au lieu externe, masque une rupture. Comment interpréter alors la filiation tissée par Descartes entre sa conception et celle du Stagirite ? À nos yeux, un tel procédé illustre la complexité du rapport entretenu par Descartes avec la figure d'Aristote. Descartes est conscient de l'autorité dont jouit cette dernière, tant sur le plan philosophique que théologique : prônée par l'École, la philosophie aristotélicienne est perçue comme le plus solide appui de la foi catholique. Pour autant, Descartes mesure la portée novatrice de son système et les déplacements de paradigme qu'il impose par rapport au modèle aristotélicien. Aussi habille-t-il la dimension novatrice de sa philosophie dans un emballage d'ancienneté : Descartes se réclame alors d'Aristote pour mieux le renverser et le dépasser. Les racines aristotéliciennes de la superficie sont invoquées dans le but de consacrer un déplacement sur le sens qu'elle recèle, illustré par sa dimension corpusculaire, son statut modal et son rôle de fondement de la sensation prenant place dans une physique mécaniste. À cet égard, le divorce entre Descartes et Aristote est consommé sous l'apparence d'un mariage tronqué. S'arroger l'autorité d'Aristote, pour mieux dissimuler de nouvelles théories physiques qui lui sont opposées, et l'évincer de sa position éminente dans la philosophie et la théologie, tel est l'ambitieux projet de la physique cartésienne, dont les arrhes nous sont données dans cette Réponse à Arnauld. Nous trouvons le témoignage de ce procédé dans l'ensemble des *Méditations Métaphysiques* et dans la *Correspondance*[79]. Celui-ci sera mené à son terme dans les *Principes de la Philosophie*, mettant fin à l'aristotélisme, non pas en accomplissant le « geste iconoclaste » consistant à « brûler les livres d'Aristote, mais en les laissant pourrir tous seuls[80] ».

Dans cette optique, le geste cartésien de reconduire le sens de la superficie à Aristote cristallise, en réalité, le projet « réformateur[81] » de

79 Descartes, Lettre au Père Charlet d'octobre 1644, T. 3, p. 537. *Cf. Principes de la Philosophie*, Quatrième Partie, art. 200 (« Que ce traité ne contient aussi aucuns principes qui n'aient été reçus de tout temps de tout le monde ; en sorte que cette philosophie n'est pas nouvelle, mais la plus ancienne et la plus commune qui puisse être »), p. 515.

80 Gouhier, Henri, *La pensée religieuse de Descartes*, *op. cit.*, p. 117.

81 Descartes accomplit une véritable « réforme » de la philosophie dans le sens où il en renouvelle la conception et lui apporte un fondement nouveau. L'expression n'est pas de nous. Ce terme est employé par H. Gouhier (*cf.* notamment *La pensée religieuse de Descartes*, *op. cit.*, p. 124). *Cf.* aussi F. Bouillier, *op. cit.*, p. 56 : « Une seule pensée, la réforme des

la physique cartésienne. Celle-ci met en jeu des principes novateurs qui, tout en s'affranchissant de ceux d'Aristote par des rapprochements fallacieux avec ces derniers, demeurent conciliables avec la foi. L'explication de l'eucharistie est la manifestation de ce projet, trace de sa valeur hautement philosophique : l'auteur s'attache à mettre au jour comment il est possible de (re)penser la transsubstantiation dans les termes de la physique nouvelle qui, supplantant ceux de l'ancienne, préservent la vérité du dogme catholique.

Enfin, notons que la superficie, conçue comme fondement de la sensation, et terme médian entre le corps environné et le corps environnant qui, n'appartenant pas à la substance, revêt le statut d'entité modale, n'est pas une invention ponctuelle de Descartes. Il ne l'élabore pas artificiellement pour répondre seulement à la difficulté d'Arnauld concernant la transsubstantiation. Au contraire, la notion de superficie traverse de fond en comble sa physique et en est constitutive, des œuvres de jeunesse à celles de maturité. Nous la trouvons déjà esquissée dans la Cinquième Partie du *Discours*. Les *Essais*, notamment le discours second de la *Dioptrique*, font état de la superficie : Descartes précise qu'il n'a « pas parlé de la superficie du verre, ni de l'air, mais de celle qui sépare l'air du verre (p. 22, l. 15)[82] », tout en écartant la conception assimilant la superficie à une partie du corps. Nous la voyons également poindre en filigranes dans la Seconde des *Méditations*, où la définition du corps annonce la superficie avec laquelle elle est implicitement en rapport. Elle fleurit dans l'art. 15 de la Seconde Partie des *Principes*, où elle est apparentée, non pas à une partie du corps, mais à la limite qui sépare le corps environnant du corps environné, tout en étant rapprochée du lieu externe.

Le caractère identique de la superficie, devenant mode de la substance du pain

Après avoir déterminé la signification de la superficie et son ontologie, Descartes dévoile les contours de son explication de la transsubstantiation. Il l'inaugure en ces termes : « c'est une chose manifeste que, de

---

sciences et de la philosophie, a absorbé la vie entière de Descartes ; ce fut l'unique passion de son âme, son unique ambition ».

82 Descartes, Lettre au Père Mersenne du 23 juin 1641, septième paragraphe, t. 2, p. 342.

cela seul que *les substances du pain et du vin sont dites être tellement changées en la substance de quelque autre chose*, que *cette nouvelle substance soit contenue précisément sous les mêmes termes sous qui les autres étaient contenues* [c'est-à-dire sous les termes du pain et du vin], ou qu'elle existe dans le même lieu où le pain et le vin existaient auparavant (ou *plutôt*, d'autant que *leurs termes sont continuellement agités, dans lequel ils existeraient s'ils étaient présents*), il s'ensuit *nécessairement que cette nouvelle substance doit mouvoir tous nos sens de la même façon que feraient le pain et le vin, si aucune transsubstantiation n'avait été faite*[83] ». Ce passage, d'une richesse inouïe, délivre des enseignements prépondérants. L'explication cartésienne repose aussi bien sur la superficie que sur la spécificité de la transsubstantiation : c'est en partant de la conception catholique de la transsubstantiation que son explication par la superficie reçoit toute sa portée. En effet, Descartes se réfère à une instance supérieure, qui n'est pas explicitement citée pour le moment : les substances sont « *dites* » être tellement changées en la substance de quelque autre chose. Ce « dire » se rapporte à l'autorité du dogme catholique, tel qu'il est extrait du concile de Trente, cité par la suite dans le texte. Dans le sillage du dogme, il se produit, sous l'impulsion des paroles de l'institution répétées par le prêtre, un changement de substance qui n'affecte pas les apparences sensibles du pain et du vin : nous voyons toujours du pain et du vin, qui conservent les mêmes propriétés sensibles (goût, toucher, odorat), bien que cela ne soit plus du pain et du vin dans la mesure où leur substance a été convertie en celle du corps et du sang du Christ. Or, la nouvelle substance, qui succède à l'ancienne à la suite de la conversion opérée par les paroles de la consécration, est contenue sous les mêmes termes sous lesquels celle du pain était contenue. Descartes se corrige d'ailleurs lui-même (« *plutôt* ») pour écarter toute présence locale du Christ : il préfère évoquer l'agitation de nos sens plutôt que la présence dans un lieu. Cette précision est capitale d'un point de vue théologique, le concile de Trente révoquant toute présence locale du Christ. De même, Descartes prend soin d'écarter tout résidu de la substance du pain après la consécration : les substances du pain et du vin sont dites « tellement » changées, de sorte qu'elles ne sauraient subsister.

---

83 *Méditations Métaphysiques*, Réponses aux Quatrièmes Objections, « Réponse aux choses qui peuvent arrêter les théologiens », t. 2, p. 697 [mots soulignés par nous].

La spécificité de l'expérience eucharistique dans la foi catholique constitue le point de départ de l'explication cartésienne : l'expérience eucharistique indique que la nouvelle substance corporelle occupe le même espace, qu'elle recouvre la même figure et qu'elle possède la même structure dimensionnelle[84] que celle du pain avant le changement de substance. La consécration de l'hostie n'apporte aucun changement concernant l'air et la situation des corps environnés et environnants. Par conséquent, en vertu des éléments soulevés, nous comprenons que, selon la terminologie cartésienne, la superficie est identique, n'étant pas atteinte par le changement de substance. La nouvelle substance occupe, après la consécration, la même superficie que celle du pain avant : « Et il n'y a aussi personne qui croie [sic] la conversion du pain au Corps de Christ, qui ne pense que *ce Corps de Christ est précisément contenu sous la même superficie sous qui le pain serait contenu s'il était présent*[85] ». Parce qu'elle occupe la même localisation et possède les mêmes dimensions que celle du pain avant la consécration, la superficie demeure identique, en devenant, suite à la conversion, mode de la substance du corps du Christ et non plus du pain : « la superficie, qui est mode de la substance du pain, demeure au Saint-Sacrement, comme un mode du corps du Christ[86] ». Or, il importe de remarquer que l'identité de la superficie lors de la transsubstantiation eucharistique est autant issue du dogme que résultant de la conception même que Descartes s'en fait : c'est parce que la superficie est définie comme terme médian, dont l'ontologie est modale et se déployant au niveau corpusculaire, que Descartes peut en conclure la permanence de la superficie pendant la conversion substantielle.

Nous comprenons que l'explication élaborée par Descartes s'appuie sur l'autorité du dogme, qui en est la base, tout en s'efforçant d'appliquer à celui-ci les principes de sa philosophie : l'auteur tire du dogme l'identité de la superficie. L'explication est solidaire d'un travail d'interprétation du dogme dans le langage, non plus scolastique des accidents, mais des principes cartésiens (nous développerons ce point). Et le cœur de l'explication consiste à montrer que de tels principes, loin d'en déplacer

84 C'est là un point capital en tant que la superficie d'un corps prend son identité de l'identité ou ressemblance des dimensions et non du corps dans lequel elle existe. Nous développerons ce point ultérieurement.

85 *Méditations Métaphysiques*, Réponses aux Quatrièmes Objections, « Réponse aux choses qui peuvent arrêter les théologiens », t. 2, p. 699 [mots soulignés par nous].

86 Armogathe, Jean-Robert, *op. cit.*, p. 72.

ou seulement d'en renouveler le sens, préservent la vérité du dogme. Nous pouvons d'ailleurs saisir à quel point Descartes se situe dans le registre catholique du dogme de la présence réelle, où le corps et le sang du Christ sont, non pas spirituellement, mais réellement présents à la suite d'une conversion substantielle, portant le nom de transsubstantiation, dont ne demeurent que les apparences du pain et du vin.

L'identité de la superficie constitue le premier socle de l'explication cartésienne de la transsubstantiation. Le second lui est corrélatif, se rapportant à un autre point de la conception cartésienne. Si la superficie demeure identique lors de la conversion substantielle, il s'ensuit « *nécessairement* que cette *nouvelle substance* doit *mouvoir* nos *sens de la même façon* que *feraient le pain et le vin si aucune transsubstantiation n'avait été faite*[87] ». La nécessité relative à l'identité des sensations procède du rôle confié à la superficie dans l'éveil de celles-ci. Descartes institue que cette dernière est le fondement des sensations en tant qu'elle est ce sur quoi s'effectue le contact : « le contact se fait dans ce seul terme [la superficie], et rien n'est senti si ce n'est pas par contact[88] ». Toute sensation dépend de la superficie, qui est ce par quoi l'objet est senti. La structure de l'argumentation cartésienne, parfaitement homogène, ressortit alors clairement. La transsubstantiation eucharistique met en jeu un changement de substance s'effectuant à partir de la même superficie, le présupposé physique étant que le contact, à l'origine des sensations, se rapporte à la superficie. Si le corps du Christ est contenu sous la même superficie que le pain, et si nos sensations sont dépendantes de la superficie, qui en est le fondement, alors il s'ensuit nécessairement que nos sens perçoivent toujours du pain et du vin : « la même superficie doit toujours de la même façon agir ou pâtir, quelque changement qui arrive en la substance qu'elle couvre[89] ». Nos sensations demeurent identiques en tant que la superficie demeure identique. Autrement dit, la permanence de la superficie implique que la conversion substantielle n'entraîne pas un changement de sensations. La conversion substantielle s'opérant sous la même superficie, nos sens sont toujours éprouvés de la même façon, tout en n'étant plus confrontés à la même substance : parce que la superficie

87 Descartes, *Méditations Métaphysiques*, Réponses aux Quatrièmes Objections, « Réponse aux choses qui peuvent arrêter les théologiens », t. 2, p. 697 [mots soulignés par nous].

88 *Ibid.*

89 *Ibid.*, p. 703.

demeure la même, la nouvelle substance du corps du Christ, qui a succédé à celle du pain, met en mouvement nos sens de la même façon que celle du pain les affectait avant la consécration, *comme si*[90] aucune conversation substantielle n'avait eu lieu. La superficie n'annule pas la transsubstantiation, mais s'y greffe complètement : n'étant pas atteinte par la conversion substantielle, elle permet d'expliquer comment nos sens perçoivent toujours du pain et du vin à la suite de la consécration, alors même que cela n'est plus du pain et du vin dans le sens où sont désormais présents, à la suite de la conversion substantielle, le corps et le sang du Christ.

Un double principe gouverne l'explication cartésienne. La définition de la superficie comme terme moyen entre les petites parties du corps environné et le corps environnant possédant une existence modale sert à extraire du dogme l'identité de la superficie qui n'est pas affectée par la conversion substantielle. Le rôle joué par la superficie en tant que source des sensations permet de maintenir l'identité de celles-ci lors de l'eucharistie. En outre, un autre principe annexe est implicitement à l'œuvre dans l'eucharistie, ressortissant à l'opacité de la nature des corps : « nos sensations répondent à des mouvements corporels déterminés, et tout à fait hétérogènes à elles[91] ». En vertu de ce principe, une nouvelle substance, occupant la même superficie que celle à laquelle elle succède, peut effectivement mouvoir nos sens comme le faisait l'ancienne substance avant la consécration. À cet égard, compte tenu de l'épistémologie cartésienne et du rôle conféré aux sens, la transsubstantiation n'a rien de surprenant : il n'y a rien d'étrange à ce que nos sens perçoivent et sentent du pain alors même que c'est la substance du corps du Christ qui est présente, car les sens ne nous dévoilent rien de la nature des choses. Se référant à l'utilité et au nuisible, ils sont mis en mouvement par des mouvements corporels hétérogènes, dont ils ignorent la nature.

---

90 La conversion substantielle a bien eu lieu : l'expression « comme si » est destinée à traduire que la conversion substantielle n'affecte pas, parce que la superficie demeure identique, les sensations, qui restent les mêmes avant et après le changement de substance lors de l'expérience eucharistique.

91 Alquié, Ferdinand, *in* Descartes, *Œuvres Philosophiques*, *op. cit.*, t. 2, *Méditations Métaphysiques*, Réponses aux Quatrièmes Objections, « Réponse aux choses qui peuvent arrêter les théologiens », note 3, p. 698.

La référence, ponctuelle, à la modalité de la présence du Christ : un droit au silence

Ainsi la superficie est-elle le centre névralgique de l'explication cartésienne, parvenant à rendre compte de l'expérience eucharistique de la transsubstantiation, au sens du sort des espèces[92]. Au même moment où il livre le cœur de son explication, Descartes enrichit celle-ci en déterminant, ponctuellement, le mode de présence du Christ : « Et il n'y a aussi personne qui croie la conversion du pain au Corps de Christ, qui ne pense que ce Corps de Christ est précisément contenu sous la même superficie sous qui le pain serait contenu s'il était présent, quoique *néanmoins il ne soit pas là comme proprement dans un lieu, mais sacramentellement, et de cette manière d'exister, laquelle, quoique nous ne puissions qu'à peine exprimer par paroles, après néanmoins que notre esprit est éclairé des lumières de la foi, nous pouvons concevoir comme possible à un Dieu, et laquelle nous sommes obligés de croire très fermement*[93] ». Descartes se réfère au concile de Trente, sans le citer nommément. Rappelons que celui-ci enseigne la présence sacramentelle, perpétuant implicitement la distinction, d'obédience thomiste, entre la présence locale et la présence sacramentelle du Christ. Le mode de présence du Christ est sacramentel et non pas local : la présence sacramentelle du Christ, se situant aux frontières de l'ineffable, requiert d'être éclairée par les lumières de la foi. La référence cartésienne à la présence sacramentelle dans le contexte de l'explication est cruciale, mais revêt en réalité une double signification. En premier lieu, il est impératif pour Descartes d'écarter toute présence locale du Christ, alors même qu'il maintient l'identité de la superficie : la permanence de la superficie ne revient pas à poser la présence locale du Christ qui demeure, selon son lieu propre, au Ciel. Reconnaissons que la position cartésienne n'est pas aussi évidente que le laisse transparaître la limpidité de l'écriture de l'auteur, au regard du rapprochement entre superficie et lieu externe.

---

92 Remarquons la focalisation cartésienne sur la conversion du pain en corps du Christ, celle du vin en sang étant rarement citée. Descartes se place généralement du point de vue du pain et du corps du Christ, et non du vin et du sang. Est-ce à dire que l'auteur défend la communion sous une seule espèce ? Les Lettres au Père Mesland de 1645 affirmeront bien ce point.

93 Descartes, *Méditations Métaphysiques*, Réponses aux Quatrièmes Objections, « Réponse aux choses qui peuvent arrêter les théologiens », t. 2, p. 699 [mots soulignés par nous].

Toutefois, le statut modal de la superficie, qui n'est pas partie du corps, conjugué à sa dimension corpusculaire, semblent à même de contourner l'écueil d'une présence locale et d'autoriser une présence sacramentelle, appuyée par la toute-puissance de Dieu : il est possible que la superficie demeure identique après la conversion substantielle, subsistant en tant que mode de la nouvelle substance du corps du Christ, et que cette dernière soit, non pas localement, mais sacramentellement présente, par la vertu divine. La question de la présence locale sera davantage posée par rapport, non à la superficie, mais à la conception cartésienne de l'étendue, et à sa réduction à l'extension locale.

En mentionnant la présence sacramentelle, Descartes manifeste son zèle à l'égard de la religion catholique et atteste sa volonté de rendre son explication fidèle à l'enseignement de l'Église : l'explication est tournée vers une conformité au dogme qui détient l'autorité normative. Toutefois, la présence sacramentelle recouvre également un intérêt stratégique, tenant lieu de refuge pour s'abstenir de traiter du mode de présence. La difficulté, relatée par le concile, d'exprimer par des mots le mode de présence sacramentel du Christ au saint sacrement est telle pour Descartes que, confinant, au fond, à l'impossibilité, elle le dispense d'une explication. En d'autres termes, l'auteur estime que le concile, dans le moment même où il enseigne la présence sacramentelle, avec les difficultés qu'elle recouvre dans son expression langagière, soustrait le mode de présence du Christ à toute approche explicative pour le réserver au silence de la foi et le rapporter au mystère engageant la puissance de Dieu. De ce point de vue, Descartes livre une interprétation singulière de la présence sacramentelle, tirée du concile, s'en servant comme d'une « dérobade[94] » ou d'un « précieux retranchement » pour ne pas expliquer le mode de présence : elle lui permet de « couvrir tous ses refus d'explication sur l'existence du Christ dans l'hostie[95] ». Mieux, un tel texte, dont Descartes ne cite pas encore la source à ce moment de ses Réponses, masque la « réticence », définie « comme omission volontaire d'une chose qu'on devrait normalement dire[96] », sur le mode de présence du Christ. Si Descartes ressent l'« obligation » d'apporter une explication à la transsubstantiation – sort des espèces –, procédant

---

94 Armogathe, Jean-Robert, *op. cit.*, p. 72. *Cf.* aussi p. 81.

95 Gouhier, Henri, *La pensée religieuse de Descartes*, *op. cit.*, p. 227.

96 Armogathe, Jean-Robert, *op. cit.*, p. 65.

du double rapport de sa physique avec le dogme et la scolastique, il ne sent pas concerné, en tant que philosophe, par le mode de présence, sur l'autel de sa dimension théologique. Et surtout, le concile le dispense de traiter cette question. Descartes reconnaîtra lui-même ultérieurement dans sa *Correspondance* le caractère stratégique qu'il accorde au texte tridentin : il concédera avoir cité celui-ci à dessein, afin d'être exempté d'expliquer le mode de présence[97]. Par la suite, lorsqu'il consentira à donner une explication du mode de présence, Descartes mobilisera à nouveau la présence sacramentelle, mais en révisant le sens qu'il donne à son caractère indicible : il s'appuiera sur celle-ci, non plus pour repousser la modalité de la présence du Christ, mais pour justifier sa démarche consistant à l'expliquer.

L'équivalence cartésienne entre superficie et espèce tridentine

Revenons à l'explication cartésienne. Descartes étoffe son explication d'une équivalence entre la superficie, point d'ancrage de son explication, et la notion tridentine d'espèce : « Or *l'Église nous* enseigne dans le *Concile de Trente*, section 13, can. 2 et 4, qu'il se fait une *conversion de toute la substance* du pain en la substance du Corps de Notre-Seigneur Jésus-Christ, *demeurant seulement l'espèce du pain*. Où je ne vois pas ce *que l'on peut entendre par l'espèce du pain, si ce n'est cette superficie qui est moyenne entre chacune de ses petites parties et les corps qui les environnent*[98] ». La référence au concile de Trente, intervenant pour la première fois dans le contexte des Réponses aux Objections d'Arnauld, est riche de sens. Tout d'abord, celle-ci permet à Descartes d'afficher sa foi catholique, l'auteur utilisant un « nous inclusif ». Il cite avec précision la thèse de la transsubstantiation – la conversion substantielle est totale et seules les espèces demeurent –, celle-ci servant au concile « de pierre de touche pour le discernement des hérétiques et des orthodoxes[99] ». En outre, nous pouvons observer une évolution terminologique significative, le corps du Christ étant pour la première fois cité : la « nouvelle substance », jusque-là indéterminée, en laquelle est convertie l'ancienne – celle du pain –,

97 Descartes, Lettre au Père Mesland du 9 février 1645, t. 3, p. 546.

98 *Méditations Métaphysiques*, Réponses aux Quatrièmes Objections, « Réponse aux choses qui peuvent arrêter les théologiens », t. 2, p. 698 [mots soulignés par nous].

99 Laporte, Jean, *op. cit.*, p. 405.

cède sa place à la substance du Corps de notre Seigneur Jésus Christ (!). Enfin, Descartes met en exergue la conformité de son explication au concile de Trente, en rapprochant la notion, physique et géométrique, de superficie de celle d'espèce employée par ce dernier : l'une est la traduction de l'autre. L'auteur donne un double argument, en affirmant que ces deux notions traduisent la même expérience et occupent le même rôle eu égard à l'eucharistie. D'une part, il remarque que la superficie, demeurant identique lors de la transsubstantiation, renvoie à la permanence des espèces tridentines du pain et du vin. Les espèces et la superficie se réfèrent communément à la même expérience, ce qui demeure identique après la conversion substantielle : l'une et l'autre désignent « l'invariance de la sensation[100] ». D'autre part, les espèces et la superficie occupent, aux yeux de l'auteur, la même fonction en tant qu'elles sont le support à l'origine des sensations : « Or il n'y a personne qui pense que par *l'espèce on entende autre chose* que ce qui est *précisément requis pour toucher les sens*[101] ». La superficie n'occupe pas une autre fonction : en tant que base du contact, elle est ce par quoi l'objet est senti.

Le geste cartésien de poser l'équivalence entre la notion d'espèce, d'héritage scolastique, et celle de superficie, constitue autant le couronnement de l'explication qu'elle ne suscite des difficultés. Deux obstacles se dressent contre cette équivalence. D'un côté, un écart de signification semble inexorablement séparer l'espèce de la superficie. Rappelons que si les espèces désignent, selon le langage courant, les apparences sensibles du pain et du vin, elles signifient, selon leur définition scolastique générale, « l'objet immédiat de la connaissance sensible, cet objet étant considéré comme un intermédiaire entre la connaissance proprement dite et la réalité connue[102] ». De l'autre, une différence contextuelle surgit, rendant quelque peu anachronique l'équivalence cartésienne. Si Descartes entend montrer que la superficie tient lieu des espèces, les canons tridentins visaient autre chose que la superficie cartésienne : ils s'efforçaient de trouver un consensus en ne recourant pas au concept

---

100 Armogathe, Jean-Robert, *op. cit.*, p. 65.

101 Descartes, *Méditations Métaphysiques*, Réponses aux Quatrièmes Objections, « Réponse aux choses qui peuvent arrêter les théologiens », t. 2, p. 699 [mots soulignés par nous].

102 Alquié, Ferdinand, *in* Descartes, *Œuvres philosophiques*, *op. cit.*, t. 2, *Méditations Métaphysiques*, Réponses aux Quatrièmes Objections, « Réponse aux choses qui peuvent arrêter les théologiens », note 1, p. 698.

aristotélico-thomiste d'accident. Dans cette perspective, Descartes déplace le sens de la notion d'espèce en la rapprochant de celle de superficie.

Toutefois, l'équivalence cartésienne, tout en ébranlant le sens du terme espèce, n'est pas totalement invalide. Si les espèces, dans leur contexte scolastique, recèlent, certainement, un autre sens que la superficie cartésienne, il n'empêche que ces deux notions sont communément employées pour signifier « ce qui demeure invariant au sacrement de l'Eucharistie[103] » : espèce et superficie traduisent l'invariance de nos sensations à la suite de la consécration. Tout le problème réside dans la nouvelle conception des sensations, leur approche globalement empiriste et réaliste étant supplantée par une autre, où elles sont rapportées à l'âme sous l'impulsion du mécanisme. Cependant, en rapprochant la superficie de l'espèce, Descartes tire parti d'une brèche ouverte par les canons tridentins eux-mêmes, relativement indéterminés. L'auteur sait que le concile, afin de ne pas entrer dans les disputes d'École, se prive volontairement de la notion d'accident et recourt délibérément à celle d'espèce pour exprimer la permanence des apparences sensibles du pain et du vin à la suite de la conversion substantielle. Espèce et superficie renvoient l'une à l'autre dans le sens où elles ont pour but commun d'éviter la catégorie d'accident tout en exprimant l'invariance des sensations. À ce titre, les différences de sens et de contexte peuvent finalement être retournées pour justifier un tel rapprochement. Ne serait-il pas possible de donner raison à Descartes, en estimant que l'espèce n'est rien d'autre que, dans la perspective physique cartésienne, la superficie du pain et du vin : « qu'est-ce, sinon l'aspect du pain-corps du Christ[104] ? » ? Autrement dit, les termes d'espèce et de superficie possèdent certainement un sens distinct dans leur contexte spécifique, mais ils occupent une fonction similaire lorsqu'ils sont appliqués à la transsubstantiation eucharistique : rendre compte de l'invariance des sensations, sans recourir à la catégorie d'accident. Néanmoins, il convient de nuancer ce dernier point, eu égard à la fonction polémique de la superficie. Le concile se prive volontairement du terme accident sans pour autant le condamner. À l'inverse, Descartes juge infondé et arbitraire de rapprocher le terme espèce de la catégorie d'accident dans la mesure où il estime que celle-ci est fausse sur le plan philosophique

103 Armogathe, Jean-Robert, *op. cit.*, p. 65.
104 *Ibid.*

et incapable de rendre compte d'une transsubstantiation, dénaturant l'enseignement de l'Église.

Une transposition

L'équivalence suscite des difficultés qui ne sont pas rédhibitoires. Au contraire, elles contribuent à confirmer le sens du projet cartésien. Descartes accomplit, dans son explication, un effort de transposition : tout en prenant le dogme pour point de départ et cherchant à s'y conformer, il transpose celui-ci dans les termes, non plus de la vieille philosophie, mais de la sienne. En quel sens y a-t-il transposition ? La signification littérale du terme indique l'idée d'un changement d'ordre. Philosophiquement, l'acte de transposer consiste à exprimer, dans l'économie d'une démarche nouvelle et en le nommant différemment, l'idée d'un concept appartenant à une autre sphère, de sorte qu'il est investi d'un sens nouveau sans perdre pour autant sa nature originaire. La superficie transpose l'espèce dans la mesure où elle recouvre la même expérience, l'invariance des sensations, mais en l'insérant dans le contexte d'une nouvelle physique : elle est solidaire de la manière Descartes s'emploie à penser, dans les termes de sa physique qui entend faire fi de celle de la scolastique, la transsubstantiation telle qu'elle avait été définie par le concile dans des catégories encore scolastiques. Un tel geste s'accompagne, inéluctablement, d'une mutation de sens dans les notions utilisées. Le problème rencontré concernant le terme espèce, mis en parallèle avec la superficie, vaut également concernant celui de substance : Descartes maintient que la substance du pain est changée en celle du corps du Christ, mais le terme ne revêt pas la même signification dans le canon tridentin et dans sa philosophie. Le concile reste dans un cadre scolastique où la substance, désignant au premier chef ce qui existe, renvoie au substrat demeurant permanent dans les changements accidentels et désigne l'être individuel subsistant par soi. La conception cartésienne de la substance conserve des acquis de la scolastique tout en marquant une rupture. La substance se réfère à une chose qui n'a besoin que d'elle-même pour exister : « Lorsque nous concevons une substance, nous concevons seulement une chose qui existe en telle façon qu'elle n'a besoin que de soi-même pour exister[105] ». Descartes emprunte à la scolastique la

105 Descartes, *Principes de la Philosophie*, Première Partie, art. 51 (« Ce que c'est que la substance; et que c'est un nom qu'on ne peut attribuer à Dieu et aux créatures en même

thèse de l'équivocité de la substance, mais lui greffe un sens nouveau. Le terme substance diffère selon qu'il s'applique à Dieu ou aux créatures[106]. En toute rigueur, Dieu seul répond à la définition de la substance : la seule véritable substance est Dieu qui, en tant qu'être infini et cause de soi, est une « substance incréée qui pense et qui est indépendante[107] ». Aussi Descartes place-t-il en Dieu seulement des attributs, et non point des modes, de par l'absence dans l'essence divine de toute variété ou changement. Toutefois, il est possible de repérer, dans le règne des choses créées, des substances, attendu qu'elles ne sont pas proprement substances comme l'est Dieu : les substances créées sont tributaires de concours divin, non pas seulement pour exister, mais pour persévérer dans l'existence. Les substances créées doivent leur être au concours ordinaire et continu de Dieu, au regard de la thèse cartésienne de la création continuée. En marge de l'authentique substance divine, il existe des substances créées qui, tout en étant dépendantes de Dieu, sont substances dans le sens où elles sont indépendantes des autres choses créées, telles que les modes ou les attributs, qui se rapportent à une substance[108]. Ces substances créées sont de deux sortes, faisant l'objet d'une distinction réelle : la substance corporelle et la substance pensante ou spirituelle. Chaque substance est caractérisée par un attribut principal qui en constitue l'essence et permet de la connaître sur un mode clair et distinct : l'étendue pour la substance corporelle, la pensée pour la substance pensante[109]. La nouveauté de l'approche cartésienne se situe à plusieurs niveaux. Descartes ne se

---

sens »), t. 3, p. 122.

106 *Ibid.* : « En quoi il peut y *avoir de l'obscurité* touchant l'explication de ce mot, "n'avoir besoin que de soi-même pour exister" ; car, *à proprement parler, il n'y a que Dieu qui soit tel*, et il *n'y a aucune chose créée qui puisse exister un seul moment sans être soutenue et conservée par sa puissance* [Descartes soutient la thèse de la création continuée]. C'est pourquoi *on a raison dans l'École de dire que le nom de substance n'est pas univoque* au regard de Dieu et des créatures, c'est-à-dire *qu'il n'y a aucune signification de ce mot que nous concevions distinctement, laquelle convienne à lui et à elles* » [mots soulignés par nous].

107 *Ibid.*, art. 54 (« Comment nous pouvons avoir des pensées distinctes de la substance qui pense, de celle qui est corporelle, et de Dieu »).

108 *Ibid.*, art. 51 (« Ce que c'est que la substance ; et que c'est un nom qu'on ne peut attribuer à Dieu et aux créatures en un même sens »), p. 122 : « mais parce qu'*entre les choses créées* quelques-unes sont de telle nature qu'elles *ne peuvent exister sans quelques autres*, nous *les distinguons d'avec celles qui n'ont besoin que du concours ordinaire de Dieu*, en *nommant celles-ci des substances*, et *celles-là des qualités ou des attributs de ces substances* » [mots soulignés par nous].

109 *Ibid.*, art. 54 (« Comment nous pouvons avoir des pensées distinctes de la substance qui pense, de celle qui est corporelle, et de Dieu »), p. 124.

confronte pas au problème de la substance en tant que tel, comme dans la scolastique : à une approche abstraite, Descartes substitue une approche concrète où il se concentre sur les substances réelles que nous pouvons connaître, en identifiant leurs caractéristiques particulières, inaugurant le dualisme. Celles-ci sont, au fond, de trois sortes, renvoyant à trois types d'être, si l'on tient compte que la seule substance adéquate à sa définition est Dieu : l'équivocité du terme substance joue d'ailleurs un rôle dans la version, avancée par les *Principes*, de la démonstration de l'existence de Dieu. La distinction entre les substances finies et celle infinie se double de celle entre les substances matérielles et les substances pensantes. Il en résulte une forme d'originalité de Descartes par rapport à la scolastique. À la perspective scolastique posant différents attributs et maintenant leur inséparabilité, Descartes retient l'existence de deux substances corporelles déterminées par un attribut principal qui tient lieu de son essence : connaître l'attribut principal de la substance délivre une connaissance claire de la substance elle-même – sans que l'existence ne soit réduite à l'essence. La nouveauté de l'approche cartésienne de la substance, se reflétant notamment dans les Réponses aux Secondes Objections, réside dans la fonction épistémologique attribuée au dualisme, en tant qu'il préside à la distinction réelle de deux substances dont l'attribut principal en exprime la nature respective et permet de les connaître adéquatement : « Par-là, Descartes s'assure le bénéficie du réalisme substantialiste, tout en expulsant de la notion de substance ce qu'elle pouvait recéler d'obscur et d'imperméable à la pensée distincte[110] ». Cette conception originale de la substance se répercute sur l'eucharistie. Le changement de substance est appréhendé à partir, non plus des concepts scolastiques, mais des principes cartésiens : la substance du pain est convertie en celle du corps du Christ, étant entendu que la substance corporelle désigne une chose qui existe par soi et dont l'attribut principal consiste dans l'étendue.

Nous comprenons que, par son explication, Descartes réforme, non pas la compréhension du dogme catholique, mais le socle philosophique à partir duquel il est généralement étayé : son souci n'est pas théologique, mais se situe à la frontière du philosophique et du théologique, imposant un changement de paradigme philosophique au support d'un mystère de

110 Gilson, Étienne, « Commentaire historique du Discours de la Méthode », *in René Descartes. Discours de la Méthode.* Texte et commentaire par E. Gilson, Quatrième Édition, Paris, Vrin, 1967, p. 304.

foi. Descartes substitue ses propres principes philosophiques à ceux de la scolastique comme ancrage des vérités révélées. En ce sens, l'équivalence cartésienne entre la superficie et l'espèce tridentine est lourde de sens : elle est solidaire d'un changement de paradigme philosophique[111]. Elle devient alors le présage de l'édification d'une nouvelle théologie, censée supplanter celle s'appuyant sur la physique scolastique en prenant pour base celle de Descartes.

D'ailleurs, cette partie de l'explication cartésienne, dans laquelle l'auteur établit l'équivalence entre la superficie et l'espèce tridentine, marque un second moment dans le processus de rédaction de la réponse à Arnauld. Venant d'achever son explication, Descartes a été soudainement pris d'un effroi d'hésitation : et si son explication par la superficie n'était finalement pas conforme à la foi catholique ? C'est afin de pallier ce doute brutal que Descartes s'empresse de vérifier la doctrine catholique en lisant les conciles (celui de Constance et celui de Trente) : « Je ne vous envoie pas encore le denier feuillet de ma Réponse à Mr Arnauld, où j'explique la transsubstantiation suivant mes principes ; car je désire auparavant lire les Conciles sur ce sujet, et je ne les ai pas encore pu avoir[112] ». Ce doute a de quoi surprendre au regard de l'assurance originelle habitant Descartes dans sa lettre au Père Vatier de 1638, où il se montrait plein de confiance quant à l'orthodoxie de sa théorie eucharistique. De cette lecture des conciles, effectuée en une quinzaine de jours, Descartes ressort triomphal, annonçant que la superficie est l'équivalent de la notion de superficie, tout en adressant une virulente critique à l'explication scolastique reposant sur les accidents réels, à laquelle sa propre explication est supérieure. Dans cette optique, la réponse cartésienne a connu différentes phases dans son élaboration : Descartes expose son explication du sort des espèces, sans doute élaborée antérieurement, avant d'être brusquement saisi d'un doute, qui le conduit à la contrôler sur les conciles. Ces derniers lui montrent la conformité de son explication au dogme, et sa supériorité sur celle de saint Thomas.

Ainsi, la superficie permet-elle de parer aux difficultés d'Arnauld, tenant à la négation des accidents réels et à l'inséparabilité des modes

111 Nous reviendrons ultérieurement sur ce changement de paradigme, pour le préciser, en mobilisant notamment la place tenue par les paroles de la consécration qui détiennent l'efficacité sacramentelle.

112 Descartes, Lettre au Père Mersenne du 18 mars 1641, t. 2, p. 323.

et de leur substance. Terme médian entre deux corps, et se déployant au niveau corpusculaire, elle est le fondement de la sensation tout en étant un mode, et non substance ni partie du corps. Aussi demeure-t-elle identique lors de la conversion substantielle, subsistant comme mode de la nouvelle substance (le corps du Christ). Descartes ne craint pas alors de clamer l'orthodoxie de son explication de la transsubstantiation, en tant qu'elle s'accorde avec le dogme catholique, au point qu'elle devrait satisfaire ses lecteurs théologiens : « Toutes lesquelles choses me semblent être si *commodément expliquées par mes principes*, que non seulement *je ne crains pas d'avoir rien dit ici qui puisse offenser nos théologiens*, qu'au contraire j'espère *qu'ils me sauront gré de ce que les opinions que je propose dans la physique sont telles, qu'elles conviennent beaucoup mieux avec la théologie, que celles qu'on y propose d'ordinaire*[113] ». La superficie permet de rendre compte d'une conversion substantielle totale et de la permanence des espèces, les sensations étant affectées de la même façon. En outre, son explication, dont le point culminant réside dans l'équivalence instituée entre superficie et espèce, intègre également la présence sacramentelle, tout en écartant l'écueil de la présence locale. Or, la manière dont Descartes tient l'approbation des théologiens pour acquise est volontairement trompeuse, masquant un bouleversement, qu'il revendique dans sa *Correspondance.* L'auteur assume le changement que sa physique impose eu égard à la conception scolastique de la transsubstantiation eucharistique[114] : son explication rend compte de cette dernière, tout en mettant fin à la vieille explication scolastique basée sur les accidents réels, exclus de la physique cartésienne[115]. En ce sens, l'explication entraîne un renouvellement de la théologie, dont le centre de gravité est déplacé, dans la mesure où elle doit être appuyée désormais sur un socle physique cartésien et non plus scolastique. Si Descartes en avait conscience, les théologiens de son temps n'étaient certainement pas prêts à accueillir un pareil changement.

---

113 *Méditations Métaphysiques*, Réponses aux Quatrièmes Objections, « Réponse aux choses qui peuvent arrêter les théologiens », t. 2, p. 699 [mots soulignés par nous].

114 Lettre à X*** [le destinataire de cette lettre est inconnu] de début mars 1646, t. 3, p. 643 : « J'ai dû répondre à la première [la première difficulté concernant la permanence des apparences sensibles du pain et du vin] autrement qu'on ne fait dans l'École, à cause que j'ai une autre opinion de la nature des accidents ».

115 Lettre au Père Mersenne du 28 janvier 1641, t. 2, p. 314 : « Il n'y aura, ce me semble, aucune difficulté d'accommoder la théologie à ma façon de philosopher ; car je n'y vois rien à changer que pour la transsubstantiation, qui est extrêmement claire et aisée par mes principes ».

LE MOMENT POLÉMIQUE : LA CRITIQUE DE THOMAS ET DES ACCIDENTS RÉELS

Dans la fin de son explication, Descartes va alors montrer, non pas seulement que son explication est conforme au dogme, mais qu'elle est supérieure aux autres modèles explicatifs, particulièrement celui hérité de Thomas : la fermeté avec laquelle Descartes se dresse contre les accidents réels et l'assurance dont il fait preuve constituent un témoignage rare et édifiant de la pugnacité et de la portée polémique de la philosophie cartésienne.

Nous entamons à présent l'étude de la dernière étape de la réponse cartésienne, la phase « polémique », au cours de laquelle Descartes consacre une critique sévère à la doctrine thomiste de la transsubstantiation reposant sur les accidents réels. Les deux volets de l'explication cartésienne, la phase argumentative, autour de la superficie, et la phase polémique, sont indissociables, l'un étant inintelligible sans l'autre. Aussi faut-il rappeler, comme nous l'avons étudié, que l'eucharistie avait bénéficié de « la réflexion puissante[116] » de saint Thomas, perpétuée par la scolastique, s'articulant autour de la subsistance des accidents réels, lesquels vont être mis en cause par Descartes. Là où Arnauld avait assimilé cette notion à un article de foi, Descartes va mettre au jour qu'elle est, au contraire, étrangère au dogme, tout en étant incompatible avec ce dernier, en raison de son obscurité et de son caractère contradictoire. De ce point de vue, l'explication cartésienne rejoint le mouvement de toute théorie eucharistique qui « s'élabore dans la poussière des polémiques[117] » : la théorie eucharistique cartésienne consiste autant dans les principes qu'elle promeut que dans le démantèlement des notions aristotélico-thomistes qui étaient le soubassement de la doctrine traditionnelle.

Extériorité des accidents réels : distinction entre l'Église et Thomas

Étudiant soigneusement le texte du concile de Trente, Descartes observe à raison que la notion d'accident réel, loin d'être inhérente au concile de Trente, est extérieure à celui-ci en tant qu'il ne la mentionne pas : notre travail propédeutique consacré à la tradition catholique reçoit toute son utilité.

---

116 Tilliette, Xavier, *op. cit.*, p. 9.
117 *Ibid.*

L'équivalence cartésienne entre la notion de superficie et d'espèce est suivie d'un travail d'exégèse, faisant ressortir l'extériorité de la catégorie d'accident par rapport au dogme : « Car, *de vrai*, l'Église *n'a jamais enseigné* (au moins que je sache) que les *espèces du pain et du vin*, qui *demeurent* au Sacrement de l'Eucharistie, *soient des accidents réels qui subsistent miraculeusement tout seuls*, après que la *substance* à laquelle ils étaient attachés a été ôtée[118] ». À la faveur de l'omission de la notion d'accident dans les décrets tridentins, Descartes opère une distinction, capitale, entre l'enseignement de l'Église catholique romaine sur l'eucharistie et celui de Thomas. Autrement dit, Descartes s'emploie, concernant l'eucharistie, à « *distinguer* les opinions *déterminées par l'Église*, d'avec celles qui sont communément *reçues par les Docteurs fondés* sur une *physique mal assurée*[119] ». Observons qu'une telle distinction ne se réduit pas à l'eucharistie, mais traverse toute l'œuvre de Descartes. Aussi l'auteur en avait-il déjà fait état à propos du mouvement de la terre, affirmant que « tout ce que les Inquisiteurs de Rome ont décidé n'est pas incontinent article de foi pour cela[120] ». L'autorité dogmatique est détenue, non pas une Congrégation de cardinaux, mais par le Pape et les conciles[121]. De même, pour l'eucharistie, l'autorité n'est pas l'apanage de la Tradition, sous-entendu la scolastique, mais de l'Église elle seule, à travers les conciles. La philosophie cartésienne impose de savoir distinguer entre un article de foi et une doctrine théologique dans la mesure où, précisément, des « théologiens, disciples d'Aristote » s'efforcent « de rendre intangibles, comme vérités de foi, des opinions qu'ils ne pouvaient soutenir par des raisons sérieuses[122] ». Une telle distinction, absolument décisive, sera difficile à faire entendre pour Descartes de son vivant, mais elle inspirera la postérité. Malebranche résumera fidèlement le principe cartésien : « Sache donc que l'évidence et la foi ne peuvent jamais tromper. Mais ne prends pas la vraisemblance pour l'évidence, ni l'opinion de quelques docteurs pour la foi[123] ». La « science » se distingue de la « conjecture[124] »,

---

118 Descartes, *Méditations Métaphysiques*, Réponses aux Quatrièmes Objections, « Réponse aux choses qui peuvent arrêter les théologiens », t. 2, p. 699 [mots soulignés par nous].

119 Lettre au Père Mesland de 1645 ou 1646, t. 3, p. 630 [mots soulignés par nous].

120 Lettre au Père Mersenne d'avril 1634, t. 1, p. 495.

121 *Ibid.* : « il faut premièrement que le Concile y ait passé ».

122 Laporte, Jean, *op. cit.*, p. 397.

123 Malebranche, Nicolas, *Méditations chrétiennes et métaphysiques*, III, 6, *in Œuvres de Malebranche*, Édition de H. Gouhier et A. Robinet, Tome X, Paris, Vrin, 1967, p. 29.

124 Laporte, Jean, *op. cit.*, p. 343.

tandis que le dogme se distingue d'une doctrine théologique. Aussi le *leitmotiv* de l'explication cartésienne consiste-t-il à suivre exclusivement, et de manière scrupuleuse, l'enseignement de l'Église.

La frontière séparant la doctrine de l'Église sur l'eucharistie de toute théorie recourant aux accidents est instructive, nous renseignant sur l'existence d'une double signification du terme théologie dans l'œuvre cartésienne, que nous avions annoncée. La théologie dite positive se distingue de la théologie spéculative. La première acception s'élève de l'ordre de la nature à une sphère surnaturelle en tant qu'elle requiert une inspiration divine[125] et réclame le soutien de la grâce[126]. Elle renvoie alors à l'enseignement dogmatique de l'Église catholique, délivré par le Pape et les conciles qui établissent les articles de foi : « la Théologie, c'est la doctrine catholique elle-même, l'ensemble dogmatique élaboré par les Conciles et les Papes[127] ». La théologie entendue en ce premier sens est en charge des vérités révélées, en les puisant dans l'Écriture : elle devient la science du salut en fixant les vérités qu'il faut croire pour gagner le ciel. La seconde acception de la théologie n'exige aucune grâce spéciale : elle désigne la discipline humaine qui propose une intellection des vérités révélées, en s'appuyant sur un système philosophique. Tel est le double niveau de la théologie[128], dont nous pouvons apercevoir la façon dont Descartes s'y rapporte. S'il se soumet à la théologie positive par l'autorité conférée au concile, l'eucharistie nous montre qu'il s'efforce dans le même temps de l'émanciper de la scolastique en transposant son enseignement dans le langage de ses concepts philosophiques. De même, il ressort de l'eucharistie que la théologie spéculative fait l'objet d'une hiérarchisation, Descartes différenciant les faux théologiens[129] des bons

125 Descartes, *Méditations Métaphysiques*, Réponses aux Sixièmes Objections, cinquième paragraphe, p. 869.

126 *Discours de la méthode*, Première Partie, t. 1, p. 575 : « je pensais que pour entreprendre de les examiner (les vérités révélées) et y réussir, il était besoin d'avoir quelque extraordinaire assistance du ciel, et d'être plus qu'homme ». *Cf.* H. Gouhier, *La pensée religieuse de Descartes*, *op. cit.*, p. 218 : « en y pénétrant [dans la théologie], on quitte l'ordre de la nature pour entrer dans l'ordre de la grâce ».

127 Gouhier, Henri, *La pensée religieuse de Descartes*, *op. cit.*, p. 220.

128 *Ibid.*, 221 : « de la théologie considérée comme l'ensemble des doctrines que l'Église enseigne au nom du Christ pour éclairer les fidèles sur le chemin du salut, il [Descartes] passe à la théologie qui, partant des mystères donnés par la révélation, essaie de les rendre en une certaine mesure accessibles à la raison et emprunte les éléments de son explication à la philosophie, c'est-à-dire aux disciplines destinées à l'ordre de la nature ».

129 Descartes, Lettre au Père Mersenne du 30 juillet 1640, t. 2, p. 252.

(*pios* dit le latin) et orthodoxes[130] : à propos de l'eucharistie mais aussi en d'autres endroits, il adresse de vives critiques à l'encontre de la théologie scolastique, sur l'autel de son ancrage philosophique – Aristote –, obscur et confus, qui ont pour conséquence de le conduire à se prononcer en faveur d'une réforme de la théologie spéculative, dépouillée de son contenu scolastique. Suite à son explication, il appellera de ses vœux l'avènement d'une nouvelle théologie, cartésienne, basée sur son système philosophique. *L'Entretien avec Burman* dessine aussi quelques contours de celle-ci, fondés sur une exigence de simplicité[131], dont témoigne la thèse de la libre création des vérités éternelles.

De fait, Descartes propose une sorte d'exégèse du texte du concile de Trente, posant les jalons d'une herméneutique théologique cartésienne : l'enseignement de l'Église sur l'eucharistie n'est pas en toute rigueur, d'après les textes, thomiste, au regard de l'absence de la notion d'accident, à laquelle est préférée celle d'espèce. Par cette distinction entre l'enseignement de l'Église et celui de Thomas, Descartes renverse le sens de l'objection d'Arnauld et corrige son propos, tout en instruisant le lecteur de l'époque. La doctrine des accidents réels, en vogue dans la scolastique, ne constitue pas un « article de foi », mais s'assimile à un « ajout extérieur » : la seule instance normative, l'Église, professe la permanence, non des accidents réels, mais des espèces, dont l'équivalent est désormais la notion cartésienne de superficie.

Toutefois, à la suite de la publication de l'explication cartésienne, le Minime Jean Durelle, de l'ordre de saint François, auteur en 1626 d'une *philosophia christiana*, interrogera, par l'intermédiaire de Mersenne, Descartes en se référant au concile de Constance (1414-1418) et à la

130 *Méditations Métaphysiques*, Réponses aux Quatrièmes Objections, « Réponse aux choses qui peuvent arrêter les théologiens », t. 2, p. 704.

131 *L'entretien avec Burman*, Édition, traduction et annotation par J.-M. Beyssade, Paris, P. U. F. 1981, p. 138 : « À coup sûr, il ne faut pas soumettre la théologie aux raisonnements, qui ont leur emploi en mathématique et pour les autres vérités, vu que la théologie ne tombe pas sous notre prise ; puis nous lui gardons sa simplicité ; plus sa possession a de valeur. [...]. Certes nous pouvons et nous devons démontrer que les vérités de la théologie ne sont pas en contradiction avec celles de la philosophie, mais nous ne devons en aucune manière les soumettre à examen. C'est par là que les moines ont ouvert le champ à toutes les sectes et hérésies, par leur théologie, je veux dire par leur théologie scolastique, qu'il faudrait commencer par éliminer. Quel besoin d'un si pesant fardeau, puisque nous voyons les simples et les rustres aussi capables de gagner le ciel que nous ? Ce qui devrait en tout cas nous avertir que mieux vaut de beaucoup avoir une théologie aussi simple qu'eux, que de l'écraser sous la masse des controverses [...] ».

condamnation de J. Wyclif : théologiens anglais (1331-1384), précurseur de la Réforme, celui-ci avait remis en cause le dogme de la transsubstantiation. Or, ce concile ne contredit-il pas l'argumentation cartésienne en tant qu'il semblerait prescrire la doctrine des accidents réels dans l'eucharistie ? Ne se sentant nullement menacé par la difficulté de son interlocuteur, Descartes répondra sereinement qu'aucun concile, pas même celui de Constance, n'enseigne la permanence des accidents réels. Au contraire, les conciles se prononcent sur la subsistance des espèces eucharistiques, qui renvoient à la permanence de cette « superficie qui est moyenne entre chacune de ses petites parties et les corps qui les environnent » : « Je vous remercie de ce que vous me mandez du *Concile de Constance sur la condamnation de Wiclef* ; mais je ne vois point que cela fasse *rien du tout contre moi.* Car il aurait dû être condamné en même façon, si tous ceux du Concile eussent suivi mon opinion ; et en niant que la substance du pain et du vin demeure pour être le sujet des accidents, ils n'ont point, pour cela, *déterminé que ces accidents fussent réels, qui est tout ce que j'ai écrit n'avoir point lu dans les Conciles*[132] ». D'un mot, car nous ne pouvons traiter ce point, l'étude des sources donne raison à Descartes. S'il rejette la théorie de Wyclif, le concile de Constance n'enseigne pas pour autant la permanence des accidents réels : la frontière est ténue, mais valable[133]. Il s'ensuit que la conformité de l'explication cartésienne,

---

132 Lettre au Père Mersenne de mars 1642, t. 2, p. 925 [mots soulignés par nous].

133 De même que le concile de Trente ne reproduit pas la doctrine thomasienne à propos de l'eucharistie en occultant notamment la thématique des accidents subsistant sans substance ni sujet, le concile de Constance, qui le précède, n'enseigne pas positivement la permanence des accidents réels. Lors de la Huitième Session (4 mai 1415), le concile de Constance condamne les propositions de John Wyclif. Or, la répudiation par le concile des trois premières erreurs, qui concernent l'eucharistie (« 1. La substance du pain matériel de même que la substance du vin matériel subsistent dans le sacrement de l'autel. 2. Les accidents du pain et du vin ne subsistent pas sans sujet dans le même sacrement. 3. Le Christ n'est pas identiquement et réellement dans le même sacrement en sa propre personne corporelle », *in* H. Denzinger, *Symboles et définitions de la foi catholique*, concile de Constance : erreurs de John Wyclif, *op. cit.*, p. 357/1151-1152-1153) ne revient nullement à instituer l'enseignement de Thomas : la condamnation de la proposition selon laquelle « les accidents du pain du pain ne subsistent pas dans le Sacrement sans sujet » n'implique aucunement de soutenir la thèse selon laquelle ils subsistent dans ce sacrement sans sujet. La condamnation, ponctuelle, d'une proposition provenant d'une théorie eucharistique particulière n'équivaut nullement à promouvoir dogmatiquement le contraire de cette proposition : ce qui est récusé, c'est la proposition soutenant la non-permanence des accidents. Mais cela ne signifie pas que le dogme porte sur la permanence des accidents. Nous rejoignons sur ce point l'argumentation de J.-R. Armogathe. Celui-ci prend pour

reposant sur la notion de superficie et se passant des accidents réels, n'est pas remise en cause par le concile de Constance : une différence demeure entre l'enseignement de l'Église et celui de Thomas, le premier ne tenant pas pour article de foi la permanence des accidents privés de substance professée par le second.

À cet égard, l'objection du Minime Jean Durelle n'inquiéta pas Descartes en remettant en cause l'orthodoxie de son explication : au contraire, elle constitua seulement « une escarmouche sans gravité, à laquelle Descartes n'eut pas de peine de répondre[134] ».

Le caractère invalide et contradictoire des accidents réels

Or, le seigneur du Perron ne se contente pas de démontrer l'extériorité de la doctrine des accidents réels par rapport au dogme catholique. La distinction qu'il instaure entre deux niveaux de la théologie lui sert de matrice pour revendiquer l'orthodoxie de son explication en dehors du schème aristotélico-thomiste, en mettant en valeur l'hégémonie de son modèle par rapport aux insuffisances ce dernier : son explication s'accorde beaucoup mieux avec la foi que ne le fait celle recourant aux accidents réels. Autrement dit, en vertu de l'écart séparant la doctrine des accidents de l'enseignement de l'Église, Descartes peut s'opposer

base les règles logiques d'interprétation de l'évêque Dupanloup, selon lesquelles la « condamnation d'une proposition ne revient pas à l'affirmation de son contraire, qui pourrait être souvent une autre erreur, mais seulement de sa contradictoire », c'est-à-dire « celle qui exclut simplement la proposition », alors que « la contraire est celle qui va au-delà de cette simple exclusion » (cité par J.-R. Armogathe, *op. cit.*, p. 33). À l'appui de cette règle, le commentateur met en lumière que « la condamnation des propositions de Wyclif n'entraîne pas absolument l'affirmation dogmatique de l'interprétation thomiste : les Pères de Constance ont seulement entendu réprouver l'affirmation : "les accidents du pain et du vin ne subsistent pas dans le sacrement sans sujet" ; ils n'ont proposé ni approuvé, par là même, aucune solution » (*ibid.*). Certes, le concile de Constance, et les erreurs de Wyclif, auraient pu mériter, dans une autre étude, un propos leur étant entièrement consacré. Néanmoins, ils ne sont pas nécessaires à l'intelligibilité de l'économie d'ensemble de l'explication cartésienne : Descartes les cite seulement de manière allusive, s'y confronte suite à une demande extérieure, et prend davantage pour base de référence le concile de Trente. Aussi, celui-ci, plus tardif que le concile de Constance, a proposé, pour sa part, un enseignement positif et dogmatique, et non la simple condamnation d'erreurs. Pour ces motifs, tenant aussi bien à l'architecture d'ensemble de la théorie eucharistique cartésienne qu'aux sources de l'enseignement de l'Église, nous n'avons pas intégré le concile de Constance en lui consacrant une étude à part entière, à la différence de ce que nous avons fait pour le concile de Trente.

134 Armogathe, Jean-Robert, *op. cit.*, p. 69.

frontalement à la première, tout en préservant la fidélité de son explication au second : il va rejeter les accidents réels comme support physique de la transsubstantiation, en tant qu'ils recèlent d'inextricables difficultés, conduisant à des erreurs et des « absurdités[135] ». D'ailleurs, celles-ci auraient dû suffire pour « faire juger » aux théologiens scolastiques qu'ils « s'étaient détournés du droit chemin, ainsi que font les voyageurs quand quelque sentier les a conduits à des lieux pleins d'épines et inaccessibles[136] ». Rappelons que Descartes connaissait bien la tradition aristotélico-thomiste : il avait étudié Aristote et Thomas au collège de la Flèche, dans lequel il a accompli ses humanités[137].

La critique cartésienne des accidents réels est émaillée de plusieurs éléments, se situant à différents niveaux : Descartes met en lumière que cette théorie achoppe sur une impasse d'un point de vue philosophique, dans le sens où elle est erronée d'un point de vue physique et contradictoire sur le plan ontologique. Mais elle est aussi inopérante théologiquement en tant qu'elle multiplie arbitrairement les miracles, de sorte qu'elle dessert le dogme catholique, tout en l'obscurcissant en laissant planer un doute sur un résidu de la substance du pain. Envisageons ces points successivement : ces derniers vont rendre opportune notre phase préliminaire exposant la théorie eucharistique de Thomas.

La catégorie d'accident réel est fausse d'un point de vue philosophique. D'un côté, elle altère le sens de la physique en adjoignant, au contact qui se fait dans la seule superficie, la notion d'accident[138]. Les accidents réels, s'ils existent, doivent être distincts de la superficie tout en étant perceptibles. Mais, comment peuvent-ils être sentis sans la superficie, alors même qu'elle constitue la source du contact mettant en mouvement nos sensations ? D'autre part, la catégorie d'accident contient intrinsèquement une faille ontologique : il s'agit d'une notion contradictoire dans le sens où l'accident réel subsiste séparément de la substance alors même qu'il a pour propriété d'inhérer à une substance

135 Tilliette, Xavier, *op. cit.*, p. 14.

136 Descartes, *Méditations Métaphysiques*, Réponses aux Quatrièmes Objections, « Réponse aux choses qui peuvent arrêter les théologiens », p. 700.

137 Bouillier, Francisque *op. cit.*, v. 1, p. 43 : « Selon Baillet, saint Thomas aurait été son auteur favori, l'unique théologien qu'il eût jamais voulu étudier ».

138 Descartes, *Méditations Métaphysiques*, Réponses aux Quatrièmes Objections, « Réponse aux choses qui peuvent arrêter les théologiens », t. 2, p. 700. *Cf.* Réponses aux Sixièmes Objections, « Réponse au septième scrupule », p. 875.

et d'en être inséparable. La catégorie d'accident réel débouche sur une confusion ontologique, en tant qu'elle reçoit subrepticement les propriétés de la substance[139], au point d'être tributaire d'une substantialisation de l'accident. Se situant sur le terrain des catégories aristotéliciennes, Descartes observe que la séparabilité constitue la spécificité d'une substance et non d'un accident[140]. La réflexion cartésienne s'agrémente alors d'une réflexion sur la toute-puissance divine : il est vain de mobiliser celle-ci pour soutenir, concernant l'eucharistie, la réalité des accidents séparés de leur substance, argument faussement avancé par Descartes dans la première partie de sa réponse à Arnauld et sur lequel les théologiens des Sixièmes Objections l'ont interrogé[141]. Il ne s'agit nullement pour Descartes de limiter la toute-puissance divine, mais, au contraire, de l'exalter. Dieu préside à l'établissement des lois de la nature en agissant de manière uniforme. Les lois de la nature sont contingentes, en tant qu'elles dépendent de Dieu, mais revêtent une part de nécessité, sous l'égide de l'immutabilité divine[142]. Dans l'ordre des lois de la nature instaurées par Dieu, les substances existent par soi et séparément, tandis que les accidents [à supposer qu'ils existent] ont pour propriété d'inhérer à une substance. À ce titre, recourir à la toute-puissance divine pour maintenir l'existence d'accidents privés de substance est inutile dans la mesure où cela contrevient à l'unité de l'acte créateur[143]. C'est toute la thématique de la création des vérités éternelles, exposée dans les lettres au Père Mersenne de 1630, qui est présupposée ici : les existences autant que les essences dépendent de l'acte créateur de Dieu et en sont des créatures. Dieu crée les choses comme nécessaires sans qu'aucune

139 *Ibid.* Réponses aux Sixièmes Objections, « Réponse au septième scrupule », t. 2, p. 875-876 [mots soulignés par nous]. J. Laporte, *Le rationalisme de Descartes*, *op. cit.*, p. 407 : « Des accidents qui subsisteraient seuls quand leur substance est détruite, seraient de véritables substances, puisque la faculté d'exister à part est la définition même de la substantialité »

140 *Méditations Métaphysiques*, Réponses aux Sixièmes Objections, septième paragraphe, t. 2, p. 876 : « tout ce qui est réel peut exister séparément de tout autre sujet : or ce qui peut exister séparément est une substance, et non point un accident ».

141 *Méditations Métaphysiques*, Sixièmes Objections faites par divers théologiens et philosophes, « septième scrupule », t. 2, p. 855 [mots soulignés par nous].

142 Laporte, Jean *op. cit.*, p. 340 : « Tout ce qui nous est apparu vrai dans l'ordre naturel, nous devons dire que Dieu eût pu le constituer autrement, mais que, l'ayant constitué tel, il ne peut plus l'abolir ni le changer »

143 Descartes, *Méditations Métaphysiques*, Réponses aux Sixièmes Objections, « Réponse au septième scrupule », t. 2, p. 876.

nécessité dans les choses ne l'y contraigne. Aussi Dieu jouit-il, dans un sens totalement distinct que pour l'homme, d'une liberté d'indifférence, comprise comme indistinction des opérations d'entendement, de volonté et de puissance.

Or, la contradiction ontologique intrinsèque aux accidents réels détient des incidences sur l'eucharistie. Descartes relève une forme d'inclination de la doctrine des accidents réels à maintenir un résidu de la substance du pain, alors même que le dogme prescrit que les paroles de la consécration produisent une conversion substantielle totale, dont ne demeurent que les espèces. Parce que les accidents réels existent paradoxalement comme des substances, ils témoignent finalement que quelque chose de réel, et donc de substantiel, demeure lors de l'eucharistie, remettant en cause la transsubstantiation telle qu'elle est définie par l'Église catholique : « Outre cela, l'esprit humain ne peut pas concevoir que les accidents du pain soient réels, et que néanmoins ils existent sans sa substance, qu'il ne les conçoive en même façon que si *c'étaient des substances* ; c'est pourquoi il semble qu'il y ait en *cela de la contradiction*, que *toute* la substance du pain soit changée, ainsi que le croit *l'Église*, et *que cependant il demeure quelque chose de réel* qui était auparavant dans le pain ; parce *qu'on ne peut pas concevoir qu'il demeure rien de réel, que ce qui subsiste* ; et encore qu'on *nomme cela un accident*, on le conçoit néanmoins *comme une substance*. Et c'est en effet la même chose que si on disait qu'à la vérité *toute la substance* du pain est changée, mais que néanmoins *cette partie de la substance*, qu'on *nomme accident réel*, *demeure*, dans lesquelles paroles s'il n'y a point de *contradiction*, *certainement dans le concept il en paraît beaucoup*[144] ». Descartes va plus loin encore, tissant une filiation entre la transsubstantiation conçue dans les termes aristotélico-thomistes des accidents réels et des doctrines hérétiques, au sens où elles sont éloignées de l'enseignement de l'Église, au rang desquelles nous pourrions placer la doctrine de l'impanation prônée par Luther. Celle-ci n'est pas citée, mais nous pourrions considérer que Descartes s'y réfère implicitement. La contradiction ontologique dont souffre la catégorie d'accident réel est telle qu'elle finit par ouvrir la voie à l'hérésie de la consubstantiation luthérienne, en laissant planer le doute sur la permanence d'un vestige de la substance du pain. Autrement dit, si Thomas et Luther ont en

144 *Ibid.*, Réponses aux Quatrièmes Objections, « Réponse aux choses qui peuvent arrêter les théologiens », t. 2, p. 701 [mots soulignés par nous].

commun de nous éloigner l'un et l'autre de l'enseignement de l'Église catholique romaine, il serait possible de considérer que Luther lui-même prend ses racines dans les difficultés suscitées par le modèle thomiste des accidents réels, coupable d'avoir détourné les fidèles des « vérités de la foi[145] » : « Et il semble que ce soit *principalement pour ce sujet* [pour la difficulté de l'explication thomasienne, doublement contradictoire et lacunaire, tant philosophiquement que théologiquement] que quelques-uns [Descartes pourrait viser Luther] *se sont éloignés en ceci de la créance de l'Église romaine*[146] ».

Enfin, l'auteur enrichit sa critique philosophique et théologique de la doctrine thomiste des accidents réels en échafaudant une théorie des miracles. Descartes observe que les accidents réels du pain et du vin, subsistant par eux-mêmes sans substance, ne s'apparentent pas à une substance et demeurent finalement des accidents par le recours miraculeux à la vertu de la toute-puissance divine. En effet – et c'est là la solution de Thomas –, Dieu seul maintient dans l'être des accidents privés de substance sans qu'ils soient transmués en substance : « Au reste, on ne peut pas supposer que les accidents soient réels, sans qu'au miracle de la transsubstantiation, lequel seul peut être inféré des paroles de la consécration, *on n'en ajoute sans nécessité un nouveau et incompréhensible, par lequel ces accidents réels existent tellement sans la substance du pain, que cependant ils ne soient pas eux-mêmes des substances*[147] ». Descartes souligne que la transsubstantiation conçue dans les termes thomistes des accidents réels exige plusieurs miracles : à celui des paroles de l'institution, par lesquelles s'opère la conversion substantielle, s'ajoute un autre au cours duquel Dieu intervient particulièrement dans l'eucharistie pour maintenir dans l'être les accidents privés de leur substance et leur conférer le statut d'accident afin qu'ils ne soient pas confondus avec des substances. Descartes ironise sur ce second miracle, en pointant que Dieu vient masquer dans le second ce qu'il a opéré dans le premier. Si le miracle de la conversion substantielle n'était pas prolongé par celui de la permanence des accidents réels, l'hostie que nous consommerions lors de l'eucharistie serait, non pas le pain et le vin, mais littéralement la chair et le sang du Christ (!).

---

145 *Ibid.*
146 *Ibid.* [mots soulignés par nous].
147 *Ibid.*, p. 702 [mots soulignés par nous].

Cette prolifération gratuite des miracles est condamnée par Descartes. L'eucharistie inclut un seul miracle, résidant dans la conversion substantielle produite par les paroles de la consécration répétées par le prêtre. Nous comprenons que, pour Descartes, les paroles de l'institution, prononcées par le Christ et répétées par la bouche du prêtre lors de la messe, détiennent l'efficacité sacramentelle (au sens où nous l'avons définie de l'efficacité efficiente). C'est la thèse catholique, contre laquelle les réformateurs se sont levés en opposant la primauté de la foi, selon laquelle les sacrements agissent *ex opere operato* [littéralement, par le fait même que l'action est accomplie, par la réalisation de l'acte ; le concept plongerait ses racines dans les Sentences de Pierre de Poitiers (1169-1205)] : le sacrement est efficace par sa célébration même par le prêtre ; il y a une objectivité de l'efficacité sacramentelle. Descartes adhère pleinement à cette thèse. Le miracle de la conversion substantielle du pain en corps du Christ découle des paroles de l'institution. Or, les paroles de la consécration n'ont pas pour effet de maintenir dans l'être les accidents du pain et du vin privés de leur substance : ce n'est pas là leur office. En ce sens, ce second miracle, extérieur à l'eucharistie, n'est pas canonique dans la mesure où il ne découle pas des paroles de l'institution dont il trahit le sens, et il obscurcit l'eucharistie en expliquant par le surnaturel ce qui peut l'être par la raison naturelle, à savoir le sort des espèces : « ce qui ne répugne pas seulement à la raison humaine, mais même à l'axiome des théologiens, qui disent que les paroles de la consécration n'opèrent que ce qu'elles signifient, et qui ne veulent pas attribuer à miracle les choses qui peuvent être expliquées par raison naturelle[148] ».

Descartes congédie cet appel à un second miracle en arguant que, outre son caractère non canonique, il n'est pas naturel. Il prend pour critère de son argumentation le rapport du sens commun aux miracles eucharistiques, tel celui de Lanciano (Italie, vers 750). La manière dont le sens commun conçoit l'apparition du petit enfant ou de la chair sur l'autel apporte une nouvelle preuve du caractère erroné de l'appel au second miracle de la persistance des accidents réels. Descartes remarque qu'une telle apparition est apparentée par tous, non à une cessation de miracle, mais à un nouveau miracle, une intervention spéciale de Dieu, consistant à ce que les dimensions de l'hostie consacrée soient changées

148 *Ibid.*, p. 702.

par la toute-puissance divine : une telle interprétation émise par le sens commun confirme, qu'« en son for intérieur personne n'est thomiste[149] ». Le nouveau miracle consiste, non pas dans le fait que Dieu conserve dans l'être les accidents, mais au contraire qu'il change, selon un décret insondable, les dimensions de l'hostie[150].

L'exigence d'une économie de miracle et le partage raison-foi

La théorie eucharistique cartésienne participe d'une économie de miracle qui marque sa supériorité par rapport à celle de Thomas. L'explication cartésienne permet d'éviter de recourir à ce second miracle selon lequel les accidents réels subsistent, que Thomas lui-même avait été contraint d'ajouter. À partir de l'unique miracle contenu dans l'eucharistie, celui de la conversion substantielle, procédant des paroles de la consécration, l'explication cartésienne permet d'expliquer comment les « espèces » du pain et du vin demeurent alors que leur substance a été ôtée. Dans cette optique, de la même manière que, refusant de multiplier les principes, Descartes part d'un principe unique dans sa philosophie (le *cogito*, en tant qu'il contient l'idée de Dieu sur le plan métaphysique, la divisibilité d'une matière dont l'essence est l'étendue en physique, l'union en morale), il s'efforce, concernant l'eucharistie, de retenir un seul miracle et de ne pas les multiplier arbitrairement, tout en mobilisant un seul élément explicatif : il n'y a qu'un seul miracle dans la transsubstantiation, la conversion substantielle opérée par les paroles de la consécration, tandis que le reste, le sort des espèces, regarde la physique et peut être expliqué par la seule superficie.

La manière dont Descartes dénonce la multiplication des miracles imposée par la théorie thomiste des accidents réels permet de tirer des enseignements sur le sens de son entreprise eucharistique. L'auteur trace une limite entre ce qui relève du miracle dans l'eucharistie et ce qui ressortit à la raison, en se fixant pour règle de ne pas confondre les sphères : il s'agit de ne pas reproduire l'erreur du thomisme, en

149 Alquié, Ferdinand, *in* Descartes, *Œuvres Philosophiques*, *op. cit.*, t. 2, *Méditations Métaphysiques*, Réponses aux Quatrièmes Objections, « Réponse aux choses qui peuvent arrêter les théologiens », note 3, p. 703.

150 Descartes, *Méditations Métaphysiques*, Réponses aux Quatrièmes Objections, « Réponse aux choses qui peuvent arrêter les théologiens », p. 702.

s'astreignant d'expliquer par le recours au miracle ce qui peut l'être par raison naturelle. L'eucharistie mobilise un miracle qui, loin d'être anéanti, est maintenu, mais en étant circonscrit. Celui-ci réside entièrement dans la conversion substantielle, fondée sur les paroles de la consécration, alors que la manière dont le pain est changé en corps du Christ tout en conservant les mêmes « espèces » peut être expliquée par la raison naturelle, à l'aune de la notion cartésienne de superficie. Que les paroles de la consécration répétées par le prêtre changent le pain en corps du Christ est miraculeux : la conversion substantielle échappe à la raison, étant l'œuvre de la toute-puissance de Dieu. L'auteur ne se prononce pas sur celle-ci : il la réserve à la théologie, mais y souscrit dans le même temps en tant qu'il la prend pour point de départ de sa démarche. En revanche, la manière dont le pain, pourtant changé en vrai corps du Christ, suscite les mêmes sensations et conserve les mêmes propriétés sensibles[151] n'est pas l'apanage du miracle, mais peut être expliquée naturellement, par des principes physiques. La théorie eucharistique cartésienne a le mérite de désolidariser le miracle eucharistique du sort des espèces, constituant, pour l'époque, « la question eucharistique par excellence[152] » et représentant, nous l'avons vu, l'expérience inverse du morceau de cire, trace de sa dimension physique.

L'explication cartésienne répond à une double exigence. D'un côté, Descartes n'entend nullement céder « aux remises en question d'une raison hostile[153] » qui jugerait la transsubstantiation eucharistique impossible et/ou absurde. Celle-ci n'implique pas une démission de la raison, au point qu'elle serait contradictoire et inintelligible pour l'entendement humain. De l'autre, minimisant le choc de la raison, Descartes met au jour que la transsubstantiation est, par le prisme de sa physique, non pas contradictoire, mais possible et intelligible, à condition de bien saisir le partage qu'il instaure. L'auteur se focalise sur ce qui, dans la transsubstantiation, est à la portée de la raison, à savoir l'expérience, originale, de la permanence des espèces au cours de la conversion substantielle. La superficie permet de rendre intelligible celle-ci : « Davantage, il n'y a rien en cela d'incompréhensible ou de difficile, que Dieu, créateur de toutes choses, puisse changer une substance en une autre [ce qui est le propre

151 Nous abordons ce point dans la suite de notre propos.
152 Tilliette, Xavier, *op. cit.*, p. 10.
153 *Ibid.*, p. 9.

de la transsubstantiation], et que cette dernière substance demeure précisément sous la même superficie sous qui la première était contenue[154] ». La superficie désamorce toute contradiction physique contenue dans la transsubstantiation, permettant d'expliquer comment le pain et le vin produisent les mêmes sensations et conservent les mêmes propriétés sensibles alors même que leurs substances ont été changées en celles du corps et du sang du Christ : parce qu'elles occupent la même superficie, la substance du corps et celles du sang du Christ sont senties comme pain et vin à la suite de la conversion substantielle.

Il apparaît que Descartes ne se pose nullement en théologien en traitant de l'eucharistie : il ne cherche nullement une intelligence de la foi, où il se pencherait sur le sens théologique de la conversion substantielle. De même, il n'envisage jamais l'eucharistie comme sacrifice non sanglant répétant celui de la Croix, délaissant son pouvoir salvifique. L'explication cartésienne respecte les limites assignées à la raison, dans la mesure où Descartes obéit à une démarche philosophique, selon une double perspective corrélative. D'une part, il chercher à prouver que sa philosophie, en particulier sa physique, n'est pas contraire au dogme, mais s'accorde avec celui-ci. D'autre part, l'auteur apporte une justification physique à la transsubstantiation, afin de la défendre à l'endroit même où elle était remise en cause, notamment par les protestants. Autrement dit, l'explication engage une forme de rationalisation de la transsubstantiation eucharistique, afin de mieux la préserver, en montrant comment, pour la part qui concerne la raison, elle est, non contradictoire, mais pensable physiquement à partir de la notion de superficie. Nous reprendrons cette dimension apologétique.

À la lumière du partage institué par Descartes entre ce qui, dans l'eucharistie, relève de la physique et ce qui renvoie au miracle, le terme explication, *motif constant* de l'approche cartésienne de l'eucharistie, reçoit un sens spécifique. L'effort d'explication entrepris par Descartes consiste à montrer que la part de la transsubstantiation accessible à la raison, loin d'y contrevenir, s'applique aux principes de sa physique, lesquels permettent, en retour, d'éclairer celle-ci mieux que le thomisme. Aussi Descartes ne cherche-t-il pas véritablement à « expliquer » la transsubstantiation si l'on comprend par ce terme qu'il l'assimilerait à un fait de

154 Descartes, *Méditations Métaphysiques*, Réponses aux Quatrièmes Objections, « Réponse aux choses qui peuvent arrêter les théologiens », t. 2, p. 703.

la nature, résultant des principes physiques. Une telle interprétation du terme « explication » ne s'applique pas à la théorie eucharistique cartésienne. Cependant, l'explication cartésienne nous confronte alors à une question éminemment délicate. Qu'advient-il du mystère ? L'entreprise cartésienne permet-elle de préserver l'eucharistie comme *mysterium fidei* ? La question, difficile, appelle une réponse nuancée. Certes, il est indéniable que la volonté cartésienne d'expliquer par des principes physiques la transsubstantiation tend à réduire la part de mystère dans l'eucharistie : nous sommes loin de la conception pascalienne de l'eucharistie, comprise comme « apothéose du Dieu caché[155] ». Mais la dimension mystérieuse est-elle pour autant totalement supprimée ? Selon nous, Descartes permet de concilier l'impératif d'une rationalisation de l'eucharistie tout en sauvegardant encore la part de mystère qui regarde la l'eucharistie. C'est là un point fondamental de l'explication cartésienne. Celle-ci ne supprime pas le mystère, mais fixe la part qui lui revient, en déterminant où il se tient. À nos yeux, le mystère eucharistique réside, dans le contexte de la philosophie cartésienne, dans la présence rédemptrice du Christ. La présence, efficace (l'effet produit) et effective (réelle et non symbolique), du Christ, procédant de la répétition de ses paroles, exprime tout le mystère de l'eucharistie, au sens étymologique du terme mystère (*mysterium*, ce qui est caché en tant que c'est révélé) : le mystère eucharistique est celui de son opérativité, manifestée dans les paroles de la consécration. En effet, le motif pour lequel le Christ a institué l'eucharistie, se rend présent aux autels sous la modalité d'une conversion substantielle, et les effets procurés par cette présence par rapport au salut, outrepassent la raison et s'adressent à la foi. En d'autres termes, dans le sillage de la philosophie cartésienne, le mystère de l'eucharistie consiste en ce que le Christ l'a instituée et a conféré au prêtre le pouvoir de rendre son corps et son sang présents par la répétition de ses paroles, ce dans le but de notre rédemption. Le motif de son institution et les effets procurés par l'eucharistie sont insondables pour la raison : ils appartiennent au domaine de la révélation et sont réservés à la théologie, Descartes n'évoquant jamais ces points. En ce sens, le mystère est lié à ce qui touche au sacrifice dans l'eucharistie, dont l'auteur ne se mêle pas, se focalisant sur le sacrement. La détermination du mystère de l'eucharistie éclaire, *in fine*, le miracle, l'un et l'autre étant distingués tout en étant

155 Tilliette, Xavier, *op. cit.*, p. 28.

en étroite relation : c'est parce que le mystère réside dans le motif de l'institution par le Christ que le miracle consiste dans les paroles de la consécration, par la vertu desquelles s'opère la conversion substantielle.

Dès lors, l'explication cartésienne détient le double mérite d'apporter un gain de rationalité à la transsubstantiation, tout en intégrant, sans les confondre, les dimensions miraculeuses et mystérieuses attachées à l'eucharistie. Dans la mesure où elle est rapportée à la raison de son institution et à son pouvoir salvifique, la part mystérieuse de l'eucharistie, éminemment théologique, renvoie, au fond, au salut : le lien entre salut et théologie est une constante dans l'œuvre cartésienne. C'est la théologie positive qui institue les vérités révélées par lesquelles s'opère le salut. Aussi, nous comprenons que, si l'explication cartésienne participe d'une rationalisation de l'expérience de la transsubstantiation, celle-ci ne revient nullement à ériger la raison en critère normatif de la foi : une telle rationalisation se déploie dans un dessein apologétique, tout en étant tributaire d'un partage entre ce qui relève du miracle et ce qui ressortit à la raison, à la faveur duquel la part de mystère dévolue à l'eucharistie est sauvegardée.

Le fil de notre propos nous conduit à accomplir une digression que nous pensons utile. Nous avons souligné les raisons pour lesquelles Descartes, dans son approche de l'eucharistie, se concentre sur son statut de sacrement et délaisse la dimension du sacrifice : Descartes obéit à une perspective physique dans laquelle il cherche à expliquer le sort des espèces, mettant alors en valeur la conformité de ses principes avec le dogme, en tant qu'ils permettent de penser le bien-fondé de celui-ci. De fait, la dimension sacrificielle de l'eucharistie résonne comme une case vide au regard de l'exigence cartésienne de respecter les limites assignées à la philosophie : l'approche rationnelle à laquelle Descartes souscrit ne peut porter que sur l'eucharistie appréhendée comme sacrement (ce qui est déjà beaucoup). L'absence du sacrifice est donc la conséquence de l'organisation interne du système cartésien, concernant la séparation raison-foi : la composante de sacrifice traversant l'eucharistie n'est pas abordée philosophiquement dans la mesure où elle touche le (mystère du) pouvoir salvifique du Christ, sur lequel la philosophie ne se prononce pas, parce qu'il dépend de la grâce[156]. Le sacrifice échoit donc à la théologie

156 Descartes, Lettre au Père Mersenne de mars 1642, t. 2, p. 925 : « Mais il faut remarquer que ce qui se connaît par raison naturelle, comme qu'il est tout bon, tout puissant, tout véritable, etc., peut *bien servir à préparer les infidèles à recevoir la foi, mais non pas suffire pour*

parce qu'il relève du salut, lequel constitue le point d'interaction de la raison et de la foi. Toutefois, il est sans doute nécessaire de souligner que la perspective cartésienne pourrait être discutée au regard des enjeux philosophiques, et non pas seulement théologiques, qui enveloppent l'eucharistie comme sacrifice. Car, comme l'a souligné G. Sacerdoti dans son ouvrage *Sacrifico e sovranità Teologia e politica nel'Europa di Shakespera e Bruno* (Turin, Einaudi, 2002), l'eucharistie au titre de sacrifice pose une question de philosophie politique : quelle articulation entre justice divine et pouvoir civil ? Lequel faut-il sacrifier ? Autrement dit, l'eucharistie considérée comme sacrifice impose de savoir qui se sacrifie et à qui : Dieu doit-il être sacrifié au nom du pacte social, ou le pouvoir civil doit-il être sacrifié au nom du théologique ? Existe-t-il un point de rencontre entre ces deux pouvoirs ?

Telle est la question qui émane de l'aspect sacrificiel de l'eucharistie, traversant les théologies politiques de G. Bruno (1548-1600) et de J. Bodin (1530-1596), mais aussi de T. Hobbes (1588-1679) et de B. Spinoza. Nous pouvons constater que Descartes n'aperçoit pas le potentiel politique contenu dans la dimension sacrificielle de l'eucharistie, n'y repérant qu'un aspect théologique qu'il ne veut pas aborder[157]. Sans doute, le défaut de problématique philosophique liée à l'eucharistie considérée comme sacrifice procède de l'absence, en cette période, de théorie politique élaborée par Descartes. Les principes politiques cartésiens émergeront tardivement, étant ultérieurs à l'intérêt pour l'eucharistie, en tant qu'ils sont tributaires de l'élaboration d'une morale cartésienne, dont ils seront le prolongement, celle-ci se constituant progressivement, entre 1644 et 1649[158].

Reprenons, en tirant parti de nos observations. Il ressort que la critique cartésienne de la doctrine scolastique des accidents réels se situe sur le double terrain de la philosophie et de la théologie, en mettant au crédit des accidents réels, « toutes les erreurs et obscurités » d'un point

---

leur faire gagner le ciel ; car, pour cela, il faut croire en Jésus-Christ et aux autres choses révélées, ce qui dépend de la Grâce » [mots soulignés par nous].

157 Ces remarques concernant la dimension théologico-politique de l'eucharistie au titre de sacrifice nous ont été indiquées par S. Ansaldi lors de la soutenance de thèse (22 février 2017) : nous tenons à le remercier chaleureusement.

158 Les Lettres de 1646-1647 adressées à Élisabeth, dans lesquelles Descartes commente Machiavel, ainsi que la Lettre à Voet, servent à l'édification d'une théorie politique cartésienne.

de vue physique, mais également « toutes les hérésies[159] » du point de vue de la foi. La raison autant que la foi rejettent la doctrine des accidents réels. Étrangère au dogme, celle-ci contient une double erreur physique (ajout de la notion d'accident à celle de superficie concernant la sensation ; contradiction conceptuelle où l'accident réel reçoit les propriétés ontologiques de la substance), contredit l'enseignement de l'Église (la permanence des accidents réels incite à penser que quelque chose de réel subsiste, et que par conséquent, une partie de la substance du pain demeure), tout en n'étant pas conforme aux paroles de l'institution, imposant une multiplication arbitraire des miracles (un second miracle, par lequel les accidents subsistent séparément de la substance tout en demeurant des accidents, est ajouté au premier et seul miracle de la conversion substantielle). À ce titre, lacunaire sur le plan philosophique, incapable de rendre compte de la transsubstantiation, qu'elle finit à la fois par compliquer inutilement et contester, la doctrine des accidents réels mérite d'être écartée, exerçant une menace sur l'enseignement de l'Église et nous éloignant de la vraie foi : « Or, que *l'opinion* qui admet des accidents réels ne s'accommode pas *aux raisons de la théologie*, je pense que cela se *voit ici assez clairement* ; et qu'elle soit tout *à fait contraire à celles de la philosophie*, *j'espère dans peu le démontrer évidemment*, dans un traité des principes que j'ai dessein de publier, et d'y expliquer comment la couleur, la saveur, la pesanteur, et toutes les autres qualités qui touchent nos sens, dépendent seulement en cela de la superficie extérieure des corps[160] ». Il convient de mesurer la portée de la critique cartésienne qui cible, de manière à peine déguisée, Thomas à travers les accidents réels : les faiblesses du modèle eucharistique thomiste préfigurent, ou du moins elles le devraient pour Descartes, leur remplacement par le sien. Toutefois, il importe d'être conscient que la critique cartésienne contient sans doute une part de partialité : l'auteur passe sous silence la solution thomasienne de la quantité dimensive, prise comme support des accidents, alors que même que Descartes en avait connaissance, d'autres textes y faisant allusion lors d'un échange avec Hobbes sur le mouvement[161].

159 Gouhier, Henri, *La pensée religieuse de Descartes*, *op. cit.*, p. 229.

160 Descartes, *Méditations Métaphysiques*, Réponses aux Quatrièmes Objections, « Réponse aux choses qui peuvent arrêter les théologiens », t. 2, p. 701 [mots soulignés par nous].

161 Lettre au Père Mersenne du 21 avril 1641, *in Œuvres de Descartes*, Publiées par C. Adam et P. Tannery, Correspondance, t. 3, janvier 1640-juin 1643, Paris, Vrin, 1971, p. 355 : « il n'y a point d'inconvénient ou d'absurdité à dire qu'un accident soit le sujet d'un autre

La critique cartésienne pourrait alors parfois s'apparenter à un « procès d'intention (appeler "accidents" des choses qui sont, par définition, des substances)[162] », de sorte qu'il serait « difficile d'apprécier le degré de bonne foi de Descartes en cette partie de la discussion[163] ». Cependant, il reste que la solution thomasienne souffre également d'insurmontables difficultés, la quantité étant un accident. Surtout, l'omission de la quantité dimensive ne saurait remettre en cause l'intérêt de la critique cartésienne, dans la manière dont elle repère les défauts inhérents aux accidents réels. Aussi Descartes tenait-il à faire valoir « l'originalité » de son explication, celle-ci étant appelée à « remplacer une explication "scolastique" d'une rare faiblesse[164] ».

Héritage et renversement aristotéliciens[165]

Nous avons retracé les moments principaux de l'explication cartésienne, en partant de son moment rhétorique, pour traiter sa partie critique, Descartes s'élevant contre la doctrine thomiste des accidents réels, avant d'aboutir à sa conclusion triomphale. Ce parcours a été capital, car il a illustré la manière dont l'explication cartésienne entend dépasser le modèle scolastique tout en demeurant conforme au dogme catholique. Aussi a-t-il eu le mérite de nous renseigner sur un aspect complémentaire de l'explication cartésienne, qui concerne la place tenue par les paroles de la consécration dans l'explication cartésienne. Nous l'avons souligné : Descartes estime qu'elles détiennent l'efficacité sacramentelle.

Or, le rôle joué par celles-ci cristallise la relation, complexe, que l'explication cartésienne entretient avec le modèle scolastique, qui prend la forme d'une rupture sur le terreau d'une continuité. Nous avons mis en valeur le changement de paradigme philosophique imposé par la physique cartésienne au dogme catholique, la superficie succédant aux accidents réels, et le mécanisme prenant le pas sur l'approche réaliste

---

accident, comme on dit que la quantité est le sujet des autres accidents ». [Nous avons actualisé l'orthographe de la citation].

162 Armogathe, Jean-Robert, *op. cit.*, p. 66.

163 Alquié, Ferdinand, *in* Descartes, *Œuvres philosophiques*, *op. cit.*, t. 2, *Méditations Métaphysiques*, Réponses aux Quatrièmes Objections, « Réponse aux choses qui peuvent arrêter les théologiens », note 3, p. 703.

164 Armogathe, Jean-Robert, *op. cit.*, p. 66.

165 Les réflexions qui suivent ont également été inspirées par nos échanges avec S. Ansaldi lors de la soutenance : nous lui exprimons toute notre reconnaissance.

des qualités sensibles, celles-ci étant, dans le sillage de la physique cartésienne, rapportées à des sentiments de l'âme provoqués par des propriétés des corps réduits à l'étendue, à la figure et au mouvement. Or, l'opération qui permet à Descartes tout à la fois d'affranchir le dogme catholique de sa conception aristotélico-thomiste pour le formuler dans le langage de sa philosophie, tout en conciliant son explication à celui-ci, réside dans le résidu d'un élément aristotélicien traversant la portée performative conférée aux paroles de la consécration : celle-ci conserve un vestige aristotélicien sur le fond duquel Descartes peut affirmer que son explication supplante Aristote, tout en s'accordant, mieux que celle recourant aux accidents réels, avec l'enseignement de l'Église. Explicitons.

L'efficacité sacramentelle des paroles de la consécration, prépondérante pour la théologie catholique, définit un nouveau paradigme ontologique de l'effectualité, tout en présupposant, en réalité, une ontologie aristotélicienne selon laquelle l'acte est antérieur à la puissance. Tel est le double élément corrélatif qu'il nous faut saisir. I. Rosier-Catach (*La parole efficace. Signe, rituel, sacré*, Paris, Seuil, 2004) et G. Agamben ont montré que le caractère performatif des paroles du Christ répétées par le prêtre procède d'une « archéologie de l'office », au sens où l'efficacité sacramentelle qu'elles détiennent participe d'une ontologie de l'effectualité, au sein de laquelle coïncident l'être et l'effet : le mystère de l'eucharistie (dans sa conception catholique) est celui du mystère de l'opérativité, où la substantialité et l'efficacité sont inséparables. Écoutons G. Agamben, dont le propos éclaire en quel sens le mystère de l'eucharistie (mais aussi de la Trinité économique), revêt une importance philosophique essentielle, en tant qu'il engage une ontologie de l'effecualité[166] : « l'être coïncide sans résidu avec l'effectualité au sens où il ne lui suffit pas d'être, mais qu'il doit être effectué et réalisé. Ce qui l'emporte, ce n'est pas l'œuvre comme demeure stable de la présence, mais l'opérativité entendue comme un seuil où l'être et l'agir, puissance et acte, opération et œuvre, efficacité et effet, Wirkung et Wirklichkeit (effet et actualité) entrent dans une tension réciproque et tendent à devenir indécidables. Cette tension et ce caractère indécidables définissent le mystère liturgique que l'Église reconnaît comme sa tâche la plus propre et la plus haute[167] ».

166 Agamben, Giorgio, *op. cit.*, p. 81 : « La foi chrétienne est une mobilisation de l'ontologie dont l'enjeu est la transformation de l'être en opérativité ».

167 *Ibid.*, p. 70.

L'opérativité, renvoyant à l'indiscernabilité de l'être et de l'opération, est en ce sens partie prenante de l'ontologie de l'effectualité[168] : l'être est opérativité en tant qu'il est ce qu'il fait. L'opérativité transforme l'ontologie en tant que la substance et l'être ne sont plus indépendants des effets qu'ils génèrent mais leur sont joints de façon indissociable. L'opérativité fait de l'être moins ce qui est que ce qui se met en œuvre. Les paroles du Christ, répétées par le prêtre, sont dans la liturgie catholique l'archétype de cette ontologie de l'efficacité, en tant que, par leur effectivité et leur efficacité, elles sous-tendent que l'être est effectuel : elles réalisent ce qu'elles expriment, entrelaçant l'être et l'effet. Elles signifient la présence réelle du Christ au sens où celle-ci nous fait participer à l'action salvifique de son sacrifice. Si l'eucharistie est, dans le catholicisme, le mystère de l'opérativité en tant que mettant en œuvre l'action rédemptrice du Christ, le protestantisme, en récusant la réalité de la présence du Christ, ôte cette innovation ontologique : « il détruit la force la plus propre de la liturgie catholique, qui est celle d'être le mystère objectif et plein d'effectualité (wirklichkeitserfüllltes) de l'action salvifique du Christ[169] ».

Or, cette ontologie, tout en modifiant en profondeur l'ontologie aristotélicienne, plonge également ses racines dans celle-ci en tant qu'elle implique la prééminence de l'acte sur la puissance. Le primat de l'acte sur la puissance, inscrivant une division dans l'être préfigure l'opérativité, trait central de l'ontologie liturgique : « l'être est quelque chose qui doit se réaliser, qui doit être mis en œuvre[170] ». À ce titre, la liturgie catholique s'appuie sur l'ontologie d'Aristote, qui en est le socle, pour lui insuffler une nouvelle direction, novatrice, consistant dans l'inséparabilité de l'être et de l'agir, de la chose (l'œuvre) et de l'opération : l'opérativité se présente comme le troisième terme de la distinction aristotélicienne de la puissance et de l'acte en tant qu'elle s'affirme comme une « virtualité réelle et une réalité virtuelle[171] ». Sous l'impulsion de la liturgie eucharistique, la doctrine de l'être se trouve, à partir d'un noyau aristotélicien, modifiée en profondeur en tant que l'être

168 *Ibid.*, p. 63 : « L'effectualité nomme l'être en tant qu'effectif, en tant qu'il produit certains effets et se trouve en retour déterminé par ces effets ».

169 *Ibid.*, p. 59.

170 *Ibid.*, p. 81.

171 *Ibid.*, p. 88.

consiste désormais autant dans son efficience que dans sa réalisation : « c'est une puissance qui devient réalité à travers sa propre opération[172] ».

De fait, l'efficacité sacramentelle confiée par Descartes dans son explication aux paroles de la consécration témoigne d'une adhésion à une ontologie de l'effectualité prenant sa source dans l'antériorité, aristotélicienne, de l'acte sur la puissance, alors même que Descartes ambitionne, par le biais notamment de son explication eucharistique, de renverser l'édifice scolastique, en instituant ses principes comme les seuls vrais philosophiquement et l'unique support authentique de la foi. Or, ce socle ontologique aristotélicien n'est conservé que pour être repris dans le cadre de la philosophie nouvelle : l'explication entend mettre au jour que la physique mécaniste soutient autant l'efficacité sacramentelle des paroles de la consécration que la vieille physique qualitative. Mieux, c'est même maintenant la nouvelle philosophie qui permet aux paroles du prêtre de recevoir leur pleine efficacité sacramentelle, en présidant à un changement de substance que les principes aristotélico-thomistes ne permettent pas de penser : Descartes estime qu'ils conduisent à l'entraver dans le sens où les accidents réels achoppent, comme nous l'avons vu, sur un résidu de la substance du pain.

Dès lors, la base ontologique de l'effectualité manifeste le sens du projet philosophique cartésien : sous la tutelle de Descartes, la philosophie conquiert un nouveau mode de relation avec le dogme catholique. Là où la scolastique la réduisait à une position de servante de la théologie, la philosophie se voit désormais assignée une place précise, séparée de la foi, sans être pour autant en contradiction avec celle-ci, au point même de s'y accorder. L'affranchissement de la philosophie de sa position subordonnée se manifeste dans le rôle précisément des paroles de la consécration. Parce que les principes aristotélico-thomistes conduisent, dans l'optique cartésienne, à une perte d'opérativité (la transsubstantiation ne peut advenir par leur biais), il s'ensuit que l'efficacité sacramentelle ne peut être retrouvée en régime aristotélicien que par la parole religieuse, seule opérante et légitime. Descartes inverse le rapport de force : ce sont les paroles de la consécration qui sont quelque part tributaires de la philosophie cartésienne dans le sens où elles sont en attente de leur formulation cartésienne pour devenir efficaces. C'est dans le langage des

172 *Ibid.*, p. 73.

principes physiques cartésiens, et notamment grâce à la superficie, que peut advenir un changement de substance, dont ne demeurent que les espèces, opéré par les paroles de la consécration.

Ces remarques éclairent en quel sens l'explication cartésienne entend s'accorder avec le dogme mieux que celle d'Aristote, en souscrivant pourtant à une ontologie de l'effectualité qui s'enracine dans la distinction aristotélicienne de l'acte et de la puissance. L'enjeu consiste à instaurer une concurrence entre les principes cartésiens et aristotéliciens dans leur aspiration à l'efficacité sacramentelle. Descartes prive les principes aristotéliciens de leur opérativité pour la réserver aux siens. Là où ceux d'Aristote obstruent la transsubstantiation opérée par les paroles de la consécration, ceux de Descartes l'autorisent. Nous comprenons de quel point de vue l'explication cartésienne engage, comme nous l'avons souligné, un bouleversement dans le paradigme philosophique soutenant la foi : celui-ci a trait à la physique, notamment la conception des qualités sensibles, la place tenue par les accidents et l'approche de la substance. Toutefois, cette mutation du paradigme philosophique, où le mécanisme succède à l'approche qualitative, conserve un résidu aristotélicien. À ce titre, cette rémanence de l'ontologie de l'effectualité indique que le changement de paradigme concerne avant tout la base du discours philosophique avant de viser le discours philosophique en tant que tel : l'ontologie est partagée, mais en étant infléchie progressivement à la faveur d'une nouvelle approche de la substance, de ses attributs et de ses modes. Le changement du socle du discours philosophique introduit par Descartes libère la philosophie de la position ancillaire qu'elle occupait vis-à-vis de la théologie dans la scolastique : la philosophie conquiert son autonomie, sur un double plan. Elle est un discours portant sur le vrai, en étant une source d'accès à la vérité selon une voie naturelle là où la foi y accède selon une démarche révélée. Et elle est le soubassement à partir duquel la formule consécratoire peut acquérir sa pleine efficacité sacramentelle. Par ce renversement, la philosophie peut être séparée de la foi, acquérir une indépendance, tout en étant en harmonie avec celle-ci : l'ontologie de l'effectualité constitue le résidu en vertu duquel une réforme philosophique peut advenir, où les nouveaux principes cartésiens renversent ceux d'Aristote tout en demeurant en accord avec la foi, de sorte à conférer aux paroles de la consécration leur dimension pleinement performative.

La conclusion triomphale, proclamant la supériorité de l'explication cartésienne

Les erreurs repérées par Descartes dans la doctrine, traditionnelle, des accidents réels, annoncent son déclin et préparent le terrain à sa propre explication. En effet, l'auteur vante, dans une conclusion triomphale, la supériorité de son modèle explicatif axé autour de la superficie et la nécessité d'un dépassement du modèle aristotélico-thomiste de l'eucharistie. La supériorité de l'explication cartésienne est double. Elle vaut sur le plan philosophique, en tant qu'elle repose sur une notion physique incontestable, et sur le plan théologique, en tant qu'elle satisfait à ce que la foi exige. La superficie est une notion pertinente physiquement[173] ; en outre, elle participe de l'organisation interne du système, n'étant nullement créée ponctuellement seulement pour les besoins de l'explication eucharistique. Fondement de la sensation, et demeurant identique lors de la conversion substantielle, elle rend compte de la permanence des espèces, dont elle est l'équivalent : l'une et l'autre renvoient à l'invariance des sensations ; en tant que terme médian possédant une existence modale, elle parvient à sauvegarder la totalité du changement substantiel et la permanence des espèces, dans la mesure où la superficie demeure comme mode de la substance du corps du Christ ; elle met en œuvre une économie de miracle en tant qu'elle gravite autour du seul miracle de la conversion substantielle découlant des paroles de la consécration. Descartes ne craint pas alors de revendiquer que sa propre explication doit être préférée, par l'Église, à celle, thomiste, des accidents réels, à laquelle elle doit succéder. Cette dernière doit être rejetée dans la mesure où l'aristotélisme sur lequel elle se base conduit à commettre une erreur physique, à contredire l'enseignement de l'Église par un résidu de la substance du pain, à obscurcir le mystère en multipliant arbitrairement les miracles, tout en éloignant les fidèles en annonçant Luther : « C'est pourquoi, s'il m'est ici permis de dire la vérité sans envie, j'ose espérer

173 Descartes, *Méditations Métaphysiques*, Réponses aux Quatrièmes Objections, « Réponse aux choses qui peuvent arrêter les théologiens », p. 703 : « On ne peut aussi rien dire *de plus conforme à la raison*, ni *qui soit plus communément reçu par les philosophes*, que non seulement tout sentiment, mais généralement toute action d'un corps sur un autre, se *fait par le contact*, et que ce contact peut être *en la seule superficie* : d'où il suit évidemment que la même *superficie doit toujours* de la même façon agit ou pâtir, quelque changement qui arrive en la substance qu'elle couvre » [mots soulignés par nous].

que *le temps viendra*, auquel *cette opinion, qui admet les accidents réels, sera rejetée par les théologiens comme peu sûre en la foi*, *éloignée de la raison*, et du tout *incompréhensible, et que la mienne sera reçue en sa place comme certaine et indubitable*[174] ». L'auteur place une confiance telle dans son explication qu'il prétend, au regard de sa conformité au dogme et à la raison, que celle-ci peut servir d'assise à l'eucharistie, en remplaçant le thomisme, qu'elle doit supplanter.

Ces lignes, remarquables et uniques dans le *corpus* cartésien, attestent une confiance sans précédent habitant Descartes. Celles-ci nuancent la prudence traditionnelle avec laquelle il est dépeint dans les portraits biographiques traditionnels. Elles réfutent également les théories le décrivant comme un philosophe avançant masqué, dissimulant son propre athéisme. Aussi faut-il garder à l'esprit le processus de rédaction de cette partie de la réponse cartésienne. À l'issue de la lecture des conciles, ayant pour but de dissiper le doute qu'il ressentait soudainement, Descartes est saisi d'une « révélation », au sens d'une intuition entendue comme vision de l'esprit : son explication est conforme au dogme catholique, mais elle est, de surcroît, la seule et l'unique à l'être. Cette « valse-hésitation » constitue un trait caractéristique de la réponse à Arnauld : Descartes « annonce le triomphe, puis hésite et lit les conciles. De nouveau, c'est la certitude, écrasante, irréfutable, irréversible[175] ». Thomas et la doctrine des accidents réels ont tort. Désormais, l'explication cartésienne par la superficie est, non pas seulement une alternative, mais celle qui « “s'ajuste” exactement aux termes des définitions Conciliaires[176] », et qui est la seule à y parvenir : « non seulement l'orthodoxie de ses principes est sortie infiniment plus sûre de cette lecture [des Conciles], mais aussi l'erreur des solutions classiques est sortie plus évidente et plus certaine[177] ». H. Gouhier l'exprime plus clairement encore : la confrontation avec les textes officiels de l'Église « lui montre un accord parfait, une harmonie préétablie entre son enseignement et celui de l'Église telle qu'on se demande comment on a pu faire pour se passer du cartésianisme[178] ». Cette conviction saisissant Descartes éclate dans

174 *Ibid.*, p. 704 [mots soulignés par nous].
175 Armogathe, Jean-Robert, *op. cit.*, p. 62.
176 Laporte, Jean, *op. cit.*, p. 410.
177 Armogathe, Jean-Robert, *op. cit.*, p. 56.
178 Gouhier, Henri, *La pensée religieuse de Descartes*, *op. cit.*, p. 228-229.

la correspondance avec Mersenne, retraçant l'élaboration de la réponse à Arnauld. La lettre au Père Mersenne du 18 mars 1641 nous décrit un Descartes hésitant. À cette lettre répond celle du 31 mars 1641, où le doute a été aboli par un enthousiasme teinté de révélation : « J'y *accorde tellement avec ma philosophie* ce qui est déterminé *par les conciles* touchant le St Sacrement que je préte*nds qu'il est impossible de le bien expliquer par la Philosophie vulgaire*; en sorte que je crois *qu'on l'aurait rejetée*, comme *répugnante à la foi*, si la *mienne* avait été connue la *première*[179] ». Les mots de Descartes ne sauraient être plus forts. Il rassure même son correspondant sur le fait qu'il ne plaisante pas, écartant tout soupçon d'une ironie dissimulée : « Et je vous jure sérieusement que je le crois, ainsi que je l'écris[180] ». Descartes est frappé par la supériorité de son explication, à la faveur de sa conformité au dogme, contrastant avec l'échec de la vieille explication scolastique, basée sur les accidents réels : celle-ci est incapable de rendre compte de la transsubstantiation, de par ses innombrables contradictions et lacunes. Mieux, Descartes estime que si sa propre explication avait été antérieure au Concile, celui-ci l'aurait élue et aurait rejeté celle de la scolastique.

Partant, Descartes en est hautement convaincu : sa philosophie est celle qui s'accorde avec la foi catholique et lui apporte son soutien, tandis que celle de Thomas et d'Aristote, prônée par la scolastique, lui apparaît contraire à celle-ci. À cet égard, l'explication inaugure un renversement relatif à l'eucharistie, mais également de manière générale au socle philosophique de la théologie. Aux accidents réels, érigés en palladium de la foi par la scolastique, doit être préférée la superficie cartésienne. De même, Descartes entend déposer Aristote comme pilier de la foi : celui-ci ne doit plus être incarné par Aristote et Thomas, mais par Descartes lui-même (!). Que ce soit en philosophie ou en théologie, Descartes doit représenter l'avenir et Aristote le passé.

C'est pourquoi l'explication de l'eucharistie éclaire en quel sens Descartes peut affirmer que sa philosophie s'accorde « beaucoup mieux » avec la foi que ne le fait celle d'Aristote[181]. Dans cette perspective, l'expression « le mieux » implique, sous la plume de Descartes, non

179 Descartes, Lettre au Père Mersenne du 31 mars 1641, t. 2, p. 323 [mots soulignés par nous].

180 *Ibid.*

181 Lettre dite à Boswell de fin 1641.

pas tant une différence de degré qu'une différence de nature entre sa propre philosophie et la tradition aristotélico-thomiste. C'est la sienne qui se concilie, de la meilleure des façons, avec la foi catholique. Autrement dit, Descartes ne considère pas que sa philosophie s'accorde un peu plus que celle de Thomas avec la foi catholique, mais qu'elle s'y accorde absolument. Repoussant la philosophie vulgaire – scolastique – « comme *contraire* à la foi[182] », Descartes avance la supériorité de sa propre philosophie sur celle de la tradition aristotélico-thomiste : il n'y a aucune philosophie « qui s'accorde *si bien* avec la foi[183] » que la sienne. Et nous avons souligné que cet accord repose sur l'autorité première du dogme, transposée toutefois dans les termes de la philosophie nouvelle : nous y reviendrons.

Enfin, Descartes estimait que son explication ne devait pas rester sans suite. Au contraire, celle-ci résonne comme un acte fondateur. Elle devait constituer, à ses yeux, le geste inaugural annonçant l'établissement d'une nouvelle théologie, que ses contemporains devaient édifier, une « théologie à la mode cartésienne, qui remplacerait avantageusement la théologie à la mode d'Aristote[184] ». Descartes l'évoque lui-même au Père Mersenne. Faisant part de son obligation de fournir une explication et se montrant confiant concernant son orthodoxie, il ouvre la voie à un prolongement théologique de son explication : « Que si vous trouvez qu'il y *ait d'autres choses* qui *méritent qu'on écrive un cours entier de théologie*, et que vous *le vouliez entreprendre*, je *le tiendrai à faveur*, et *vous y servirai en tout* ce que je pourrai[185] ». Dans cette optique, l'explication permet de complexifier, sans le récuser entièrement, le regard traditionnellement porté sur Descartes, qu'il a lui-même suscité[186], le présentant « novateur en philosophie et conservateur en théologie[187] » : son explication sert

182 Lettre au Père Mersenne du 31 mars 1641, t. 2, p. 323. [mot souligné par nous].

183 *Ibid.*, p. 324 [mots soulignés par nous].

184 Laporte, Jean, *op. cit.*, p. 339.

185 Descartes, Lettre au Père Mersenne du 28 janvier 1641, t. 2, p. 314-315 [mots soulignés par nous].

186 Lettre à Voet, *in René Descartes et Martin Schoock, La querelle d'Utrecht*, *op. cit.*, p. 340 : « Sans doute, en fait de religion, toute tentative d'innovation est odieuse : chacun croit sa religion instituée par Dieu même, qui ne saurait se tromper ; et dès lors on croit qu'il ne peut y être fait aucun changement, si ce n'est en mal ». *Cf.* aussi Lettre à *** de début mars 1646, t. 3, p. 643 : « en ces matières-là, les plus communes opinions sont les meilleures ».

187 Mehl, Édouard, « La physique cartésienne et l'interprétation de la Genèse », *in Lire et interpréter, Les religions et leurs rapports aux textes fondateurs*, Sous la direction d'A.-L. Zwilling,

d'« échantillon[188] » pour une nouvelle théologie, prenant pour socle philosophique ses propres principes et non plus ceux d'Aristote. Toutefois, cette « théologie cartésienne » n'a jamais vu le jour du vivant de l'auteur.

Fort de la supériorité criante de son explication sur le modèle scolastique, Descartes assigne également une dimension apologétique à celle-ci, d'un double point de vue. En premier lieu, elle lui sert de témoignage de sa foi catholique[189], l'exonérant au passage des attaques calomnieuses des Jésuites à l'encontre de sa philosophie, accusant celle-ci d'être contraire à la foi catholique et de mener à l'impiété. Aux Jésuites menaçants, déjà tenus pour responsables par Descartes de la condamnation de Galilée[190], l'auteur oppose sa propre explication : « mais si cela vient jamais en dispute, je me fais fort de montrer qu'il n'y aucune opinion, en leurs philosophies, qui s'accorde si bien avec la foi que les miennes[191] ». L'explication représente « l'argument terrible contre ceux qui l'attendent » au « dangereux tournant » de la « théologie[192] ». Descartes indique lui-même que son explication constitue un atout contre de telles attaques : il estime ne pas devoir dissimuler le caractère supérieur de son explication « pour prévenir, autant qu'il m'est possible, les calomnies de ceux qui, voulant paraître plus savants que les autres, et ne *pouvant souffrir qu'on propose aucune opinion différente des leurs, qui soit estimée vraie et importante, ont coutume de dire qu'elle répugne aux vérités de la foi, et tâchent d'abolir par autorité ce qu'ils ne peuvent réfuter par raison*[193] ». D'ailleurs, dans son explication exposée à Arnauld, Descartes en appelle au jugement des « bons et orthodoxes théologiens[194] », c'est-à-dire non pas les théologiens dogmatiques aveugles toujours épris de scolastique,

---

Genève, Labor et Fides, 2013, p. 148.

188 Gouhier, Henri *La pensée religieuse de Descartes*, *op. cit.*, p. 221.

189 Descartes, Lettre au Père Mersenne de mars 1642, t. 2, p. 923 : « Pour ce qui est de témoigner publiquement que je suis catholique romain, c'est ce qu'il me semble avoir déjà fait très expressément par plusieurs fois : comme, en dédiant mes Méditations à Messieurs de la Sorbonne, en expliquant comment les espèces demeurant sans la substance du pain en L'Eucharistie, et ailleurs ».

190 Descartes tenait les Jésuites pour responsables de la condamnation de Galilée : « je me suis laissé dire que les Jésuites avaient aidé à la condamnation de Galilée », Lettre au Père Mersenne de février 1634, t. 1, p. 492.

191 Lettre au Père Mersenne du 31 mars 1641, t. 2, p. 324.

192 Gouhier, Henri, *La pensée religieuse de Descartes*, *op. cit.*, p. 229.

193 Descartes, *Méditations Métaphysiques*, Réponses aux Quatrièmes Objections, « Réponse aux choses qui peuvent arrêter les théologiens », t. 2, p. 704 [mots soulignés par nous].

194 *Ibid.*

mais ceux capables de percevoir l'orthodoxie de l'explication cartésienne à mesure du changement qu'elle implique quant au support physique de la théologie.

Mais l'explication ne se contente pas de certifier la foi catholique de l'auteur, de manière d'ailleurs plus profonde que l'Épître dédicatoire des *Méditations*, à la facture davantage politique que sincère. Descartes estime que son explication joue un rôle dans la défense de la suprématie de la foi catholique contre l'hérésie protestante naissante, dont il tient la scolastique pour en partie responsable. Descartes considère cette dernière comme « la grande pécheresse », dans la mesure où sa « fausse physique » des accidents réels « a pourri » la transsubstantiation eucharistique, au point de faciliter les hérésies protestantes et de donner lieu au schisme[195]. Descartes entend libérer la transsubstantiation de l'obscurité dans laquelle la scolastique l'avait plongée, en apportant la vraie physique. Sous l'égide de cette dernière, la transsubstantiation apparaît désormais « claire et aisée[196] » d'un point de vue physique, parant par la même aux objections des calvinistes qui rétorquaient qu'elle était « impossible » à expliquer par la « philosophie ordinaire[197] ». Outre leur argumentation théologique, les protestants dénonçaient également l'absurdité de la transsubstantiation sur l'autel de son impossibilité physique. J.-R. Armogathe rappelle justement que les « réformés français réfutaient la transsubstantiation à partir des possibilités naturelles[198] ». Descartes concède certainement aux protestants que la transsubstantiation suscite des difficultés lorsqu'elle est approchée par le biais d'une physique aristotélicienne. Mais il se détache de ceux-ci dans la mesure où la transsubstantiation – notamment la part accessible à la raison – redevient possible et fondée par le prisme de sa physique : celle-ci est pensable en raison à partir des présupposés de sa propre philosophie. Parce qu'elle rend intelligible la transsubstantiation, l'explication cartésienne ne pourra que ramener les protestants vers la vraie foi. À cet égard, Descartes « collabore », en chrétien éclairé, dans le « grand mouvement de Contre-Réforme catholique » : son explication est le meilleur soutien de l'Église, tout en lui apportant une arme précieuse, dans la mesure où elle renforce le dogme et met

195 Gouhier, Henri, *La pensée religieuse de Descartes*, *op. cit.*, p. 231.
196 Descartes, Lettre au Père Mersenne du 28 janvier 1641, t. 2, p. 314.
197 Lettre au Père Vatier du 22 février 1638, t. 2, p. 30.
198 Armogathe, Jean-Robert, *op. cit.*, p. 50.

fin aux attaques protestantes. À la lueur de son explication, Descartes, se posant en « héritier présomptif d'Aristote », se propose de ramener « devant les autels tous les hommes de bonne foi[199] ».

Par conséquent, la dimension apologétique de l'explication est double[200]. Elle est dirigée vers le système philosophique cartésien dans son articulation avec le dogme catholique de l'eucharistie. Mais elle tend également vers ce dernier : l'explication confère à la transsubstantiation l'intelligibilité nécessaire pour qu'elle soit communément admise par tous et sorte victorieuse des soupçons émis par le camp protestant de recéler une portée contradictoire.

Notons que le style triomphant et polémique avec lequel Descartes revendique l'orthodoxie de son explication contre celle héritée de saint Thomas a intimidé Mersenne, mais aussi par la suite C. Clerselier. En effet, Mersenne, prudent et inquiet, tempéra l'enthousiasme de Descartes. Sur les conseils de celui-ci, la dernière partie de la réponse à Arnauld, où Descartes critique avec tant d'ardeur la théorie thomiste des accidents réels et célèbre la supériorité de son explication, a été coupée de la première édition (latine) des *Méditations*, parue le 28 août 1641 chez Soly. Mersenne décida, avec l'aval de Descartes[201], de ne pas soumettre cette partie de la Réponse, de telle sorte que le texte de la première édition prenait fin au début de la critique des accidents réels (« *miraculose sola subsistant* »). Mersenne y substitua une phrase de conclusion dans laquelle il se contenta d'annoncer une *Summa Philosophiae* – les *Principes de la Philosophie* – : « *Omitto caetera, quae hic requiri possent, donec fusius in Summa Philosophiae, quam prae manibus habeo, ea omnia demonstrem, ex quibus solutiones deducantur, quae singulis objectionibus hac in materia fieri solitis satisfaciant* » (J'omets les autres choses [questions] qui peuvent être demandées ici, jusqu'à ce que je démontre copieusement toutes ces

199 Gouhier, Henri, *La pensée religieuse de Descartes*, *op. cit.*, p. 231.

200 Descartes, Lettre au Père Dinet, t. 2, p. 1088 : « Et même j'avance hardiment que notre religion ne nous enseigne rien qui ne se puisse expliquer aussi facilement, ou même avec plus de facilité, suivant mes principes, que suivant ceux qui sont communément reçus ; et il me semble avoir déjà donné une assez belle preuve de cela, sur la fin de ma réponse aux quatrièmes objections, touchant une question où l'on a pour l'ordinaire le plus de peine à faire accorder la philosophie avec la théologie [il s'agit notamment de l'eucharistie] ».

201 Lettre au Père Mersenne du 22 juillet 1641, t. 2, p. 351 : « J'approuve fort que vous ayez retranché ce que j'avais mis à la fin de ma réponse à Mr. Arnauld, principalement si cela peut aider à obtenir une approbation ; et encore que nous ne l'obtenions pas, je m'assure que je ne m'en mettrai pas fort en peine ».

choses [questions] dans la Summa Philosophiae, que j'ai sous la main, desquelles seront dérivées les solutions qui donnent satisfaction à chaque objection qui se produit habituellement à ce sujet). Ces lignes ne sont certainement pas de Descartes mais reflètent l'amalgame entre les mots de Mersenne et les Réponses aux Sixièmes Objections. Le procédé adopté par Mersenne, coupant la fin de la réponse, tout en attirant l'attention du public, répond à un dessein stratégique. Rappelons que Descartes cherchait, à cette époque, l'approbation de la Sorbonne afin de trouver un patronage pour la diffusion de sa philosophie[202]. Or, Mersenne perçut la dimension hautement polémique de cette partie de la Réponse : rompant avec la scolastique au regard de la mise à l'écart des accidents réels, elle risquait de déplaire aux Docteurs de la Sorbonne. Par la suite, Descartes se garda bien tenir compte des conseils de Mersenne, réintégrant la dernière partie de la Réponse à Arnauld dans la seconde édition des *Méditations* paraissant à Amsterdam en 1642. Outre le lieu d'édition (Amsterdam est plus ouvert que Paris[203]), deux facteurs renvoyant à la situation de la philosophie cartésienne expliquent l'initiative de l'auteur. D'une part, même si le retranchement de la dernière partie de la Réponse n'a pas suffi pour susciter l'approbation des docteurs la Sorbonne sur les *Méditations*, celles-ci ont été reçues favorablement par le monde intellectuel de l'époque. D'autre part, le conflit opposant Descartes aux Jésuites, en tête le Père Bourdin, a pris un nouveau tournant, étant sur le point de s'estomper : la paix armée signée avec les Jésuites a porté ses fruits, le conflit se limitant à la personne du Père Bourdin qui perd du crédit et avec lequel Descartes finira par se réconcilier. Le seigneur du Perron se montre même confiant sur la possibilité que sa philosophie

202 *Cf.* la lettre au Père Mersenne du 30 septembre 1640, t. 2.

203 La parution à Amsterdam est lourde de sens, tant la Hollande était, au XVIIe siècle, un « pays d'un intérêt extrême pour la culture universelle, qui a été le premier en Europe a donné l'exemple d'une tolérance universelle, et qui procurait un havre de liberté et de pensée à de nombreux individus » (G. W. F. Hegel, *Leçons sur l'histoire de la philosophie*, Tome 6, La philosophie moderne, Traduction, Annotation, Reconstitution du cours de 1825-1826 par P. Garniron, Paris, Vrin, 1985, p. 1447). C'est pourquoi Descartes s'installa en Hollande dans la mesure où ce pays lui apportait le calme et la tranquillité nécessaires à son épanouissement philosophique : « je ne cherche que le repos et la tranquillité », Lettre au Père Mersenne de février 1634, t. 1, p. 493. Néanmoins, Descartes a pu mesurer les limites de la tolérance aux Pays-Bas au cours du conflit qui l'a opposé à Voetius. Nous n'évoquerons pas la légitimité de la conception présentant Amsterdam comme un lieu de tolérance.

intègre la Compagnie : « un jour viendra où les Jésuites enseigneront le cartésianisme, parce qu'il est la vérité[204] ». C'est pourquoi l'auteur « s'émancipe[205] », ne craignant plus d'assumer la rupture que marque son explication par rapport à la scolastique. La grande lettre au Père Mersenne du 22 décembre 1641, « destinée à faire le tour de Paris[206] », illustre ce revirement de la position cartésienne, la nouvelle philosophie ne cachant plus qu'elle détruit « l'ancienne », enseignée dans l'École. Cette lettre nous « le [Descartes] montre sûr de lui : le Père Bourdin a perdu la face, la Compagnie va être conduite à traiter d'égal à égal avec lui, Descartes, et la menace d'examiner avec minutie quelqu'un de leurs cours reste suspendue sur leurs têtes[207] ».

LA RÉCEPTION DE L'EXPLICATION CARTÉSIENNE : SATISFACTION ET OBJECTIONS

Finissons en évoquant la réception de l'explication cartésienne. Commençons par l'accueil d'Arnauld. Celui-ci est difficile à sonder, en raison de l'absence de réaction immédiate du futur janséniste. Toutefois, en dépit de ce silence, plusieurs indices tendent vers un accueil favorable : Arnauld paraît « satisfait[208] » de la manière dont Descartes répond aux difficultés eucharistiques qu'il a soulevées. Deux témoignages corroborent cette satisfaction. D'une part, Arnauld, dans une lettre tardive écrite de manière anonyme, félicite l'auteur pour sa résolution de la difficulté touchant à « l'indistinction » des accidents[209]. Toutefois, ne convient-il

204 Gouhier, Henri, *La pensée religieuse de Descartes*, *op. cit.*, p. 118.
205 Descartes, Lettre à Huygens du 26 avril 1642, t. 2, p. 931 : « L'impression [de la seconde édition des *Méditations*] est plus correcte que celle de Paris, et même un peu plus ample, principalement en la fin de ma Réponse aux Quatrièmes Objections, où je me suis émancipé d'écrire que l'opinion commune de nos théologiens touchant l'Eucharistie n'est pas si orthodoxe que la mienne, ce que le Père Mersenne avait retranché pour ne pas déplaire à nos docteurs ».
206 Gouhier, Henri, *La pensée religieuse de Descartes*, *op. cit.*, p. 118.
207 Armogathe, Jean-Robert, *op. cit.*, p. 62.
208 *Ibidem*, p. 67. *Cf.* également Bouillier, Francisque, *op. cit.*, v. 1, p. 228.
209 Arnauld, Lettre à Descartes du 3 juin 1648, *in DESCARTES, Correspondance avec Arnauld et Morus*, Introduction et Notes par G. Rodis-Lewis, Paris, Vrin, 1953, p. 67 [mots soulignés par nous].

pas de nuancer cet indice concernant le degré de satisfaction ressenti par Arnauld, dans la mesure où les louanges adressées à l'explication cartésienne de la transsubstantiation servent à introduire une nouvelle difficulté touchant le mode de présence ? Sur ce point, nous pouvons convoquer une autre source. Mersenne certifie explicitement que le futur chef de file de Port-Royal a attesté son entière satisfaction[210]. De ce point de vue, l'absence de réplique immédiate et directement adressée à Descartes de la part d'Arnauld joue, en fait, en faveur d'une réaction positive : Arnauld aurait sollicité Descartes dans le cas contraire. Hormis Arnauld, le Père Vatier approuva également l'explication cartésienne[211], s'en déclarant « enchanté[212] ».

Toutefois, nonobstant ces réactions positives, l'explication cartésienne n'a pas rencontré le succès tant escompté par Descartes. Ce dernier espérait que son explication eucharistique finirait par « prévaloir » auprès des théologiens, au point d'entraîner un basculement dans le paysage de la théologie où sa philosophie en deviendrait le pilier. Or, cette ambition fut déçue, car aucun changement ne survint. Loin de chanceler, la scolastique conserve son autorité : la domination de la philosophie aristotélicienne est maintenue, le Stagirite étant proclamé contre Descartes, les accidents réels contre la superficie. En ce sens, la nouvelle théologie appelée par l'auteur de ses vœux n'a pas été édifiée : le premier jalon posé par l'explication cartésienne demeura lettre morte.

De fait, l'explication cartésienne n'a pas trouvé l'écho tant attendu. Toutefois, Descartes n'a pas non plus été excessivement inquiété de son vivant par la publication de sa première explication eucharistique : elle a davantage attiré la curiosité et la volonté d'un prolongement que des objections. Cette relative tranquillité dont a joui l'explication

---

210 Mersenne, cité par F. Bouillier, *op. cit.*, Tome Premier, p. 228 : « Je demandai dernièrement, à l'illustre auteur des quatrièmes objections, qui est estimé l'un des plus subtils et des plus grands théologiens de cette faculté, s'il n'avait rien à répliquer aux réponses qui lui avaient été faites par M. Descartes : il me dit que non et qu'il se tenait pour satisfait ».

211 Descartes, Lettre au Père Mersenne du 17 novembre 1642, *in Œuvres de Descartes*, Publiées par C. Adam et P. Tannery, Correspondance, Volume III, janvier 1640-juin 1643, Paris, Vrin, 1971, p. 355. : « La lettre du Père Vatier n'est que pour m'obliger, car il témoigne fort de mon parti et dit qu'il a désavoué de cœur et de bouche ce qu'on avait contre moi, et ajoute encore ces mots : "Je ne saurais m'empêcher de vous confesser que, suivant vos principes, vous expliquez fort clairement le mystère du Saint Sacrement de l'Autel, sans aucune entité d'accidents" ». [nous avons actualisé l'orthographe de la citation].

212 Bouillier, Francisque, *op. cit.*, v. 1, p. 431.

de la transsubstantiation constitue un point important à retenir, tant la théorie eucharistique cartésienne déchaînera les critiques une fois que seront répandues, après le décès de son auteur, les lettres au Père Mesland, contenant la seconde explication du mode de présence. Les deux explications cartésiennes seront alors âprement discutées, la première se voyant attaquée par certains théologiens pour son refus des accidents réels tenus pour indispensables à la transsubstantiation. Sur ce point, la censure émise, en 1662, par l'Université de Louvain à l'encontre de la philosophie cartésienne, est paradigmatique de la priorité normative accordée aux accidents réels. Elle condamne cinq principes cartésiens : la définition donnée à la substance, la négation des accidents réels, l'étendue retenue comme essence de la substance corporelle, l'extension indéfinie de l'univers, la thématique de la pluralité des mondes. Le second, mais aussi le troisième comme nous le verrons, touchent directement l'eucharistie, illustrant la difficulté causée par l'approche cartésienne de l'eucharistie.

À noter qu'une seule voix s'est levée, du vivant de l'auteur, pour s'opposer vivement à la première explication cartésienne. Celle-ci est surprenante dans la mesure où elle émane du camp, non catholique, mais protestant. Il s'agit de Gisbert Voet (1589-1676), dit Voetius, l'ennemi déclaré de la philosophie cartésienne. Théologien calviniste hollandais, chef des « Ministres », Voetius a été le Recteur de l'université d'Utrecht et ministre de l'Église de cette même ville. Une violente querelle, s'étendant de 1642 à 1648, a éclaté entre Descartes et Voetius, impliquant également le disciple infidèle du premier, le médecin H. Regius, et l'élève du second, M. Schoock. Nous ne saurions en rendre compte ici de manière exhaustive. Signalons seulement que le combat mené par Voetius à l'encontre de la philosophie cartésienne réside dans l'athéisme larvé qu'il perçoit dans cette dernière. Un tel athéisme est double, à la fois « indirect », et « interprétatif[213] », l'un résultant du scepticisme, l'autre se parant du théisme et d'une profession de foi. Alors que le doute inaugural des *Méditations* confine au scepticisme, la preuve de l'existence dissimule un athéisme pernicieux. Aux accusations calomnieuses dont il s'estimait victime, Descartes répondit à Voetius dans une longue lettre, rédigée en latin et datée de 1643, *Epistola Renati Descartes ad celeberrimum virum D. Gisbertum Voetium*. Celle-ci se comprend en réaction à

213 Verbeek, Théo, *in René Descartes et Martin Schoock, La querelle d'Utrecht*, *op. cit.*, Introduction, p. 31.

l'écrit polémique que Voetius avait fait rédiger par son élève et protégé M. Schoock, en 1642, et publié en 1643 de manière anonyme, portant le titre ironique de *Philosophia Cartesiana sive admiranda Methodus novae Philosophiae Renati Descartes.* Loin d'être dépourvue de tout intérêt, la querelle, d'une haute volée philosophique, contient également des développements appartenant au théologico-politique, eu égard notamment à la manière dont Descartes recourt à la charité pour dénoncer la conduite calomnieuse de Voetius.

Le grief d'athéisme se retrouve aussi, paradoxalement, mis en avant par Voetius concernant l'explication cartésienne de la transsubstantiation. Voetius accuse Descartes de fourberie dans son explication lorsque ce dernier s'évertue à montrer comment celle-ci, assimilée par le Ministre à un « phantasme[214] », se concilie avec le dogme catholique. En effet, il reproche à l'explication cartésienne d'être un simple subterfuge pour s'attirer les faveurs des Jésuites et dissimuler les conséquences impies de sa philosophie. Descartes cite lui-même le contenu de cette objection dans une lettre : « *Ut vero animose sperare hominem liqueat, alicubi etiam sperare audet sua deliria locum inventura esse circa doctrinam de Transsbustantiatione; cuius occasione se Romano Catholicae religioni favere profitetur, in gratiam scilicet patrum societatis Jesu, ad quorum asylum fugit, quo ab iis defendi possit contra Doctissimum Mersennum, aliosque Theologos ac Philosophos Gallos, a quibus inflictas plagas pertinacius persentiscit, quam ut dissimulare queat*[215] » (Qu'il est clair que l'homme espère ardemment, même ose [espérer] en quelque sorte que sa folie trouvera une place à l'égard de la doctrine de la Transsubstantiation; et en raison de celle-ci il déclare qu'il favorise la religion Catholique romaine et qu'il peut être défendu par eux (les Jésuites) contre le très savant Mersenne et d'autres théologiens et philosophes français dont il remarque les pièges trop souvent infligés, trop nombreux que l'on ne puisse les cacher). Or, ce qui est en cause n'est pas tant l'articulation de la philosophie cartésienne au dogme catholique, à propos de laquelle Voetius implique Mersenne, que le fait que la nouvelle philosophie renverse l'aristotélisme : c'est ici que Voetius dénonce la menace qu'exerce la philosophie cartésienne sur le christianisme,

214 Armogathe, Jean-Robert, *op. cit.*, p. 69.

215 Descartes, Lettre au Père Mersenne du 7 décembre 1642, *in Œuvres de Descartes*, Publiées par C. Adam et P. Tannery, Correspondance, Volume III, janvier 1640-juin 1643, Paris, Vrin, 1971, p. 599.

justifiant la virulence de son opposition. L'objection est intéressante par rapport à notre enquête, tant elle est symptomatique de la position prééminente occupée par Aristote dans le paysage théologique de l'époque, que Descartes veut détrôner. Sans être scolastique, Voetius, pour qui le recours à la philosophie s'avère indispensable, perçoit en Aristote la puissance conceptuelle et scientifique nécessaire pour le développement de la théologie. À ce titre, Voetius est représentatif « de toute une tradition protestante du XVIIème siècle », pour laquelle le développement du mouvement de la Réforme a conduit à un « approfondissement conceptuel de la théologie, qui réclamait une science générale de l'être, une ontologie[216] ». Voetius, tout en maintenant la primauté de l'Écriture et la prééminence de la foi (deux des trois *sola* de la Réforme avec la primauté de la grâce : *sola scriptura*, *sola gratia*, *sola fide*), confère une dimension argumentative à la théologie, au sens où cette celle-ci a pour tâche, à partir d'une démarche rationnelle, de rendre compte du sens de l'Écriture. Dans ce cadre, la philosophie aristotélicienne incarne la seule et véritable science sur laquelle la théologie doit s'appuyer. Or, Voetius mesure le changement de paradigme imposé par l'explication cartésienne, détruisant les notions aristotéliciennes, notamment celles de qualités réelles et de formes substantielles. Parce qu'elle renverse la philosophie aristotélicienne, la seule valable scientifiquement pour la mise en œuvre de la théologie, la philosophie cartésienne exerce une menace fatale sur cette dernière et doit être combattue : ce que Voetius « appréhendait du cartésianisme, c'était la destruction du fondement même de la théologie comme science[217] ». Autrement dit, le reproche de Voetius n'est pas proprement théologique, dans le sens où il ne consiste pas à accuser les principes cartésiens de rendre impossible la transsubstantiation : c'était le soupçon d'Arnauld placé, au début de son objection, dans la bouche des théologiens, catholiques. Voetius, qui se situe dans une perspective protestante, condamne l'explication cartésienne en tant qu'elle détruit l'aristotélisme qui constitue le socle de la théologie, y compris pour le protestantisme. L'objection n'est théologique que dans le sens où elle vise le fondement philosophique de la théologie, où Voetius fait valoir l'autorité inébranlable d'Aristote contre celle de Descartes.

---

216 Verbeek, Théo, *in René Descartes et Martin Schoock, La querelle d'Utrecht*, Introduction, *op. cit.*, p. 56.

217 *Ibid.*, p. 36.

La contestation émise par Voetius confirme nos remarques concernant le bouleversement engagé par l'explication cartésienne eu égard au paradigme philosophique soutenant la foi : nous avons relevé celui-ci, en le complexifiant à l'aune du geste cartésien conservant l'ontologie de l'effectualité pour l'intégrer dans le cadre de sa philosophie. Une telle contestation rejoint également une question traversant notre première partie, consistant à savoir comment on peut demeurer chrétien – en l'occurrence catholique pour Descartes – tout en soutenant des idées nouvelles en philosophie, qui supplantent celles d'Aristote : Voetius, en se situant sur un terrain protestant, n'admet pas cette articulation, qui constitue tout l'enjeu de la théorie eucharistique cartésienne. Aussi Descartes avait-il très bien repéré que les attaques de Voetius provenaient de son aristotélisme. Le seigneur du Perron dénonce justement la réduction opérée par Voetius de l'orthodoxie chrétienne à la seule philosophie d'Aristote ; précisément, l'auteur entend lui-même montrer comment être réformateur en philosophie tout en demeurant chrétien, et plus particulièrement, pour l'eucharistie, catholique : « Peut-être tient-il pour hérétiques toutes les opinions qui s'éloignent de la philosophie vulgaire, que, par une liberté assez sacrilège (traduit aussi par profane), vous nommez orthodoxes[218] ». La Lettre à Voet possède, pour l'eucharistie, un intérêt restreint, s'avérant bien plus intéressante pour le recours cartésien à la charité.

DIFFICULTÉS DE L'EXPLICATION CARTÉSIENNE

L'OBJECTIVITÉ DE LA SUPERFICIE : LA PERMANENCE DES PROPRIÉTÉS SENSIBLES

Outre cette objection, deux demandes, à la teneur diverse, sont adressées à Descartes à la suite de la publication de son explication. Sans engager un vif débat, elles témoignent toutefois de difficultés suscitées par l'explication cartésienne, lesquelles préfigurent la polémique qu'elle

218 Descartes, Lettre à Voet, *in René Descartes et Martin Schoock, La querelle d'Utrecht*, *op. cit.*, p. 380.

causera après la mort du philosophe. D'une part, une objection, que nous avons déjà entrevue, lui est soumise par le Minime Jean Durelle, concernant la compatibilité de l'explication cartésienne avec le concile de Constance, par rapport à la question des accidents réels. Nous n'y revenons pas. D'autre part, l'explication cartésienne de la transsubstantiation, basée sur la superficie, provoque une difficulté essentielle, tenant à l'objectivité même de cette notion. La superficie, simple mode, est distincte du corps, dont elle ne saurait être partie tout en n'étant pas confondue avec une substance. Qu'en est-il alors de son objectivité ? Si la superficie n'est pas objective, comment rendre compte de la permanence (locale) des propriétés sensibles du pain et du vin ? Comment la superficie rend-elle possible la permanence des propriétés sensibles du pain et du vin ? La doctrine des accidents réels permettait justement de parer à une telle difficulté, en assurant l'objectivité des qualités sensibles du pain et du vin à la suite de la consécration : « la réalité des accidents est pour eux [les objecteurs des Sixièmes Réponses] prouvée véritablement (*re verâ*) par leur existence au Saint Sacrement. Sujet de certaines dimensions, "le pain", au total, se trouve sur l'autel *localiter*, par le fait d'accidents, alors que le Christ n'est pas *localiter* présent par son corps[219] ». Autrement dit, il ne suffit pas de garantir l'invariance de nos sensations, mais il faut aussi sauvegarder la permanence des propriétés sensibles du pain et du vin.

De fait, la distinction entre corps et superficie, et le statut ontologique qui lui est attribué, apparaissent problématiques quant à l'eucharistie, au regard de la subsistance des propriétés sensibles du pain et du vin. Le septième scrupule adressé par les « théologiens » des Sixièmes Objections, dans lesquelles s'exprime certainement la voix de Mersenne, relève cette difficulté concernant la non-objectivité de la superficie[220]. Descartes ne

219 Armogathe, Jean-Robert, *op. cit.*, p. 59.

220 Descartes, *Méditations Métaphysiques*, Sixièmes Objections, Septième scrupule, t. 2, p. 855 : « Le septième scrupule sera de la superficie, en laquelle ou par le moyen de laquelle vous dites que se font tous les sentiments. Car nous ne voyons pas comment il se peut faire qu'elle ne soit point partie des corps qui sont aperçus, ni de l'air, ou des vapeurs, ni même l'extrémité d'aucune de ces choses ; et nous n'entendons pas bien encore comment vous pouvez dire qu'il n'y a point d'accidents réels, de quelque corps ou substance que ce soit, qui puissent, par la toute-puissance de Dieu, être séparés de leur sujet et exister sans lui, et qui véritablement existent ainsi au Saint Sacrement de l'autel. Toutefois nos docteurs n'ont pas occasion de s'émouvoir beaucoup, jusqu'à ce qu'ils aient vu si, dans cette physique que vous nous promettez, vous aurez suffisamment démontré toutes ces

répondra pas directement à la cette difficulté soumise par les auteurs des Sixièmes Objections : même, il se montrera condescendant dans la Lettre du 21 avril 1641. Il feint, clairement, de ne pas s'intéresser à l'existence objective de l'hostie, en la rapportant à la seule certitude morale, en tant que la présence du Christ s'adresse à la foi : celle-ci est tributaire des paroles de la consécration prononcées par le prêtre[221], dont l'office, prétexte Descartes, dépasse le champ d'expertise philosophique[222]. Toutefois, il abordera cette difficulté dans sa correspondance avec Mesland, publiée seulement de manière posthume, en présentant trois manières de considérer la superficie d'un corps, qui ne diffèrent qu'au regard de notre pensée. Nous présenterons ultérieurement le Père Denis Mesland et développerons le statut « confidentiel » de ces lettres, traitant aussi du mode de présence.

Le Père D. Mesland, qui avait composé un abrégé des *Méditations* approuvé par Descartes, avait dû interroger celui-ci sur la distinction entre corps et superficie. L'auteur commence par reprendre des éléments déjà acquis. Posant que la superficie est le terme médian entre les parties d'un corps et le corps environnant, il rappelle que la superficie, distincte du corps, est mode sans être substance. La suite de sa réponse fournit des éléments nouveaux sur la superficie. Cette superficie moyenne peut s'entendre de trois façons en tant qu'elle est celle du corps environné, celle du corps environnant-contigu et la moyenne en elle-même. Cependant, cette distinction entre ces trois manières de considérer la superficie d'un

---

choses ; il est vrai qu'ils ont de la peine à croire qu'elle nous les puisse si clairement proposer, que nous les devions embrasser, au préjudice de ce que l'antiquité nous en a appris ».

221 Descartes, Lettre au Père Mersenne du 21 avril 1641, t. 2, p. 325 : « J'admire les objections de vos docteurs, à savoir, que nous n'avons point de certitude, suivant ma Philosophie, que le prêtre tient l'Hostie à l'autel, ou qu'il ait de l'eau pour baptiser, etc. Car qui a jamais dit, même entre les philosophes de l'École, qu'il y eût autre certitude que morale de telles choses ? Et bien que les théologiens disent qu'il est de foi de croire que le corps de Jésus-Christ est en l'eucharistie, ils ne disent pas toutefois qu'il soit de la foi de croire qu'il est en cette hostie particulière, sinon en tant qu'on suppose, *ex fide humana, quod sacerdos habuerit voluntatem consecrandi, et quod verba pronunciarit, et sit rite ordinatus, et talia quæ nullo modo sunt fide* [sinon en tant que l'on suppose, par une foi humaine, que le prêtre a eu la volonté de consacrer, qu'il a prononcé les paroles, qu'il est ordonné régulièrement, et telles choses semblables qui ne sont en aucune façon articles de foi] ».

222 Les paroles de la consécration reçoivent au contraire, comme nous l'avons montré, une place centrale dans l'explication : Descartes leur attribue l'efficacité sacramentelle, en estimant que ses principes seuls, et non ceux d'Aristote, soutiennent celle-ci. Les paroles de la consécration feront même l'objet d'une approche philosophique dans l'explication du mode de présence.

corps ne diffère pas réellement, mais seulement par notre pensée. En d'autres termes, c'est une distinction en raison et non réelle qui s'applique à ces trois différentes manières de considérer la superficie d'un corps : « Or, cette *superficie moyenne* entre l'air et le pain ne *diffère pas réellement de la superficie du pain*, ni *aussi de celle de l'air qui touche le pain* ; mais *ces trois superficies sont, en effet, une même chose, et diffèrent seulement au regard de notre pensée*[223] ».

Il s'ensuit que l'objection relative à l'objectivité de la superficie est dissoute : c'est toujours de la même superficie d'un corps dont il est question. Mais alors, de quelle superficie est-il question dans la transsubstantiation ? S'agit-il de la superficie du corps environné ? Cela ne se peut : « quand nous la nommons *la superficie du pain*, nous entendons que, bien que l'air qui environne ce pain soit changé, elle demeure *eadem numero* [la même numériquement], pendant que le pain ne change point ; *mais que s'il change, elle change aussi* ». Serait-ce la superficie du corps environnant ? Non plus : « Et quand nous la nommons la superficie de l'air qui environne le pain, nous *entendons qu'elle change avec l'air, et non pas avec le pain* ». Reste alors la superficie considérée comme la limite ou moyenne entre les deux corps : « Enfin, quand nous la nommons la *superficie moyenne* entre l'air et le pain, nous *entendons qu'elle ne change, ni avec l'un, ni avec l'autre, mais seulement avec la figure des dimensions qui séparent l'un de l'autre* ; si bien qu'en ce sens-là, *c'est par cette seule figure* qu'elle existe, et *c'est aussi par elle seule qu'elle peut changer*[224] ». Il s'agit d'une précision décisive quant à la manière d'exister de la superficie : son unité numérique dépend, non de la substance corporelle, mais de la figure, ou des dimensions. L'unité numérique de la superficie renvoie à celle des dimensions : la superficie ne change pas dans la mesure où les dimensions demeurent identiques. C'est la superficie entendue en ce sens qui permet d'expliquer la transsubstantiation : celle-ci permet de rendre compte, non plus seulement de l'invariance des sensations, mais de la permanence des propriétés sensibles du pain et du vin à la suite de la conversion substantielle opérée par les paroles de la consécration. C'est parce que la superficie, conçue comme moyenne entre le corps environné et le corps environnant, demeure identique lors du changement

223 Descartes, Lettre au Père Mesland du 9 février 1645, t. 3, p. 545 [mots soulignés par nous].

224 *Ibid.*, p. 545-546 [mots soulignés par nous].

de substance que les propriétés sensibles du pain et du vin subsistent après la consécration : « Car *le corps de Jésus-Christ étant mis en la place du pain*, et *venant d'autre air en la place de celui qui environnait le pain*, la *superficie, qui est entre cet air et le corps de Jésus-Christ, demeure eadem numero* qui était auparavant entre d'autre air et le pain, parce *qu'elle ne prend pas son identité numérique de l'identité des corps dans lesquels elle existe, mais seulement de l'identité ou ressemblance des dimensions*[225] ».

Pour illustrer son propos, Descartes avance l'exemple de la Loire. La rivière qui coule dans le fleuve de la Loire est toujours la même, en dépit des altérations et des fluctuations qu'elle subit : nous voyons toujours le même fleuve alors que l'eau qui la compose et les éléments corporels qui l'environnent changent continuellement. Les réminiscences héraclitéennes de ce passage sont frappantes : « comme nous pouvons dire que la Loire est la même rivière qui était il y a dix ans, bien que ce ne soit plus la même eau, et que peut-être aussi il n'y ait plus aucune partie de la même terre qui environnait cette eau[226] ». C'est un exemple censé être analogue à la transsubstantiation : nous voyons toujours le même pain alors que la consécration a converti la substance du pain en celle du corps de Jésus-Christ. Les éléments sous l'apparence du pain ont changé, tout comme les éléments sous la rivière de la Loire : l'eau qui coule vient d'un air différent, de même que le corps du Christ vient d'un air différent. Et pourtant nous voyons toujours du pain et du vin car les dimensions de la figure ne sont pas altérées par le changement de substance.

L'explication cartésienne de la transsubstantiation offerte dans la *Correspondance* est plus étoffée que dans les Réponses aux Quatrièmes Objections : Descartes va plus loin avec le Père Mesland. Ce n'est pas la même époque ni le même interlocuteur, et le statut des textes diffère. Nous développerons ces considérations. Il ressort de la Lettre trois éléments corrélatifs sur la superficie qui doivent être soulevés. D'une part, la superficie reçoit un éclairage édifiant en tant qu'elle est considérée du point de vue des figures et dimensions qui sont des modes de la substance corporelle. Ce point, esquissé dans les Réponses aux Quatrièmes Objections, sans être pleinement approfondi, est mené à son paroxysme par Descartes dans la Lettre. D'autre part, la superficie

225 *Ibid.*, p. 546 [mots soulignés par nous].
226 *Ibid.*

est ce qui confère à une chose son unité numérique. Pourrait-elle alors tenir lieu d'un principe d'individuation pour les corps bruts (non pour le corps humain) ? Cette question est hautement délicate : la postérité (Spinoza, Leibniz) reproche justement à Descartes de ne pas avoir pensé dans sa physique les corps particuliers, en raison de la conception de l'étendue comme masse inerte. À l'inverse, des commentateurs modernes s'attachent à montrer que le corps possède un principe intrinsèque d'individuation, s'opérant par la superficie conjuguée au mouvement[227], l'une délimitant un corps tandis que l'autre est sur quoi porte proprement la physique : le mouvement viendrait séparer les parties de la matière[228]. La question est alors de savoir si le mouvement est à même d'assurer une véritable individuation. Nous laissons cette question ouverte, et nous nous concentrons sur le cadre eucharistique. Un corps, pris comme matière brute, tire donc son unité numérique de l'identité ou ressemblance des dimensions. Tel est l'élément original et majeur de la correspondance avec Mesland : la superficie reçoit le rôle de conférer au corps son unité numérique, sans être partie d'un corps, dont elle est distincte, ni une substance, en tant qu'elle est un mode ; elle demeure toujours le terme médian entre les petites parties d'un corps et le corps environnant. Cette conception, enrichie, de la superficie au niveau de la figure ou des dimensions permet de résoudre le problème relatif à son objectivité et d'éclairer la permanence des propriétés sensibles du pain et du vin. La conversion substantielle s'opère sous les mêmes dimensions : celles-ci n'étant pas affectées par le changement de substance, la superficie demeure identique. En d'autres termes, la superficie n'est pas atteinte par la conversion substantielle dans la mesure où les dimensions demeurent identiques. Dans cette optique, la superficie, qui conserve la même unité numérique parce que les dimensions et figures demeurent identiques, explique comment les propriétés sensibles du pain et du vin subsistent au Saint Sacrement. Aussi nos sensations sont-elles toujours éprouvées de la même façon par cette subsistance de la même

227 Le principe d'inertie confirmerait ce point. *Cf. Principes de la philosophie*, II, art. 37 (« La première loi de la nature : que chaque chose demeure en l'état qu'elle est, pendant que rien ne change ») et 43 (« En quoi consiste la force de chaque corps pour agir ou pour résister »).

228 Alexandrescu, Vlad, *Croisées de la modernité. Hypostases de l'esprit et de l'individu au XVIIe siècle*, Bucarest, Zeta, 2012, p. 54-81. *Cf.* aussi Garber, Daniel, *La physique métaphysique de Descartes*, Traduit de l'américain par S. Bornhausen, Paris, P. U. F., 1999, p. 272.

superficie. La superficie permet d'expliquer comment nos sens perçoivent toujours du pain et du vin à la suite de la consécration, qui conservent leurs propriétés sensibles, alors qu'ils ont été changés en corps et sang du Christ. D'ailleurs, on pourrait se demander si l'approfondissement de l'explication ne ressemble pas, étrangement et paradoxalement, au modèle thomiste : le paradigme philosophique est certes radicalement différent, mais les deux explications partagent des points communs. L'explication de la permanence des apparences sensibles du pain et du vin, articulée autour d'une notion – superficie, accidents réels –, est suivie d'une réflexion sur le principe d'individuation des corps, résidant pour Thomas dans la quantité dimensive alors que Descartes le fait consister dans la superficie considérée au niveau des dimensions. Cependant, le parallèle n'est pas non plus totalement opérant. L'explication cartésienne tranche résolument avec celle de Thomas au regard des principes, novateurs, qu'elle met en œuvre, mais aussi et surtout eu égard à l'économie de miracle à laquelle elle s'astreint.

L'ÉCUEIL D'UNE SUBSTITUTION, RÉCLAMANT UNE EXPLICATION DU MODE DE PRÉSENCE

Cet approfondissement de l'explication cartésienne illustre une difficulté majeure suscitée, de manière générale, par celle-ci dans son articulation avec le dogme catholique. Affleurant déjà dans les Réponses aux Objections, une telle difficulté éclate dans ces nouveaux éléments délivrés à Mesland. En voulant préciser la manière d'exister de la superficie, afin de résoudre tout problème relatif à l'existence réelle des propriétés sensibles du pain et du vin, Descartes altère le sens de la conception catholique de la transsubstantiation eucharistique. L'altération est double. D'une part, on observe que l'explication cartésienne nous confronte, non plus à une conversion substantielle, mais à une substitution substantielle. Tout se passe comme si Dieu venait opérer une substitution, en mettant une substance corporelle en la place d'une autre[229]. D'autre part, il apparaît que ce ne sont plus la substance du pain et celle du vin qui sont changées en celle du corps et celle du sang du Christ : au contraire, la substance du corps et celle du sang du Christ viennent se substituer à celles du pain et du

229 Descartes, Lettre à Clerselier du 2 mars 1646, p. 641, t. 3.

vin. Autrement dit, les paroles de la consécration ont pour effet, non pas de changer la substance du pain et du vin en celle du corps et du sang du Christ, mais de faire comme descendre celle du corps et du sang du Christ pour se substituer à celle du pain et du vin. Entre la conception selon laquelle une substance est changée en une autre, et celle qui fait descendre celle du corps du Christ pour se substituer à celle du pain, un gouffre semble les séparer.

La conception cartésienne de la superficie rend, en toute rigueur, difficile à penser la transsubstantiation telle qu'elle est définie par l'Église. Mieux, nous pouvons observer une ambivalence de l'explication cartésienne dans son rapport à l'enseignement de l'Église concernant la transsubstantiation. L'explication parvient à rendre compte de la permanence des espèces en étant conforme au dogme, au prix toutefois d'un changement de paradigme physique, affectant le sens des notions en jeu (substance et espèce). En revanche, l'explication paraît déplacer le sens de la transsubstantiation eucharistique au niveau de la modalité du changement substantiel : le mode de conversion est comme inversé dans la mesure où les paroles de la consécration ont pour vertu de faire comme descendre, selon un mode sacramentel, le corps et le sang du Christ – qui est au Ciel – pour prendre la place du pain et du vin et en assumer les propriétés sensibles. Or, ce n'est pas là le sens catholique de la transsubstantiation où les paroles de la consécration convertissent le pain et le vin en corps et sang du Christ. Autrement dit, la superficie entretient un rapport inégal avec la conception catholique de la transsubstantiation, en tant qu'elle n'appréhende pas de la même façon le sort des espèces et la conversion substantielle. Descartes insiste tant sur la permanence de la superficie, pour rendre compte du sort des espèces, qu'il en vient à minimiser le sens de la conversion substantielle, en prenant le risque de la réduire à une simple substitution. Ce que l'auteur gagne par la superficie quant aux espèces coïncide avec une perte pour le changement substantiel, l'auteur étant contraint d'en bousculer le sens : dans l'instant où la superficie explique la permanence des espèces, la conversion substantielle semble inexorablement échapper à son emprise, une telle notion pouvant seulement impliquer une substitution faisant descendre le corps du Christ. En homme de son temps, Descartes s'est certainement trop focalisé sur le sort des espèces, au détriment peut-être de la conversion substantielle.

Ainsi l'explication cartésienne de la superficie achoppe-t-elle sur une difficulté qui annonce, d'une certaine manière, le second volet de l'explication cartésienne : la manière dont le corps du Christ vient se substituer à celui du pain nécessite d'éclairer la façon dont il est présent au saint Sacrement. C'est la question du mode de présence, que nous allons envisager : la difficulté relative à la conversion substantielle, transparaissant déjà dans la première explication, atteindra son apogée dans la seconde explication. Les paroles de la consécration feront comme descendre l'âme du Christ pour s'unir au pain, union qui entraînera le changement du pain en son propre corps, l'union substantielle d'un corps à une âme ayant été définie comme le principe de l'identité numérique d'un corps humain.

RAPPORT AU CHRISTIANISME IMPLIQUÉ PAR LA PREMIÈRE EXPLICATION

Quel regard porter sur l'explication cartésienne, eu égard à la problématique d'ensemble dans laquelle nous l'avons intégrée ? L'explication manifeste clairement une modalité d'articulation avec le christianisme, que nous pouvons décliner en plusieurs points.

L'enjeu majeur de l'explication cartésienne consiste à concilier les principes de la nouvelle physique avec le dogme catholique de l'eucharistie tout en faisant l'économie des notions scolastiques d'accidents réels. C'est pourquoi l'eucharistie recèle une valeur hautement philosophique, pourtant insoupçonnée, confrontant à une question essentielle : comment penser une philosophie novatrice et moderne qui, tout en supplantant la vieille philosophie scolastique, s'accorde avec la foi catholique ? L'explication entend soutenir qu'il est possible d'être réformateur en philosophie, pourfendeur d'Aristote et grand adversaire de la scolastique, tout en demeurant à l'intérieur du catholicisme.

En outre, l'explication cartésienne implique un rapport spécifique entre la raison et la foi : celles-ci sont séparées, mais Descartes maintient que l'une s'accorde avec l'autre. La superficie permet de faire tenir ensemble la physique et la transsubstantiation dans la mesure où elle vise à montrer comment la physique cartésienne ne rend pas impossible la transsubstantiation, et comment, réciproquement, la transsubstantiation n'est pas impossible d'un point de vue physique. À cet égard, la transsubstantiation est cette « rencontre » entre les données de la révélation et ceux de la physique[230], articulée autour de l'exigence d'une non-contradiction aboutissant à la revendication d'un accord. Encore faut-il bien comprendre le sens de cette rencontre. La superficie concilie la lumière de la raison et l'expérience de la transsubstantiation, sans pour autant faire de la première le fondement de la seconde[231] : la transsubstantiation « ne s'oppose point à la lumière de la raison », bien qu'elle soit impossible « à établir par elle[232] ». L'explication cartésienne indique comment les vérités révélées dépassent l'ordre de la nature tout en ne s'y opposant pas. Et c'est justement tout le rôle « du philosophe chrétien[233] » de s'assurer que la révélation ne détruit pas les acquis de la physique (cartésienne), et que ces derniers n'abolissent pas le domaine de la révélation : dans la physique, il n'y a rien contre la foi ; et dans la foi, il n'y a rien contre la physique, bien qu'elle soit au-delà. En d'autres termes, la révélation conserve les résultats de la physique, tandis que ces dernières ne menacent pas la révélation : il s'agit de deux domaines distincts, la foi et la raison, que Descartes cherche, non pas à opposer, mais, au contraire, à concilier. Autrement dit, l'auteur met en exergue dans son explication comment la foi – qui nous enseigne que les espèces du pain et du vin demeurent alors que leur substance est ôtée, changée en celle du corps et du sang du Christ – ne heurte pas la physique, et comment la physique, ne contredit pas la transsubstantiation, mais s'y ajuste exactement et même mieux que le thomisme, dans la mesure où la superficie prétend permettre de penser un changement de substance dont ne demeurent que les espèces.

230 Nous profitons du terme « rencontre » pour signifier notre prise de distance d'avec l'interprétation de M. Blondel, dans l'analyse qu'il fait du rapport raison-foi chez Descartes. BLONDEL, Maurice, *op. cit.*, p. 564 : « L'hétérogénéité de ces deux ordres (de la raison et de la foi) l'empêche de susciter du fond de sa pensée aucune rencontre de ce genre : en sorte qu'on nom de ses principes intimes, il est forcé d'accepter du dehors et par foi certains conflits particuliers qu'au nom de ces mêmes principes il semblait tout à l'heure supprimer, sans remarquer qu'une telle inconsistance prouve que l'équilibre de sa pensée est artificiel ». M. Blondel perçoit la séparation de la raison et de la foi comme un obstacle empêchant leur interaction alors qu'elle la fonde au contraire pour Descartes.

231 Descartes, *Notae in programma*, Examen du susdit placard, remarques sur chaque article, t. 3, p. 802 : « Et comme ceux-là abusent des paroles de la Sainte Écriture qui, par quelques mauvaises explications qu'ils leur donnent, croisent en pouvoir déduire ces dernières, de même aussi ceux-là dérogent à son autorité qui entreprennent de démontrer les premières par des arguments tirés de la seule philosophie ».

232 Laporte, Jean, *Le rationalisme de Descartes*, *op. cit.*, p. 340.

233 Ce vocabulaire est employé dans l'épître dédicatoire des *Méditations Métaphysiques*. *Cf.* notre Introduction.

Dès lors, les éléments étudiés délivrent un enseignement décisif : Descartes poursuit bien, dans son explication, le projet *d'un accord de la foi et de la raison.* Sur ce point, il est courant d'estimer que la première explication est un succès, tant elle resplendit dans son accord avec le dogme catholique. L'explication cartésienne convient mieux à la foi catholique, que le thomisme dans la mesure où elle explique, par des causes naturelles, ce qui relève de la raison dans la transsubstantiation, tandis qu'elle réserve à la foi ce qui ressortit au miracle et s'y conforme : « loin de contrarier la foi, elle en isole le contenu, et s'y ajuste exactement[234] ». À la faveur de cette concordance entre son explication et le dogme, l'eucharistie est l'occasion, pour Descartes, de célébrer, de manière plus générale, l'harmonie, unique, que forme son système avec la foi, signant la supériorité de ce dernier par rapport à celui de la tradition aristotélico-thomiste, celui-ci étant appelé à dépasser celui-là : « j'ai sujet de rendre grâces à Dieu de ce *que les opinions qui m'ont semblé les plus vraies en la physique, par la considération des causes naturelles, ont toujours été celles qui s'accordent le mieux de toutes avec les mystères de la religion*[235] ». Les principes philosophiques cartésiens, aussi bien métaphysiques que physiques s'accordent, mieux que ceux d'Aristote, avec les vérités révélées et les consolident : « Et je vous dirai aussi que *je ne crains nullement au fond qu'il s'y* [dans la philosophie cartésienne] *trouve rien contre la foi* ; car *au contraire j'ose me vanter que jamais elle n'a été si fort appuyée par les raisons humaines, qu'elle peut être si l'on suit mes principes*[236] ». Autrement dit, la philosophie cartésienne ne contredit pas les vérités de la foi. À l'inverse, elle se concilie avec celles-ci et leur fournit l'espace pour s'exprimer dans toute leur intelligibilité, de sorte qu'elle les soutient dans un élan apologétique : « la philosophie cartésienne, plus qu'aucune autre, est capable de fournir aux vérités de la Foi le langage et comme le cadre dont elles ont besoin pour être proposées à des êtres raisonnables[237] ».

Or, une telle perception, profondément élogieuse, de l'explication cartésienne se doit d'être nuancée. La valorisation de l'accord occulte une difficulté essentielle causée par l'explication cartésienne. L'attention

234 Alquié, Ferdinand, *in* Descartes, *Œuvres Philosophiques*, *op. cit.*, t. 2, *Méditations Métaphysiques*, Réponses aux Quatrièmes Objections, « Réponse aux choses qui peuvent arrêter les théologiens », note 3, p. 703.

235 Descartes, Lettre au Père Fournet [et non au Père Noël] du 3 octobre 1637, t. 1, p. 798 [mots soulignés par nous].

236 Lettre au Père Vatier du 22 février 1638, t. 2, p. 30 [mots soulignés par nous].

237 Laporte, Jean, *Le rationalisme de Descartes*, *op. cit.*, p. 418.

accordée au sort des espèces exprime l'inspiration profonde de Descartes, tout en marquant en même temps l'insuffisance de son approche, dans la mesure où elle se fait au détriment de la conversion substantielle. Si la superficie permet de penser, quasi naturellement, la permanence des espèces eucharistiques, de sorte que la raison ne s'en trouve nullement choquée, la conversion substantielle semble être reléguée au second plan. Celle-ci s'assimile, non pas à un changement radical et total, mais à une simple substitution. Cette substitution est également problématique dans la mesure où elle semble inverser le sens de la transsubstantiation, les paroles de la consécration ayant pour effet, non de changer la substance du pain en celle du corps, mais de faire comme descendre la substance du corps du Christ pour prendre la place de celle du pain. En outre, il convient d'avoir conscience de la fermeté avec laquelle une partie de la postérité rejettera l'explication, en tant qu'elle fait fi des accidents réels, considérés comme requis par la transsubstantiation.

Aussi, au-delà de la question de la conformité, il importe davantage de démêler le sens de l'accord : celui-ci recèle une signification spécifique, généralement passée sous silence par les commentateurs. Celle-ci engage pourtant trois éléments cruciaux. En premier lieu, l'accord présuppose l'impossibilité de poser une rupture entre la raison et la foi, qui sont placées dans une continuité tout en étant séparées. En ce sens, l'organisation cartésienne du rapport entre raison et foi reproduit un schème classique en théologie catholique, profondément influencé par saint Thomas, mais en l'adaptant à l'inspiration de la pensée de l'auteur : Descartes ne se situe plus dans le domaine d'une intelligence de la foi et la philosophie n'est plus la servante de la théologie. Raison et foi sont séparées, mais en tendant vers une harmonie : les vérités instaurées en philosophie, loin de les rendre impossibles, sont destinées à se concilier avec celles de la foi. En outre, nous pouvons observer que l'accord des principes de la philosophique cartésienne avec les vérités de la foi, ceux-ci prétendant étayer ceux-là, est tributaire de la position première occupée par la foi. Descartes traite l'eucharistie en partant de la foi : les substances « sont dites être tellement changées », écrit Descartes lorsqu'il expose son explication dans les Réponses aux Quatrièmes Objections. Occupant une position première, la foi est, elle-même, considérée sous un jour particulier, en tant qu'elle est appréhendée exclusivement dans le cadre du catholicisme et trouve son expression à travers la position de l'Église, qui détient l'autorité normative en fixant les articles de foi. La foi, avec laquelle la philosophie cartésienne prétend se concilier, consiste, dans le cadre de l'eucharistie, dans la position du magistère, définie par les Papes et les conciles. Autrement dit, l'accord des vérités de la raison avec celles de la foi réclame de saisir que celles-ci sont établies par l'Église, sans que la philosophie les détermine : elle les reçoit et s'emploie à concilier avec celles-ci les principes qu'elle élabore. Dans son approche de l'eucharistie, Descartes part de l'enseignement de l'Église, qu'il ne discute pas : il prend celui-ci pour instance première, en s'employant à y ajuster ses principes. Mieux, il s'emploie à désolidariser l'enseignement de l'Église de la scolastique : libérer l'eucharistie d'un cloisonnement scolastique tout en demeurant dans les bornes de l'orthodoxie catholique, telle est l'œuvre de Descartes dans son explication. Toutefois, l'accord présuppose un changement de paradigme physique, imposant un déplacement de sens à certaines notions professées par l'Église. Si l'enseignement de l'Église est son point de départ, Descartes, sans chercher à réformer celui-ci, le transpose malgré tout dans les termes de sa philosophie, afin de montrer la conformité de ses principes avec celui-ci. Or, en transposant l'enseignement de l'Église dans le langage de sa philosophie, Descartes est conduit, inexorablement, à déplacer le sens de certaines catégories. Ce déplacement culmine principalement concernant deux notions centrales, celle de substance, et celle d'espèce. Même si elles se présentent sous le même nom, substance et espèce recouvrent des réalités différentes, ne recevant pas le même sens du concile de Trente à Descartes. Certes, ce déplacement de signification semble, en quelque sorte, permis par le concile de Trente lui-même, eu égard à l'indétermination terminologique de certains de ses décrets : lui-même ne précise pas de quoi il retourne dans les expressions de substance et d'espèce. Descartes exploite, en revendiquant la conformité de sa physique nouvelle avec le dogme catholique, une brèche ouverte par le concile lui-même. Cependant, en dépit de cette relative indétermination, le sens des notions se déploie, dans le cadre du concile, dans un horizon scolastique, avec lequel la physique cartésienne inaugure une rupture profonde et irréversible, eu égard à son assise mécaniste. De ce point de vue, l'accord de la raison et de la foi est plus subtil qu'il n'y paraît. Tout en attribuant une primauté à la foi, considérée par le prisme du magistère, l'explication engage un bouleversement dans le paradigme philosophique soutenant la foi, ce bouleversement étant lui-même complexe comme nous l'avons souligné : il mobilise une ontologie de l'effectualité héritée d'Aristote, mais pour se l'approprier en tant que les principes physiques cartésiens prétendent être les seuls à même de penser l'efficacité sacramentelle des paroles de la consécration. Descartes avait certainement conscience du basculement engagé par son explication, puisque la théologie qu'il appelle de ses vœux, et dont l'explication sert de jalons, nécessitait un changement important, exigeant d'abandonner la figure tutélaire d'Aristote pour proclamer la sienne. Cette attente sera déçue.

Partant, la première explication éclaire l'organisation interne de la philosophie cartésienne, permettant de porter un regard critique sur les lectures traditionnelles dont elle fait l'objet. Celles présentant Descartes comme le Père fondateur d'une modernité sécularisée, dont la philosophie serait hostile au christianisme, apparaissent partiales et infondées ; celles exaltant le versant religieux de la pensée cartésienne, en mettant en avant l'accord revendiqué par Descartes lui-même entre la raison et la foi, omettent la complexité de celui-ci. L'eucharistie nous indique que celui-ci se situe dans un horizon catholique, engageant l'autorité de l'Église dans la manière dont elle établit les vérités de foi. L'accord est tributaire de la manière dont la philosophie part du dogme, mais le transpose dans ses termes, entraînant un déplacement dans le sens des notions en jeu : c'est pourquoi l'accommodement des vérités de la raison à celles de la foi catholique ne se fait pas sans encombre, mais exige un renouvellement de la théologie, appuyée sur un nouveau socle philosophique.

L'EXPLICATION DU MODE DE PRÉSENCE

PRÉAMBULE

ENJEUX DU PASSAGE DU SORT DES ESPÈCES AU MODE DE PRÉSENCE

L'étude de la théorie eucharistique cartésienne serait close si Descartes s'était contenté de son explication du sort des espèces. Or, l'auteur ne s'est pas arrêté à cette thématique, s'intéressant, tardivement, à la seconde des deux questions repérées par ses soins au sein de l'eucharistie. Il a complété sa théorie eucharistique, en proposant non seulement un approfondissement du sort des espèces, que nous avons restitué, mais aussi un essai d'explication de la modalité de la présence du Christ au Saint Sacrement. Il importe de mesurer la dimension inédite de la démarche de l'auteur, suscitant une grande part d'étonnement de la part du lecteur cartésien : nous savons que Descartes avait refusé de se pencher sur la thématique du mode de présence du Christ dans ses Réponses à Arnauld, sur l'autel de sa dimension théologique. Si la question du sort des espèces lors de la transsubstantiation eucharistique recèle une forte dimension physique, mise au jour *supra*, celle relative à la manière dont le corps du Christ est présent au Saint Sacrement s'apparente à un mystère de foi qui relève du domaine de la théologie. Aussi, Descartes avait-il trouvé dans les paroles du concile de Trente un précieux alibi pour se dispenser d'expliquer le mode de présence : soutenant, dans le sillage de saint Thomas, la présence sacramentelle, et rejetant implicitement la présence locale, le concile professe aussitôt la difficulté d'exprimer par le langage humain la modalité de la présence du Christ au sacrement. Cette difficulté était, dans le contexte des Réponses, interprétée par Descartes comme une impossibilité étant source d'une interdiction : la difficulté d'expression est telle qu'il serait téméraire de tenter d'expliquer le mode de présence du Christ au Saint-Sacrement. Autrement dit, Descartes se servait habilement du concile en tant que ce dernier lui conférait un « droit au silence » quand « il reconnaît au corps de Jésus-Christ dans l'Eucharistie "une façon d'exister qu'à peine pouvons-nous exprimer par les mots"[1] ».

Nous comprenons que l'explication du mode de présence résonne d'emblée comme une exception tout en enfantant une profonde difficulté eu égard à l'organisation interne du système cartésien : en se penchant sur le mode de présence, Descartes obéit-il toujours à une démarche physique, demeurant authentique philosophe, ou franchit-il une limite, basculant subrepticement et irréversiblement du côté de la théologie ? Pour trancher une telle question, il conviendra de fixer le degré « d'obligation » contenu dans la démarche cartésienne. Si Descartes avait lui-même relevé l'obligation d'apporter une explication de la transsubstantiation à travers la blancheur du pain, qu'en est-il du mode de présence ? Est-il également obligé, au titre de philosophe, de traiter cette question ? La question de l'obligation est cruciale dans la mesure où elle renvoie aux implications des principes philosophiques cartésiens sur l'eucharistie. Précisément, il faudra déterminer l'articulation entre la thématique du mode de présence et les principes cartésiens, en se demandant si ces derniers rejaillissent sur celle-ci, ce qui pousserait l'auteur à se pencher sur le sujet. Dans cette optique, il faudra également nous interroger sur la relation entretenue entre les deux explications cartésiennes : sont-elles homogènes, l'une venant compléter l'autre, au point qu'il serait possible d'instaurer une continuité, ou à l'inverse, une distance infrangible les sépare-t-elle ? L'explication du mode de présence nous met-elle toujours en présence du « même Descartes » que celui traitant du sort des espèces, le Descartes philosophe raisonnant à partir de principes philosophiques authentiquement cartésiens ? En ce sens, il nous reviendra d'évaluer tout autant la valeur « catholique » de l'explication, du point de vue de sa conformité au dogme, que sa valeur « cartésienne », au regard des principes qu'elle met en œuvre.

1 Gouhier, Henri, *Cartésianisme et augustinisme au XVIIe siècle*, Paris, Vrin, 1978, p. 135.

CONTEXTUALISATION : LE CORPUS, LE PÈRE D. MESLAND, ET LE STATUT CONFIDENTIEL DES LETTRES

Ainsi existe-t-il un dernier *corpus* cartésien relatif à l'eucharistie, déployé de manière tardive en tant qu'il correspond à une époque relativement avancée de l'œuvre cartésienne, se situant dans les années 1644-1646. Ce *corpus* appartient exclusivement au registre de la *Correspondance* et non à celui d'un ouvrage : alors que l'explication de la transsubstantiation eucharistique prend place dans les Réponses aux Objections adressées aux *Méditations Métaphysiques*, publiées du vivant de Descartes, l'explication du mode de présence est distillée au cours d'un échange de lettres avec le Père Denis Mesland et sera publiée de manière posthume tout en faisant l'objet d'une diffusion clandestine. La datation de cet entretien est extrêmement délicate : l'on s'accorde pour affirmer qu'il a été initié en 1644 et porté à son terme – vraisemblablement – en 1646.

Nous pouvons recenser l'existence de quatre lettres adressées au Père Mesland qui font état du mode de présence. La première date de 1644 et permet de retracer la genèse de l'apparition de cette thématique dans le *corpus* cartésien. La seconde date du 9 février 1645 : complétant la première explication par les éclaircissements sur la superficie, elle expose surtout, sous une forme organisée, l'explication cartésienne du mode de présence, laquelle s'articule principalement autour de la théorie de l'union avec l'âme du Christ tout en reposant sur l'analogie avec la nutrition. La troisième, de mars 1645, permet de préciser le statut d'hypothèse conféré par Descartes à son explication. La dernière est de fin 1645 ou 1646 : elle traite de questions subsidiaires, relatives notamment à l'eucharistie du *triduum mortis*. Trois autres lettres, qui ne sont pas adressées à Mesland, portent sur le mode de présence, sans pour autant que Descartes ne divulgue l'explication conçue à l'occasion de l'échange avec le Jésuite : celles-ci marquent la « clôture » du sujet de l'eucharistie dans la philosophie cartésienne.

Apportons des éléments d'ordre contextuel afin de situer l'explication cartésienne du mode de présence dans l'économie d'ensemble de la philosophie cartésienne. Nous sommes dans les années 1644-1646, au cours desquelles Descartes réside en Hollande, tout en accomplissant quelques voyages en France, notamment à Paris : nous savons qu'en mai 1644 il se rend en France et qu'il revient en Hollande en novembre 1644. La situation de l'œuvre cartésienne est particulièrement avancée, s'articulant autour de trois évènements majeurs dans l'histoire du cartésianisme. D'une part, la version française, proposée par Clerselier, des *Méditations Métaphysiques*, accompagnée de leurs Objections et de leurs Réponses, est sur le point d'être publiée, ce qui « revenait à livrer aux "gens d'esprit" la solution cartésienne de la question eucharistique[2] ». D'autre part, Descartes vient d'achever les *Principes de la Philosophie.* Paraissant en latin en 1644, faisant l'objet, en1647, d'une traduction française composée par l'abbé Picot et supervisée par Descartes, les *Principes*, rencontrant un important succès, exposent la métaphysique, mais portent surtout au grand jour la physique cartésienne. Les *Principes* sont une pièce maîtresse de la philosophie cartésienne, destinés à supplanter la *Summa Philosophiae* d'Eustache de saint Paul (1573-1640) : Descartes entend remplacer par ses propres *Principes* ce manuel de philosophie, publié pour la première fois en 1609, constituant à l'époque la référence de l'enseignement scolastique.

Présentons l'interlocuteur à qui Descartes s'adresse, en la personne du Père Denis Mesland. Jésuite et missionnaire en partance aux Antilles, « correspondant et confident de Descartes[3] » représentant « l'espoir de la théologie cartésienne[4] ». Les éléments biographiques en notre possession sont minces et parfois contradictoires. Nous pouvons nous reporter à l'édition des Œuvres de Descartes de Ch. Adam et P. Tannery. Le premier élément à apporter concernant cette rapide esquisse biographique réside dans une distinction : il ne faut pas le confondre avec son homonyme Pierre Mesland, « le seul dont il est question dans la *Bibliothèque de la Compagnie de Jésus*, et qui mourut d'ailleurs en 1639[5] ». Né à Orléans en 1615 (le 3 ou 30 mars), D. Mesland suit l'enseignement du collège de la Flèche en philosophie et réalise des études de théologie, entre 1641 et 1645. Entré « comme novice » dans la Compagnie de Jésus au cours de l'année 1630 (12 novembre), il est affecté, à la fin de l'année 1645 (probablement octobre), aux Missions[6] et rejoint volontairement la

---

2 Armogathe, Jean-Robert, *op. cit.*, p. 71.

3 Tilliette, Xavier, *Philosophies eucharistiques de Descartes à Blondel*, *op. cit.*, p. 19.

4 Gouhier, Henri, *La pensée religieuse de Descartes*, *op. cit.*, p. 222.

5 Adam, Charles, et Tannery, Paul, Lettre au Mesland de 1645 ou 1646, *in Œuvres de Descartes*, Publiées par C. Adam et P. Tannery, Correspondance, Volume IV, juillet 1643-avril 1647, Paris, Vrin, 1972, p. 669.

6 L'hypothèse, avancée notamment prudemment par F. Alquié, selon laquelle le départ aux Missions de Mesland serait en réalité un exil en raison de sa proximité avec la philosophie

Martinique[7] au cours de l'année 1646[8] où il fait profession des quatre vœux le 25 avril 1649. Missionnaire aux Caraïbes et à la Martinique[9], il s'éteint à Santa Fé – royaume de Nouvelle Grenade –, le 18 janvier 1672 ou le 7 décembre 1674.

Le Père Denis Mesland apparaît d'emblée comme une figure majeure parmi les correspondants de Descartes, en tant qu'il s'agit d'un interlocuteur privilégié. Plusieurs critères permettent de soutenir un tel point de vue. D'une part, Descartes et le Père Mesland se portent une estime mutuelle et entretiennent une sincère amitié. L'adieu rédigé par le second lors de son départ pour les Missions et l'émoi, touchant, qu'il suscite chez le premier sont les gages de cette amitié[10]. De surcroît, Mesland voue une véritable admiration à Descartes, lequel, en retour, le tient en haute estime et loue sa profondeur intellectuelle. D'autre part, cette « âme généreuse[11] » est habitée par un cartésianisme ardent : pleinement conquis par les vérités nouvelles, Mesland peut être rangé du côté

---

cartésienne ne semble plus pouvoir être tenue aujourd'hui : « Que l'on ait "exilé" à cause de ses sympathies cartésiennes paraît bien improbable, d'autant que Descartes comptait bon nombre de partisans et d'amis parmi les Jésuites. Bridoux et Alquié disent que pour le punir on l'a envoyé chez les "Iroquois". En fait Denis Mesland est parti aux Antilles (1646) et, malgré le souhait de son illustre ami, il a tourné la page », X. Tilliette, *op. cit.*, p. 19. Autrement dit, il semble bien que Mesland soit parti volontairement comme missionnaire aux Antilles.

7 F. Alquié se trompe également sur ce point en notant qu'il est envoyé chez les Iroquois au Canada : « Le P. Mesland venait d'être envoyé au Canada, peut-être en raison de la trop grande ardeur qu'il mettait à défendre et à répandre la doctrine de Descartes », F. Alquié, note 1, *in* Descartes, *Œuvres Philosophiques*, *op. cit.*, Lettre au Père Mesland de 1645 ou 1646, p. 629. Par conséquent, cette hypothèse contient une double erreur.

8 Adam, Charles, et Tannery, Paul, Lettre au Mesland de 1645 ou 1646, *in Œuvres de Descartes*, Publiées par C. Adam et P. Tannery, Correspondance, Volume IV, juillet 1643-avril 1647, Paris, Vrin, 1972, p. 669 : « En 1661, un document indique qu'il avait quatorze ans de vie active dans les missions, ce qui reporte à la fin de 1646 les débuts de cette vie. Il se serait donc embarqué au cours de l'année 1646, et il aurait reçu avis de sa destination en octobre 1645, avant l'ouverture de l'année scolaire ».

9 Tilliette, Xavier, *op. cit.*, p. 19. Le commentateur ajoute ces éléments biographiques : « Missionnaire aux Caraïbes et à la Martinique, d'un zèle et d'une énergie infatigables, il se rend en 1651 en Guyane dans un "carbet" au village des Galibis, venant de l'île de la Grenade. Il fonde en 1653 la mission de Cayenne, avec le P. Ignace Pelleprat. Travailleur acharné, il parcourt les bords de l'Orénoque, disparaît en 1653 ; on le croit mort, tué par les Espagnols. Mais en 1657 il vit parmi les sauvages, presque nu lui aussi. Épuisé, il se retire plus tard au collège de Santa Fe, où il meurt à une date incertaine, le 18 janvier 1672 ou 7 décembre 1674 ».

10 Descartes, Lettre au Père Mesland de 1645 ou 1646, t. 3, p. 629.

11 Tilliette, Xavier, *op. cit.*, p. 19.

des cartésiens. Sur ce point, remarquons que Descartes s'est toujours prononcé sur l'eucharistie au cours d'échanges avec des auteurs ayant adhéré à sa philosophie, Arnauld et Mesland, bien que leur cartésianisme diffère fortement. D'ailleurs, le fait que Descartes se confie sur le sujet du mode de présence à un « cartésien » est particulièrement significatif, son explication ne pouvant être reçue et entendue que par des personnes bienveillantes ayant consenti à son système.

Mesland souscrit entièrement au système philosophique élaboré par Descartes, qu'il cherche à répandre. À cet effet, il a rédigé, sous une forme scolaire, un *Abrégé* des *Méditations*, absolument remarquable, destiné à permettre d'enseigner la philosophie cartésienne dans les collèges. L'*Abrégé*, approuvé par Descartes[12], témoigne de la fidélité de Mesland à la pensée cartésienne, se reflétant également dans la manière dont il a répondu aux Instances de Gassendi, à laquelle l'auteur rend hommage[13]. En dehors de l'amitié qui les unit, la relation entre Descartes et le Père Mesland revêt également un caractère stratégique, le premier pouvant compter sur le second pour faire valoir sa pensée au sein de la Compagnie de Jésus et la diffuser dans les collèges. Descartes fait lui-même part dans sa *Correspondance* du rôle qu'il entend confier à Mesland et de l'utilité revêtue par l'*Abrégé* dans la mesure où celui-ci avait réussi à accommoder sa philosophie au style de l'École[14]. Cette amitié permet d'apporter un regard ambivalent sur les rapports de Descartes avec les Jésuites : au conflit qu'il a un temps entretenu avec certains membres, le Père Bourdin en tête, Descartes trouve en Mesland un allié fort utile pour la diffusion de sa philosophie dans la Compagnie de Jésus. Le Père Mesland représente un point d'appui solide dans l'optique de ses rapports avec les Jésuites. Le conflit entretenu par Descartes avec ces derniers, déjà sur le point de s'amenuiser à l'époque de la première explication dans les *Méditations*, est à un nouveau tournant, pouvant déboucher sur de nouvelles relations, où sa philosophie serait introduite au sein de la Compagnie et en deviendrait la référence. D'ailleurs, Descartes s'attira effectivement les faveurs de certains membres de la Compagnie de Jésus dans les années 1644-1645, auxquelles peut-être son amitié avec Mesland n'est pas étrangère : « J'ai reçu des lettres du Père Charlet, du

12 Descartes, Lettre au Père Mesland du 2 mai 1644, t. 3, p. 68.
13 Lettre au P. Noël du 14 décembre 1646, t. 3, p. 701.
14 Lettre au Père Grandway du 2 mai 1644, t. 3, p. 77.

Père Dinet, du Père Bourdin, et de deux autres Jésuites, qui me font croire que la Société veut être de mon parti[15] ».

Dans le paysage des correspondants de Descartes, Mesland est une figure moins connue, et pourtant cruciale : ami intime et confident privilégié, il s'agit d'un « Jésuite de confiance et d'espoir[16] ». Confiance de Descartes dans l'influence de Mesland pour que sa philosophie triomphe dans la Compagnie et l'espoir qu'il permette l'élaboration d'une théologie à la mode cartésienne qui remplacerait celle à la mode d'Aristote. Soulignons d'ailleurs la richesse des entretiens entre Descartes et Mesland qui sont parties prenantes de la philosophie cartésienne.

Enfin, il importe de préciser la dimension résolument confidentielle des échanges entre Descartes et Mesland concernant le mode de présence. Avant d'introduire son explication, le seigneur du Perron prend soin, dans une sorte de préambule, de préciser le statut de celle-ci. Il s'agit d'une hypothèse, livrée confidentiellement, non destinée à être publiée : « je me hasarderai de vous dire ici, *en confidence*, une *façon* qui semble me semble assez *commode*, et très *utile* pour *éviter la calomnie des hérétiques*, qui nous objectent que nous croyons en cela une chose qui est *entièrement incompréhensible*, et qui implique *contradiction*[17] ». Descartes poursuit par une exigence d'anonymat et une clause de confidentialité, dans le sens où l'explication présentée est réservée exclusivement à son correspondant, l'auteur demandant à Mesland de ne pas le nommer s'il venait à la diffuser : « Mais c'est, s'il vous plaît, *à condition que*, si vous *la communiquez* à d'autres, *ce sera sans m'en attribuer l'invention* : et *même* vous *ne la communiquerez à personne*, si vous *jugez qu'elle ne soit pas entièrement conforme à ce qui a été déterminé par l'Église*[18] ». Le contraste qui sépare l'explication du sort des espèces – rendue publique – et celle du mode de présence – destinée à la confidentialité et qui se répandra clandestinement – est édifiant, traduisant une démarche tout à fait différente de la part de Descartes. En limitant son explication au registre de l'hypothèse, le parti adopté par l'auteur tranche vertigineusement avec

15 Lettre à l'Abbé Picot du 9 février 1645, *in Œuvres de Descartes*, Publiées par C. Adam et P. Tannery, Correspondance, Volume IV, juillet 1643-avril 1647, Paris, Vrin, 1972, p. 176. [nous avons modernisé l'orthographe].

16 Armogathe, Jean-Robert, *op. cit.*, p. 73.

17 Descartes, Lettre au Père Mesland du 9 février 1645, t. 3, p. 546 [mots soulignés par nous].

18 *Ibid.*, p. 547 [mots soulignés par nous].

le ton empreint de certitude qu'il avait employé dans son explication de la permanence des espèces. Son explication ne prétend pas revêtir une forme systématique et définitive. C'est un essai, « une façon commode et utile[19] ». À ce titre, loin de se montrer triomphal de manière ostentatoire, Descartes, beaucoup plus discret, sollicite humblement l'avis de Mesland à propos de son explication : « Je vous aurai obligation si vous m'apprenez votre sentiment touchant cette explication[20] ». Il confie même n'être pas sûr de l'orthodoxie de cette dernière, au point que son avenir est subordonné au jugement émis par Mesland : « et même vous ne la communiquerez à personne, *si vous jugez qu'elle ne soit pas entièrement conforme à ce qui a été déterminé par l'Église*[21] ». Nous pouvons presque instaurer une relation de cause à effet entre la clause de confidentialité et le manque d'assurance de Descartes sur l'orthodoxie de son explication : celui-ci ne souhaite pas que son explication circule parce qu'il n'est pas sûr, justement, qu'elle soit conforme au dogme catholique. C'est pourquoi Descartes la livre en secret au Jésuite tout en exigeant l'anonymat. Ajoutons que, selon nous, le statut confidentiel et hypothétique conféré par Descartes à son explication est également le signe du caractère original de son entreprise. Si l'auteur n'est pas en mesure de garantir l'orthodoxie de son explication et ne souhaite pas qu'elle soit divulguée, c'est, certainement, parce qu'il s'aventure dans un domaine qu'il ne maîtrise pas, se situant à la frontière de la philosophie et de la théologie.

Un dernier mot s'impose concernant le regard que nous portons sur le *corpus*. Nous l'avons souligné : l'explication du mode de présence intervient dans des lettres. À ce titre, elle est tributaire d'une prise de position philosophique sur la place de la *Correspondance* dans l'œuvre cartésienne, dont elle est partie prenante. Nous soutenons que la *Correspondance* appartient, non seulement de fait, mais de droit à l'économie d'ensemble de la philosophie cartésienne, en tant qu'elle est le lieu où Descartes développe ses principes et complète sa pensée : le projet d'une *mathesis universalis* germe dans les entretiens avec Beeckman, la libre création des vérités éternelles est élaborée avec Mersenne, l'union substantielle est approfondie avec Regius et Élisabeth, la liberté est enrichie (déjà)

19 *Ibid.*, p. 546.
20 *Ibid.*, p. 550 [mots soulignés par nous].
21 *Ibid.*, p. 547 [mots soulignés par nous].

avec Mesland, en restaurant une forme de liberté d'indifférence comprise comme faculté positive de se déterminer, dont dépendent le choix et le mérite. Recélant une authentique valeur philosophique, pleinement nécessaire au déploiement de la pensée cartésienne dont elle redouble les parties, la *Correspondance* forme, au sens propre, une œuvre, incontournable pour saisir des pans entiers de la philosophie de Descartes. L'explication du mode de présence sera l'occasion de vérifier le rôle éminent tenu par la *Correspondance* en tant que, non seulement Descartes conclut sa théorie eucharistique en apportant des éléments essentiels sur la superficie, mais il mobilise des principes qu'il pousse dans une direction qu'ils n'avaient encore jamais prise, livrant des éléments indispensables à l'achèvement de son système.

GENÈSE DE L'APPARITION DU MODE DE PRÉSENCE

L'étendue comme point de rencontre

Il nous faut à présent nous interroger sur l'émergence de la thématique du mode de présence dans le cadre de la philosophie cartésienne : en tenant compte du silence initial observé par l'auteur, appuyé sur les paroles du concile et procédant de la dimension théologique attachée au sujet, comment comprendre l'intérêt cartésien pour le mode de présence ? Est-il possible de reconstruire une cohérence ? Cette quête de sens implique de retracer la genèse de l'apparition de cette thématique, en restituant progressivement ses différentes étapes. Ainsi est-ce une occasion extérieure qui préside à l'irruption de celle-ci dans la philosophie cartésienne. En effet, c'est le Père Mesland qui conduit Descartes à s'intéresser au mode de présence en l'interrogeant sur ce point. Il faut tourner notre regard vers la Lettre du 2 mai 1644, précédant celle dans laquelle Descartes expose son explication du mode de présence : les remarques émises sur le Père Mesland et son *Abrégé* vont nous être utiles en tant que l'apparition de cette thématique s'inscrit dans le contexte de cet ouvrage.

Dans le dessein d'introduire la philosophie cartésienne dans les collèges, en l'accommodant au style scolastique, Mesland sollicite Descartes en lui soumettant, dans le cadre de son *Abrégé*, une série de difficultés qu'il lui demande de résoudre. Ce ne sont pas des objections, mais des demandes d'éclaircissement, légitimes de la part d'une personne appelée à devenir l'un des hérauts de la philosophie cartésienne et à la répandre dans les collèges. Descartes ne s'offusque nullement à la lecture de ces difficultés ; au contraire, il les accepte et les fait même procéder du manque de clarté de son expression (!)[22]. La modestie, frappante, de Descartes témoigne de l'estime qu'il porte à la personne du Père Mesland, mais manifeste également le rôle stratégique qu'il entend lui confier dans la diffusion de sa pensée.

Les difficultés soulevées par Mesland, profondes et variées, touchent à l'ensemble de la métaphysique cartésienne. Elles portent, entre autres, sur la causalité, la démonstration de l'existence de Dieu, l'erreur, l'âme, les idées et la liberté. Or, nous pouvons recenser deux difficultés concernant expressément l'eucharistie, qui viennent s'ajouter et clore cette demande d'éclaircissements. Nous pouvons tenter de reconstituer la teneur de ces deux difficultés en prenant appui sur la manière dont Descartes introduit ses réponses : cette reconstitution est artificielle dans la mesure où nous ne sommes pas en possession des Lettres à Mesland. La première devait très certainement tenir à la première explication cartésienne sur la manière dont les espèces demeurent, Mesland demandant des compléments sur la conception cartésienne des corps, et plus particulièrement sur la notion physique de superficie. Le sens de son interrogation devait, comme nous l'avons étudié, consister dans l'objectivité de la superficie. Nous ne revenons pas sur ce point. La seconde devait, pour sa part, concerner la manière dont le corps du Christ est présent au Saint Sacrement : « Pour l'extension de Jésus-Christ en ce St Sacrement[23] ». L'extension, en tant qu'essence de la substance corporelle, renvoie dans ce contexte à la question de la modalité de la présence du Christ dans l'eucharistie. Toute la question sera de déterminer de quel point de vue l'articulation entre présence réelle et étendue est interrogée.

Préalablement, demandons-nous quel regard porter sur le surgissement de l'eucharistie dans la liste des difficultés soumises par Mesland à l'endroit de l'*Abrégé* qu'il a rédigé. L'intérêt de Mesland pour la théorie eucharistique cartésienne en général est loin d'être surprenant : au contraire, il est tout à fait cohérent, d'un double point de vue. D'une part, en tant que Jésuite « converti » au cartésianisme, Mesland ne pouvait que se montrer intéressé par la théorie eucharistique cartésienne. D'autre

22 Lettre au Père du 2 mai 1644, t. 3, p. 68.
23 *Ibid.*, p. 75.

part, appelé à introduire, avec son *Abrégé*, la philosophie cartésienne dans l'enseignement des collèges, Mesland devait posséder le maximum d'éléments pour favoriser sa diffusion et sa compréhension parmi des non-cartésiens. Tout en devant enseigner avec acuité la philosophie cartésienne, il devait également être capable, en tant que Jésuite, d'assurer des disputes d'ordre religieux.

Il importe de prendre acte du fait que Mesland ne sollicite pas seulement Descartes sur le sort des espèces, en ciblant l'objectivité de la superficie, mais également sur le mode de présence du Christ au sacrement. En évoquant dans sa réponse « l'extension » du corps du Christ, Descartes indique que la difficulté de Mesland devait porter sur la notion d'étendue : sa conception de l'étendue pose problème dans son application à la modalité de la présence du corps du Christ dans l'eucharistie, telle qu'elle est définie par le dogme catholique. Pour comprendre la portée problématique de l'étendue cartésienne appliquée au mode de présence, nous estimons important d'émettre une série de remarques concernant celle-ci. Notons, au titre de présupposé méthodologique, que nous ne traiterons pas de la conception cartésienne de l'étendue en soi mais dans la perspective d'éclairer la difficulté eucharistique soumise par Mesland. Nous nous limiterons exclusivement à la conception cartésienne de l'essence des corps, en passant sous silence la théorie cartésienne de l'existence des corps et de son fondement métaphysique[24].

Repères sur la conception cartésienne de l'étendue

Nous pouvons résumer la conception cartésienne de l'étendue, ou extension (*extensio*), tenant lieu de la pierre angulaire de la physique cartésienne, à trois considérations. Tout d'abord, l'étendue est, dans la physique cartésienne, l'essence – et non l'être – de la matière : elle est, selon la terminologie cartésienne, l'attribut principal[25] de la substance corporelle – le corps – alors que la pensée est l'attribut principal de la substance pensante – l'âme. Il s'agit d'un véritablement renversement par rapport à la scolastique, semblable à celui observé concernant les qualités sensibles. Descartes leur fait subir un déplacement : vidées de

24 De même, nous ne traiterons pas de la question de savoir si Descartes opère une distinction entre l'étendue intelligible et l'étendue concrète, débat qui a divisé Arnauld et Malebranche.

25 Cette terminologie est assez tardive : nous pouvons la faire remonter à l'année 1640.

leur objectivité, elles sont des modifications de l'âme et n'appartiennent plus à l'objet. De même, la physique cartésienne érige l'étendue en essence de la substance matérielle, dont elle est indissociable, là où précisément la scolastique l'avait séparée en lui accordant le simple statut d'accident : Arnauld lui-même, « en bon candidat au doctorat de la Sorbonne[26] », souscrit encore à une physique aristotélico-thomiste, en recensant l'étendue parmi les accidents qui demeurent à la suite de la conversion substantielle[27]. À l'inverse, Descartes « enlève à l'étendue son caractère accidentel[28] » pour l'instituer en essence de la substance matérielle[29]. Ajoutons que l'étendue appartient au registre des « notions primitives », ou des notions particulières qui ont rapport avec l'existence[30], dont participent également la notion de pensée, qui est l'essence de l'âme, et celle de l'union de l'âme et du corps – qui n'est pas une troisième substance. Enfin, l'étendue se déploie dans son sens abstrait, *a priori*, en tant qu'elle est également ce sur quoi porte la mathématique pure et abstraite[31]. Tels sont les trois grands axes autour desquels gravite la conception cartésienne de l'étendue, qui recoupent trois approches gnoséologiques de cette notion : elle est l'objet des sens, de l'imagination et de l'entendement.

Nous ne serons pas en mesure de couvrir ici l'ensemble de ces approches. Retenons qu'un corps se définit par sa seule extension : de la notion d'étendue dérivent celles de la figure et du mouvement, qui sont les modes de la substance corporelle. Aussi, l'étendue, déterminée géométriquement en trois dimensions, se manifeste comme inséparable de la substance corporelle, au point que nous connaissons clairement

26 Gouhier, Henri, *Cartésianisme et augustinisme au XVIIe siècle*, *op. cit.*, p. 72.

27 Arnauld, Quatrièmes Objections, « Des choses qui peuvent arrêter les théologiens », p. 655.

28 Gouhier, Henri, *La pensée religieuse de Descartes*, Paris, Vrin, 2006, p. 225.

29 Descartes, *Principes de la Philosophie*, Seconde Partie, art. 4 (« Que ce n'est pas la pesanteur, ni la dureté, ni la couleur, etc., qui constitue la nature du corps, mais l'extension seule »), t. 3, p. 149 : « En ce faisant, nous saurons que *la nature de la matière, ou du corps pris en général, ne consiste point en ce qu'il est une chose dure ou pesante, ou colorée, ou qui touche nos sens de quelque autre façon, mais seulement en ce qu'il est une substance étendue en longueur, largeur et profondeur* » [mots soulignés par nous].

30 *Cf.* les lettres à Élisabeth du 21 mai 1643 et du 28 juin 1643 et l'art. 48 de la Première Partie des *Principes de la Philosophie.* Les notions primitives –appelées aussi genres d'idées dans la lettre à Élisabeth du 28 juin 1643 –, ne doivent pas être confondues avec les notions communes.

31 L'étendue participe de la *mathesis universalis* et s'inscrit dans le projet d'une géométrisation du monde.

un corps seulement à travers son essence étendue. Nous ne pouvons connaître clairement la substance matérielle immédiatement, c'est-à-dire en elle-même, mais seulement médiatement, par le biais de son attribut principal, qui en exprime la nature distinctive et la propriété première. L'étendue occupe une fonction épistémologique par rapport à la substance corporelle dans le sens où la seconde ne peut être clairement conçue sans la première : nous concevons clairement un corps en le ramenant à son extension en longueur, largeur et profondeur. Mais l'étendue possède une portée ontologique dans le sens où elle est l'indice de l'existence de la substance corporelle : là où il y a de l'extension, il « y a nécessairement aussi de la substance[32] ». Il s'ensuit que c'est seulement par la pensée que nous pouvons distinguer la substance corporelle de l'étendue. Parmi les trois niveaux de distinction, c'est une distinction de raison, et non une distinction réelle, qui s'applique et sépare la substance corporelle et l'étendue : « il y a quelque difficulté à séparer la notion que nous avons de la substance de celle que nous avons de la pensée et de *l'étendue qui n'en diffèrent que par raison* [*quae … ab ipsa ratione tantum diversae sunt*][33] ». Dans cette optique, la distinction de raison entre l'étendue et la substance corporelle suscite une question profonde, s'organisant autour du rapport entre la substance et son attribut principal : la substance se réduit-elle à son attribut principal ou est-il possible de maintenir que l'une diffère de l'autre ? Cette question a fait l'objet d'une violente polémique parmi les commentateurs, opposant au siècle dernier F. Alquié à M. Guéroult. Leur querelle, dont le retentissement résonne encore aujourd'hui[34], a notamment trouvé son terrain d'expression lors d'un colloque tenu à Royaumont, réunissant les plus grands spécialistes de Descartes et dont les Actes ont été publiés dans le très bel ouvrage *Descartes*, paru en 1957 aux Éditions

32 Descartes, *Principes de la Philosophie*, Seconde Partie, art. 16 (« Qu'il ne peut y avoir aucun vide au sens que les philosophes prennent de ce mot »), t. 3, p. 162.

33 *Ibid.*, Première Partie, art. 63 (« Comment on peut avoir des notions distinctes de l'extension et de la pensée, en tant que l'une constitue la nature du corps et l'autre celle de l'âme »), p. 133-134 [mots soulignés par nous]. À noter que nous avons cité le texte latin car la traduction française est moins claire dans la seconde partie de l'argumentation : « il y a quelque difficulté à séparer la notion que nous avons de la substance de celle que nous avons de la pensée et de l'étendue : car elles ne diffèrent de la substance que par cela seul que nous considérons quelque fois la pensée ou l'étendue sans faire réflexion sur la chose même qui pense ou qui est étendue ». *cf.* également les art. 62 de la Première Partie ainsi que 8 et 9 de la Seconde Partie des *Principes de la Philosophie.*

34 P. Macherey leur a consacré un excellent cours : *cf.* Macherey, Pierre, *Querelles cartésiennes*, chap. 1, Villeneuve d'Ascq, Presses Universitaires du Septentrion, 2014.

de Minuit. Synthétisons les positions en présence, le débat concernant l'attribut principal reflétant également deux lectures antithétiques du *cogito*. Pour F. Alquié, l'attribut principal n'épuise pas la substance : l'être de la substance résiste à son attribut principal et le dépasse[35]. Il y a de l'être qui demeure au-delà de l'attribut principal, qu'il est difficile de connaître tel quel. À l'inverse, M. Guéroult assimile l'attribut principal à la substance[36] : l'attribut principal absorbe la substance, la constitue intégralement, au point que l'être de la substance s'identifie à son essence. L'attribut principal n'est pas seulement un attribut, c'est-à-dire une propriété : il est assimilé à une composante intrinsèque de la substance. D'une certaine manière, l'attribut principal prime sur la substance.

La querelle n'est pas dénuée de lien avec l'eucharistie, dans la mesure où elle cible la question de savoir si Descartes identifie la substance corporelle et l'étendue. C'est pourquoi il importe d'esquisser, brièvement, notre position. Or, il ressort, selon nous, des textes cartésiens que la substance matérielle est une chose, *res*, dont l'essence est l'étendue mais qui ne se réduit pas dans son existence à son attribut principal : « *La chose est étendue, elle n'est pas l'étendue*[37] ». L'auteur parle de « quelque chose d'étendu[38] » : ce quelque chose est le sceau de l'être de la substance qui dépasse son essence étendue. De même, les Réponses aux Troisièmes Objections mettent au jour que l'étendue et la pensée présupposent une substance en laquelle ils existent, que nous ne connaissons pas immédiatement mais seulement par leur biais : la substance jouit d'une priorité ontologique par rapport à son attribut principal. Il s'ensuit que la philosophie cartésienne réclame de distinguer la substance, qui est chose et sujet, de son essence[39], qui est attribut. Il importe

---

35 Alquié, Ferdinand, « Expérience ontologique et déduction systématique dans la constitution de la métaphysique de Descartes », *in Descartes*, Paris, Éditions de Minuit, 1957, Discussions, p. 34 : « Il n'y pas de distinction réelle entre la substance et son attribut, cela va de soi, puisque la distinction réelle sépare deux substances. L'attribut n'est pas une autre substance. Mais il n'est pas non plus la substance ».

36 *Ibid.*, M. Guéroult, p. 34-35 : « Je ne connais pas de texte où Descartes dit qu'il faut se garder de confondre l'attribut essentiel de la substance avec la substance. Ce que veut dire Descartes quand il parle de l'attribut essentiel, c'est que l'attribut essentiel c'est ce qui dans les modes d'une substance apparaît comme étant constitutif de cette substance ».

37 *Ibid.*, F. Alquié, p. 33 [mots soulignés par nous].

38 Descartes, *Principes de la Philosophie*, Deuxième Partie, art. 18 (« Comment on peut corriger la fausse opinion dont on est préoccupé touchant le vide »).

39 *Cf. Méditations Métaphysiques*, Réponses aux Secondes Objections, Raisons qui prouvent l'existence de Dieu et la distinction qui est entre l'esprit et le corps humain disposées d'une façon géométrique, Définitions V : « Toute chose dans laquelle réside immédiatement,

de distinguer l'être comme essence et l'être comme existence : l'existence ajoute quelque chose à l'essence, et la substance corporelle exprime dans son être quelque chose de plus que son essence comme chose étendue[40]. Telle est la thèse de F. Alquié que nous rejoignons consistant à affirmer que « l'être n'est pas réductible au concept[41] ». L'être de la substance dépasse ce que l'attribut principal en décline sans pourtant lui être opposé : il y a plus dans la substance matérielle que l'étendue qui en exprime l'essence. Telle est l'« expérience ontologique » rencontrée par F. Alquié dans la philosophie cartésienne à travers le rapport entre substance et attribut principal : l'être de la substance corporelle existe par-delà son essence d'étendue mais ne peut être qualifié, car toute entreprise de qualification passe nécessairement par l'étendue[42]. Autrement dit, la substance ne peut être clairement conçue sans son attribut principal, tout en sachant que la substance est une chose, irréductible, dans son existence, à son attribut principal. Nous comprenons, en donnant raison à F. Alquié dans la querelle qui l'a opposé à M. Guéroult, que l'histoire de la philosophie n'est pas, comme certains se plaisent à la réduire, une simple histoire des idées : elle est elle-même de la philosophie en tant qu'elle est engagée métaphysiquement.

De fait, l'étendue jouit d'une véritable primauté dans la physique cartésienne, dont elle constitue finalement le centre de gravité dans la mesure où Descartes va dégager, à partir de celle-ci, la divisibilité indéfinie de la matière et s'opposer à l'existence du vide. Pour autant, il importe de ne pas « substantialiser » l'étendue : elle n'est pas substance en tant qu'elle exprime

comme dans son sujet, ou par laquelle existe quelque chose que nous concevons, c'est-à-dire quelque propriété, qualité, ou attribut, dont nous avons en nous une réelle idée, s'appelle Substance ».

40 Alquié, Ferdinand, « Expérience ontologique et déduction systématique dans la constitution de la métaphysique de Descartes », *in Descartes*, *op. cit.*, Discussions, p. 36 : « Il ne dit pas qu'elles [la pensée et l'étendue] constituent la substance, mais la nature de la substance. Pour moi, c'est très important. La nature de la substance n'est pas l'être de la substance. On retrouve ici la différence entre l'être comme essence et l'être comme existence ».

41 *Ibid.*, p. 42.

42 *Ibid.*, p. 43 : « Si vous admettez, au moins à titre d'hypothèse, qu'il peut y avoir une certaine saisie de l'être, une certaine expérience de l'être qui soit fondamentale chez Descartes, vous ne pouvez pas me demander : qu'est-ce que cet être ? Car tout ce que je peux vous dire ne sera tiré que de l'idée que j'ai de cet être. *Or, je suis en train d'essayer de montrer qu'il y a chez Descartes un être qui ne se réduit pas à l'idée.* Je ne peux vous répondre que par idées, comment voulez-vous que je réponde autrement ? Si on admet *qu'il y a chez Descartes une expérience ontologique, comme c'est mon cas* – et il me semble qu'il y a bien des textes qui l'indiquent – ce n'est pas une objection à me faire que de demander : "Analysez cette expérience" » [mots soulignés par nous].

la nature et non point l'être de la substance corporelle. Poursuivons. Descartes établit également, aussi bien dans les *Principes* que dans les *Méditations*, que l'étendue d'un corps implique son extension locale. L'extension locale renvoie à la manière dont un corps étendu est situé dans l'espace : un corps étendu occupe nécessairement de l'espace. Aussi est-ce seulement une distinction de raison, et non une distinction réelle, qui prévaut entre l'étendue et l'extension locale. Descartes assimile l'espace au lieu intérieur, tout en admettant un autre niveau de l'espace, l'espace contenant, correspondant à une idée générale et abstraite, irréductible toutefois à l'espace cadre de la scolastique, de par la récusation cartésienne de l'existence du vide. Si les corps occupent un certain espace, entendu comme lieu intérieur, ils se meuvent et changent de place dans l'espace : les corps sont dans (et non de) l'espace et changent d'espace selon où ils sont transportés. Il convient alors de distinguer entre l'espace interne et constitutif du corps – le lieu intérieur –, qui accompagne les différents mouvements du corps, et l'espace pris dans sa dimension générale et abstraite, occupé par n'importe quel corps et source du mouvement. Or, là se situe la spécificité de sa perspective, Descartes rapproche ces deux conceptions. L'espace constitutif du corps, le lieu intérieur, ne diffère pas du corps qui occupe cet espace, en vertu de l'étendue commune à l'espace et au corps. Si l'étendue est l'essence de la substance corporelle et constitue la marque ontologique d'un corps, alors l'espace, lui-même déterminé par l'étendue, est également un corps. Espace – lieu intérieur – et corps compris dans cet espace sont une seule et mêle chose qui se distinguent, non pas réellement, mais au regard de notre pensée[43]. Le critère d'une telle distinction réside dans la manière dont est considérée l'étendue composant communément l'essence de l'espace et du corps, selon qu'elle est envisagée d'un point de vue singulier ou général.

Descartes instaure une équivalence entre espace et corps[44], dont le point nodal est l'étendue commune[45] : cette équivalence est totalement

43 Descartes, *Principes de la Philosophie*, Première Partie, art. 10 (« Ce que c'est que l'espace ou le lieu intérieur »), p. 155.

44 Descartes sera contesté sur ce point par certains physiciens de son temps. Par exemple, un de ses correspondants, le savant Gilles Personne de Roberval (1602-1675), ne parvenait pas à saisir une telle assimilation entre l'espace et le corps, reposant sur l'étendue communément partagée. Descartes et Roberval ont entretenu une relation difficile, conflictuelle même : ils se seraient notamment rencontrés en 1647 et en 1648.

45 Descartes, *in Œuvres de Descartes*, Publiées par C. Adam et P. Tannery, Correspondance, Volume XI, Additions, Paris, Vrin, 1967, p. 688-689 : « Je perçois clairement et distinctement et je sais que le corps et l'espace, dont vous pensez qu'ils sont des choses

novatrice, dans la mesure où le Moyen-Âge tardif et la Renaissance tendaient plutôt à les distinguer[46]. Aussi comprenons-nous de quelle manière l'étendue d'un corps implique nécessairement son étendue locale. L'étendue étant l'essence du corps, tout corps étendu ne peut être conçu que localement, en tant que l'étendue est l'essence partagée aussi bien par l'espace que par le corps.

Les difficultés suscitées par l'étendue par rapport à l'eucharistie

La conception cartésienne de l'étendue comme essence de la substance corporelle, s'accompagnant de la réduction à l'extension locale, provoque toute une série de difficultés, redoutables, par rapport au dogme catholique de l'eucharistie. Il est délicat de déterminer quelle difficulté a été expressément avancée par Mesland dans sa lettre. Afin de conférer une relative complétude à notre propos sur le rapport entre étendue cartésienne et dogme catholique, nous proposons, au titre d'hypothèses, de décliner deux difficultés. La principale difficulté procéderait de la réduction cartésienne de l'étendue à l'extension locale : celle-ci paraît être un obstacle à l'enseignement catholique. L'étendue étant l'essence de la substance corporelle, le corps du Christ présent sous les espèces serait un corps étendu : le caractère étendu du corps du Christ impliquerait alors sa présence locale, ce qui est contraire au dogme catholique. Ce dernier enseigne que le Christ est réellement présent par mode de substance de manière sacramentelle et non localement, dans la mesure où il réside, selon son lieu propre, au Ciel. Nous savons que Descartes connaissait la distinction entre la présence sacramentelle et la présence locale, puisqu'il l'emprunte dans l'explication exposée dans les Réponses aux Quatrièmes Objections[47]. À ce titre, la physique cartésienne se voit mise en cause dans son application à l'eucharistie, dans la mesure où la manière dont l'étendue est reconduite à l'extension locale détiendrait

---

très différentes à cause d'un certain aveuglement de l'esprit dont vous faites preuve à votre insu, sont tout à fait une et même chose ». *Cf.* également Garber, Daniel, *op. cit.*,, p. 211.

46 Garber, Daniel, *op. cit.*, p. 205 : « Pour un large éventail de personnages, l'espace est quelque chose qui est d'une certaine façon distinct du corps, à savoir "une certaine quantité physique à trois dimensions dans laquelle la grandeur des corps est reçue", pour citer Bruno ».

47 Descartes, *Méditations Métaphysiques*, Réponses aux Quatrièmes Objections, « Réponse aux choses qui peuvent arrêter les théologiens », p. 699.

une conséquence opposée au dogme, tendant vers une forme de présence locale. Telle pourrait être, selon J.-R. Armogathe[48] et J. Laporte[49], la difficulté, absolument capitale, soumise par Mesland à Descartes.

D'autre part, une seconde difficulté semble pouvoir être décelée, moins observée par les commentateurs, portant davantage sur l'étendue en tant que telle. Le changement de substance se produisant lors de la transsubstantiation eucharistique n'a pas été suivi par un changement d'étendue : l'étendue, comme la superficie, n'a pas été affectée par la conversion substantielle et demeure identique après comme avant la consécration. Or, la permanence de la même étendue semble obstruer la présence du corps du Christ à la place du pain lors de l'eucharistie. Si la même étendue demeure, comment le corps du Christ, qui possède son étendue propre, pourrait-il être présent à la place du pain ? L'assimilation cartésienne de l'essence de la matière à l'étendue conduirait à un « résultat » dramatique pour l'eucharistie : « il est impossible que le corps du Christ s'introduise dans l'hostie, puisque l'étendue demeure après la consécration dans l'état même où elle était auparavant[50] ». En outre, nous pouvons approfondir cette difficulté. Si le dogme catholique exige la disparition de la substance du pain à la suite de la conversion substantielle, comment, dans le même temps, soutenir que l'étendue subsiste alors que même celle-ci est pourtant indissociable de la substance corporelle, dont elle est l'attribut principal ? La disparition de la substance du pain ne devrait-elle pas entraîner la disparition de l'étendue ? Comment le corps du Christ pourrait-il être alors réellement présent sans être étendu ? Inversement, la permanence de l'étendue, parce qu'elle est l'essence de la substance corporelle, laisserait penser un résidu de la substance du pain, ouvrant la voie à l'hérésie de la consubstantiation

---

48 Armogathe, Jean-Robert, *op. cit.*, p. 72 : « La seconde question de Mesland avait dû porter sur l'étendue du corps de Jésus-Christ : question plus technique, dont nous avons pu mesurer l'importance dans les discussions scolastiques. Substance et étendue étant assimilées, il faudrait dire que le corps du Christ est *étendu* dans le Saint-Sacrement, ce qui pose le problème du mode (local) de sa présence ».

49 Laporte, Jean, *op. cit.*, p. 411 : « Puisqu'un corps – la philosophie cartésienne l'a établi – n'existe pas son extension locale, puisque lui enlever de l'extension c'est proprement lui enlever de la substance, comment concevoir que, sous des dimensions aussi restreintes que celles d'une hostie ou d'un calice, un corps qui, par hypothèse, est un corps humain puisse être contenu ? ». Signalons que nous différons de la conception soutenue par le commentateur en tant qu'il tient pour identique la substance et l'étendue.

50 Gouhier, Henri, *La pensée religieuse de Descartes*, *op. cit.*, p. 225.

luthérienne, alors même que la transsubstantiation est totale. Autrement dit, l'étendue rend difficile l'articulation entre vérité catholique et physique cartésienne, en tant qu'elle ne semble pas permettre de penser la disparition de la substance du pain et la subsistance de l'étendue. Ou bien l'étendue demeure, ce qui rend problématique la présence réelle du Christ sous les hosties, tout en étant l'indice possible d'un résidu de la substance du pain. Ou bien l'étendue ne subsiste pas, la question devenant de savoir comment le corps du Christ peut être réellement présent sans être étendu.

Cette seconde difficulté engendrée par la notion d'étendue dans son rapport au dogme catholique provient, au fond, de l'entremêlement des principes hérités de la tradition aristotélico-thomiste avec ceux de la physique cartésienne : l'étendue demeure d'un point de vue catholique en tant qu'elle est considérée comme un accident alors même qu'elle subit un déplacement dans la physique cartésienne en étant élevée au rang d'essence – et non l'être – de la matière. Dans cette perspective, maintenir que l'étendue subsiste comme un accident ou comme essence de la matière n'a précisément pas les mêmes conséquences pour l'eucharistie.

La conception cartésienne de l'étendue, érigée en essence de la substance corporelle, pose un double problème de conformité avec le dogme catholique de la présence réelle. Le premier écueil que Descartes doit éviter est celui de la présence locale[51], à laquelle semble inéluctablement aboutir la physique cartésienne, en raison de la réduction de l'étendue à son extension locale. Le second consiste à rendre possible la présence réelle du corps (étendu) du Christ sans pour autant verser dans la consubstantiation luthérienne[52] : comment, selon les principes de la physique cartésienne, le corps du Christ peut-il être présent à la place du pain alors même que l'étendue demeure intacte après la consécration et que la substance du pain a disparu ? De telles difficultés indiquent le statut insuffisant de la première explication et la nécessité d'une explication expressément consacrée au mode de présence : la superficie, à même de rendre compte de la permanence des propriétés sensibles du pain et du

51 Tel sera d'ailleurs le sens de la seconde difficulté soumise tardivement par Arnauld de manière anonyme en 1648, à laquelle Descartes refusera de répondre. Nous y reviendrons.

52 Rappelons que le vocable de consubstantiation (ou d'impanation luthérienne) renvoie à la compréhension catholique de la position luthérienne. Nous ne discuterons pas ici de la question de savoir si Luther soutient effectivement, dans les textes mêmes, la thèse de la consubstantiation dont l'accuse la foi catholique.

vin et de l'invariance des sensations, ne recouvre en rien l'explication de la modalité de la présence du Christ. Elle résout la négation des accidents réels et l'inséparabilité des modes et de leur substance, mais ne contient aucun indice sur le rapport entre étendue et présence réelle.

Aussi, quelle que soit la difficulté expressément repérée par Mesland, nous savons qu'elle porte sur l'articulation entre physique cartésienne et dogme catholique, déjà pointée par Arnauld dans ses Quatrièmes Objections : la conception cartésienne de l'étendue permet-elle de préserver le dogme catholique de la présence réelle du corps du Christ ? Comment concilier la conception cartésienne de l'étendue et la manière dont le corps du Christ est présent au Saint Sacrement selon la foi catholique ? En ce sens, la notion d'étendue est soumise à l'épreuve de conformité avec le dogme de la présence réelle, relançant totalement la question, cruciale, de l'accord de la physique cartésienne avec la foi catholique. Autrement dit, est-il possible d'être à la fois cartésien et catholique, ou au contraire, au regard du dogme de la présence réelle, entre la physique cartésienne et la foi catholique, faut-il choisir ?

Nous parvenons à un enseignement essentiel. Alors que nous pensions le mode de présence du Christ extérieur à la physique cartésienne, au motif de sa dimension théologique, la difficulté du Père Mesland nous permet de situer la thématique de la présence réelle dans l'horizon général de la philosophie cartésienne : l'étendue devient le point de rencontre entre mode de présence et physique cartésienne. En ce sens, la question de la présence réelle résonne elle aussi comme un problème spécial à la physique cartésienne : les principes de la physique cartésienne ayant trait à l'étendue rejaillissent sur le mode de présence du corps du Christ au Saint-Sacrement, ce qui exige par là une explication.

LA RÉPONSE CARTÉSIENNE À LA DIFFICULTÉ DE MESLAND

Du refus rhétorique à une officieuse sollicitation

Recevant cette difficulté soumise par le Jésuite, Descartes ne consent pas à se prononcer sur le mode de présence : « Pour *l'extension de Jésus-Christ en ce St Sacrement*, je ne l'ai point expliquée, parce que *je n'y ai pas été obligé*, et que *je m'abstiens, le plus qu'il m'est possible, des questions de théologie*, et *même* que le Concile de Trente a dit qu'il y est, *ea existendi ratione quam verbis exprimere vix possumus* ("par cette façon d'exister que nous pouvons à peine exprimer par des mots"). Lesquels mots *j'ai insérés à dessein*, à la fin de ma réponse aux quatrièmes objections, *pour m'exempter de l'expliquer*[53] ». L'auteur recourt à trois arguments corrélatifs pour fonder son refus initial, déjà entrevus. Il prétexte de l'extériorité de cette thématique par rapport à sa physique : l'auteur estime que les principes de sa physique n'atteignent pas la modalité de la présence du Christ, contrairement à ce que nous avons mis au jour à travers la notion d'étendue, ce qui annonce la dimension rhétorique de la première partie de cette réponse. De cette absence d'articulation découle une absence d'obligation : à la différence de la première explication du mode de conversion, Descartes ne se trouve pas devant « un cas de conscience » où il serait dans l'obligation de « raccorder[54] » le mode de présence à sa philosophie. Descartes rappelle également le caractère théologique de cette thématique qui, parce qu'elle met en jeu le corps Christ, relève d'un mystère de foi. Enfin, il parachève son argumentation en se réfugiant derrière les paroles du concile de Trente, dont il reconnaît, dans une forme d'aveu, la valeur stratégique qu'il leur accorde : interprétant la difficulté d'expression dont le concile fait part comme une impossibilité, celles-ci lui confèrent un droit au silence et le dispensent d'expliquer le mode de présence.

Toutefois, tout l'intérêt de ce refus réside dans son caractère rhétorique dans la mesure où l'auteur le fait suivre d'une nuance lourde sens : « *Mais j'ose* dire que, *si* les *hommes étaient un peu plus accoutumés* qu'ils *ne sont à ma façon de philosopher*, on *pourrait* leur *faire entendre un moyen d'expliquer ce mystère*, qui *fermerait la bouche aux ennemis de notre religion*, et auquel *ils ne pourraient contredire*[55] ». Le terme « oser » introduit, à lui seul, un déplacement dans la réponse cartésienne, qui reçoit une tonalité nouvelle. L'auteur « ose » véritablement quelque chose dans la suite de sa lettre. Le terme dénote une démarche volontaire. Il est la marque d'une prise d'initiative : loin d'être contraint par Mesland, Descartes poursuit de son plein gré. Il ne se contente plus d'émettre une fin de non-recevoir concernant la modalité de la présence du Christ, en alléguant la dimension théologique du sujet. *A contrario*, il ouvre la voie, dans un contexte apologétique, à une explication, mais qu'il reporte en conditionnant son contexte de dévoilement.

53 Descartes, Lettre au Père Mesland du 2 mai 1644, t. 3, p. 75 [mots soulignés par nous].
54 Gouhier, Henri, *La pensée religieuse de Descartes*, *op. cit.*, p. 227.
55 Descartes, Lettre au Père Mesland du 2 mai 1644, t. 3, p. 75 [mots soulignés par nous].

Il pourrait consentir à l'exposer lorsque sa propre philosophie aura suffisamment pénétré les esprits. C'est le statut même de sa philosophie qui est mobilisé pour justifier ce report : le caractère novateur de ses principes philosophiques, supplantant ceux de la scolastique, empêche Descartes de présenter une explication à l'aune de ses principes. Celle-ci serait, en raison de sa nouveauté, susceptible d'être mal reçue et de lui attirer certains troubles théologiques, alors même qu'il s'était vu, au moment des échanges avec Mesland, accusé d'athéisme par Voetius[56] et de pélagianisme par certains théologiens de Leyde – « *plus quam Pelagianus et blasphemus*[57] ».

Or, précisément, la subtilité de l'esprit cartésien saute aux yeux : Descartes justifie le report de son explication par un motif qui n'a pas lieu d'être chez celui avec qui il s'entretient (!). S'il y a bien un « homme accoutumé à sa façon de philosopher », capable à ce titre de recevoir la portée novatrice de l'explication cartésienne de la modalité de la présence du Christ, c'est le Père Mesland. La fonction revêtue par la seconde partie de sa réponse rayonne alors d'elle-même dans toute sa clarté : loin d'être réductible à une prise de position prudente, celle-ci résonne comme une officieuse sollicitation à l'égard de son correspondant. Descartes lance un appel à l'adresse du Père Mesland : il ouvre une brèche susceptible d'être exploitée par le Jésuite. H. Gouhier et J.-R. Armogathe ont repéré le sens implicite de ce passage, qui « signifie clairement : invitez-moi à vous en faire part [de mon explication][58] » ;

56 Lettre à Chanut du 1er novembre 1646, t. 3, p. 684.

57 Lettre de Descartes aux curateurs de l'université de Leyde, *in Œuvres de Descartes*, Publiées par C. Adam et P. Tannery, Correspondance, Volume V, mai 1647-février 1650, Paris, Vrin, 1974, p. 11. Descartes se défendra contre cette accusation. *Cf.* la lettre au Père Mersenne de mars 1642 et du 27 avril 1637, *in Œuvres de Descartes*, Publiées par C. Adam et P. Tannery, Correspondance, Volume I, avril 1622-février 1638, Paris, Vrin, 1969, p. 366 : « en sorte qu'on ne peut m'accuser pour cela de l'erreur des pélagiens ». [nous avons modernisé l'orthographe de la citation]. E. Faye s'est penché sur cette question dans *Philosophie et perfection de l'homme : de la Renaissance à Descartes*, Paris, Vrin, 1998. *Cf.* également E. Faye, « Descartes et les philosophes français de la Renaissance », Conférence et débat organisés en Sorbonne le 5 décembre 1998 par la Régionale de Paris-Créteil-Versailles autour du livre *Philosophie et perfection de l'homme. De la Renaissance à Descartes* (Paris, Vrin, 1998), p. 27 : « J'ai voulu montrer dans mon livre (p. 272-273, 307, 367) que cette accusation n'était pas fondée, aucun des philosophes que j'ai étudiés n'ayant nié l'action de la grâce ni affirmé que la nature suffisait au salut. Et la réponse pleine d'humour de Descartes à Mersenne me semble toujours très valable (AT I, 366-367) ».

58 Gouhier, Henri, *La pensée religieuse de Descartes*, *op. cit.*, p. 230. *Cf.* également *Cartésianisme et augustinisme au XVIIe siècle*, *op. cit.*, p. 73-74 : « cette explication, il ne serait pourtant pas embarrassé pour la donner, si bien que l'interlocuteur se sent obligé de lui dire : "mais

Descartes s'exprime « en sorte de se faire inviter, comme malgré lui[59] », à lui présenter son explication. De surcroît, en invoquant le caractère novateur de sa philosophie, auquel le public ne s'est pas familiarisé, Descartes délimite dans le même temps le cadre privé de l'entretien, de sorte que l'explication semble, en premier lieu, réservée à des adeptes de la philosophie cartésienne[60].

Un tel enseignement constitue un renversement capital, dont il convient de mesurer le sens, tant la thématique du mode de présence semblait, de prime abord, étrangère aux préoccupations cartésiennes. Ce n'est nullement d'une manière totalement extérieure à sa philosophie que Descartes est conduit à traiter de la présence réelle. Au contraire, le passage étudié atteste un intérêt cartésien et révèle la part d'initiative qui incombe à Descartes lorsqu'il détaille son explication. La lettre de 1644 contribue à éclairer celle de 1645. Le vocabulaire employé par l'auteur dans l'exposé de son explication est d'ailleurs trompeur, car il semble indiquer qu'il s'exprime en étant contraint de l'extérieur : « je me hasarderai de vous dire ici en confidence[61] ». À l'inverse, il apparaît précisément que Descartes présente son explication d'une manière qui n'a rien d'« hasardeux » et de contingent. C'est volontairement que l'auteur s'avance sur ce sujet, en ayant lui-même recherché l'occasion d'approfondir son propos.

Toutefois, les circonstances de rédaction de son explication ne doivent pas être confondues avec le statut que lui accorde Descartes : si ce dernier répond à une sollicitation qu'il a lui-même occasionnée, il n'empêche que son explication revêt le caractère d'une hypothèse dans le sens où il s'agit d'une « façon » commode et utile[62]. C'est ce que traduit précisément le verbe « hasarder » dans la Lettre suivante : Descartes se hasarde à un essai d'explication, c'est-à-dire qu'il s'agit d'un « modèle », ou un « exemple de ce qui pourrait être fait[63] ».

---

je vous en prie" » ; « ce dernier [le Père Mesland] ne pouvait pas ne pas saisir la perche qui lui avait été tendue ».

59 Armogathe, Jean-Robert, *op. cit.*, p. 72.

60 Descartes exprimera le souhait, à la fin de sa lettre du 9 février 1645, d'adresser son explication au Père Vatier afin d'en connaître l'avis, lequel avait approuvé la première explication cartésienne.

61 Descartes, Lettre au Père Mesland du 9 février 1645, t. 3, p. 546.

62 *Ibid.*

63 Gouhier, Henri, *La pensée religieuse de Descartes*, *op. cit.*, p. 232.

Le mode de présence, une nouvelle étape : à la frontière du philosophico-théologique

Néanmoins, l'officieuse sollicitation lancée par Descartes au Père Mesland contient un terme qui interpelle le lecteur, signant la dimension originale de la seconde explication : l'auteur annonce qu'il serait à même d'expliquer le « mystère[64] ». Le terme ne réapparaîtra plus d'ailleurs dans le cadre de l'exposé de l'explication, étant remplacé par celui de miracle : l'auteur va définir ce en quoi consiste le miracle eucharistique. Les deux termes ne sauraient être assimilés, ce que nous avons souligné. Toutefois, ils sont tous deux la marque de la portée problématique de la démarche cartésienne, au regard de l'organisation interne du système. En effet, le mode de présence semble ne pas se prêter à un partage similaire à celui de la première explication, entre une composante physique, le sort des espèces, et l'autre théologique, la conversion substantielle. La façon dont le corps de Jésus-Christ est présent, classée comme mystère de foi et convoquant une part de miracle, échoit au domaine de la théologie : celle-ci met en jeu la présence sacramentelle du corps glorieux du Christ, en tant que vrai Dieu et vrai homme, ressuscité, étant selon son lieu propre au Ciel. À ce titre, l'auteur ne peut plus rester au stade d'une démarche exclusivement physique. Expliquer le mode de présence conduit Descartes à accomplir un pas, certes empreint de timidité, dans le domaine de la théologie spéculative : il cède devant les impérieuses exigences de la raison en cherchant à amener « les vérités de la foi à la clarté contraignante de l'évidence[65] ». Refusant généralement de se prononcer sur les vérités révélées pour se préoccuper des vérités acquises, Descartes accepte, cette fois, de se situer au même niveau que les théologiens scolastiques en rendant compte, sur une base physique qui n'est plus scolastique, de la modalité de la présence du Christ. La dimension théologique de l'entreprise cartésienne est confirmée dans la Lettre suivante, lorsque Descartes introduit son explication. Aussi précise-t-il qu'il n'est « point théologien de profession », ce qui lui fait craindre que les choses « qu'il pourrait écrire » sur le sujet théologique de la modalité de la présence

64 Descartes, Lettre du 2 mai 1644, t. 3, p. 75 : « on pourrait leur faire entendre un moyen d'expliquer ce mystère ».

65 Armogathe, Jean-Robert, *op. cit.*, p. 72.

du Christ « fussent moins bien reçues de lui que d'un autre[66] ». Or ces choses-là ont bien été écrites par Descartes (!).

Pour autant, si le mode de présence ressortit à la théologie, il reste qu'il mobilise, dans le contexte de la démarche cartésienne, un enjeu physique, préservant la cohérence d'ensemble de celle-ci. Si le statut de mystère associé au mode de présence constitue l'indice, irréfutable, de sa dimension théologique, la notion d'étendue traduit la part physique qu'il contient. Aussi Descartes s'attache-t-il à « expliquer », en mettant en exergue que ses principes sont à même de rendre possible la présence du Christ telle qu'elle est enseignée par la foi catholique. Il ne se prononce pas sur le sens théologique du mode de présence : rien n'est dit du salut. Dans cette optique, nous comprenons que physique et théologie s'entremêlent dans cette thématique : l'étendue constitue le point de rencontre entre mode de présence et physique cartésienne, de la même façon que la négation des accidents réels et l'inséparabilité des modes et de leur substance avaient conduit Descartes, sollicité par Arnauld, à s'intéresser à la permanence des espèces. Les deux thématiques entretiennent un rapport quasi symétrique : ce sont toujours les principes forts de la physique cartésienne qui ont des répercussions directes sur chaque question repérée dans l'eucharistie. D'un côté, le refus cartésien des qualités réelles interroge le maintien des espèces dans la transsubstantiation eucharistique, tandis que de l'autre la conception cartésienne de l'étendue pose problème par rapport à la modalité de la présence du Christ au Saint Sacrement. Pour corroborer notre point de vue, remarquons que le Jésuite, dans la difficulté qu'il transmet, ne sollicite pas Descartes comme théologien, mais comme cartésien : il ne souhaite pas connaître son avis sur le sens théologique de la présence réelle, mais savoir comment il lui serait possible d'articuler sa conception de l'étendue comme essence de la substance corporelle avec la manière dont le corps du Christ est au Saint Sacrement. Autrement dit, la difficulté de Mesland découle des rapports entretenus entre la physique cartésienne et le mode de présence, qu'elle atteste. À cet égard, il ne saurait être question de réserver à la seule théologie la démarche d'expliquer la modalité de la présence du Christ, au motif de ses implications physiques. Il s'ensuit qu'il revient à Descartes d'apporter, en tant

---

66 Descartes, Lettre du 9 février 1645, t. 3, p. 546.

que philosophe positionné depuis un point limite, une explication de la modalité de la présence du Christ, même si cette thématique dépasse, en toute rigueur, son office propre.

La seconde explication coïncide avec un tournant de la théorie eucharistique cartésienne. Il importe de saisir que la démarche cartésienne est inédite, sans pour autant tomber dans une conception réductrice de la situation. Nous devons concéder que Descartes, en annonçant expliquer le mystère de la présence du Christ, va plus loin, ne pouvant plus par là même se revendiquer exclusivement physicien, ce qu'il avait réussi à demeurer lors de la première explication. Pour autant, considérer que l'auteur devient purement théologien n'est pas, non plus, pleinement légitime, de par l'arrière-plan physique de sa démarche, à travers la notion d'extension. Dans cette perspective, il nous faut trouver un point d'équilibre, par essence nuancé et contrasté, sur la démarche cartésienne, qui demeure homogène avec l'organisation d'ensemble de l'œuvre. Descartes accomplit un geste qui fait figure d'exception : il se situe selon nous à la frontière du physique et du théologique, fournissant les bribes d'un chapitre de théologie cartésienne, sans revêtir à proprement parler l'habit du théologien en tant qu'il ne cherchera pas à délivrer le sens théologique de l'eucharistie. L'explication du mode de présence marque donc davantage un accroissement du domaine de la philosophie, qui repousse ses limites en portant sur un objet théologique, plutôt qu'une mise en retrait de la philosophie au profit d'une démarche purement théologique.

Les raisons de l'initiative : dimension apologétique et intérêt stratégique

Enfin, une dernière question s'impose pour parachever notre étude liminaire de la Lettre de 1644. Pour quelle raison Descartes, au lieu d'en rester à son refus inaugural, ouvre-t-il une brèche, en sollicitant implicitement Mesland pour qu'il l'invite à lui présenter son explication du mode de présence ? Pourquoi « éprouve-t-il le besoin de monter sur le rempart[67] » alors même que le texte du concile pouvait lui servir à couvrir tous ses refus d'explication sur le mode de présence du Christ ? Comment interpréter ce zèle cartésien ?

67 Gouhier, Henri, *La pensée religieuse de Descartes*, *op. cit.*, p. 227.

Tout d'abord, nous pouvons mettre au jour la dimension radicalement apologétique de l'entreprise cartésienne. Cet argument se trouve dans le texte : Descartes entend faire valoir un « moyen d'expliquer ce mystère qui *fermerait la bouche aux ennemis de notre religion, et auquel ils ne pourraient contredire*[68] ». Les termes sont forts, Descartes s'inscrivant en porte-à-faux avec la doctrine de l'eucharistie soutenue par les protestants. Rappelons que l'apologie est partie prenante de la théorie eucharistique cartésienne, dans la mesure où elle traverse déjà la première explication. Elle est sans doute plus poussée dans le cadre de l'explication du mode de présence, tant elle cible les protestants. Descartes met en avant que la philosophie cartésienne peut servir la cause du catholicisme, en permettant de combattre les hérésies protestantes et de sauvegarder la vérité du dogme catholique. L'apologie annoncée se comprend alors comme une tentative de rationalisation, dans le sens où l'explication pourrait dissiper la supposée contradiction impliquée dans le dogme de la présence réelle, justement dénoncée par l'objection protestante : loin d'être impossible aux yeux de la raison, la manière dont le corps du Christ se trouve réellement présent dans l'hostie peut être rendue intelligible par les principes cartésiens. Autrement dit, Descartes défend la présence réelle en la rendant crédible : il n'est pas contradictoire, d'un point de vue rationnel, d'affirmer que le Christ soit réellement présent dans les hosties consacrées. Descartes reproduit cet argument dans sa lettre de 1645, où son explication est célébrée dans sa valeur apologétique en tant qu'elle est « très utile pour éviter la calomnie des hérétiques, *qui nous objectent que nous croyons en cela une chose qui est entièrement incompréhensible, et qui implique contradiction*[69] ». Cette entreprise de rationalisation confirme justement que l'explication se situe à la frontière du philosophique et du théologique : le dessein cartésien n'est pas de délivrer le sens théologique de la présence réelle, eu égard au salut, mais de montrer que ses principes rendent compte de sa possibilité d'un point de vue rationnel et parent aux attaques protestantes.

Cependant, quel regard porter sur cette valeur apologétique accordée par Descartes à son explication ? Selon une première interprétation, nous pourrions estimer que cette référence à l'apologétique manifeste les traces de la conscience catholique de Descartes, l'auteur collaborant, lui aussi,

68 Descartes, Lettre au Père Mesland du 2 mai 1644, t. 3, p. 75 [mots soulignés par nous].
69 Lettre au Père Mesland du 9 février 1645, t. 3, p. 546 [mots soulignés par nous].

« dans le grand mouvement de Contre-Réforme catholique » : en tant que chrétien éclairé, il cherche à répondre « définitivement aux problèmes qui désunissent les hommes[70] » par le prisme de sa propre physique, celle-ci protégeant le bien-fondé du dogme catholique. D'un autre côté, il convient de reconnaître la valeur stratégique accordée par Descartes à cette dimension apologétique : une explication prétendant préserver la vérité du dogme catholique et lutter contre l'hérésie protestante ne pourrait que susciter l'enthousiasme du Jésuite Mesland. En retour, celui-ci percevrait les grands avantages de la philosophie cartésienne et militerait pour sa diffusion dans les collèges. L'auteur présente à Mesland son explication sous son jour le plus flatteur, afin qu'il recommande sa philosophie à la Compagnie de Jésus dont l'auteur recherche l'appui officiel : « Descartes vise juste » en laissant transparaître, sous les yeux de son correspondant appelé à répandre sa philosophie, le « rêve du calvinisme défait et la paix de l'Église assurée par le Cartésianisme[71] ».

Enfin, un dernier élément peut être recherché du côté du contexte de l'œuvre. Nous avons relevé que l'apparition de la transsubstantiation s'inscrit dans les préoccupations scientifiques, et plus particulièrement d'optiques, animant Descartes. Quel est l'état d'esprit de Descartes durant l'échange avec Mesland sur le mode de présence ? Une ambition débordante au sein de laquelle le système philosophique cartésien explique tout, rien ne lui résistant – pas même finalement un mystère de foi – et une attention croissante portée à l'union, en raison des sollicitations d'Élisabeth de Bohème (1618-1680) à partir de 1643. Cette dimension totalisante qu'il entend conférer à son système philosophique, atteignant son apogée dans les *Principes*, peut constituer un des facteurs de l'intérêt cartésien pour la modalité de la présence du Christ. D'ailleurs, les principes explicatifs vont souvent de pair avec cette situation de l'œuvre. Aux préoccupations physiques de Descartes répond la notion de superficie, pierre angulaire de son explication de la transsubstantiation eucharistique. Les recherches actuelles de Descartes en cette période des échanges avec Mesland, portant principalement sur l'homme concret, le conduisent à développer, au contact notamment d'Élisabeth, sa théorie de l'union de l'âme et du corps : celle-ci va faire office de clé de voûte de son explication du mode de présence, l'eucharistie étant en retour

70 Gouhier, Henri, *La pensée religieuse de Descartes*, *op. cit.*, p. 230 et p. 231.
71 *Ibid.*

l'occasion d'offrir un développement inédit à l'union. Pour autant, le contexte ne dit pas tout et il ne saurait tenir lieu d'un critère suffisant pour rendre compte à lui seul des raisons de la volonté cartésienne d'expliquer le mode de présence.

PREMIÈRE PARTIE DE L'EXPLICATION CARTÉSIENNE

ACCOMMODEMENT DE LA DÉMARCHE AU TEXTE DU CONCILE

Intéressons-nous à l'explication délivrée dans la Lettre à Mesland du 9 février 1645. Descartes précède l'exposé de celle-ci d'un préambule, qui poursuit une double intention méthodologique. L'auteur doit prendre ses précautions quant au statut de son explication et à sa fonction, tout en devant rendre cohérente sa démarche avec le refus qu'il a coutume d'exprimer, basé sur le texte du concile de Trente. C'est pourquoi il inaugure son propos par un nouveau refus rhétorique, ayant pour but d'accommoder sa démarche avec le concile. Il feint de repousser le mode de présence, en reconnaissant la valeur stratégique qu'il accorde aux paroles du concile. Celles-ci lui servent à se dispenser de se prononcer sur le mode de présence, dans la mesure où il oriente la difficulté indiquée par le concile d'exprimer la modalité de la présence du Christ vers une impossibilité[72]. Mais Descartes observe que ce n'est pas là le sens exact du concile, qu'il rétablit. Ce dernier réserve la possibilité d'une explication du mode de présence « à cause » qu'il « ne détermine pas que *verbis exprimere non possumus*, mais seulement que nous *vix possumus* [le Concile ne détermine pas que nous ne pouvons pas exprimer par des

72 Descartes, Lettre au Père Mesland du 9 février 1945, t. 3, p. 546 : « Pour la façon dont on peut concevoir que le corps de Jésus-Christ est au Saint Sacrement, je crois que ce n'est pas à moi de l'expliquer, après avoir appris du Concile de Trente qu'il y est, *ea existendi ratione quam verbis exprimere vix possumus* [En cette façon d'exister que nous pouvons à peine exprimer par des mots]. Lesquels mots j'ai cités à dessein à la fin de ma réponse aux quatrièmes objections, afin d'être exempt d'en dire davantage : joint aussi que, n'étant point théologien de profession, j'aurais peur que les choses que je pourrais écrire fussent moins bien reçues de moi que d'un autre ».

mots, mais seulement que nous le pouvons à peine][73] ». La nuance est de taille, le registre de l'impossibilité différant de celui de la seule difficulté. Elle se révèle décisive, dans la mesure où elle autorise Descartes à apporter une explication au mode de présence en étant conforme au texte tridentin : « le *vix possumus* du Concile laisse la porte ouverte à un essai d'explication[74] ». De ce point de vue, si aucune obligation ne pousse l'auteur à expliquer la présence du corps Christ, en retour, aucune interdiction tridentine ne vient entraver sa démarche. D'autre part, Descartes avertit Mesland qu'il confère à son explication le statut de simple hypothèse, à laquelle il attribue une portée apologétique. Dans le même temps, l'auteur insiste sur la nature confidentielle de celle-ci, procédant de sa nouveauté et du peu de confiance qu'il place en son orthodoxie. La conformité de l'explication au dogme catholique étant sujette à caution, celle-ci n'est pas destinée à être publiée, devant rester secrète[75] : elle ne pourra être diffusée que si l'interlocuteur la juge pertinente.

L'ÉQUIVOCITÉ DU TERME CORPS

S'étant assuré de la cohérence de sa démarche, tout en ayant annoncé le statut de l'explication dans cette préface, Descartes confie alors le contenu de celle-ci. La première partie gravite autour de l'équivocité du terme « corps ». L'équivocité s'oppose à l'univocité et renvoie à la manière dont une notion enveloppe différentes significations selon la réalité qu'elle désigne. Rappelons-nous l'équivocité du terme substance, qui n'a pas la même signification lorsqu'elle est appliquée à Dieu, seule substance authentique, et aux créatures, qui sont des substances créées. Qu'en est-il du terme corps ? Ce dernier possède un sens ambivalent selon qu'il est question du corps en général ou du corps humain. Dans le premier cas, le terme désigne une portion déterminée de matière brute

---

73 *Ibid.*

74 Laporte, Jean, *op. cit.*, p. 412.

75 Descartes, Lettre au Père Mesland du 9 février 1645, t. 3, p. 546 : « je me hasarderai de vous dire ici, en confidence, une façon qui semble me semble assez commode, et très utile pour éviter la calomnie des hérétiques, qui nous objectent que nous croyons en cela une chose qui est entièrement incompréhensible, et qui implique contradiction. Mais c'est, s'il vous plaît, à condition que, si vous la communiquez à d'autres, ce sera sans m'en attribuer l'invention : et même vous ne la communiquerez à personne, si vous jugez qu'elle ne soit pas entièrement conforme à ce qui a été déterminé par l'Église ».

dont l'essence est définie par l'étendue. Dans le second cas, il renvoie à l'organisme humain considéré dans son union avec l'âme. Or, Descartes observe que, selon la première acception, le retranchement ou l'ajout de la moindre quantité de matière change l'unité numérique du corps. Le vocable d'unité numérique, d'héritage scolastique et que nous avons déjà rencontré, diffère de l'unité spécifique : *numero* est distingué de *specie*, le premier renvoyant à la manière dont une réalité compose un seul tout alors que le second se réfère à l'essence[76]. Descartes adopte cette terminologie scolastique pour souligner la précarité de l'unité numérique d'un corps pris comme matière brute : « Quand nous parlons *d'un corps en général*, nous entendons une *partie déterminée de la matière, et ensemble de la quantité dont l'univers est composé*, en sorte qu'on ne *saurait ôter tant soit peu de cette quantité, que nous ne jugions incontinent que le corps est moindre et qu'il n'est plus entier* ; ni changer aucune particule de cette matière, *que nous ne pensions par après que le corps n'est plus totalement le même*, ou *idem numero* [le même, numériquement][77] ». Le corps, considéré comme matière brute, n'est plus le même selon la fluctuation de sa quantité de matière : ajoutez-lui ou enlevez-lui telle quantité de matière et il ne sera plus le même. En outre, la matière du corps est soumise à un changement constant en tant que ses particules sont placées dans le « mouvement commun[78] ».

Un corps, en tant que portion déterminée de matière brute, possède une unité numérique transitoire et éphémère dans la mesure où il ne résiste pas à la variation d'une partie de sa matière et en raison du mouvement commun dont participent ses éléments[79]. Il peut être instructif sur ce point de se remémorer le rôle attribué par Descartes à la superficie qui garantit, justement, l'unité numérique des corps physiques, à travers l'identité ou ressemblance des dimensions.

---

76 Laporte, Jean, *op. cit.*, p. 413 : « deux choses sont identiques *specie* quand elles sont de même essence ; elles sont identiques *numero* quand elles n'en font littéralement qu'une ».

77 Descartes, Lettre au Père Mesland du 9 février 1645, p. 547 [mots soulignés par nous].

78 Laporte, Jean, *op. cit.*, p. 414. *Cf.* aussi Descartes, *Le Monde*.

79 L'unité provisoire du corps pris en général vaut aussi pour des corps organisés tels que certains corps vivants, « toutes leurs parties ne cessant de s'échanger, ne fût-ce que par la nutrition, avec les particules des corps ambiants », Laporte, Jean, *op. cit.*, p. 359. Tout le rôle de l'âme sera alors justement d'assurer l'unité numérique du corps humain, comme nous le verrons.

L'UNION : FONDEMENT DE L'UNITÉ NUMÉRIQUE DU CORPS HUMAIN ET DE SON INDIVIDUALITÉ

Si l'unité numérique d'un corps pris comme matière brute est précaire et fragile, il en va tout autrement du corps pris en tant qu'organisme humain. Premièrement, le corps humain se définit, non pas seulement par une portion déterminée de matière brute dont l'essence est l'étendue, mais comme un ensemble de matière uni avec une âme. Le corps humain est composé d'une matière organisée unie substantiellement à une âme : « *Mais*, quand nous parlons *du corps d'un homme*, *nous n'entendons pas une partie déterminée de matière*, ni qui ait une grandeur déterminée, *mais seulement nous entendons toute la matière qui est ensemble unie avec l'âme de cet homme*[80] ». D'où l'équivocité du terme corps : le corps humain diffère du corps pris en général dans le sens où le premier est uni à une âme.

Descartes mobilise l'union de l'âme et du corps, mais nous verrons qu'il lui accorde un rôle totalement inédit. Nous pensons alors nécessaire, afin de favoriser l'intelligibilité du recours à l'union dans le contexte de l'explication eucharistique et de mesurer sa portée inédite, d'effectuer une mise au point conceptuelle sur le sens de l'union dans la philosophie cartésienne. Que signifie-t-elle ? En quel sens le corps est-il, comme l'indiquera la Lettre à Mesland, substantiellement uni à l'âme ?

Nécessaire passage par la théorie cartésienne de l'union

Si les questions relatives aux rapports de l'âme et du corps remontent à Platon et à Aristote, la thèse philosophique de l'union, prise dans sa portée novatrice, ne trouve véritablement sa pleine expression que chez Descartes : sa philosophie en représente le berceau. Sa conception de l'union de l'âme et du corps va alors léguer à la postérité ce que Leibniz nommera la grande question de l'union de l'âme et du corps, ce dernier reprochant à l'auteur des *Principes* d'avoir « quitté la partie[81] », au point, pour reprendre le mot de Codermoy, cité par D. Kolesnik-Antoine, d'avoir

---

80 Descartes, Lettre au Père Mesland du 9 février 1645, t. 3, p. 547 [mots soulignés par nous].

81 Leibniz, *Système nouveau de la nature et de la communication des substances aussi bien que de l'union qu'il y a entre l'âme et le corps*, 1695, G. IV, p. 478.

laissé un « "secret" en attente de dévoilement[82] » : la théorie cartésienne sera alors la source de l'occasionalisme de Malebranche, du parallélisme[83] de Spinoza et de l'harmonie préétablie de Leibniz, modèles qui ont été, selon H. Gouhier, citant O. Hamelin, « suscités par le problème des rapports de l'âme et du corps tel que Descartes l'avait posé[84] ». Notre propos s'attachera à lever partiellement le voile enrobant la conception cartésienne de l'union et à répondre humblement aux difficultés qu'elle éveille. Nous présenterons, dans une vue synthétique, les grands axes de celle-ci, ce qui nous servira dans notre étude de l'explication du mode de présence.

La philosophie cartésienne ne présente pas un homme – terminologie assez rare à l'exception de l'ouvrage éponyme posthume – coupé en deux, que Descartes tenterait bien maladroitement de recomposer, mais un « vrai homme[85] », composé d'une âme et d'un corps : l'homme se définit comme ce « seul tout » englobant son âme et de son corps qui, tout en étant réellement distingués, sont également étroitement unis, ou conjoints ou en étroite liaison, au point d'être étroitement (*arcte*) mêlés ou confondus (*permixtio*)[86]. Les liens qui unissent l'âme (ou l'esprit[87]) au

82 Kolesnik-Antoine, Delphine, *L'homme cartésien, La « force qu'a l'âme de mouvoir le corps ». Descartes, Malebranche*, Rennes, Presses Universitaires de Rennes, 2009, p. 11.

83 Le terme parallélisme est souvent employé pour désigner le modèle spinoziste des rapports entre l'âme et le corps. Or, non seulement il n'est pas de la main de Spinoza (c'est Leibniz qui l'emploie), mais en outre, techniquement, il faudrait lui préférer celui d'égalité.

84 Gouhier, Henri, *La pensée métaphysique de Descartes*, *op. cit.*, p. 323.

85 Descartes, *Discours de la Méthode*, Cinquième Partie, t. 1, p. 632.

86 *Méditations Métaphysiques*, Méditation Sixième, p. 492 : « La nature m'enseigne aussi par ces sentiments de douleur, de faim, de soif, etc., que je ne suis pas seulement logé dans mon corps, ainsi qu'un pilote en son navire, mais outre cela, que je le suis conjoint très étroitement *et tellement confondu et mêlé*, que je compose un seul tout avec lui » [mots soulignés par nous].

87 Nous n'évoquerons pas ici la différence qui peut séparer le terme esprit de celui d'âme : si Descartes les tient parfois par synonymes, il préfère parfois le premier au second terme. L'esprit désigne l'âme comme chose pensante, alors que le terme *anima*, dans son usage aristotélicien, est équivoque en tant qu'il recouvre une signification biologique, de sorte qu'il souffre d'une confusion entre ce qui relève de l'âme et ce qui relève du corps : la *mens* devient alors elle-même une partie de *l'anima*. À l'inverse, pour Descartes, l'âme n'occupe aucune fonction biologique : c'est pourquoi il substitue parfois au terme *anima* celui de *mens*, non comme partie de l'âme, mais comme cette « âme toute entière qui pense », Descartes, *Méditations Métaphysiques*, Réponses aux Cinquièmes Objections, « Des choses qui ont été objectées contre la seconde méditation », t. 2, IV, p. 797. *Cf.* également Gouhier, Henri, *La pensée métaphysique de Descartes*, *op. cit.*, p. 356-357. Néanmoins, pour des raisons d'intelligibilité, nous tenons esprit et âme pour synonymes et nous recourrons

corps en l'homme sont parties prenantes de l'anthropologie cartésienne, Descartes les précisant au cours de son œuvre. Dans le cadre de ses échanges avec le disciple infidèle Regius, Descartes souligne que l'union n'est pas accidentelle mais substantielle et réelle, sans pour autant qu'elle forme une troisième substance : Descartes emprunte une terminologie d'obédience scolastique pour rendre compte des rapports de l'âme et du corps mais l'oriente dans une direction qui n'est pas scolastique. Dans le sillage d'Aristote et de saint Thomas, l'union est tenue, non pour accidentelle, mais pour substantielle dans la mesure où elle met en jeu deux substances incomplètes, l'âme et le corps. L'homme est une substance complète, c'est-à-dire existant de manière séparée et indépendante, en tant qu'il est composé d'une âme et d'un corps qui s'appellent l'un l'autre et se complètent réciproquement. L'âme, s'organisant en parties, qui est la forme du corps, nécessite ce dernier pour accomplir son office propre : elle tend vers le corps en tant qu'elle est « la réalisation première [ou l'entéléchie] d'un corps naturel qui a potentiellement la vie[88] ». L'âme occupe une fonction biologique : elle est le principe de vie du corps. En retour, le corps requiert d'être informé par l'âme en tant qu'elle le détermine et lui confère une spécificité.

Descartes rompt avec le modèle hylémorphique. Il exalte l'indépendance ontologique de l'âme et du corps, réellement distingués, tout en redistribuant les rôles de l'âme et du corps : la pensée pour l'âme ; la chaleur du cœur comme principe de vie pour le corps. En outre, l'union substantielle se réfère chez Descartes aux interactions réciproques de l'âme et du corps. Descartes souscrit à un modèle interactionniste. L'union est substantielle dans le sens où elle est de relation ou de « collaboration », mettant en jeu deux substances qui, réellement distinctes et séparables, interagissent et se modifient réciproquement. Mieux, l'union implique, non pas deux substances qui viennent se superposer, mais deux types d'action qui agissent et pâtissent en collaborant mutuellement l'une avec l'autre. La part novatrice de la théorie cartésienne de l'union resplendit ici dans toute sa portée, eu égard au dynamisme immarcescible qui lui est rattaché : action de l'âme sur le corps (les actions volontaires), passivité de l'âme sous l'action du corps (appétits, passions, sentiments) ;

---

principalement au second terme en le retenant dans son sens cartésien, c'est-à-dire comme étant défini par la seule pensée.

88 Aristote, *De l'âme*, Traduction et présentation par R. Bodéüs, II, 1, 412 a 27, p. 137.

en un mot, union signifie interaction. D'un côté, nous ne saurions être plus éloignés de la conception platonicienne, présentant l'âme « comme un pilote en son navire » : l'image est d'Aristote pour critiquer la conception de son maître. D'un autre, la distance qui sépare Descartes de la tradition aristotélico-thomiste ne saurait être plus prononcée : non seulement l'union est substantielle en tant qu'elle met en jeu deux substances complètes réellement distinctes, mais elle l'est dans le sens où elle implique leur interaction réciproque. Dans cette optique, l'union cartésienne définit une sorte de troisième voie entre l'aristotélisme et le platonisme, où l'âme, le corps, et leur union, reçoivent un sens différent.

Sollicité par Élisabeth en 1643, se demandant, entre autres, comment ce qui est incorporel peut mettre en mouvement ce qui est corporel, Descartes répond en approfondissant sa théorie de l'union. Il classe l'union parmi les notions primitives, qui sont à la racine de notre connaissance, créant un domaine propre à l'union, celui du tout que forme le composé humain dans l'interaction de son âme avec son corps[89]. Si au corps correspond la notion primitive d'étendue, à l'âme celle de pensée, il s'ensuit que l'union est la notion primitive qui correspond à la réalité existante réunissant « le corps et l'âme ensemble », c'est-à-dire le composé humain : une *res*, une chose, l'homme dans sa totalité, semble correspondre à l'union, au même titre que la pensée et l'étendue correspondent respectivement à l'âme et au corps. Pour autant, l'union ne saurait être l'attribut principal du composé humain, à l'instar de l'étendue et de la pensée qui sont les attributs principaux du corps et de l'âme. De sucroît, Descartes se garde bien d'instituer l'union en troisième substance : nous rejoignons F. Alquié[90] sur ce point et nous

89 Descartes, Lettre à Élisabeth du 21 mai 1643, t. 3, p. 19 : « Premièrement, je considère qu'il y a en nous certaines notions primitives, qui sont comme des originaux, sur le patron desquels nous formons toutes nos autres connaissances. Et il n'y a que fort peu de telles notions ; car, après les plus générales, de l'être, du nombre, de la durée, etc., qui conviennent à tout ce que nous pouvons concevoir, nous n'avons, pour le corps en particulier, que la notion d'extension, de laquelle suivent celles de la figure et du mouvement ; et pour l'âme seule, nous n'avons que celle de la pensée, en laquelle sont comprises les perceptions de l'entendement et les inclinations de la volonté ; enfin, pour l'âme et le corps ensemble, nous n'avons que celle de leur union, de laquelle dépend celle de la force qu'a l'âme de mouvoir le corps, et le corps d'agir sur l'âme, en causant ses sentiments et ses passions ».

90 Alquié, Ferdinand, *La découverte métaphysique de l'homme chez Descartes*, Paris, P. U. F., 1950, p. 308-310.

nous opposons à M. Guéroult[91], J. Laporte[92], tandis qu'H. Gouhier est plus nuancé[93].

Exhortant à distinguer ces notions et à appliquer pour chaque réalité la notion primitive correspondante et appropriée, Descartes observe que chacune de ces notions mobilise une faculté particulière. La première, celle de la pensée à laquelle correspond l'âme, est connue par le seul entendement : c'est le domaine de l'intuition. La seconde, celle de l'étendue à laquelle correspond le corps, est connue elle aussi par l'entendement mais soutenu par l'imagination : si l'entendement suffit pour la conception de l'étendue, celle des figures et des mouvements requiert l'imagination. Enfin, la troisième, celle de l'union à laquelle correspond le composé humain, est divisée en deux parties : elle peut faire l'objet d'une connaissance obscure de la part de l'entendement[94], soutenu ou non par l'imagination, et d'une connaissance claire de la part des sens[95]. La connaissance claire de ce qui relève de l'union procède, non pas de l'entendement, ni même de l'entendement aidé de l'imagination, mais exclusivement des sens. L'union nous propulse, non plus dans le registre de l'évidence intellectuelle, mais dans le domaine de « l'expérience[96] certaine et évidente[97] », irréductible aux des idées claires et distinctes fournies par l'entendement.

Il s'ensuit que l'union se manifeste comme un fait originel et premier, une « donnée immédiate de la conscience[98] » à un état « préréflexif » : l'expérience suffit pour la connaître clairement et elle ne requiert aucune

91 Guéroult, Martial, *Descartes selon l'ordre des raisons*, Tome II, Paris, Aubier, 1953, p. 137-138.

92 Laporte, Jean, *op. cit.*, p. 235.

93 Gouhier, Henri, *La pensée métaphysique de Descartes*, *op. cit.*, p. 353-363.

94 Rien n'empêche toutefois de « connaître clairement la confusion comme confusion » (Alquié, Ferdinand, *in* Descartes, *Œuvres Philosophiques*, *op. cit.*, t. 3, Lettre à Élisabeth du 28 juin 1643, note 1, p. 44) et que celle-ci possède sa « réalité spécifique » (*cf.* Laporte, Jean, *op. cit.*, p. 243 et 254).

95 Descartes, Lettre à Élisabeth du 28 juin 1643, t. 3, p. 44 : « Premièrement, donc, je remarque une grande différence entre ces trois sortes de notions, en ce que l'âme ne se conçoit que par l'entendement pur ; le corps, c'est-à-dire l'extension, les figures et les mouvements, se peuvent aussi connaître par l'entendement seul, mais beaucoup mieux par l'entendement aidé de l'imagination ; et enfin, les choses qui appartiennent à l'union de l'âme et du corps, ne se connaissent qu'obscurément par l'entendement seul, ni même par l'entendement aidé de l'imagination ; mais elles se connaissent très clairement par les sens ».

96 Le terme expérience est très fréquent chez Descartes lorsqu'il s'agit de l'union.

97 Lettre à Arnauld du 28 juillet 1648, t. 3, p. 863.

98 Gouhier, Henri, *La pensée métaphysique de Descartes*, *op. cit.*, p. 341.

preuve[99] ; à l'inverse, la distinction, relevant justement de l'entendement, doit être prouvée car l'homme n'en fait pas l'expérience immédiate. D'ailleurs, Descartes ne prétend jamais prouver la possibilité même de l'union : ses preuves portent sur la modalité de cette union dont il exhibe le caractère substantiel et interactionnel. Parce que la connaissance de l'union est expérimentale, elle s'éprouve pleinement lorsqu'on se consacre au « relâche des sens et au repos de l'esprit[100] ». En un sens, nul besoin de philosopher pour connaître l'union : « la notion de l'union que chacun éprouve toujours en soi-même sans philosopher[101] ». Par ailleurs, cette connaissance de l'union, par une expérience apodictique, vécue et universelle, se décline comme une connaissance d'une seule chose, « car concevoir l'union qui est entre deux choses, c'est les concevoir comme une seule[102] ». L'expérience de l'union recouvre celle de l'unité que forment l'âme et le corps dans le composé humain. Il s'agit d'une unité de composition et non de nature ; l'unité de composition articule la distinction réelle de l'âme et du corps et leur union substantielle entendue dans son sens cartésien.

Descartes souligne également tardivement, dans les *Passions de l'âme*, que l'âme est unie, non à une partie du corps, mais à tout le corps, considéré dans son unité fonctionnelle : l'union est totale ou elle n'est pas. Point de rencontre entre l'âme et le corps, la glande pinéale se dévoile alors comme le lieu, unique et physique, de leur interaction.

En dernier lieu, signalons que l'union de l'âme et du corps est le propre de l'homme dans le sens où ce dernier a le monopole de l'âme, dont l'essence est de penser. La pensée est l'essence de l'âme et il ne saurait être question de faire de celle-ci quelque chose d'universel[103]. La pensée n'est pas une simple collection d'idées. En outre, « l'âme pense

---

99 Descartes, Lettre à Arnauld du 29 juillet 1648, t. 3, p. 863 : « Maintenant que l'esprit, qui est incorporel, puisse faire mouvoir le corps, il n'y a ni raisonnement ni comparaison tirée des autres choses qui nous le puisse apprendre ; mais néanmoins nous n'en pouvons douter, puisque les expériences trop certaines et trop évidentes nous le font connaître tous les jours manifestement. Et il faut bien prendre garde que cela est l'une des choses qui sont connues par elles-mêmes, et que nous obscurcissons toutes les fois que nous les voulons expliquer par d'autres ».

100 Lettre à Élisabeth du 28 juin 1643, t. 3, p. 44-45.

101 *Ibid.*, p. 46-47.

102 *Ibid.*, p. 44.

103 Lettre à Arnauld du 29 juillet 1648, t. 3, p. 862-863.

toujours[104] » : la continuité permanente de la pensée attachée à l'âme est une thèse essentielle de Descartes, qui sera d'ailleurs contestée par la postérité. Or, là où l'homme est composé d'une substance pensante et d'une substance corporelle, réellement distinctes, mais substantiellement unies en lui, Descartes retire aux animaux l'âme. Sur la base de l'approche mécaniste du corps l'assimilant à une machine, l'auteur estime que ces derniers agissent par instinct (« naturellement et par ressort[105] ») et n'ont pas accès à la pensée ni au langage qui sont l'apanage de l'homme, le second étant l'indice de la première : ils ne pensent pas et ne parlent pas[106]. Cependant, la conception cartésienne de l'animal machine est plus subtile qu'il n'y paraît. Les animaux, privés d'âme, ne sont pas dépourvus de vie : Descartes retire aux animaux l'âme et la pensée mais non point la vie, en tant qu'il institue la chaleur du cœur en principe de vie[107]. Aussi Descartes reconnaît-il que les animaux ont des sentiments. Est-ce à dire qu'ils pensent ? Or, les animaux sentent sans que leurs sensations ne soient des modes de la pensée, alors que la sensation inclut la pensée pour l'homme, de sorte qu'elle se présente comme un mode de l'âme. Les sentiments des animaux ne sauraient être une forme de *cogitatio* dans la mesure où ils sont apparentés, soit à des mouvements mécaniques ne générant pas de pensée, soit à des impressions du cerveau demeurant extérieures[108] : « La question ne porte en fait ni sur la pensée des animaux, ni sur leur sensibilité, mais sur le lien entre elles deux ; en un sens, les animaux sentent sans penser ("les bêtes n'ont [...] aucune pensée..."), en un autre ils pensent sans (se) sentir ». Et le commentateur de conclure : « dans tous les cas, ils ne s'éprouvent pas eux-mêmes dans leur pensée, parce qu'ils ne s'y sentent pas. Ils manquent de pensée *parce qu'ils* manquent de sens. Les animaux

---

104 Lettre au Père Gibieuf du 19 janvier 1642, t. 2, p. 909.

105 Lettre au Marquis de Newcastle du 23 novembre 1646, t. 3, p. 695.

106 *Ibid.* : « Or, il est, ce me semble, fort remarquable que la parole, étant ainsi définie, ne convient qu'à l'homme seul. [...]. Ce qui me semble un très fort argument pour prouver que ce qui fait que les bêtes ne parlent point comme nous, est qu'elles n'ont aucune pensée, et non point que les organes leur manquent. Et on ne peut qu'elles parlent entre elles, mais que nous ne les entendons pas ».

107 Lettre à Morus du 5 février 1649, t. 3, p. 887 : « je n'ôte la vie à aucun animal, ne la faisant consister que dans la seule chaleur du cœur ».

108 Lettre au Père Mersenne du 19 janvier 1642, t. 2, p. 910 : « Pour ce qui est des animaux, nous remarquons bien en eux des mouvements semblables à ceux qui suivent de nos imaginations ou sentiments, mais non pour cela des imaginations ou sentiments ».

ne parviennent donc pas à penser en (se) sentant, ni donc à (se) sentir si d'aventure ils pensaient[109] ». Sentir signifie penser pour l'homme, alors que ce lien se trouve coupé chez les animaux, consacrant la différence de nature entre l'homme et l'animal, tout en annonçant la différence aussi avec les anges.

La philosophie cartésienne exige de tenir en même temps et la distinction réelle et l'union réelle et substantielle, en dépit de la manière dont l'une et l'autre paraissent se contredire ; telle est la marque d'un authentique esprit cartésien : « cet *à la fois* qualifie la capacité d'un esprit si bien formé par la nouvelle philosophie qu'il ne court plus le risque d'être déformé par elle[110] ». Descartes opère « une conciliation vraie des énoncés divergents[111] ». Mieux, il ressort que la distinction réelle, loin de la remettre en cause, détermine la modalité de l'union, substantielle, interactionnelle, renvoyant à une unité de composition. En ce sens, il semble judicieux de dissiper ce qui sera, pour reprendre le mot d'H. Gouhier, l'histoire d'un « malentendu », lequel découle d'une inversion. Il faut établir que l'union n'est jamais perdue. Descartes part de l'union, première et originaire, lieu d'une expérience intime et quotidienne, pour s'employer dans un second temps à dégager, au sein de l'union, la distinction réelle de l'âme et du corps. L'auteur n'assigne pas à sa philosophie la tâche de résoudre un problème de l'union : telle est la difficulté de ses lecteurs, mais non de Descartes. L'enjeu spécifiquement cartésien consiste, non pas à prouver l'union au sein de la distinction, mais à découvrir, en partant de l'union et dans l'union, la distinction réelle, afin de préciser la modalité de l'union (il faut donc lire la seconde méditation à l'aune de la sixième mais surtout de la première). Autrement dit, il revient au philosophe cartésien, non de séparer, mais de restaurer la relation réelle que l'âme entretient avec le corps en mettant au jour comment deux substances qui sont réellement unies en l'homme sont, dans le même temps, séparées et indépendantes. Or, précisément, la conception cartésienne des rapports entre l'âme et le corps a, de son vivant et après la mort de son auteur, fait l'objet d'une interprétation inverse, la distinction réelle étant considérée comme première en tant

---

109 Marion, Jean-Luc, *Sur la pensée passive de Descartes*, Paris, P. U. F., 2013, p. 129 [mots soulignés par l'auteur].

110 Gouhier, Henri, *La pensée métaphysique de Descartes*, *op. cit.*, p. 333.

111 Beyssade, Jean-Marie, *Descartes au fil de l'ordre*, Paris, P. U. F., 2001, p. 112.

qu'elle serait le point de départ à partir duquel retrouver l'union qui, elle, serait seconde : « pour Descartes, il y a *un problème de la distinction de l'âme et du corps qui se pose à partir de leur union, et par suite, au sein de leur union* ; pour ses successeurs ou ses interprètes, il y a un *problème de leur union qui se pose à partir de leur distinction*, choc en retour des définitions séparant *res cogitans* et *res extensa*[112] ».

Il importe alors de se détacher de ces pages issues de la littérature secondaire qui, sur la base de la Seconde Méditation, exaltent le dualisme cartésien en retenant seulement la distinction réelle. Certes, le dualisme est essentiel dans le processus métaphysique conduisant à l'épuration des qualités scolastiques. Mais la philosophie cartésienne ne se réduit pas à un strict dualisme où la distinction réelle de l'âme et du corps serait le dernier mot triomphal d'une anthropologie aux accents spiritualistes, au point que l'homme se réduirait à *l'ego* du *cogito* de la seconde des Méditations. *A contrario*, le célèbre dualisme cartésien au sein duquel l'âme, dont l'essence est la pensée et se caractérisant par son indivisibilité, et le corps, dont l'essence est l'étendue et se définissant par sa divisibilité indéfinie, sont séparés, n'est pas pleinement cartésien : celui-ci se dégage comme un semi-cartésianisme, un cartésianisme incomplet. Il n'est qu'un moment dans le cheminement métaphysique de l'esprit cartésien ayant pour but de déterminer la modalité de l'union, aboutissant à l'homme concret, perçu comme un seul tout. C'est d'ailleurs parce que Élisabeth est cloisonnée dans le dualisme que l'union lui résiste[113]. Descartes s'emploie à favoriser aux yeux de la Princesse la conception de l'union, de deux façons : il emprunte l'exemple des qualités réelles issues de la scolastique, mais à les appliquant à l'homme, scellant le discrédit de la physique aristotélicienne ; il reprend une conception matérielle de l'âme, soumise par Élisabeth elle-même, mais en lui conférant un sens qui n'a rien de matérialiste[114].

Ainsi apparaît-il que l'union constitue le commencement et l'accomplissement de la philosophie cartésienne tout en étant profondément

112 Gouhier, Henri, *La pensée métaphysique de Descartes*, *op. cit.*, p. 326 [mots soulignés par nous].

113 *Ibid.*, p. 334 : « elle a si bien appris la leçon qu'elle se trouve désorientée devant ce que l'histoire appellera "le dualisme cartésien" et, en lui répondant, Descartes nous explique que ce "dualisme" est tel simplement par l'effet d'un semi-cartésianisme ».

114 Descartes, Lettre à Élisabeth du 21 mai 1643, t. 3, p. 21-22 ; Lettre à Élisabeth du 28 juin 1643, t. 3, p. 47-48.

solidaire de la distinction réelle, qui l'éclaire : Descartes part de l'union, fonde la distinction réelle de l'âme et du corps pour, dans un dernier moment, revenir à l'union originelle, garantie dans son assise factuelle sous la tutelle de la véracité divine, et dont la modalité est précisée à la lumière de la distinction réelle.

L'usage de l'union dans l'eucharistie

Cette mise au point effectuée, revenons à l'explication cartésienne de la modalité de la présence du corps du Christ. Celle-ci convoque l'union substantielle de l'âme et du corps, dont nous avons parcouru les grands axes, mais en lui conférant des éléments nouveaux : d'où l'utilité de ce détour qui nous permettra d'interroger la place tenue par la conception de l'union véhiculée dans les lettres à Mesland au sein de l'économie générale de la philosophie cartésienne.

Après avoir noté que l'unité numérique d'un corps pris comme matière brute est provisoire et fragile, Descartes s'attache ensuite au corps humain, considéré dans son union substantielle avec l'âme. Il établit alors que l'unité numérique, terminologie d'ancrage scolastique, du corps humain dépend de sa seule union substantielle avec l'âme. Le corps humain demeure le même, en dépit des altérations qu'il reçoit, dans la mesure où il est substantiellement uni à l'âme : « en sorte que, bien que cette matière change, et que sa quantité augmente ou diminue, nous croyons *toujours que c'est le même corps, idem numero, pendant qu'il demeure joint substantiellement à la même âme*[115] ».

Explicitons. La quantité de matière contenue dans notre corps change sans cesse, depuis notre enfance jusqu'à l'âge adulte : la croissance physique l'atteste. D'ailleurs, nul besoin d'être attentif seulement au passage de l'enfance à l'âge adulte pour repérer le changement de matière dans notre corps. La circulation du sang – découverte par Harvey et adoptée par Descartes – et la nutrition m'indiquent que mon corps subit des mutations constantes en tant que ses parties se renouvellent[116]. Le corps

115 Descartes, Lettre au Père Mesland du 9 février 1645, t. 3, p. 548 [mots soulignés par nous].

116 *Ibid.*, p. 548 : « Pour moi, qui ai examiné la circulation du sang, et qui crois que la nutrition ne se fait que par une continuelle expulsion des parties de notre corps, qui sont chassées de leur place par d'autres qui y entrent, je ne pense pas qu'il y ait aucune particule de nos membres qui demeure la même *numero* un seul moment »

pris dans sa matérialité m'indique, non une identité permanente, mais des changements continuels[117]. Pris isolément, en dehors de son union avec l'âme, le corps humain se réduit aux altérations reçues par sa matière, que ce soit dans le sens de la diminution ou d'une augmentation. Ces multiples changements connus par la matière divisible du corps humain sont une entrave à son unité dans la mesure où ils soulignent qu'il ne s'agit précisément pas du même corps : la nutrition est, par exemple, le témoignage du changement incessant de mes parties. Aussi le corps humain ne peut-il par lui-même jouir d'une unité numérique.

Dès lors, quel élément permet d'affirmer qu'il s'agit du même corps humain si la quantité de matière qu'il contient change continuellement et si les cellules se renouvellent constamment ? Le principe de l'unité numérique doit être recherché du côté, non du corps, mais de l'union de celui-ci avec l'âme. La seule union substantielle du corps avec l'âme en assure l'unité numérique dans le sens où elle garantit qu'il s'agit du même corps[118] : « Car il n'y a personne qui ne croie *que nous avons les mêmes corps que nous avons eus dès notre enfance, bien que leur quantité soit de beaucoup augmentée*, et que, selon l'opinion commune des médecins, et sans doute selon la vérité, il n'y ait plus en eux aucune partie de la matière qui y était alors, et même qu'ils n'aient plus la même figure ; en sorte qu'ils ne sont *eadem numero*, qu'à cause *qu'ils sont informés de la même âme*[119] ». Dans les diverses altérations qu'il subit, provoquées par la circulation du sang ou la nutrition, le corps humain demeure le même en raison de son union substantielle avec l'âme : il conserve son unité numérique en tant qu'il est informé par l'âme. Cette dernière n'est pas affectée par les divers changements qui affectent le corps. Seule la permanence de l'âme humaine est capable, par son indivisibilité et son essence spirituelle, de conférer au corps humain une unité numérique inaliénable qu'il ne peut posséder par lui-même et qui le distingue des corps pris comme matière brute : « notre corps, en tant que corps

117 Descartes affirme ce point à d'autres endroits dans son œuvre. *Cf.* la Lettre à Chanut du 1er février 1647, t. 3, p. 713 : « La matière de notre corps s'écoulant sans cesse ainsi que l'eau d'une rivière, et étant besoin qu'il en revienne d'autre en sa place ». *Cf.* également la lettre à Élisabeth du 1er septembre 1645, t. 3, p. 604 : « le corps étant sujet à un changement perpétuel ».

118 Descartes ne précise pas à quelle faculté se rapporte ce jugement. Selon nous, il dérive du sens même de ce passage que c'est une inspection de l'esprit.

119 Lettre au Père Mesland du 9 février 1645, t. 3, p. 547 [mots soulignés par nous].

humain, demeure toujours le même *numero* pendant qu'il est uni avec la même âme[120] ». L'unité numérique du corps humain est donc tributaire de son union avec l'âme : « l'unité numérique du corps d'un homme ne dépend pas de sa matière, mais de sa forme, qui est l'âme[121] ».

De même, l'union du corps humain à l'âme est ce qui permet de reconnaître qu'il demeure le même quand bien même il serait privé d'un de ses membres ; son union avec l'âme lui offre une unité indivisible et indissoluble en tant que l'amputation d'un de ses membres ne saurait la remettre en cause[122]. Le corps humain, privé d'une jambe, demeure le même corps de par son union avec l'âme : si la matière du corps change, l'union avec l'âme demeure, la permanence de l'union avec l'âme étant alors suffisante pour sauvegarder l'unité numérique du corps. Il résulte d'une telle considération que les membres ne sont pas nécessaires à l'intégrité du corps humain, dans la mesure où un corps privé d'un de ses membres demeure le même tant qu'il est informé par l'âme.

Émettons une remarque formelle. Nous pouvons observer que l'union avec l'âme et la superficie occupent parallèlement un rôle similaire dans la théorie eucharistique cartésienne, la première assurant l'unité numérique d'un corps humain, quand bien même il serait mutilé, alors que la seconde garantit l'unité numérique d'un corps physique pris dans son acception générale[123]. L'explication du mode de présence requérant de se situer au niveau, non plus des propriétés sensibles du pain et du vin, mais du corps du Christ, elle implique de passer de la superficie à l'union substantielle, de sorte qu'une continuité peut être instaurée entre les deux explications.

Tirons les conséquences d'une telle conception de l'union. Celle-ci apparaît cruciale eu égard à l'individualité. Or, l'individualité est une thématique que l'on a longtemps pensée, dans l'histoire de la philosophie, absente du système cartésien, en raison du manque de sources :

---

120 *Ibid.*, p. 548.

121 Lettre au Père Mesland de 1645 ou 1646, t. 3, p. 630.

122 Lettre au Père Mesland du 9 février 1645, t. 3, p. 548 : « Et même, en ce sens-là, il est *indivisible* : car, si on coupe un bras ou une jambe à un homme, nous pensons bien que son corps est divisé, *en prenant le nom de corps en la Ire signification, mais non pas en le prenant en la 2e ; et nous ne pensons pas que celui qui a un bras ou une jambe coupée, soit moins homme qu'un autre* » [mots soulignés par nous].

123 Armogathe, Jean-Robert, *op. cit.*, p. 74 : « l'identité *numero* qui est procurée par la superficie dans le corps au sens général est, dans les corps humains, le produit de l'âme ».

l'auteur s'est rarement confronté à cette question, invoquant seulement les définitions de la logique sur le rapport de l'individu à l'espèce et au genre[124]. Au regard de cette lacune, le sujet cartésien se réduirait, en dépit de la théorie de l'union de l'âme et du corps, à l'*ego* du *cogito* dans le sens où il s'agirait d'un sujet épistémologique et impersonnel enfermé dans la sphère des idées claires et distinctes. Telle a d'ailleurs été l'une des lectures de Descartes, présenté « comme l'initiateur d'un "individualisme" dépouillé de toute attache au sujet concret avec ses modalités singulières d'existence[125] ». L'individualité exprimerait alors le défaut rédhibitoire de la philosophie cartésienne tout en représentant le principal enjeu du lecteur moderne : est-il possible de reconstituer une pensée de Descartes sur l'individualité ? Les Lettres à Mesland sont alors une aubaine salutaire en tant qu'elles viennent combler cette lacune de la philosophie cartésienne : celles-ci jettent les bases de la conception cartésienne de l'individualité en tant que l'âme est érigée en principe d'individuation. J. Rodis-Lewis a remarquablement étudié cette thématique, en s'appuyant sur les lettres à Mesland. Il résulte de celles-ci que l'individuation est assurée par l'âme, c'est-à-dire en langage aristotélicien par la forme. L'union substantielle de l'âme et du corps apparaît comme le socle de la constitution du sujet cartésien, la permanence de l'âme garantissant l'individualité et la continuité de son corps. Il peut être alors élevé au rang de vrai homme : son corps est, non un corps anonyme, mais son propre corps et demeure le même en dépit du temps qui passe en vertu de l'union avec l'âme. Sans celle-ci, le corps humain ne dispose d'aucune individualité, se réduisant aux changements perpétuels reçus par sa matière le rendant anonyme. Le corps humain n'échappe à ce statut impersonnel que par son union substantielle avec l'âme dont il reçoit son individualité, une « véritable individualité » qui le distingue de l'individualité « apparente des objets matériels[126] ». Nous pouvons mesurer à quel point l'union est partie prenante de l'homme cartésien en tant que l'âme est à l'origine de l'individualité du composé

124 Descartes, *Discours de la Méthode*, Première Partie, t. 1, p. 569 : « l'opinion commune des philosophes qui disent qu'il n'y a du plus ou du moins qu'entre les *accidents*, et non point entre les *formes*, ou natures, des *individus* d'une même *espèce* » [mots soulignés par l'auteur]. *Cf. Principes de la Philosophie*, Première Partie, art. 59 (« Quels sont les universaux »), T. 3, p. 127-128.

125 Lewis, Geneviève, *L'individualité selon Descartes*, Paris, Vrin, 1950, p. 1.

126 *Ibid.*, p. 60.

humain : non seulement l'homme cartésien se définit comme le composé d'une âme et d'un corps en étroite interaction, et non plus comme un animal raisonnable, mais il acquiert une individualité par l'union de son corps à son âme. En vertu de l'union substantielle, l'homme cartésien est un sujet singulier.

En hissant l'âme au rang de principe d'individuation, Descartes défend, sciemment, une thèse en porte-à-faux avec celle de Thomas[127] qui lui avait été sans doute enseignée pendant ses années de formation au collège de la Flèche[128]. Dans le sillage du docteur angélique, l'individuation réside dans la matière. Nous avons souligné qu'il s'agit de la quantité dimensive, et non de la matière prise dans son acception générale. La *materia signata quantitate* – matière déterminée par la quantité – est le principe d'individuation : « la matière n'est pas le principe d'individuation en tous les sens, mais seulement la matière signée. Je parle de la matière signée qui est considérée sous des mesures déterminées[129] ». Thomas se tourne vers la quantité, qui est une catégorie de l'être, en tant qu'elle est ce qui dans la matière préexiste à la forme. Il s'agit de la quantité dimensive ou de la quantité déterminée par les dimensions et non de la quantité mathématique : « le terme quantité renvoie ici aux dimensions, à la pluralité, à la spatialité[130] ». Pour Thomas, la quantité dimensive « est *la première disposition* de la matière[131] ». Il célèbre la capacité individuante détenue par la quantité : la quantité déterminée par les

127 Descartes a vraisemblablement lu Thomas. *Cf.* Lettre au Père Mersenne du 25 décembre 1639 : « Du reste, je ne suis point si dépourvu de livres que vous pensez, et j'ai encore ici une Somme de S. Thomas, et une Bible que j'ai rapportée de France » (AT, 2, 630).

128 Lewis, Geneviève, *L'individualité selon Descartes*, *op. cit.*, p. 9 : « En affirmant que l'individualité ne dépend pas de la matière mais de la forme, Descartes s'oppose à la théorie thomiste qu'il n'a pu ignorer. Car, jugée conforme à la doctrine même d'Aristote, elle tenait une place importante dans les manuels et commentaires que le jeune homme avait étudiés à la Flèche – même lorsqu'elle n'était pas adoptée sans réserve ».

129 Thomas D'Aquin, *De ente et essentia*, chap. 2. Nous suivons les remarques de K. Sang Ong-Van-Cung (Thomas d'Aquin, *Questions disputées sur la vérité. Question X. L'esprit (De mente)*, Introduction, traduction, notes et postface par K. Sang Ong-Van-Cung, Paris, Vrin, 1998) qui, devant les variations terminologiques de Thomas, se réfère à la traduction de C. Michon, *in Thomas d'Aquin/Dietrich de Freiberg, L'être et l'essence, le vocabulaire médiéval de l'essence*, A. de Libera et C. Michon, Paris, Seuil, 1996.

130 Rabachou, Julien, *L'individualité de la substance chez Thomas d'Aquin, Deux explications concurrentes, in* « Trans-paraître », *La substance*, Paris, Éditions de la Transparence, janvier 2009, p. 33.

131 Thomas D'Aquin, *Somme théologique*, II-III, Questions 77, art. 2, rép. 2°, Quatrième Tome, Paris, Éditions du Cerf, 1986, p. 594.

dimensions « est précisément un certain principe d'individuation » en tant qu'elle « a par elle-même une certaine individuation[132] », thèse qui soulève, comme nous l'avons observé, des difficultés, la quantité étant un accident. De fait, c'est la matière déterminée par la quantité qui, à l'intérieur de la matière, rend compte de l'individuation des substances et de leur unité. Néanmoins, si Thomas rapporte à la matière le principe d'individuation, à travers la quantité, la matière n'est pas pour autant elle-même individuelle en tant que c'est, sous sa tutelle, la forme qui le devient[133]. La forme s'individualise en épousant une matière particulière : la matière est ce qui permet à la forme, d'abord générique puis spécifique, de devenir concrète et individuelle.

Aussi, signalons que la thèse thomasienne, d'héritage aristotélicien, n'avait pas gagné l'ensemble de la scolastique, ce qu'oublie de mentionner J. Laporte[134]. Au contraire, le scotisme et certains auteurs scolastiques, tel le cardinal F. Tolet (Francisco de Toledo, 1532-1596, *cf. Commentaria una cum quaestionibus in universam Aristotelis Logicam*), dénonçaient l'insuffisance de la matière pour garantir l'individualité tout en privilégiant la forme, c'est-à-dire l'âme[135]. Et même lorsque la forme était remise en cause dans la scolastique, cela ne signifiait pas nécessairement un retour à la matière : « même quand la forme seule est jugée insuffisante pour fonder l'individuation, elle garde une place prépondérante. Et aucun des scolastiques du XVIIe siècle n'acceptait la solution thomiste par la matière[136] ».

En ce sens, il convient de souligner que Descartes occupe une position intermédiaire entre Thomas et la scolastique. Il est opposé au premier tout en ne contredisant pas certains auteurs de la seconde sans pour autant s'y réduire : « Quand Descartes déclare que l'unité et l'identité numériques ne proviennent pas de la matière, mais de la forme, il use donc de notions courantes, sans qu'on puisse y déceler une opposition à l'égard de la scolastique[137] ». Sur ce point, observons que Descartes emprunte ouvertement,

132 *Ibid.*, 3°, p. 595.

133 Gilson, Étienne, *L'esprit de la philosophie médiévale*, Paris, Vrin, 1989, p. 205.

134 Laporte, Jean, *op. cit.*, p. 414 : « Contrairement à l'opinion scolastique, le principe d'individuation n'est pas dans la matière, il est dans l'esprit ».

135 Armogathe, Jean-Robert, *op. cit.*, cite cet axiome scolastique, p. 74 : « *vivens non remanet idem numero* ».

136 Lewis, Geneviève, *L'individualité selon Descartes*, *op. cit.*, p. 34.

137 *Ibid.*

dans la Lettre à Mesland, un vocabulaire d'obédience scolastique : l'âme est dite « informer » le corps, au point qu'elle en constitue la « forme ». La lettre à Mesland recouvre-t-elle une manière, non pas proprement cartésienne, mais scolastique de considérer les rapports entre l'âme et le corps ? Pourrait-on parler d'une forme d'hylémorphisme à l'œuvre dans la philosophie cartésienne ? Or, Descartes confère un sens nouveau à une telle terminologie : l'affirmation cartésienne selon laquelle l'âme est la « forme » du corps n'est pas à entendre dans un sens aristotélicien. La prise en compte de cette spécificité permet d'entrevoir de quelle manière Descartes s'affranchit de la scolastique concernant la thématique de l'individualité. Dans la tradition aristotélico-thomiste, l'âme est la forme du corps en tant qu'elle en est principe de vie. Pour Descartes, l'âme ne revêt aucune fonction biologique. Il instaure la chaleur du cœur comme principe de vie. Les pensées seules appartiennent à l'âme, tandis que la chaleur et les mouvements du cœur dépendent du corps. En ce sens, « l'hylémorphisme » cartésien est sans commune mesure avec celui hérité d'Aristote. Ajoutons que la formule aristotélicienne d'âme comme forme du corps implique des parties de l'âme qui n'ont plus lieu d'être chez Descartes en tant que l'âme cartésienne, dont l'essence réside uniquement dans la pensée, se caractérise par son indivisibilité. Enfin, pour conférer une complétude à notre propos, la terminologie de « forme substantielle », désignant ponctuellement l'âme, recouvre une réalité qui n'a rien de scolastique. Descartes y recourt pour les besoins de diffusion de sa doctrine à la suite des errements de Regius et il ne la retient pas dans son sens scolastique : l'âme est « la forme substantielle du corps[138] » en tant qu'une telle terminologie exprime l'union substantielle telle que Descartes la conçoit, à l'aune de la troisième notion primitive et pour autant qu'elle met en jeu des substances complètes, réellement distinctes, et en interaction. L'âme entendue comme forme substantielle dans sa signification cartésienne est sans commune mesure avec celle de la scolastique.

Ainsi est-il possible d'avoir une vue d'ensemble claire et nuancée de la thèse cartésienne retenant l'âme en principe d'individuation. Descartes prend le contre-pied de Thomas (pour qui le principe d'individuation réside dans la matière), mais rejoint une partie de la scolastique. Toutefois,

---

138 Descartes, Lettre à Regius de janvier 1642, *in Œuvres de Descartes*, Publiées par C. Adam et P. Tannery, Correspondance, Volume III, janvier 1640-juin 1643, Paris, Vrin, 1971, p. 503.

il appert que la thèse selon laquelle l'individuation repose sur l'âme, et non le corps, reçoit une tout autre portée de la scolastique à Descartes : l'âme qui informe le corps n'est plus celle de la philosophie médiévale et il en va de même pour le corps informé et, *fortiori*, pour leur union. La manière dont l'âme informe le corps est spécifique à Descartes, déplaçant totalement le sens de l'hylémorphisme aristotélicien et conférant une spécificité à l'individualité dans la philosophie cartésienne. Autrement dit, s'il n'y a pas d'antagonisme frontal à l'égard de la scolastique, la position cartésienne sur l'individualité contient néanmoins, à nos yeux, une part indissoluble de nouveauté, procédant de la conception novatrice de l'âme, du corps, et de leur union substantielle.

Statut inédit de la conception de l'union : revendication nuancée de sa valeur cartésienne

Or, la conception de l'union avancée dans la Lettre à Mesland pose deux difficultés. Il convient de mesurer le statut inédit de la conception avancée dans la Lettre à Mesland : elle n'est jamais soutenue avant cette dernière et elle ne refera plus surface dans la suite de l'œuvre cartésienne. Les échanges avec Mesland nous confrontent-t-ils à une conception marginale de l'union ou cette dernière est-elle constitutive de la philosophie cartésienne ? Est-elle seulement, pour reprendre le mot de C. Adam cité par G. Rodis-Lewis, « de circonstance[139] » et accidentelle, élaborée spécialement pour les soins de l'explication du mode de présence, ou est-ce une théorie propre à Descartes, participant de l'ensemble de sa philosophie ? Autrement dit, recèle-t-elle une valeur proprement cartésienne ? Ce statut ponctuel est problématique au regard d'un texte ultérieur, extrait des *Passions de l'âme* (1649). Là où Descartes insiste sur la dépendance du corps vis-à-vis de l'âme dans son unité numérique, l'article 30 des *Passions de l'âme* met au jour l'unité que possède le corps humain indépendamment de son union avec l'âme : « il est un et en quelque façon indivisible, à raison de la disposition de ses organes qui se rapportent tellement tous l'un à l'autre que, lorsque quelqu'un d'eux est ôté, cela le rend tout le corps défectueux[140] ». L'unité du corps n'est

139 Lewis, Geneviève, *L'individualité selon Descartes*, *op. cit.*, p. 5.

140 Descartes, *Passions de l'âme*, Première Partie, art. 30 (« Que l'âme est unie à toutes les parties du corps conjointement »), t. 3, p. 976.

pas subordonnée à son union avec l'âme : le corps humain forme un tout, un et indivisible, de manière intrinsèque, de par la « solidarité organique de toutes les parties qui le composent[141] ». Notons également le caractère inédit de cette thèse issue des *Passions* : le corps revêt une unité et une indivisibilité contrastant avec sa divisibilité indéfinie par laquelle Descartes avait coutume de caractériser le corps. Toutefois, le texte des *Passions* venant après celui de la Lettre à Mesland, il convient de s'interroger : serions-nous en présence de deux conceptions concurrentes et exclusives l'une de l'autre ?

L'analyse minutieuse des textes permet d'articuler ces deux conceptions, en tant que chacune traite spécifiquement une forme d'unité : la Lettre à Mesland renvoie à l'unité numérique alors que les *Passions* se réfèrent à l'unité fonctionnelle du corps humain, en raison de la disposition de ses organes. Cependant, cette unité fonctionnelle équivaut-elle à l'unité numérique du corps humain de la Lettre à Mesland ? L'assemblage solidairement organisé des parties du corps suffit-il pour reconnaître qu'il s'agit du même corps ? Il semblerait que ce ne soit pas le cas dans le *Traité*, l'ensemble du corps étant jugé défectueux aussitôt qu'advient la corruption de l'une de ses parties ; l'unité fonctionnelle du corps ne résiste pas à l'amputation d'un de ses organes[142] : « Mais le corps ne peut conserver son unité et poursuivre son renouvellement incessant (dû à la circulation du sang) que si les mutilations ne sont pas telles qu'elles puissent affecter l'organisation des organes qui rend possible la vie[143] ». Le corps impliqué dans les *Passions* ne possède pas une unité numérique au point qu'il serait à lui-même son principe d'individuation. Deux niveaux d'unité semblent devoir être distingués, l'unité fonctionnelle et l'unité numérique : la première est interne au corps alors que la seconde est assurée par l'union avec l'âme. Or, à ces deux unités correspondent deux types d'êtres, la première étant partagée par les hommes et les bêtes alors que la seconde est l'apanage de l'homme. Le corps des animaux possède une unité fonctionnelle et structurelle sans pour autant posséder une unité numérique en raison de l'absence d'âme.

141 Alquié, Ferdinand, *in* Descartes, *Œuvres Philosophiques*, *op. cit.*, t. 3, Lettre au Père Mesland du 9 février 1645, note 1, p. 548.

142 Descartes, *Passions de l'âme*, Première Partie, art. 30 (« Que l'âme est unie à toutes les parties du corps conjointement »), t. 3, p. 976 : « Lorsque quelqu'un d'eux [des organes du corps] est ôté, cela rend tout le corps défectueux ».

143 Bitbol-Hespériès, Annie, *Le principe de vie chez Descartes*, Paris, Vrin, 1990, p. 100.

Il s'ensuit que le rôle décerné par les Lettres à Mesland à l'âme dans l'unité numérique du corps humain n'est pas contredit par l'unité fonctionnelle que ce dernier revêt dans les *Passions* : le corps peut posséder une unité fonctionnelle tout en étant individualisé par l'âme. Dès lors, il nous faut trouver un point d'équilibre dans le regard à adopter sur l'articulation de ces deux textes, chacun apportant un élément inédit que l'autre passe sous silence, eu égard au contexte même de l'argumentation cartésienne. La Lettre à Mesland insiste sur un point particulier de l'union, en exaltant le rôle joué par l'âme dans l'unité numérique du corps humain pour les besoins de l'explication eucharistique. Les *Passions* mettent l'accent sur l'unité fonctionnelle du corps humain pour expliquer, dans un contexte physique, l'union de l'âme au corps. C'est à l'assemblage des parties, où le corps forme un tout, que l'âme vient se joindre. Dans cette perspective, dans les *Passions*, l'union cartésienne se comprend à l'aune de l'unité fonctionnelle du corps alors qu'elle renvoie au rôle de l'âme dans l'unité numérique du corps humain dans la Lettre à Mesland. En retour, cette dernière occulte l'unité fonctionnelle du corps humain que les *Passions* lui attribuent, tandis que cet ouvrage délaisse le rôle joué par l'âme dans l'unité numérique de celui-ci.

À la lueur de ces éléments, nous tenons à célébrer la valeur cartésienne de la conception de l'union véhiculée dans la Lettre à Mesland, mais de manière nuancée. Il convient de reconnaître le statut inédit de cette conception, la fonction stratégique qu'elle revêt par rapport à l'eucharistie, et la manière dont elle s'avère en un sens incomplète par rapport aux *Passions*. Descartes prive le corps humain d'une unité fonctionnelle qu'il lui accordera ultérieurement et le rôle qu'il donne à l'union dans l'unité numérique du corps ne sera pas perpétué dans d'autres textes. Dans cette optique, concédons que Descartes s'appuie effectivement sur cette conception de l'union pour résorber la question du mode de présence du Christ : il pousse ses principes dans une direction qu'il ne retiendra pas par la suite. Toutefois, cette conception, tout en étant profondément originale, n'est pas démentie par le reste de l'œuvre. Aussi émane-t-elle bien de Descartes, dont les entretiens avec Mesland ont pour caractéristique commune de tendre à l'originalité, concernant l'union ou la liberté humaine. Surtout, elle revêt une utilité philosophique indépendante de son application à l'eucharistie. Elle s'avère particulièrement décisive pour introduire l'individualité dans l'horizon de la philosophie cartésienne et dessiner les contours de la doctrine propre à

Descartes sur cette thématique[144] : « Ainsi, bien qu'à la lettre les textes de Descartes touchant directement l'individualité semblent rares et d'intérêt secondaire, par toutes les questions qu'elle implique, ce problème rayonne sur l'ensemble de la philosophie cartésienne : vue à cette lumière et sous cet angle, peut-être apparaîtra-t-elle toujours plus riche, plus vivante et plus profondément humaine[145] ». La Lettre à Mesland constitue la référence centrale pour connaître la pensée de Descartes sur l'individualité, en dehors de son contexte spécifiquement eucharistique, ce qui prouve sa valeur cartésienne. Contre la tendance visant à faire de la philosophie cartésienne une pensée mettant en avant un sujet impersonnel, nous pouvons faire valoir ce texte dans lequel le principe de l'individualité de l'homme est garanti par l'âme.

Le parcours réalisé nous permet de dégager un triple enseignement. La conception de l'union avancée dans la Lettre à Mesland recèle bien une infrangible valeur cartésienne en tant qu'elle est compatible avec l'ensemble de la théorie cartésienne de l'union ; elle présente le mérite d'offrir une théorie cartésienne de l'individualité, incluant cette thématique dans la philosophie cartésienne alors qu'elle est souvent perçue comme absente. D'autre part, cette conception reprend une terminologie d'ancrage scolastique tout en prétendant à une originalité par rapport à cette dernière dans la mesure où l'âme, le corps ainsi que leur union substantielle sont investis d'une signification nouvelle. Enfin, la Lettre à Mesland reçoit une indéniable portée philosophique, l'extirpant d'une réduction au seul domaine de la théologie : elle contribue à compléter la théorie de l'union, en exaltant l'individualité du sujet cartésien, permettant de parachever le *cogito*. À la mise au jour de la substance pensante dans les *Méditations* succède, dans la Lettre à Mesland, celle de l'union substantielle entre deux substances hétérogènes en interaction et, au sein de celle-ci, la découverte que l'âme est le principe d'individuation, assurant la continuité de l'individu : « le même moi pensant connu par le *Cogito*, s'affirme successivement, sans aucune altération de sa nature, comme une substance réellement distincte, et comme une substance réellement unie au corps. Dans cette union, c'est mon âme qui fournit seule à mon corps le principe de son identité et de son individualité[146] ».

---

144 Si nous évoquons la question de l'individualité, nous ne développerons pas celle des différences individuelles.

145 Lewis, Geneviève, *L'individualité selon Descartes*, *op. cit.*, p. 8.

146 Lefèvre, Roger, *La structure du cartésianisme*, Lille, Publications de l'Université de Lille III, 1978, p. 188.

Extension de l'argument à toute portion de matière

L'explication cartésienne repose également sur un dernier point fondamental : Descartes étend son raisonnement à toute portion de matière et ne le réserve plus seulement au corps humain. Un fragment de matière peut devenir un corps humain, un et indivisible, en raison de son union substantielle avec l'âme : « quelque matière que ce soit, et de quelque quantité ou figure qu'elle puisse être, pourvu qu'elle soit unie avec la même âme raisonnable, *nous la prenons toujours pour le corps du même homme, et pour le corps tout entier, si elle n'a pas besoin d'être accompagnée d'autre matière pour demeurer jointe à cette âme*[147] ». Il suffit qu'un corps soit informé par l'âme pour qu'il devienne un corps humain tout entier : « Toute la matière, tant grande ou petite qu'elle soit, qui est ensemble informée de la même âme humaine, est prise pour un corps humain tout entier[148] ». Comprenons que « la quantité ne fait rien à l'affaire[149] » : toute portion de matière, quelle que ce soit sa quantité, et quand bien même ne serait-elle pas organisée, est susceptible d'être prise pour un corps humain, pour autant qu'elle soit unie à l'âme.

Cette considération représente la clé de voûte de l'explication cartésienne, tout en marquant une prise de position ontologique pouvant susciter des interrogations philosophiques. L'union d'un fragment de matière à l'âme humaine produit un changement de nature, transformant véritablement celui-ci : il n'est plus seulement de la matière brute, mais un corps humain tout entier. Joignez tel fragment de matière à une âme, et il deviendra un corps humain tout entier (!). Autrement dit, Descartes ne se contente pas de confier à l'union substantielle le principe d'individuation : il accorde à l'union ce que nous appellerons « une efficacité transformante ». Ce terme (à provenance théologique : l'efficacité transformante de la grâce) permet de rendre compte à la fois de l'opérativité de l'union et de l'effet produit, c'est-à-dire de joindre l'opération et l'œuvre. Cette efficacité transformante est décisive dans le cas de son explication de la modalité de la présence du Christ – joindre le pain à l'âme du Christ pour rendre son corps réellement présent –, mais pose question du point de vue sa pertinence philosophique : si

147 Descartes, Lettre au Père Mesland du 9 février 1645, p. 548 [mots soulignés par nous].
148 *Ibid.*, p. 549.
149 Tilliette, Xavier, *op. cit.*, p. 20.

l'âme semble à même d'assurer l'unité numérique du corps humain, unir une portion de matière à une âme suffit-il à le transformer en un corps humain tout entier ?

SECONDE PARTIE DE L'EXPLICATION CARTÉSIENNE

L'ANALOGIE AVEC LA NUTRITION : UNE TRANSSUBSTANTIATION NATURELLE

Descartes développe ensuite l'analogie avec la nutrition, qui constitue la seconde partie de son explication. Il effectue une analogie entre la digestion ou assimilation d'une nourriture, en tant que transsubstantiation naturelle, et l'eucharistie, en tant que transsubstantiation surnaturelle.

Mon corps fait quotidiennement l'épreuve d'une transsubstantiation, lorsque je me nourris. En quel sens ? Lorsque je mange du pain et du vin, les particules du pain et du vin ingérées, se répandant dans mon corps et se mélangeant avec mon sang, s'unissent à mon âme. S'unissant à mon âme, celles-ci changent de substance, en étant assimilées à mon corps et à mon sang, dont elles deviennent des parties. En d'autres termes, les parties du pain et du vin ingérées, en pénétrant dans mon corps et se mêlant à mon sang, ne sont plus du pain et du vin, mais sont transsubstantiées, de par l'union avec l'âme. Il se produit une transformation durant la digestion, dans la mesure où cette dernière implique un processus au cours duquel un corps est uni à l'âme, opérant un changement de substance. Le pain et le vin ne sont plus des corps au sens général, des fragments de matière inerte, mais des parties de mon propre corps humain et de mon sang, parce qu'ils sont désormais informés par mon âme : « De plus, je considère que, lorsque nous mangeons du pain et buvons du vin, les parties de ce pain et de vin, se dissolvant en notre estomac, coulent incontinent de là dans nos veines, et par cela seul qu'elles se mêlent avec le sang, *elles se transsubstantient naturellement, et deviennent parties de notre corps*[150] ».

150 Descartes, Lettre au Père Mesland du 9 février 1645, t. 3, p. 549 [mots soulignés par nous].

La digestion offre l'archétype d'une transsubstantiation naturelle. Naturel s'oppose ici à surnaturel : le premier terme renvoie à la physique et s'opère par un procédé d'assimilation, alors que le second ressortit à la théologie en tant qu'il implique le miracle. La consommation d'une nourriture constitue une transsubstantiation naturelle en tant qu'elle « se fait sans miracle[151] » : il s'agit d'une expérience dont il est possible de rendre raison. Le principe déterminant de la transsubstantiation naturelle ne consiste pas dans le corps, mais dans l'efficacité transformante accordée à l'union d'un corps à l'âme, mise au jour lors de l'extension du raisonnement à toute portion de matière : les particules du pain et du vin se transsubstantient naturellement, en devenant des parties de mon corps et de mon sang, en vertu de leur union avec l'âme. Or, celle-ci est l'opérateur d'une telle transsubstantiation naturelle dans la mesure où est présupposé qu'un fragment de matière informé par l'âme devient un corps humain tout entier. À l'inverse, sans leur union avec l'âme, les particules du pain et du vin consommées seraient toujours du pain et du vin : si elles n'étaient pas informées par notre âme, celles-ci subsisteraient dans le corps sans devenir une partie de celui-ci. Il n'y aurait pas eu de changement de substance : il se produirait alors, non une transsubstantiation, mais une « consubstantiation » naturelle, le pain et du vin consommés existant conjointement avec mon corps et mon sang dans celui-ci. Les particules du pain et du vin subsistant dans mes organes pourraient même être décelées par ma vue, si cette dernière était assez puissante pour les distinguer au-delà de leur mélange avec mon sang : « bien que*, si nous avions la vue assez subtile pour les distinguer d'avec les autres particules du sang*, nous verrions qu'elles sont encore *les mêmes numero, qui composaient auparavant le pain et le vin* ; en sorte que, *si nous n'avions point d'égard à l'union qu'elles ont avec l'âme*, nous les pourrions *nommer pain et vin comme devant*[152] ». Ce paragraphe est tout à fait décisif et fait parfois l'objet de contresens. Soyons attentif au « si » employé par Descartes : l'auteur n'affirme pas que les particules du pain et du vin sont les mêmes après comme avant leur consommation. Aussitôt qu'elles pénètrent dans notre corps, elles ne sont plus du pain et du vin, mais sont transformées, devenant des parties de mon corps en tant qu'elles sont informées par l'âme. L'impossibilité de repérer au sein de

151 *Ibid.*
152 *Ibid.* [mots soulignés par nous].

notre corps les particules du pain et du corps telles qu'elles étaient avant d'être consommées ne provient pas de l'infirmité de notre vue, mais de l'union : ces particules ne sont pas les mêmes *numero* dans la mesure où elles sont, par leur union avec l'âme, assimilées à la substance de notre corps. *A contrario*, si une telle union n'avait pas lieu, et si notre vue était assez subtile, nous pourrions alors apercevoir les mêmes particules du pain et du vin mélangés à notre sang. Autrement dit, Descartes insiste, par cette expérience de pensée, sur l'efficacité transformante de l'union, produisant un changement de substance, écartant du même coup l'écueil de la consubstantiation.

LE CŒUR DE L'EXPLICATION : L'UNION, SURNATURELLE, DU PAIN À L'ÂME DU CHRIST

L'auteur applique alors les deux parties liminaires de son raisonnement à l'eucharistie, livrant le contenu de son explication du mode de présence. Il est essentiel de prendre acte des premiers mots par lesquels Descartes introduit son explication, indiquant tout le sens de sa démarche : « Mais, *à son exemple* [celui de la transsubstantiation naturelle qui se produit lors de l'assimilation d'une nourriture], je ne vois *pas de difficulté* à penser que tout le *miracle de la transsubstantiation*, qui se fait au St. Sacrement, consiste en[153] … ». L'explication se fonde sur un procédé analogique : Descartes exploite l'exemple de la consommation d'une nourriture, offrant le modèle d'une transsubstantiation naturelle, à partir de laquelle il va rendre compte de la transsubstantiation surnaturelle à l'œuvre dans l'eucharistie.

L'auteur pense la transsubstantiation eucharistique, surnaturelle, sur la base du modèle de la transsubstantiation, naturelle, que lui fournit la digestion ou assimilation d'une nourriture : et c'est dans la manière dont s'opère la transsubstantiation eucharistique, indiquée par l'analogie avec le modèle de la transsubstantiation naturelle, que seront fournis des indices sur la modalité de la présence du Christ au Saint-Sacrement. En d'autres termes, Descartes souscrit entièrement à une approche rationaliste, dans le sens où il appréhende le surnaturel à partir du naturel, le miracle à partir du physique. En un mot, c'est le naturel qui éclaire, par analogie, le surnaturel. A. Baillet (1649-1706), le premier biographe de Descartes,

153 *Ibid.* [mots soulignés par nous].

avait parfaitement saisi ce point lorsqu'il écrit dans sa Vie de Monsieur Descartes (Paris, Daniel Horthemels, 1691) : « Le tour consiste à expliquer la transsubstantiation miraculeuse qui se fait au Saint-Sacrement, par la transsubstantiation naturelle qui se fait de la nourriture dans notre corps sans miracle[154] ». Le procédé analogique employé par Descartes pourrait faire l'objet d'une discussion théologique, en se demandant si le naturel ne devient pas la base normative du surnaturel. Or, une telle interrogation manque ici l'intérêt de la démarche cartésienne, qui se rattache davantage à une tradition catholique. En effet, le procédé analogique, présentant de fortes parentés thomistes, présuppose une continuité entre l'ordre de la nature et celui de la grâce qui, tout en étant distincts, ne sauraient se contredire : une telle continuité est une thèse répandue dans le catholicisme, contestée par la Réforme qui insiste davantage sur la rupture entre l'ordre de la nature et celui de la grâce. Toutefois, il ne saurait être question d'affirmer que le raisonnement par analogie déployé dans l'explication revient à réintroduire dans la pensée cartésienne une analogie de l'être, thèse d'inspiration thomiste (et qui ne se trouve pas chez Aristote). L'être chez Descartes n'est pas analogique et ne se dit pas de plusieurs façons : l'ontologie cartésienne est solidaire d'une réforme de la conception de la substance, dont la non-univocité est pensée à nouveaux frais. Dans son discours métaphysique sur Dieu, Descartes se prive également, de manière ouverte, de l'analogie de l'être, aussi bien dans les *Méditations* que dans les *Principes*. Il la supplante par l'idée de Dieu, qui lui sert de médiation pour penser la relation entre le fini et l'infini, en engageant une nouvelle manière de concevoir l'idée : distinguant sa réalité formelle de sa réalité objective, il lui attribue une ontologie, en concevant l'idée comme une manière d'être imparfaite, suscitant l'incompréhension de ses lecteurs scolastiques. La démarche analogique à laquelle Descartes obéit dans son explication est intéressante dans la manière dont elle traduit la perception cartésienne du rapport entre nature et grâce, raison et foi : non seulement ces deux ordres ne sauraient être placés en opposition, mais ils se concilient, et dans leur conciliation, l'un sert même à penser l'autre.

Poursuivons. L'auteur observe qu'il se produit lors de l'eucharistie une transsubstantiation surnaturelle qui ressortit au miracle. En quoi

154 Baillet, Adrien, *Vie de Monsieur Descartes*, Livre VIII, Chap. IX, Paris, Éditions des Malassis, 2012, p. 958.

consiste-t-il ? Descartes estime que tout le miracle de l'eucharistie consiste dans l'union, surnaturelle, du pain à l'âme du Christ opérée par les paroles de la consécration : l'âme du Christ est jointe aux particules du pain et du vin, non par le processus naturel de l'assimilation, comme dans la digestion, mais de façon surnaturelle, en vertu des paroles de la consécration. Telle est l'opération décisive, dont dérive une autre. Parce qu'ils sont unis à l'âme du Christ, le pain et vin sont alors changés en corps et sang du Christ. Jointe surnaturellement au pain et au vin par les paroles de la consécration, l'âme du Christ informe les particules du pain et du vin et les transforme en son corps et en son sang sans assimilation : « Mais, *à son exemple* [celui de la transsubstantiation naturelle], je ne vois pas de difficulté à penser que *tout le miracle de la transsubstantiation*, qui se fait au Saint Sacrement, consiste en ce *qu'au lieu que les particules* de ce pain et de vin *auraient dû se mêler avec le sang de Jésus-Christ et s'y disposer en certaines façons particulières*, afin que *son âme les informât naturellement*, elle *les informe, sans cela, par la force des paroles de la Consécration*[155] ». La transsubstantiation eucharistique fait l'économie du processus physique de la consommation d'une nourriture, cette dernière mettant en œuvre une transsubstantiation naturelle par assimilation. C'est pourquoi la transsubstantiation eucharistique est surnaturelle et mobilise un miracle : elle repose sur les seules paroles de la consécration qui ont pour effet de rendre l'âme du Christ présente. Cette dernière informe alors surnaturellement les particules du pain et du vin sans le processus naturel de l'assimilation et les transforme, sans aucun mélange, en corps et sang du Christ.

L'utilité des principes cartésiens resplendit dans toute sa clarté. Non seulement l'âme confère au corps humain son unité numérique, mais le fait qu'une portion de matière soit unie à une âme suffit à le transformer en un corps tout entier : « toute la matière, tant grande ou petite qu'elle soit, qui *est ensemble informée de la même âme humaine, est prise pour un corps humain tout entier*[156] ». Ce passage atteste l'efficacité transformante décernée à l'union, qui est capitale : elle permet d'expliquer comment, une fois que l'âme du Christ est rendue présente, les particules du pain et du vin sont transformées en son corps et son sang sans assimilation. La transsubstantiation est envisagée sous les traits d'une transformation, reposant

155 Descartes, Lettre au Père Mesland du 9 février 1645, t. 3, p. 549 [mots soulignés par nous].

156 *Ibid.* [mots soulignés par nous].

sur l'efficacité transformante de l'union d'un fragment de matière à l'âme, tout en convoquant les paroles de la consécration prononcées par le prêtre. Celles-ci occupent un rôle décisif : elles détiennent clairement l'efficacité sacramentelle. Comme le laisser présager la première explication, celles-ci ont pour effet, dans la seconde explication, de faire descendre l'âme du Christ pour se joindre surnaturellement au pain et au vin. Informés par l'âme du Christ, ils sont, en vertu des principes cartésiens, transformés en corps et sang du Christ. Le vrai corps et le vrai sang du Christ sont réellement présents sous les espèces du pain et du vin lors de l'eucharistie, en vertu de l'union surnaturelle, opérée par les paroles de la consécration, du pain et du vin à l'âme du Christ : « et au lieu que cette âme de Jésus Christ ne pourrait demeurer naturellement jointe avec chacune de ces particules de pain et de vin, si ce n'est qu'elles fussent assemblées avec plusieurs autres qui composassent tous les organes du corps humain nécessaires à la vie, *elle demeure jointe surnaturellement à chacune d'elles, encore qu'on les sépare*[157] ». Les paroles de la consécration, associées à l'efficacité transformante de l'union, constituent le cœur de l'explication, et sont à même de rendre intelligible une transsubstantiation surnaturelle relevant du miracle. À H. Gouhier de résumer celle-ci de manière magistrale : « la transsubstantiation est surnaturelle parce que l'information ou l'assimilation se fait par les paroles sacramentelles ; l'âme du Sauveur en se joignant au pain et au vin en fait un vrai[158] corps[159] ».

Enfin, les principes explicatifs sont avancés pour résoudre la question de la communion sous une seule espèce : le fragment de matière – l'hostie du pain – informé par l'âme du Christ est le corps du Christ, qu'il soit divisé ou entier. Rompre le pain n'a aucune incidence sur la présence du Christ qui dépend, non d'une partie de la matière de l'hostie, mais de son âme – indivisible –, en vertu de laquelle son corps et son sang demeurent présents lors de la célébration. L'âme du Christ est unie à la totalité du pain avant d'être rompu, et à chaque partie lorsqu'il est divisé[160].

157 *Ibid.* [mots soulignés par nous].

158 Toute la question consistera précisément à déterminer la vérité du corps du Christ impliquée dans l'explication cartésienne.

159 Gouhier, Henri, *La pensée religieuse de Descartes*, *op. cit.*, p. 226. Signalons sur ce point que les commentateurs accordent moins de place à cette explication, qu'ils se contentent généralement de résumer alors qu'ils se penchent davantage sur celle livrée dans les Réponses aux Quatrièmes Objections.

160 Descartes, Lettre au Père Mesland du 9 février 1645, t. 3, p. 549 : « De cette façon, il *est aisé à entendre comment le corps de Jésus-Christ n'est qu'une fois en toute l'hostie*, quand elle n'est

L'EFFICACITÉ TRANSFORMANTE DE L'UNION : PRIMAUTÉ DE L'ÂME, MÉDIATION DE LA PRÉSENCE DU VRAI CORPS DU CHRIST

Ainsi la modalité de la présence du Christ au Saint-Sacrement se trouve-t-elle éclairée. Or, selon nous, l'explication cartésienne est lourde de conséquences. Il apparaît clairement que l'union du pain avec l'âme du Christ, opérée par les paroles de la consécration, est la clé de voûte de l'explication : le corps du Christ est présent parce que son âme l'est, selon les principes mêmes érigés par Descartes quant au rapport de l'âme et du corps dans sa lettre. Il y a dans l'explication cartésienne une forme de primauté de la présence de l'âme du Christ sur celle du corps dans la mesure où la seconde est subordonnée à la première et en procède : le corps du Christ ne pourrait être présent si son âme n'était pas jointe aux particules du pain. Nous pouvons presque repérer un lien de causalité, la présence du corps du Christ étant l'effet de celle de l'âme qui en est la cause. Autrement dit, l'union avec l'âme est l'opérateur de la transsubstantiation dans la mesure où c'est elle qui transforme le pain en corps du Christ, en l'informant surnaturellement. À cet égard, l'âme du Christ constitue la médiation de la modalité de la présence de son corps. Sur ce point, nous pouvons d'ailleurs instaurer une forme de priorité du principe philosophique de l'union sur le rôle théologique des paroles de la consécration : celles-ci rendent le Christ réellement présent en vertu, finalement, de l'efficacité transformante dont jouit l'union. C'est parce que l'union d'un fragment de matière à l'âme le transforme en un corps humain tout entier que l'union du pain à l'âme du Christ au saint sacrement, rendue présente par les paroles de la consécration, transforme le pain en son propre corps et son propre sang. Nous développerons ce point.

Signalons que nous ne rejoignons pas l'interprétation de J. R. Armogathe qui distingue, dans son très bel ouvrage, deux opérations dans l'explication cartésienne du mode de présence. Le commentateur place en premier la conversion substantielle à laquelle succède l'union de l'âme à la matière du pain : « la solution cartésienne

---

point divisée, et néanmoins qu'il est *tout entier en chacune de ses parties*, quand elle l'est ; parce que toute la matière, tant grande ou petite qu'elle soit, qui est ensemble informée de la même âme humaine, est prise pour un corps humain tout entier » [mots soulignés par nous].

implique une double opération : la conversion de la substance du pain en substance du corps du Christ et l'union de l'âme du Christ à cette substance[161] ». Un tel découpage ne nous paraît pas restituer le sens même de l'explication cartésienne, et toutes les difficultés qu'elle occasionne. Celle-ci ne présuppose pas une double opération qui ne saurait se succéder. Le premier moment (la conversion de la substance du pain en celle du corps) ne saurait être différencié du second (l'union de l'âme du Christ au pain) dans la mesure où, précisément, le premier dépend en réalité du second : la conversion du pain en corps du Christ est rendue possible par l'union de l'âme du Christ au pain. Le pain est transformé en corps du Christ seulement parce que l'âme du Christ, par les paroles de la consécration, y est jointe. Autrement dit, ce qui est premier n'est pas le changement de substance, mais au contraire l'union, qui en retour engendre un tel changement de substance. Nous souscrivons volontiers au propos de X. Tilliette, lequel estime que l'interprétation de J. R. Armogathe est « sans doute trop bienveillante[162] » à l'égard de Descartes. En distinguant une double opération, le commentateur place l'explication cartésienne dans une position extrêmement favorable, passant sous silence toute une série de difficultés.

CORPS NON FIGURATIF

Descartes achève son explication en précisant la modalité de la présence du corps du Christ. Le pain, informé par l'âme du Christ, est changé en son propre corps, mais l'auteur indique que celui-ci ne doit pas être compris sous le registre de l'étendue et de la figure, englobant l'ensemble de ses membres extérieurs (bras, jambes, mains). Il s'oppose à la conception figurative de la présence du corps du Christ, convenant du choc que pourrait provoquer son explication pour les partisans de celle-ci : « Cette explication choquera sans doute d'abord ceux qui sont accoutumés à croire, qu'afin que le corps de Jésus-Christ soit en l'Eucharistie, *il faut que tous ses membres y soient avec leur même quantité et figure*, et *la même matière numero, dont ils étaient composés quand il est monté au Ciel*[163] ». Descartes insiste sur

161 Armogathe, Jean-Robert, *op. cit.*, p. 76.

162 Tilliette, Xavier *Philosophies eucharistiques de Descartes à Blondel*, *op. cit.*, p. 20.

163 Descartes, Lettre au Père Mesland du 9 février 1645, t. 3, p. 549-550 [mots soulignés par nous].

le caractère non figuratif[164] du corps du Christ présent dans l'eucharistie : ses membres ne sont pas présents. Comment est-ce possible ? La modalité de la présence du Christ, non figurative, s'inscrit dans le cadre des principes qu'il a établis. L'intégrité du corps humain est indépendante de ses membres, qui ne sont pas requis, en tant que l'unité numérique de celui-ci est assurée par l'union avec l'âme. Gardons toujours à l'esprit que Descartes définit l'unité numérique d'un corps humain en fonction de son union avec l'âme par laquelle il est informé. Tout ce qui relève de la figure et de la matière n'est pas porteur de l'unité numérique d'un corps humain, requérant la seule union avec l'âme. Or, l'âme du Christ, rendue présente par les paroles de la consécration, est la même que celle qui est au Ciel : elle informe alors la matière du pain et du vin à laquelle elle est jointe. Selon les principes cartésiens, le corps présent dans l'eucharistie est le vrai corps du Christ, celui-là même qui est au Ciel, en tant qu'il est informé par l'âme du Christ, sans qu'il soit figuré, qu'il soit déterminé par la même matière et qu'il possède de membres : « tous les membres extérieurs, et leur quantité et matière, ne sont point nécessaires à l'intégrité du corps humain, et ne sont en rien utiles ni convenables à ce sacrement, où l'âme de Jésus-Christ informe la matière de l'hostie, afin d'être reçu par les hommes, et de s'unir plus étroitement à eux[165] ». Il s'ensuit que le corps du Christ peut tout à fait être au Ciel selon son lieu propre tout en étant présent, sacramentellement, sous les espèces du pain et dans ses différents morceaux lorsqu'il est rompu : les principes cartésiens s'accordent avec le dogme de la présence et l'éclairent.

De fait, il n'y a aucune nécessité philosophique à soutenir la présence des membres du Christ lors de l'eucharistie. En outre, Descartes remarque, sur le plan théologique, qu'une telle position n'est pas canonique : elle n'est nullement enseignée par l'Église[166]. Enfin, il établit qu'elle est inutile et dessert le dogme en tant qu'elle est strictement impossible d'un point de vue physique[167].

---

164 Figuratif renvoie ici à la figure physique et non au sens de l'adjectif qui s'oppose à littéral.

165 Lettre au Père Mesland du 9 février 1645, t. 3, p. 550.

166 *Ibid.* : « Mais ils [les partisans de la présence figurative] se délivreront aisément de ces difficultés, s'ils considèrent qu'il n'y a rien de cela qui soit déterminé par l'Église ».

167 *Ibid.* : « Et enfin l'on doit considérer qu'il est *impossible, et qu'il semble manifestement impliquer contradiction*, que ces membres y soient ; car ce que nous nommons, par exemple, le bras ou la main d'un homme, est ce qui en a la figure extérieure, et la grandeur et l'usage ; en sorte que, *quoi que ce soit qu'on puisse imaginer en l'hostie pour la main ou le bras*

À noter que Descartes, concernant la thématique de l'organisation du corps du Christ, contredit totalement la position de Thomas. Ce dernier soutient que les membres du corps du Christ sont également présents, en vertu du sacrement : « C'est en vertu du sacrement [Thomas distingue ce qui relève de la vertu du sacrement et de la vertu de la concomitance] que sont contenus dans l'eucharistie, quant aux espèces du pain, non seulement la chair, mais le corps tout entier du Christ, c'est-à-dire les os, les nerfs et tout le reste. Et cela se voit à la forme du sacrement où l'on ne dit pas : "Ceci est ma chair", mais : "Ceci est mon corps"[168] ». Le corps du Christ est réellement et totalement présent, ce qui signifie, pour le docteur angélique, que ses membres le sont également. À l'inverse, Descartes fait valoir, à raison, que l'Église, à travers le concile de Trente, ne tranche pas cette question, l'auteur exhortant à toujours différencier la position de l'Église d'une doctrine théologique, en l'occurrence thomiste : « il faut, ce me semble, bien prendre garde à distinguer les opinions déterminées par l'Église, d'avec celles qui sont communément reçues par les docteurs fondés sur une physique mal assurée [l'aristotélisme][169] ».Convenons ici de la subtilité de la position cartésienne, qui prend pour acquis ce qui est source d'interrogations. L'un des enjeux suscités par la conception catholique de l'eucharistie réside justement dans la modalité de la présence réelle du corps du Christ : le corps du Christ présent dans l'eucharistie englobe-t-il ses membres, ses os, ses nerfs, etc. ? Si tel est le cas, comment cela est-il possible d'un point de vue physique, la présence des membres du corps du Christ étant alors circonscrite sous la figure du pain qui est beaucoup plus petite que la sienne ? À l'inverse, si tel n'est pas le cas, comment comprendre que son corps soit présent sans que ses membres le soient tout en soutenant que sa présence soit réelle et totale ? Or, les principes mêmes employés par Descartes parent d'emblée à cette difficulté en faisant dépendre l'unité numérique d'un corps humain de son union avec l'âme, écartant du même coup le problème posé par l'étendue. De ce point de vue, toute portion de matière peut être transformée en corps

---

de Jésus-Christ, c'est faire outrage à tous les dictionnaires et changer entièrement l'usage des mots, que de le nommer bras ou main, puisqu'il n'en a pas l'extension, ni la figure extérieure, ni l'usage » [mots soulignés par nous].

168 Thomas d'Aquin, *Somme théologique*, Paris, Éditions du Cerf, 1986, II-III, Question 76 : « Le mode d'existence du Christ dans ce sacrement », sol. 2, p. 584.

169 Descartes, Lettre au Père Mesland de 1645 ou 1646, p. 630.

du Christ pour autant qu'elle est informée par son âme, de même que le corps pourvu de membres est le corps du Christ parce qu'il est uni à son âme.

Toutefois, le corps non figuratif impliqué dans l'explication est source de perplexité, même si Descartes estime qu'il « ne diminue en rien la vénération de ce sacrement ». La difficulté se situe sur le plan philosophique, qui rejaillit sur le plan théologique : « Comment parler d'information corporelle si aucune forme précise ne permet de situer les organes et de fournir un corps organisé à l'âme et à la divinité du Christ[170] » ? En ce sens, même si les principes cartésiens paraissent homogènes, le corps non figuratif n'appelle-t-il pas, lui aussi, le miracle, au point que celui-ci « réside en la non-organisation corporelle de cette matière et en l'instantanéité de la transformation[171] » ? Descartes fait tout pour justifier rationnellement, en vertu des principes qu'il instaure, le caractère non figuratif du corps du Christ, mais il évite de se confronter à la difficulté suscitée par l'eucharistie : en quoi un corps non figuratif, ne possédant ni organes ni membres, est-il encore un corps ? Et par-là, que recevons-nous au saint Sacrement ? Toute la question devient alors de savoir si Descartes rejette la présence des membres du Christ par stratégie ou par mégarde. Repère-t-il au sein de cette thématique une difficulté qu'il ne veut pas traiter ou au contraire n'en mesure-t-il pas l'importance, pensant que ses principes suffisent ? Rejoignant la voie ouverte par J.-R. Armogathe, nous penchons pour la seconde interprétation[172], tant les principes cartésiens paraissent cohérents avec le rejet de la présence des membres du corps du Christ.

HOMOGÉNÉITÉ DE L'ENTREPRISE CARTÉSIENNE

Nous avons restitué la structure de l'explication du mode de présence, qui s'achève par une sollicitation : Descartes conclut son explication en demandant à son correspondant de lui faire part de son sentiment sur celle-ci, tout en souhaitant celui du Père Vatier[173], lequel avait approuvé

---

170 Armogathe, Jean-Robert, *op. cit.*, p. 75.

171 *Ibid.*, p. 76.

172 *Ibid.*, p. 75 : « La suite de la lettre traite du délicat problème de *l'organisation du corps du Christ* au Sacrement : Descartes en parle assez rapidement *(mais en avait-il vu l'importance ?)*, à la fois en répétant sa définition du corps comme matière informée par une âme et en réclamant une conformité de vocabulaire à l'usage » [mots soulignés par l'auteur].

173 Descartes, Lettre au Père Mesland du 9 février 1645, t. 3, p. 550 : « Je vous aurai obligation si vous m'apprenez votre sentiment touchant cette explication, et je souhaiterais

la première explication cartésienne. L'auteur réserve son explication à des personnes accoutumées à sa façon de philosopher sur l'eucharistie. Il est difficile de savoir si l'explication est parvenue au Père Vatier : aucun document ne l'atteste.

Remarquons les réminiscences patristiques offertes par l'explication cartésienne du mode de présence. L'analogie entre la nutrition, en tant que transsubstantiation naturelle, et l'eucharistie, en tant que transsubstantiation surnaturelle, avait été soutenue originairement par Grégoire de Nysse[174] (331/341 – 394), développée ensuite par l'abbé bénédictin Durand de Troarn (1005/1020 – 1089)[175] et réfutée par Bellarmin dans son *De eucharistia* qui formulera à son encontre deux principales objections, qui seront formulées à nouveau par ceux qui s'élèveront contre l'explication cartésienne[176]. La thématique de l'union du pain avec l'âme du Christ avait déjà été développée par Jean Damascène (676-749), où le pain devient corps du Christ en vertu de son union avec son âme. Il s'agit là de simples parallèles, car Descartes n'a visiblement pas consulté ces sources patristiques pour élaborer son explication, qu'il « semble bien avoir trouvée seul[177] ».

Soulignons également l'homogénéité de l'explication avec celle délivrée dans les Réponses aux Quatrièmes Objections. Expliquer la manière dont le corps du Christ est présent sous les espèces du pain n'exempte pas d'expliquer comment ces dernières demeurent au Saint Sacrement : le pain et le vin ne sont plus tels, mais conservent leurs propriétés sensibles. À ce titre, les deux explications ne sont pas exclusives l'une

---

bien aussi de savoir celui du R. P. Va ; mais le temps ne me permet pas de lui écrire ».

174 Nysse, Grégoire de, *Oratorio Catechetica*, XXXXVII, 5 à 12.

175 Troarn, Durand de, *Liber de corpore et sanguine Christi*. L'auteur y réfute également l'hérésie de B. de Tours (*cf.* Heurtevent, Raoul, *Durand de Troarn et les origines de l'hérésie bérengarienne*, Paris, 1912).

176 *Cf.* Gonzales, Solange, « La digestion : modèle de la circulation et circulation du modèle, de Descartes à Diderot », *in Libertinage et philosophie au XVIIe siècle* : [journée d'étude]. 10, Science et littérature à l'âge classique / org. par Laurence Rauline, Saint-Étienne, Publications de l'université de Saint-Étienne, 2008, p. 245, note 6 : « La première [objection] consiste en ce que l'opération envisagée n'est pas tant une transsubstantiation qu'une simple transformation, *métabolè*. La seconde s'appuie sur la doctrine thomiste de l'individualité de l'homme et prétend que la matière du pain étant informée par la seule âme du Christ, ne saurait devenir de la chair, mais un corps composé de pain et de l'âme du Christ ». *Cf.* également J.-R. Armogathe, *op. cit.*, p. 38-40. Nous retrouvons ces deux objections portées à l'encontre de l'explication cartésienne.

177 Armogathe, Jean-Robert, *op. cit.*, p. 74.

de l'autre : la seconde n'entraîne pas la révocation de la première, en tant qu'il reste toujours à prouver l'identité de nos sensations devant la permanence des propriétés sensibles du pain et du vin, ce qui est le centre de la première explication.

Aussi pouvons-nous affirmer que ces deux explications émanent du « même Descartes », formant les deux volets de la théorie eucharistique cartésienne. La conception présentant un Descartes physicien dans la première explication et le décrivant théologien dans la seconde nous apparaît tronquée et invalide, en tant qu'elle ne rend pas compte de la complexité philosophique de cette dernière. S'il convient de reconnaître que Descartes franchit un pas et va plus loin en s'attaquant en mode de présence, il n'excède pas les bornes assignées à son entreprise, en tant qu'il se situe à la frontière du philosophique et du théologique. L'auteur explique certes le contenu du miracle, mais en lui appliquant ses principes philosophiques : les paroles de la consécration rendent le Christ présent en vertu de l'efficacité transformante accordée à l'union. De surcroît, Descartes ne se prononce pas sur le mystère de l'eucharistie : nous avons observé une gradation dans les termes employés, dans la mesure où celui de mystère, utilisé en 1644, n'apparaît plus en 1645. Sur ce point, qu'en est-il justement de la part de mystère de l'eucharistie ? Est-elle préservée par l'explication ou se confond-elle avec la part miraculeuse ? Loin de les réduire l'un à l'autre, l'explication semble à même d'assurer la distinction entre le miracle et le mystère, tout en les liant fortement l'un à l'autre. L'union du pain à l'âme du Christ, le transformant en son propre corps et son propre sang, vise une communion avec le Christ, celle-ci exprimant, justement, la part de mystère qui échoit à l'eucharistie : « l'âme de Jésus-Christ informe la matière de l'hostie, *afin d'être reçu par les hommes, et de s'unir plus étroitement à eux*[178] ». Nous comprenons en quel sens l'explication se situe à la frontière de la philosophie et de la théologie, sans dépasser le seuil : Descartes se place du point de vue du comment et non du pourquoi. Il explique comment le corps du Christ est réellement présent, en mobilisant l'union du pain à l'âme et en recourant à l'efficacité transformante de celle-ci, mais n'envisage pas le pourquoi. Tout au plus l'indique-t-il, mais il ne l'approfondit pas. L'auteur se concentre sur l'union du pain

178 Descartes, Lettre au Père Mesland du 9 février 1645, t. 3, p. 550 [mots soulignés par nous].

à l'âme, pièce maîtresse de la présence du vrai corps du Christ, mais ne s'intéresse pas à ce qu'elle vise, l'« union » – au sens théologique – du Christ au fidèle : la communion entre le Christ et le fidèle est citée sans être développée. Rien n'est dit des effets du sacrement de l'eucharistie sur le fidèle : tout au plus savons-nous qu'il reçoit un corps non figuratif, ce qui suscite des difficultés à la fois philosophiques et théologiques. En ce sens, le mystère de l'eucharistie est sauvegardé, résidant, *in fine*, dans les raisons de son institution par le Christ et dans le pouvoir salvifique conféré par ce dernier (selon l'Église catholique) à ce sacrement : pourquoi le Christ, par la médiation du prêtre, se rend-il présent en vue de s'unir aux hommes pour leur salut ne relève pas de la compétence du philosophe. Le mystère engage la part de salut liée à l'eucharistie, sur laquelle la philosophie n'intervient pas, la réservant à la théologie. C'est à celle-ci qu'il appartient de déterminer en quel sens le Christ se rend présent, par la médiation de l'union du pain à son âme, afin d'être reçu par les hommes et de s'unir plus étroitement à eux : l'explication reste sur un plan philosophique et appelle un développement théologique. Il revient aux théologiens cartésiens d'édifier, sur la base de l'explication cartésienne qui en sert d'échantillon, une théorie eucharistique qui se situe sur un plan théologique, en intégrant les effets du sacrement pour le fidèle dans sa communion avec le Christ.

LE PARAGRAPHE RAYÉ SUR LA MINUTE : L'OMISSION VOLONTAIRE DE L'ÉTENDUE

Terminons sur l'absence de l'étendue dans l'explication cartésienne. Alors que Mesland l'interroge initialement sur l'articulation entre sa conception de l'étendue et le dogme catholique de la présence réelle, Descartes omet l'étendue pour se placer exclusivement du point de vue de l'union avec l'âme. Nous pouvons nous reporter au paragraphe rayé sur la minute qui certifie que l'omission est entièrement volontaire. Le paragraphe, que l'auteur a biffé et n'a pas fait parvenir à son correspondant, montre comment il avait envisagé d'intégrer l'étendue avant de se rétracter, en raison des difficultés engendrées par celle-ci, eu égard notamment à la subsistance d'une partie de la substance du pain : « Et pour la même raison, il est impossible d'attribuer ici au corps de J. C. *une autre extension ni une autre quantité que celle du pain.* Car ces mots d'extension et de quantité ne sont inventés par les hommes que pour signifier cette quantité extérieure qui se voit et qui se touche. Et quoi que ce puisse être dans l'hostie que les philosophes nomment la quantité d'un corps, qui a la grandeur qu'aurait J. C. étant dans le monde avec son extension interne, c'est sans doute toute autre chose que ce que les autres hommes ont jusques ici nommé quantité ou extension[179] ».

Dans son édition des Lettres à Mesland, Clerselier cite ce paragraphe accompagné de ces quelques mots : « Ceci est rayé, mais lisible dans l'original ». Le terme original est équivoque. Il ne faut pas entendre la Lettre adressée par Descartes au Père Mesland, car ce paragraphe a été retranché par l'auteur dans la Lettre qu'il lui a fait parvenir : nous devons davantage entendre « la minute autographe de celle-ci[180] ». En tant que l'étendue est l'essence de la substance corporelle, l'étendue de la substance du corps de Jésus-Christ ne peut être que celle occupée par celle du pain avant la consécration. Une telle position, un temps envisagée par Descartes, poserait alors un double problème de conformité avec le dogme catholique. D'un côté, l'attribution au corps du Christ de la même étendue que celle du pain ouvrirait la voie à une présence locale, rejetée par Thomas et écartée implicitement à sa suite par le concile. De l'autre, cette attribution se heurterait à l'écueil de la consubstantiation : si l'étendue attribuée au corps du Christ est celle qu'occupe le pain, est-ce à dire que l'étendue du pain elle-même subsiste, ce qui signifierait qu'un résidu de la substance du pain demeure ? Indiquer que l'étendue du corps du Christ occupe celle du pain impliquerait que la substance du pain demeure en tant que son essence subsiste : la substance du corps du Christ existerait alors conjointement avec celle du pain à la suite de la conversion substantielle.

L'étendue cartésienne entraverait la transsubstantiation et tendrait vers la consubstantiation, tout en conduisant au problème de la présence locale. Signalons, seulement en passant, une hypothèse pour concilier le dogme catholique de l'eucharistie avec la conception cartésienne de l'étendue. Ne pourrions-nous pas postuler que l'étendue et le corps du Christ ont été séparés, miraculeusement, par les paroles de la consécration ? Dans cette optique, ne pourrions-nous pas considérer que le miracle

179 Lettre au Mesland du 9 février 1645, *in Œuvres de Descartes*, Publiées par C. Adam et P. Tannery, Correspondance, Volume IV, juillet 1643-avril 1647, Paris, Vrin, 1972, p. 160-161 [mots soulignés par nous]. Nous avons actualisé l'orthographe.

180 Armogathe, Jean-Robert, *op. cit.*, p. 75, note 32.

eucharistique consiste à faire exister la substance corporelle du Christ telle quelle, isolément de son étendue ? Nous pourrions, pour soutenir une telle perspective, convoquer deux arguments : rappeler que l'étendue est l'essence, et non l'être, de la substance corporelle, en faisant jouer F. Alquié contre M. Guéroult dans le débat qui les a opposés concernant l'attribut principal ; mobiliser la théorie de la création des vérités éternelles[181]. Quoi qu'il en soit, il importe de retenir que Descartes n'a pas envisagé cette voie. À noter que ce sera davantage celle empruntée par la postérité, à travers notamment les essais eucharistiques des cartésiens R. Desgabets (1610-1678) et P. Cally (1630-1709). Descartes choisit de rayer ce paragraphe de son explication : il s'est rétracté et n'a pas intégré l'étendue dans son explication de la présence réelle.

Ces quelques lignes biffées sont lourdes de sens. Elles traduisent à la fois le problème suscité par la notion d'étendue dans sa conciliation avec le dogme catholique de la présence réelle et l'attitude de déférence de Descartes vis-à-vis de ce dernier, « l'auteur s'étant retenu sur la pente de l'impanation[182] ». L'auteur a décidé d'omettre l'étendue et de se tourner exclusivement vers l'union dans son explication : celle-ci lui permet de rendre compte de la modalité de la présence du Christ sans faire appel à l'étendue tout en contournant les difficultés engendrées par cette dernière. L'union surnaturelle du pain avec l'âme du Christ serait censée être davantage conforme au dogme, dans la mesure où elle rendrait le corps du Christ réellement présent et ne verserait ni dans la consubstantiation ni dans la présence locale. D'ailleurs, nous pourrions effectuer un parallèle entre l'absence volontaire de l'étendue et la thématique des membres du corps du Christ. En écartant la présence des membres du corps Christ dans le cadre de son explication, Descartes chercherait à éviter le problème de la présence locale du Christ, auquel mène l'étendue. Cependant, même à partir de l'union, l'explication cartésienne suscitera toute une série de difficultés, certaines étant semblables à celles posées par l'étendue : nous les développerons.

---

181 Nous ne pouvons aborder cette théorie, qui sépare le plan de l'être de celui de la vérité, en tant qu'elle impliquerait de traiter de l'unité des opérations divines (entendement, volonté, et puissance).

182 Tilliette, Xavier, *op. cit.*, p. 22.

LA RÉCEPTION DU JÉSUITE ET PROLONGEMENT DE L'EXPLICATION

LE COMMENTAIRE CARTÉSIEN DES PAROLES DE LA CONSÉCRATION : UN TOURNANT

Qu'en est-il de la réception du Jésuite ? En dépit du peu d'indices dont nous disposons, il est possible d'établir que l'explication cartésienne n'a pas convaincu Mesland. Il ne l'a pas jugée concluante : « Mesland n'a pas dû juger l'explication des meilleures[183] » et il ne « fut pas conquis[184] ». Au contraire, il confie à Descartes, dans une dernière lettre, de nouvelles difficultés, tenant probablement au rôle tenu par l'union d'un corps à l'âme. Il est possible de reconstituer la teneur de celles-ci à partir de la manière dont Descartes introduit ses réponses dans sa lettre : celle-ci clôt les échanges avec le Jésuite sur le sujet de la modalité de la présence du Christ. Nous pouvons diviser les difficultés en deux parties.

Tout d'abord, le Jésuite avait dû certainement interroger Descartes sur sa conception de l'union de l'âme et du corps telle qu'il l'expose dans la Lettre et sur son application au Saint-Sacrement. Descartes se contente de répéter ses principes tels quels[185], mais se risque également à une exégèse biblique pour étayer son explication. Il propose alors un commentaire stupéfiant des paroles de la consécration prononcées par le Christ. Il prétend que son explication s'accorde avec les paroles prononcées par le Christ à l'occasion du dernier souper, qui se voient préservées dans leur vérité. Mieux, celles-ci corroborent même le sens de son explication. Pour établir l'accord de son explication avec les paroles du Christ, et montrer que celles-ci confirment celle-là, Descartes en élabore une exégèse philosophique, à l'aune de ses principes philosophiques : « Ainsi *les paroles de notre Seigneur* n'ont pas laissé d'être *très véritables* : *Hoc est corpus meum, quod pro vobis tradetur* [Ceci est mon corps,

183 Armogathe, Jean-Robert, *op. cit.*, *p.* 76.

184 Gouhier, Henri, *La pensée religieuse de Descartes*, *op. cit.*, p. 232.

185 Descartes, Lettre au Père Mesland de 1645 ou 1646, t. 3, p. 630 : « car, 1° comme il ne laisse d'être vrai de dire que j'ai maintenant le même corps que j'avais il y a dix ans, bien que la matière dont il est composé soit changée, à cause que l'unité numérique du corps d'un homme ne dépend pas de sa matière, mais de sa forme, qui est l'âme ».

qui sera livré pour vous], et je ne vois pas en *quelle autre sorte il eût pu parler, pour signifier la transsubstantiation au sens que je l'ai expliquée*[186] ». Le passage révèle une fois encore l'audace cartésienne. Les paroles de la consécration renvoient à l'union, cartésienne, de l'âme du Christ et du pain : en proclamant que « ceci est mon corps », le Christ se réfère lui-même à l'union d'un fragment de matière – le pain et le vin – à son âme par laquelle son corps est rendu présent. L'interprétation avancée par Descartes de la formule consécratoire découle de ses principes sur les rapports de l'âme et du corps. L'âme fournissant son unité numérique au corps, il s'ensuit, nécessairement, que le Christ désigne par le terme « corps », dans le contexte de la formule consécratoire, l'union d'un fragment de matière à son âme par laquelle il est informé et dont il reçoit son individualité.

Ainsi Descartes entreprend-il un commentaire proprement « cartésien » des paroles de la consécration formulées par le Christ, en appliquant ses principes explicatifs à celles-ci. Nous pouvons apporter deux remarques à l'orientation différente, sur la démarche cartésienne. D'un côté, nous pouvons considérer que Descartes adopte une démarche similaire à celle empruntée dans sa première explication. Souvenons-nous qu'il effectue un rapprochement entre sa notion physique de superficie et celle tridentine d'espèce : à ses yeux, le concile de Trente vise, lorsqu'il recourt à la notion d'espèce, non pas la notion aristotélico-thomiste d'accident, mais celle cartésienne de superficie. De même, il rapproche son explication des paroles de la consécration, dans le sens où ses principes explicatifs seraient la traduction philosophico-théologique des paroles du Christ vers lesquelles, finalement, son explication tendrait ! Autrement dit, Descartes intègre les paroles de la consécration dans les termes de la philosophie nouvelle, tout comme il avait transposé les décrets du concile dans ceux-ci. Dans cette optique, le commentaire, tout en étant magistral, de par l'audace qui le sous-tend, n'en demeure pas moins source de difficultés, eu égard à une part d'anachronisme, qui avait déjà été repérée pour l'équivalence entre superficie et espèce. Le commentaire suscite des interrogations : comment le Christ pouvait-il viser, dans les paroles mêmes qu'il prononce, l'union – cartésienne – d'une portion de matière à son âme ? Cela reste difficile à établir en tant

186 *Ibid.* [mots soulignés par nous].

que la formule consécratoire demeure « Ceci est mon corps », et non « Ceci est mon âme ». En outre, dans la perspective du concile, l'âme est présente seulement par concomitance.

De fait, Descartes aurait le mérite de ne pas renoncer à son point de vue. Or, il est possible d'approfondir l'analyse : nous pourrions privilégier une autre piste d'interprétation que le parallèle avec l'équivalence entre superficie et espèce. Nous pensons en effet que le commentaire des paroles de la consécration annonce, sur le plan méthodologique, les contours d'un nouveau rapport au christianisme, où l'accord entre la raison et la foi recherché par Descartes reçoit un nouveau sens. Dans le cadre de celui-ci, il ne s'agit plus, comme nous avons noté jusque-là dans les deux explications, de mettre en lumière un accord entre la raison et de la foi par l'entremise d'une conformité au dogme. En tant que la formule consécratoire, telle qu'elle est relatée dans l'Écriture, est comprise à l'aune des principes philosophiques, nous soutenons qu'il s'agit d'établir un accord par le biais d'un « investissement » philosophique du christianisme, au sens où la philosophie s'articule à celui-ci à travers l'intelligibilité nouvelle conférée aux paroles consécratoires. Autrement dit, Descartes ne se contente pas d'instaurer une conformité au dogme, mais propose une compréhension philosophique de l'eucharistie. Le terme investissement, que nous avons choisi en introduction pour exprimer cette autre signification de l'accord, reçoit ici toute sa portée car la philosophie investit les paroles de la consécration en entreprenant de fixer leur sens à partir de ses propres principes : l'eucharistie est investie philosophiquement dans la manière dont cette dernière lui attribue une intelligibilité qu'elle ne reçoit plus de l'extérieur mais qu'elle détermine d'elle-même.

Explicitons. Nous avons établi que l'explication cartésienne revendique, jusque-là, un accord de la raison et de la foi en incluant une certaine modalité d'articulation entre celles-ci. Aussi l'explication prend-elle pour point de départ la foi, telle qu'elle est énoncée par le concile, en s'employant à s'y conformer. Une telle conformité impliquait d'ailleurs de transposer les décrets tridentins dans les termes de la philosophie nouvelle. Le commentaire des paroles de la consécration contenu dans la seconde explication marque une forme de déplacement, concernant notamment la place de la philosophie dans la recherche de l'accord. Descartes prend pour support les paroles de la consécration prononcées par le Christ, mais il leur apporte un commentaire philosophique qui tend finalement à conférer un primat au rôle de la philosophie dans la compréhension qu'elle donne de celles-ci. C'est la philosophie, et non plus l'Église, qui dévoile le sens des paroles de la consécration. Cela va plus loin que l'équivalence entre superficie et espèce qui, à sa manière, était déjà importante en tant qu'elle dénotait un travail de transposition. Il ne s'agit plus seulement de montrer que les notions d'espèce et de superficie coïncident, rendant compte de la même expérience : l'invariance des sensations devant la permanence des propriétés sensibles. Il s'agit de mettre au jour que la signification même de la formule « ceci est mon corps », presque en attente de dévoilement, est instaurée par la philosophie, dans la mesure où cette dernière établit que de telles paroles signifient l'union du pain à l'âme du Christ, une union entendue dans son sens cartésien, eu égard à son efficacité transformante. La philosophie, et non plus le magistère, tient lieu de clé herméneutique pour la compréhension des paroles de la consécration. Ce n'est pas le concile, mais la philosophie qui fixe le sens des paroles du Christ. Il s'ensuit que la Cène originelle est envisagée dans un sens cartésien. Le Christ est décrit comme cartésien en tant qu'il vise l'union du pain à son âme, et une union cartésienne (!). Par conséquent, Descartes dissipe les difficultés du Père Mesland et maintient son explication en s'appropriant le sens des paroles du dernier Repas, dévoilé par sa philosophie : il opère une annexion de celles-ci, en tant que c'est la philosophie, et non plus l'Eglise, qui prétend s'imposer comme leur grille de lecture. Loin de contredire les paroles de notre Seigneur, l'explication cartésienne les laisse demeurer « véritables », en leur assignant une signification cartésienne : le Christ n'aurait pu parler autrement pour exprimer la transsubstantiation au sens que Descartes l'a expliquée parce que ce dernier lui attribue justement un langage cartésien.

Dans cette optique, le commentaire est trompeur. Nous pourrions penser que Descartes se rapprocherait de plus en plus d'un rôle de théologien : le chantre de la rationalité moderne basculerait irrémédiablement du côté de la théologie en passant son explication au crible des paroles du Christ, pour souligner qu'elle restitue la vérité de celles-ci. Or, à bien y regarder, Descartes n'a jamais été autant philosophe que dans l'exégèse qu'il apporte à ces paroles ! Loin d'une position de théologien, et à rebours de tout opportunisme, Descartes se comporte en véritable philosophe ; ce sont les paroles de la consécration qui sont passées au crible des principes cartésiens et non pas l'inverse. La position cartésienne est hautement philosophique, irréductible à toute démarche d'une intelligence de la foi, tributaire de la grâce : dans celle-ci, l'intelligence s'y propose comme une récompense de la foi. Descartes ne convoque jamais la grâce mais perce le sens des paroles de la consécration en mobilisant la seule lumière de la raison naturelle : c'est d'ailleurs cette absence de projet d'une intelligence de la foi qui a été assimilée comme le principal « vice » du christianisme de l'auteur par M. Blondel[187], ce qui traduit un contre-sens par rapport à la conception cartésienne du rapport raison-foi. Une intelligence de la foi est écartée par la séparation structurelle entre raison et foi, laquelle n'exclut pas toutefois des points de rencontre et aboutit à un accord.

Nous pourrions conforter cette seconde interprétation, qui met en exergue un autre sens de l'accord à la faveur de l'ambition de la philosophie de donner une intelligibilité propre aux paroles de la consécration, en approfondissant la place tenue par celles-ci. En effet, nous avons souligné qu'elles détiennent, au même titre que dans la première explication, l'efficacité sacramentelle en tant qu'elles rendent l'âme du Christ présente. Or, en scrutant le texte, nous pouvons remarquer que l'efficacité sacramentelle des paroles de la consécration procède, dans la seconde explication, de la portée ontologique que prête la philosophie à l'union. C'est la philosophie qui détient l'effectualité première eu égard à l'efficacité transformante qu'elle accorde à l'union d'un corps avec l'âme : c'est parce que, sur le plan philosophique, un corps informé par l'âme est transformé en un corps humain que, dans le cadre eucharistique, l'union du pain à l'âme du Christ opérée par les paroles de la consécration peut entraîner le changement du pain en son propre corps. L'opérativité des paroles de la consécration suit de l'efficacité transformante recelée par l'union substantielle et en dépend. À ce titre, la seconde explication confronte, sur ce point, à une situation nouvelle par rapport à la première. Dans celle-ci, il s'agissait de montrer que les principes physiques cartésiens rendaient

187 Blondel, Maurice, *op. cit.*, p. 566-567 : « Le vice profond de *son* christianisme, c'est de mettre d'un côté le mystère absolu que la volonté seule atteint par grâce, et de l'autre la clarté absolue de la pensée qui se repose, pleinement souveraine chez elle ; c'est de supprimer toute préparation spirituelle à la foi, tout travail de la raison dans la foi, toute intelligence de la foi ».

possibles le caractère performatif des paroles de la consécration, l'ontologie aristotélicienne de l'efficacité, héritée d'Aristote, étant alors intégrée à la physique cartésienne. Dans la seconde explication, l'efficacité sacramentelle des paroles de la consécration dépend d'un socle philosophique, celui fourni par l'union et sa capacité transformante. Ce n'est plus seulement l'ontologie de l'effectualité qui se formule dans le langage des principes cartésiens, ceux-là prétendant autoriser celle-ci alors que ceux d'Aristote sont censés l'entraver ; c'est la philosophie qui s'arroge une efficacité, celle qu'à l'âme de transformer un corps auquel elle est unie en un corps humain tout entier. Et la performativité des paroles de la consécration vient s'arrimer à l'efficacité, primitive, de l'union substantielle.

Par conséquent, la seconde explication jette les bases d'une nouvelle conception du rapport raison-foi, marquant une évolution de l'auteur : la philosophie produit du sens à travers la manière dont, non seulement elle rend compte de la signification, implicitement cartésienne, des paroles de la consécration, mais elle lie leur performativité à l'efficacité transformante qu'elle confère à l'union. L'union est doublement engagée dans l'intelligibilité conférée à l'eucharistie. La philosophie établit que les paroles de la consécration signifient l'union du pain à l'âme du Christ, et l'efficacité transformante qu'elle attribue rationnellement à l'union fonde l'opérativité de celles-ci. À ce titre, la conception cartésienne de l'union déployée dans l'explication revêt un rôle dans la procédure liturgique de l'eucharistie et dans sa signification : pour cette raison, elle pourrait contribuer à inscrire Descartes au sein de l'« archéologie de l'office »[188], en le faisant participer, avec d'autres comme Kant, à la mutation philosophique de celui-ci.

Nous voyons poindre un nouveau rapport au christianisme, où l'accord de la raison et de la foi ne repose plus sur l'autorité de l'enseignement de l'Église, mais participe d'un rôle plus grand attribué à la philosophie, qui apporte elle-même une compréhension au christianisme : d'ailleurs, il est saisissant de remarquer que l'explication du mode de présence ne convoque pas le concile, ne cherchant pas à instaurer une concordance textuelle. De ce point de vue, les explications eucharistiques nous confrontent à deux significations de l'accord qui, pour distinctes qu'elles soient, n'en sont pas pour autant contradictoires. Elles demeurent homogènes en tant qu'elles s'inscrivent dans le projet d'une conciliation

---

188 Agamben, Giorgio, *op. cit.*

avec le christianisme, mais appréhendée différemment. Le critère de la différence qui les sépare s'enracine dans l'organisation méthodologique du rapport raison-foi, illustrant distinctement le pouvoir de la philosophie, soit dans sa capacité à se conformer au dogme soit à fournir du sens. D'un côté, la philosophie doit composer avec une donnée de la révélation qu'elle reçoit, fixée par l'Église, qui lui prescrit ses limites et avec laquelle elle doit s'accommoder : elle doit faire en sorte que les principes qu'elle instaure préservent la vérité du dogme et même le défendent en lui apportant une crédibilité philosophique. L'autorité première est celle de l'Église. De l'autre, la philosophie, se faisant plus ambitieuse, s'affirme méthodologiquement première, en imposant son propre registre de compréhension à des objets sur lesquels porte aussi la théologie, qu'elle s'approprie : la philosophie détermine, à partir de ses principes, leur sens, avec lequel la théologie devra cette fois s'ajuster. Autrement dit, le critère de différenciation réside dans le détenteur de l'autorité normative, selon que la raison ou la foi se l'arroge. Dans la première explication, Descartes part de l'enseignement de l'Église qui enseigne la permanence des espèces, sur laquelle il règle ses principes ; dans la seconde, il assigne de lui-même le sens des paroles de la consécration, sans avoir consulté préalablement l'autorité de l'Eglise : « Ceci est mon corps » signifie l'union cartésienne du pain à l'âme du Christ, dont dérive la présence de son corps. Étant le ressort de la présence du Christ, l'union devra être intégrée par toute perspective théologique sur l'eucharistie. À ce titre, ce second rapport au christianisme touche à l'organisation du rapport raison-foi, mais ne regarde en rien leur prétention à la vérité. La philosophie produit du sens en cherchant un point de conciliation, mais ne devient pas le critère de vérité de la foi : elle en est une clé herméneutique, non une instance de vérité, en tant qu'elle ne se mêle pas du salut.

Considéré à travers le prisme de l'organisation méthodologique entre raison et foi, l'écart entre le premier et le second niveau de signification de l'accord s'éclaire, faisant ressortir un décalage entre eux sans pour autant les rendre contradictoires. Toutefois, il convient également de ne pas outrepasser le sens des textes : si l'exégèse des paroles de la Cène témoigne bien, sur le plan méthodologique, d'un second rapport au christianisme, celui-ci n'est pas, néanmoins, totalement développé ; il est seulement ébauché. Ce statut d'esquisse tient, non pas tant au statut ponctuel des quelques lignes dans lesquelles il est contenu, qu'au cadre, catholique, dans lequel il prend place. En effet, si Descartes annexe les paroles du Christ et fixe leur sens à partir de sa philosophie, cette annexion est, *in fine*, destinée à préserver le bien-fondé de l'enseignement de l'Église sur la manière dont elle comprend la vérité de la présence du Christ. Le commentaire des paroles de la consécration, tout en préfigurant un autre rapport au christianisme, participe également du premier en tant qu'il s'inscrit dans la lignée de l'interprétation donnée par l'Eglise des paroles du Christ, leur attribuant un sens littéral dont dérive sa présence réelle, telle que le catholicisme la conçoit. Pour le dire autrement, l'intelligibilité philosophique conférée aux paroles de la consécration n'est pas totalement exploitée dans la mesure où Descartes ne se rapporte pas à celles-ci vierge de tout présupposé : il est orienté théologiquement en tant qu'elles font déjà l'objet d'une précompréhension littérale. Si Descartes prétend que les paroles, « ceci est mon corps », signifient l'union cartésienne du pain à son âme, c'est pour établir la vérité de la présence réelle du Christ telle qu'elle est définie par l'Église : telle est la visée, en dehors de ses répercussions théologiques, du modèle explicatif cartésien. À cet égard, le second rapport au christianisme qui se dégage du commentaire cartésien recèle une part d'incomplétude : l'appropriation philosophique des paroles du Christ qu'il met en jeu exigerait, pour être totale, l'absence de référence à l'Église. Il s'agirait d'en livrer une compréhension philosophique vierge de tout présupposé théologique, pour investir totalement l'objet en question : une telle démarche se tiendrait sur une ligne de crête, mais resterait interne au champ philosophique. Elle consisterait, non à réformer l'eucharistie dans l'optique du salut, mais à déterminer pleinement son sens sur la base de la seule philosophie, par-delà toute appartenance confessionnelle. Pour le dire autrement, le commentaire nous dépeint un Christ cartésien qui demeure dans un horizon catholique, alors qu'il s'agirait de donner la pleine mesure à ce portrait cartésien.

De fait, le commentaire des paroles de la consécration annonce, à la faveur de l'intensification du rôle de la philosophie dans sa capacité à produire du sens concernant les paroles consécratoires, un nouveau rapport au christianisme, qui n'est pas toutefois totalement déployé. Celui-ci sera véritablement à l'œuvre lorsque la philosophie procèdera sans se référer à l'énoncé dogmatique de la foi, pour apporter à celle-ci son propre registre de compréhension, à partir duquel celle-ci devra se repenser : il nous reviendra, dans un autre volet, d'étudier la morale cartésienne, pour élucider le rapport au christianisme qu'elle implique. Nous découvrirons que celle-ci, parallèle à l'élaboration de la seconde explication et lui succédant, engage le développement plein et entier de ce second rapport au christianisme.

L'OBJECTION DU TRIDUUM MORTIS, TRADUISANT LE PROBLÈME LIÉ À LA PRIMAUTÉ DE L'ÂME

Cette réflexion prépondérante sur le rapport au christianisme effectuée, revenons à la Lettre. Mesland interroge ensuite l'auteur sur une difficulté subsidiaire, relative à l'eucharistie du *triduum mortis* (ou la consécration sabbatique), qui renvoie à « la façon dont le corps de J-C. aurait été dans l'hostie qui aurait été consacrée durant le temps de sa mort[189] ». Cette thématique, sur laquelle Thomas s'est penché, n'est pas abordée par le concile, ce que Descartes va rappeler. Si le concile de Trente n'apporte aucune précision sur la consécration *mortuo Christo*, Thomas indique expressément que « seul le corps inanimé se serait trouvait sous les espèces[190] ». Quel rapport cette thématique entretient-elle avec l'explication cartésienne ? Mesland soumet la consécration *mortuo Christo* dans la mesure où elle est symptomatique de la primauté accordée à l'union du pain à l'âme du Christ dans l'explication cartésienne. Mesland cherche à alerter Descartes sur le fait qu'elle est présente seulement par concomitance pour la foi catholique. En ce sens, cette thématique vient contredire l'explication cartésienne du mode de présence qui repose entièrement sur l'union d'un fragment de matière avec l'âme du Christ : comment, d'un point de vue cartésien, le corps du Christ aurait-il pu être présent le jour du Vendredi Saint, alors même que l'âme du Christ, sans laquelle le pain ne peut être changé en corps du Christ, a été séparée de ce dernier ? La consécration *mortuo Christo* fait office de contre-exemple en tant qu'elle est censée priver l'explication cartésienne de son fondement : la possibilité d'unir le pain à l'âme du Christ.

Le premier geste de la réplique cartésienne est de situer la difficulté de la consécration sabbatique en dehors de l'enseignement de l'Église[191],

189 Descartes, Lettre au Père Mesland de 1645 ou 1646, t. 3, p. 630.

190 Armogathe, Jean-Robert, *op. cit.*, p. 76.

191 Descartes, Lettre au Père Mesland de 1645 ou 1646, t. 3, p. 630 : « Toutefois, encore que l'Église aurait déterminé que l'âme de J.-C. n'eût pas été unie à son corps en l'hostie qui

comme pour marquer son origine thomiste. Descartes organise sa réponse en faisant appel à la notion de « disposition », tout en effectuant un parallèle entre la présence du corps du Christ dans l'eucharistie le jour du Samedi Saint et le corps du Christ au tombeau. La matière du pain n'est pas réellement unie à l'âme du Christ, mais en a la disposition, tout comme le corps déposé au tombeau. À ce titre, l'un et l'autre – le morceau de pain consacré lors de l'eucharistie du *triduum mortis* et la matière qui se trouve au tombeau – sont tout autant corps du Christ[192]. L'âme du Christ ayant quitté son corps lors de sa mort, le corps inanimé demeure le corps du Christ seulement parce qu'il est disposé à recevoir à nouveau son âme lors de la Résurrection ; de même, durant l'eucharistie du *triduum mortis*, l'hostie, disposée à être unie à l'âme du Christ, est changée en corps du Christ : le corps aurait eu les dispositions du corps sans le sang et le vin celles du sang sans la chair, de sorte que le pain contiendrait seulement le corps et le vin seulement le sang[193].

La notion de disposition est avancée également par Descartes pour revenir sur les questions liées à la communion sous une seule espèce. Il s'agit de la dernière partie de la réponse cartésienne, renvoyant certainement à la dernière partie des difficultés du Père Mesland. L'auteur fait alors concorder la disposition avec la notion, d'ancrage thomiste et canonisée par le concile, de concomitance : le corps du Christ est tout entier dans l'hostie et son sang par concomitance, tandis que son sang est tout entier dans le calice, et son corps par concomitance. De même qu'un fragment de matière est un corps humain tout entier sitôt qu'il est uni à l'âme, le vin est le corps du Christ (et non pas seulement son sang), en raison, non pas de l'union effective de la matière du vin à l'âme du Christ, mais de la disposition qu'a le sang à être uni à l'âme sans la chair[194].

---

aurait été consacrée au temps de sa mort, il suffit de dire… ».

192 *Ibid.*, p. 630-631 : « il suffit de dire que la matière de cette hostie aurait pour lors été *autant disposée à être unie à l'âme de J.-C.*, que celle de son corps qui était dans le sépulcre, *pour assurer qu'elle était véritablement son corps* ; puisque la matière, qui était dans le sépulcre, n'était alors nommée le corps de J.-C, qu'à cause des dispositions qu'elle avait à recevoir son âme » [mots soulignés par nous].

193 *Ibid.*, p. 631 : « Et il suffit aussi de dire que la matière (de cette hostie ou) du pain *aurait eu les dispositions du corps sans le sang*, et celle du vin les dispositions du sang sans la chair, pour assurer *que le corps seul, sans le sang, eût été alors dans l'hostie*, et *le sang seul dans le calice* » [mots soulignés par nous].

194 *Ibid.* : « Comme aussi ce qu'on dit que c'est seulement par concomitance que le corps de J.-C. est dans le calice, se peut fort bien entendre, en pensant que, bien que l'âme

Et Descartes de se targuer d'avoir écarté l'objection de son correspondant : « Ainsi je ne vois aucune ombre de difficulté en tout cela[195] ». Cependant, convenons que la réponse cartésienne contourne davantage la difficulté formulée par le Jésuite qu'elle ne la solutionne : quel sens accorder à cette disposition ? De quel point de vue le pain et le vin eucharistiques, tout comme le corps au sépulcre[196], auraient-ils une telle disposition ? Quel serait le statut de ce corps du Christ issu de la disposition du pain à être uni à son âme et non de l'union effective : la disposition suffit-elle à changer le pain en corps de Christ ?

RÉSERVE FINALE DU JÉSUITE ET CLÔTURE DU SUJET EUCHARISTIQUE, SANS DÉSAVEU

La difficulté soumise par le Jésuite traduit son embarras devant la primauté accordée à l'âme du Christ dans l'explication cartésienne : à l'inverse, elle a pour dessein de manifester que l'âme du Christ n'est présente que par concomitance. La manière dont Descartes conclut sa lettre annonce que le sujet de la présence réelle est sur le point d'être refermé : « Mais *néanmoins je me tiens très volontiers, avec vous, aux paroles du Concile*, qu'il y est *ea existendi ratione quam verbis exprimer vix possumus* [Par cette façon d'exister que nous pouvons à peine exprimer par des mots][197] ». L'occurrence « avec vous » indique très certainement que ce retour au texte du concile est à mettre au crédit de Mesland : pas convaincu par l'explication cartésienne, qui pose selon lui une série de difficultés regroupées autour de l'union avec l'âme du Christ, le Jésuite a dû probablement conseiller à Descartes de « s'en tenir au texte prudent du Concile[198] ». À ce titre, la dernière lettre du *corpus* eucharistique est finalement primordiale dans la mesure où elle se situe à un moment charnière de la théorie cartésienne : elle affermit la place centrale revêtue par l'union avec l'âme dans l'explication cartésienne, qui en constitue la

---

de J.-C. soit unie à la matière contenue dans le calice, ainsi qu'à un corps humain tout entier, et par conséquent que cette matière soit véritablement tout le corps de J.-C., elle ne lui est toutefois unie qu'en vertu des dispositions qu'a le sang à être uni avec l'âme humaine, et non pas en vertu de celles qu'à la chair ».

195 *Ibid.*

196 Tilliette, Xavier, *op. cit.*, p. 21 : « peut-on dire qu'un cadavre est en attente d'une âme ? ».

197 Descartes, Lettre au Père Mesland de 1645 ou 1646, t. 3, p. 631 [mots soulignés par nous].

198 Gouhier, Henri, *La pensée religieuse de Descartes*, *op. cit.*, p. 232, note 18.

pierre angulaire ; elle contient les indices de la réaction « défavorable[199] » de Mesland, qui conteste le primat accordé à l'âme, présente seulement par concomitance ; elle annonce la clôture du sujet eucharistique.

La réserve finale émise par le Jésuite, suggérant à Descartes de revenir au texte du concile, et les objections parsemant leur dernier échange, a rendu l'auteur à l'évidence : son essai d'explication n'a pas été concluant. Le manque d'enthousiasme de Mesland a certainement découragé Descartes de publier son explication. Telle était d'ailleurs la ligne de conduite qu'il s'était inauguralement fixée : le sort de son explication était subordonné au jugement de son correspondant[200]. Au regard du caractère défavorable de celui-ci, l'auteur perçoit le danger potentiel représenté par son explication : celle-ci pourrait être utilisée par ses adversaires comme une arme contre sa philosophie, sous couvert de sa supposée non-conformité au dogme catholique. Dès lors, il est amené à clore le sujet du mode de présence de la même manière qu'il avait refusé de l'ouvrir préalablement, en retournant à un silence qu'il justifie par les paroles du concile, le dispensant de traiter cette thématique.

Ultérieurement, Descartes est sollicité par trois interlocuteurs – Clerselier, un inconnu, et Arnauld qui s'exprime anonymement – pour se prononcer sur le mode de présence. Il fait valoir un refus de se pencher sur le sujet, se contentant de faire allusion à son explication, dont il ne délivre pas toutefois le contenu[201]. Dans le cadre de la demande soumise par Clerselier, Descartes livre une indication fragmentaire : développant

199 Ce point est attesté ultérieurement par la correspondance entretenue par Clerselier lors de la diffusion clandestine des lettres à Mesland. Nous pouvons nous référer à la Lettre du P. Poisson à Clerselier du 15 décembre 1667, citée par Agostini, Siegrid, *in Claude Clerselier, editore e traduttore di René Descartes*, vol. 2, Lecce, Conte Editore, 2007, p. 228 : « *Il faut sans doute que le jugement du Père Mesland n'ait pas été favorable à Monsieur Descartes, puisque sa pensée eût été inconnue.* Sans vous, Monsieur que j'ai toujours ouï citer comme celui de qui on l'avait apprise, quoi qu'il en soit, il faut lui donner cette louange que tout autre moins modeste que lui, n'eût pas parlé de son invention ou pensée avec tant de réserve et de précaution. [...] » [mots soulignés par nous]. *Cf.* également Bibliothèque de Chartres, MS. 366, p. 534-535 et également la Lettre au Mesland du 9 février 1645, *in Œuvres de Descartes*, Publiées par C. Adam et P. Tannery, Correspondance, Volume IV, juillet 1643-avril 1647, Paris, Vrin, 1972, p. 165-166, note b.

200 Descartes, Lettre au Père Mesland de mai 1645, t. 3, p. 569 : « Vous ferez de ma lettre ce qu'il vous plaira, et parce qu'elle ne vaut pas la peine d'être gardée, je vous prie seulement de la rompre sans prendre la peine de me la renvoyer ».

201 Lettre à Clerselier du 2 mars 1646 ; lettre à *** de début mars 1646 ; Lettre à Arnauld du 4 juin 1648 et de juillet 1648.

la thématique de l'unité numérique d'un corps au cours d'un changement substantiel, il ébauche seulement le rôle tenu par l'âme (il y a quelque chose de plus au saint sacrement, l'âme du Christ qui informe la matière de l'hostie), sans en dégager les implications pour la confection d'un modèle explicatif. Ensuite, face à l'interlocuteur inconnu, Descartes émet une fin de non-recevoir, en prétextant de la nouveauté de son explication : la prudence exige, en public, d'éviter les conceptions novatrices et de se conformer à celles qui sont les plus communes et les plus modérées, une telle attitude rappelant la seconde partie de la première maxime de la morale par provision[202]. Enfin, Descartes ne consent pas à répondre aux difficultés soumises de manière anonyme par Arnauld, gravitant autour de l'étendue : celle-ci est remise en cause dans son articulation avec le dogme de la présence réelle, la réduction de l'étendue à l'extension locale étant accusée d'ouvrir la voie à l'écueil de la présence locale. Tout en se réfugiant derrière les paroles du concile pour s'abstenir d'envisager la modalité de la présence du Christ, l'auteur concède avoir formé des conjectures, qu'il ne souhaite pas communiquer par écrit. Nous tenons avec J.-R. Armogathe qu'il s'agit, de la part de Descartes, d'un véritable « refus de répondre aux objections d'Arnauld en 1648 », ce sur quoi H. Gouhier hésite[203]. Il ne s'agit pas d'une partie remise, où Descartes rejouerait le « même scénario » que celui tenu avec Mesland, en cherchant insidieusement à se faire inviter par son interlocuteur à en dire davantage. Pour preuve, dans la Lettre suivante, Arnauld, maintenant l'anonymat, le presse une nouvelle fois de lui avancer son explication, mais sans succès : Descartes répond à toutes les questions, mais omet volontairement de satisfaire celle sur le mode de présence. La réticence cartésienne d'accéder aux requêtes d'Arnauld participe du mutisme final observé par Descartes devant les questions eucharistiques.

L'auteur décide de son vivant de taire, pour des raisons de prudence, son explication du mode de présence à ses divers correspondants, le sujet

202 *Discours de la méthode*, Troisième Partie, t. 1, p. 593 : « La première était d'obéir aux lois et aux coutumes de mon pays, retenant constamment la religion en laquelle Dieu m'a fait la grâce d'être instruit dès mon enfance, et me gouvernant, en toute autre chose, suivant les opinions les plus modérées, et les plus éloignées de l'excès, qui fussent communément reçues en pratique par les mieux sensés de ceux avec lesquels j'aurais à vivre ».

203 Armogathe, Jean-Robert, *op. cit.*, p. 44 ; Gouhier, Henri, *Cartésianisme et augustinisme au XVIIe siècle*, *op. cit.*, note 28, p. 200 : « J'hésiterai à dire comme J-R Armogathe : "le refus de répondre aux objections d'Arnauld" ». *cf.* aussi p. 74-75.

étant trop périlleux. Pour autant, il ne la renie pas. Le refus cartésien de rendre publique son explication ne doit pas faire l'objet d'un contresens : Descartes ne l'a pas abandonnée et il ne regrette pas de l'avoir confiée à Mesland, même si ce dernier ne l'a pas ratifiée. F. Bouillier, dont nous prenons le contre-pied, penche à l'inverse pour le regret[204]. Au contraire, selon nous, si l'auteur n'a pas publié son explication du mode de présence et s'est résolu au silence en public, il ne l'a jamais désavouée. Les indices accompagnant les divers refus adressés à ses correspondants suggèrent que l'explication suscite toujours en lui une part de contentement : l'union avec l'âme demeure la clé de voûte – *cf.* l'échange avec Clerselier – d'une explication à la coloration résolument nouvelle – *cf.* celui avec l'interlocuteur inconnu – et au statut d'hypothèse, conservant une pertinence, mais dont aucune trace écrite n'est destinée à être dévoilée – *cf.* celui avec Arnauld. Descartes garde son explication pour lui-même, si bien qu'elle s'inscrit dans l'ensemble de sa philosophie. Le refus adopté par Descartes de délivrer son explication du mode de présence constitue peut-être le signe « d'une vie religieuse plus profonde qu'on ne l'a dit », dans la mesure « il a conservé pour sa propre satisfaction son interprétation[205] ».

La manière dont Descartes retourne au silence peut être éclairée par la situation de la philosophie cartésienne à l'époque, d'un double point de vue. D'un côté, la mise en retrait du mode de présence épouse le surgissement et l'intensification d'une autre thématique dans la philosophie cartésienne, qui en est le couronnement : celle-ci subit un décentrement, au sens où l'eucharistie cède sa place à la morale, qui devient la préoccupation majeure du Descartes de la maturité. La morale cartésienne, se formant à travers les entretiens épistolaires avec Élisabeth et Christine de Suède (1626-1689) au cours des années 1645-1647 et les *Passions de l'âme*, constituera, dans un prochain volet, une autre pierre de touche pour déterminer les rapports entre la philosophie cartésienne et le christianisme. L'importance accordée à l'union avec l'âme dans l'explication du mode de présence annonce, en un sens, ce recentrement autour de la morale en tant que l'union sera le point de départ de cette dernière. De l'autre, la philosophie cartésienne se

204 Bouillier, Francisque, *op. cit.*, v. 1, p. 231 : « Déjà peut-être se repentait-il d'avoir hasardé, même confidentiellement, cette nouvelle explication de l'eucharistie ».

205 Gouhier, Henri *La pensée religieuse de Descartes*, *op. cit.*, p. 232.

trouve dans une certaine fragilité d'un point de vue théologique : c'est l'époque de la controverse avec Voetius et du schisme avec Regius. Devant les accusations dont sa philosophie fait l'objet, Descartes ne peut divulguer une explication que le Père Mesland n'avait pas approuvée et qu'il tient pour une simple hypothèse. Il était préférable, pour ne pas s'attirer d'ennuis supplémentaires sur le plan théologique, de ne pas s'engager publiquement sur le mode de présence et de se retirer progressivement du débat eucharistique, au centre des tensions entre catholiques et protestants[206] : le choix de confiner l'explication à la confidentialité n'en demeure que plus pertinent au regard de la querelle posthume qui va lui succéder, dont l'auteur ne peut être tenu pour responsable.

POSTÉRITÉ DE L'EXPLICATION

Terminons en évoquant justement la fortune des Lettres contenant la seconde explication, dont la clause de confidentialité n'a pas été totalement respectée. À la mort du philosophe, Clerselier, ami privilégié et exécuteur testamentaire, recueille l'ensemble des manuscrits laissés par ce dernier dont, au sein de la *Correspondance*, les lettres à Mesland. Il avait finalement réussi à obtenir du vivant même de l'auteur celle du 9 février 1645. Or, Clerselier ne publie pas l'intégralité des écrits eucharistiques cartésiens. Dans son édition des *Lettres de Mr Descartes où sont traitées plusieurs belles questions touchant la Morale, la Physique, la Médecine, et les Mathématiques* [3 Volumes, Paris, Charles Angot, 1667[3] (1657[1]), 1666[2] (1659)[1], 1667], Clerselier décide de publier seulement deux des quatre lettres de la correspondance eucharistique avec le Jésuite, à savoir celles ne comportant pas directement le cœur de l'explication : le premier volume (1657) contient celle de mai 1644, et le troisième (1667), celle de mai 1645. Toutefois, il prend également la disposition de faire circuler, clandestinement et sous forme manuscrite, des copies des deux lettres qui font état de l'explication du mode de présence (9 février 1645 ; 1645-1646), laquelle suscite son enthousiasme. En 1654, le Père F. Viogué, religieux augustin, missionnaire apostolique en Suède, présent avec H. Chanut (1601-1662) pendant les derniers instants du

206 *Ibid.*, p. 135 : « le philosophe est devenu méfiant ; amoureux de sa tranquillité, il sait ce qu'il lui en a coûté d'entrer dans la mêlée ».

philosophe[207], demande à Clerselier des éclaircissements sur la conception cartésienne de la transsubstantiation eucharistique : Clerselier lui adresse les lettres à Mesland, qui sont loin de le convaincre. En 1659, Clerselier les fait parvenir au Père J. Bertet, jésuite cartésien qui a eu vent des

207 La référence au P. Viogué nous conduit à aborder la question de la mort de Descartes. La version officielle invoque une pneumonie. Toutefois, si certaines zones d'ombre demeurent autour de celle-ci, quelques commentateurs vont plus loin et avancent la théorie de l'assassinant, forfait dont se serait rendu coupable le P. Viogué en empoisonnant Descartes avec une hostie. Il aurait perçu dans le philosophe un obstacle à la conversation de la Reine Christine, en tant que la physique cartésienne entraverait, d'après son jugement, la transsubstantiation. Telle est la thèse formulée originairement par Eike Pies, dans son livre *Der Mordfall Descartes* (« L'affaire Descartes »), publié en 1996, et développée de manière plus conséquente par Theodor Ebert dans son ouvrage *Der rätselhafte Tod des René Descartes* (« La mort mystérieuse de René Descartes »), Alibri, 2009 [*L'énigme de la mort de Descartes*, Traduction Claire Husemann, Hermann, 2011]. Nous portons un regard nuancé sur cette thèse : la rejeter d'un revers de main ne nous paraît pas un procédé satisfaisant en tant qu'elle a le mérite de relancer les études sur les circonstances de la mort de Descartes, qui ont fait l'objet d'un regain d'intérêt (Carraud, Vincent, Verdon, Renaud, « Remarques circonspectes sur la mort de Descartes », *in Revue du dix-septième siècle*, n° 265, 2014/ 4, p. 719-726). Certains doutes enveloppent la cause de la pneumonie. L'hypothèse de T. Ebert, selon laquelle la mort de Descartes serait due à une intoxication à l'arsenic, paraît, sous certains égards, plausible. Cependant, nous prenons nos distances avec le commentateur concernant l'hypothèse de l'empoisonnement qui serait à mettre au crédit du P. Viogué, pour le motif de l'eucharistie. D'une part, aucun document n'atteste que celui-ci aurait eu accès aux explications du mode de présence du vivant du philosophe. D'autre part, la *Correspondance* qu'il entretient avec Clerselier fait part d'objections à l'égard de la conception cartésienne de l'eucharistie, mais celles-ci ne sont pas émises sur un ton violent : elles ne traduisent pas un conflit pouvant justifier un assassinat. Cet assassinant supposerait d'ailleurs que Viogué aurait si bien su masquer son opposition à la philosophie de Descartes l'ayant conduit à l'empoisonner qu'il aurait réussi à se faire communiquer par Clerselier des documents confidentiels censés favoriser la postérité de la philosophie cartésienne. Outre le fait que les objections qu'il émet contre le système cartésien ne traduisent pas une hostilité menaçante, le Père Viogué ne semble pas ressentir une défiance vis-à-vis de Descartes en tant qu'homme dans la mesure où il le décrit comme un catholique sincère (deux lettres du Père Viogué en témoignent : *cf.* celles du 9 mai 1667 et du 6 mai 1671). Le Père Viogué avait d'ailleurs lui-même reçu la confession de Descartes lors des premiers signes de sa maladie, lui administrant la dernière bénédiction. À ce titre, nous rejoignons les remarquables conclusions de T. Gress dans le compte rendu qu'il a consacré à l'hypothèse de T. Ebert sur le site actu-philosophia qu'il dirige. Nous estimons que celle-ci n'est pas concluante dans la part criminelle qu'elle implique, de par les nombreux obstacles sur lesquels elle achoppe ; en revanche, elle contribue à renouveler l'approche des circonstances de la mort de Descartes, en accréditant la cause de l'arsenic : « Que sa mort soit due à l'arsenic est une chose, qu'il ait été volontairement empoisonné en est une autre. [...]. En d'autres termes, autant la thèse de la pneumonie se révèle douteuse et celle de l'intoxication à l'arsenic séduisante, autant le passage de l'intoxication à l'empoisonnement paraît invraisemblable ».

échanges de l'éditeur avec le Père Viogué. Mais la communication de l'explication cartésienne dépasse très vite le cercle restreint auquel elle était réservée, et se propage, d'abord chez les Jésuites (le Père Honoré Fabri, « "péripatéticien modéré" qui passait pour cartésien[208] »), puis chez les Oratoriens (le Père Poisson). Ceux-ci soulèvent des difficultés à son propos, voire discutent sa conformité au dogme. La circulation clandestine[209] opérée par Clerselier a pour conséquence de dévoiler l'explication cartésienne qui, de secrète, devient connue de la plupart des milieux théologiques : son geste, aussi bien zélé que dangereux, représente alors un moment clé dans l'histoire du cartésianisme, enfantant une véritable querelle eucharistique cartésienne posthume, s'étendant de la fin du XVIIe au début du XVIIIe siècle. Nous avons étudié les étapes de celle-ci dans une autre étude, que nous ne pouvons restituer ici dans son intégralité[210] : nous apporterons seulement quelques repères. Soulignons que l'explication a connu, suite à sa diffusion clandestine, un accueil éminemment contrasté, constituant le terreau des affrontements les plus vifs, trouvant autant d'adhérents enthousiastes que de détracteurs farouches. D'aucuns s'empressent de célébrer sa conformité au dogme, selon des modalités diverses, en réduisant sa part novatrice ou en lui apportant un approfondissement théologique : citons d'un côté J. Rohault, savant physicien et gendre de Clerselier, qui publie en 1671 les *Entretiens sur la philosophie*, et de l'autre, le bénédictin Dom Robert Desgabets, auteur d'une brochure hautement polémique qui lui valut de sérieux troubles avec les autorités ecclésiastiques et politiques, parue de manière anonyme la même année, intitulée *Considérations sur l'état présent de la Controverse touchant le Très Saint-Sacrement de l'autel*. D'autres

208 Gouhier, Gouhier, *Cartésianisme et augustinisme au XVIIe siècle*, *op. cit.*, p. 75-76.

209 Pour davantage de détails chronologiques, le lecteur pourra se reporter à l'inventaire du Manuscrit n. 366 de la Bibliothèque de Chartres donné par Armogathe, Jean-Robert, *op. cit.*, p. 125, ainsi qu'à Agostini, Sigried, *op. cit.*, et « *La circulation des lettres sur l'eucharistie. Le "cas" du père Mesland* », *in DesCartes et DesLettres. "Epistolari" e filosofia in Descartes e nei cartesiani, a cura di F. Marrone*, Firenze, Le Monnier, 2009.

210 Nous avons mené, de septembre 2015 à mars 2016, à l'Université de Montréal (Québec, Canada), un projet de recherche (financé par le fonds national suisse de la recherche scientifique) consacré à la postérité de la théorie eucharistique cartésienne, sous la supervision du prof. Christian Leduc : notre projet, intitulé « La réception plurielle de la théorie eucharistique cartésienne : L. de la Ville, N. Malebranche, R. Fédé », est en passe d'être publié dans un ouvrage collectif consacré à l'eucharistie, reprenant les actes d'un colloque que nous avions organisé, avec M. Grandjean et U. Zahnd, à Genève en juin 2015 sur les enjeux philosophiques et théologiques de ce sacrement.

à l'inverse s'offusquent de la seconde explication et la dénoncent comme contraire à l'enseignement de l'Église, la rapprochant des doctrines protestantes hérétiques : de nombreuses offensives sont lancées à son encontre, atteignant leur point culminant dans l'ouvrage du Jésuite L. le Valois, publié sous le pseudonyme L. de la Ville, *Sentiments de Monsieur Descartes*[211]. Plusieurs cartésiens entreront en polémique avec le Jésuite, en prenant parti pour l'explication cartésienne : N. Malebranche se montre prolixe en écrivant quatre textes concernant la polémique eucharistique[212], P. Cally, professeur à l'Université de Caen, publie en 1700 *Durand commenté, ou l'accord de la philosophie avec la théologie touchant la transsubstantiation de l'Eucharistie* (1700)), et P. Varignon (1654-1722) rédige une *Démonstration de la possibilité de la présence réelle du corps de Jésus-Christ dans l'Eucharistie conformément au sentiment des catholiques*, publiée pour la première fois par le recteur de l'Académie de Genève et professeur de théologie J. Vernet (1698-1789) en 1730 dans son recueil de *Pièces fugitives sur l'eucharistie.* Les protestants entrent également dans la polémique. Ils se servent des difficultés causées par l'explication dans son articulation au dogme pour mettre en valeur la fausseté de celui-ci et le rejeter, tirant celle-ci dans une direction opposée à la finalité apologétique à laquelle elle répond originellement. Une telle position est adoptée par P. Jurieu (1637-1713), qui fait paraître de manière anonyme en 1681 *La politique du Clergé de France ou Entretiens curieux de deux catholiques romains sur les*

211 Le titre complet est le suivant, annonçant sa teneur anticartésienne : *Sentiments de M. Descartes touchant l'essence et les propriétés du corps, opposés à la doctrine de l'Église, et conformes aux erreurs de Calvin, sur le sujet de l'Eucharistie, avec une Dissertation sur la prétendue possibilité des choses impossibles.* Cette attaque est loin d'être isolée. Mentionnons l'ouvrage du Père Charles-Joseph, paru en 1682, *La philosophie de Monsieur Descartes contraire à la foi catholique*, qui canonise les accidents réels en tant qu'ils sont jugés indispensables à la transsubstantiation. L'écrit peut se lire en continuité avec celui du Père le Valois en tant qu'il s'en présente comme le complément. Citons enfin *Le voyage du monde de M. Descartes*, paru en 1690 de manière anonyme mais que nous savons écrit par le P. Gabriel Daniel (1649-1728).

212 1) *Réponse de M*** à une lettre de ses amis qui a pour titre : « Sentiments de M. Descartes touchant l'essence et les propriétés du corps opposés à la doctrine de l'Église, et conformes aux erreurs de Calvin sur le sujet de l'eucharistie ».* 2) La *Réponse…* est accompagnée d'un *Mémoire pour expliquer la possibilité de la transsubstantiation.* 3) *Démonstration de la possibilité de la présence réelle du corps de Jésus-Christ dans l'eucharistie conformément au sentiment des catholiques.* 4) *Défense de l'auteur de la recherche de la Vérité, contre l'accusation de M. de la Ville, où l'on fait voir que s'il était permis à un particulier de rendre suspecte la foi des autres hommes sur des conséquences bien ou mal tirées de leurs principes, il n'y aurait personne qui se put mettre à couvert du reproche d'hérésie.* Les trois premiers écrits datent de 1680, le dernier de 1682.

moyens dont on se sert pour détruire la religion protestante dans ce royaume, et P. Bayle (1647-1706) : son *Recueil de quelques pièces curieuses concernant la philosophie de Monsieur Descartes*, publié en 1684, donne la transcription d'écrits eucharistiques tout en prenant soin d'orienter les termes du débat. Bayle donne raison à la physique cartésienne sur l'essence de la matière pour la faire jouer contre le dogme catholique, l'une venant, à ses yeux, invalider l'autre.

À ces lignes de réception, il est nécessaire d'ajouter, aux attaques, défenses, développements théologiques, et récupérations – protestantes –, une dernière modalité, consistant dans l'attitude particulière adoptée par J. B. Bossuet (1627-1704) et Arnauld vis-à-vis de la seconde explication. Bossuet, qui tient en grande estime l'œuvre philosophique de Descartes en tant qu'il la considère avantageuse pour la foi, met en doute l'authenticité de la seconde explication, au regard précisément des difficultés qu'elle cause dans son articulation avec le dogme, tranchant avec l'orthodoxie de la première explication[213]. Arnauld de son côté, sans mettre en doute la paternité de la seconde explication, lui accorde un intérêt seulement subsidiaire, lui préférant la première. Il soutient que Descartes a été poussé par son correspondant à s'aventurer sur un terrain qu'il ne maîtrise pas, celui de la théologie spéculative, au point de former des conjectures qui posent problème quant à la réalité de la présence du Christ : sur ce point, Arnauld célèbre la légitimité des réserves initiales émises par Descartes, que ce dernier avait justifiées en s'appuyant sur le texte du concile de Trente. Ce n'est pas une « dérobade mais la sage réponse d'un penseur chrétien[214] » : « Il est certain que, quelque philosophe que l'on suive, il faut nécessairement avouer, comme le Concile de Trente le reconnaît, que la manière dont Jésus-Christ est dans ce sacrement est incompréhensible[215] ». C'est pourquoi Arnauld désapprouve également les essais de théologie cartésienne prenant pour base les lettres à Mesland, comme celui émanant de la plume de Desgabets, en tant qu'ils sont préjudiciables à la philosophie cartésienne par l'exposition publique et polémique qu'ils impliquent : Arnauld

---

213 Bouillier, Francisque, *op. cit.*, Tome premier, p. 460-461.

214 Gouhier, Henri, *op. cit.*, p. 136.

215 Arnauld, Lettre CCCCXV à M. du Vaucel du 29 avril 1683, *in Œuvres de Messire Antoine Arnauld, Docteur de la maison et société de Sorbonne*, Tome Second, Bruxelles, Culture et Civilisation, 1964, p. 245. [nous avons modernisé l'orthographe].

précise d'ailleurs que c'est uniquement par « courtoisie[216] » qu'il avait sollicité Descartes pour qu'il lui communique sa seconde explication. En outre, les reproches de calvinisme dont l'explication cartésienne fait l'objet la rendent d'autant plus difficile à défendre pour Arnauld que sa propre conception de la grâce et son adhésion au jansénisme le conduisent à être lui-même accusé de sympathie avec les protestants. Enfin, distinguant entre les principes que Descartes a présentés dans des œuvres publiées, ceux prenant place dans la correspondance, et ceux procédant d'un approfondissement de disciples zélés, Arnauld juge que seuls les premiers recèlent une véritable valeur cartésienne : il résulte de cette démarcation que les vues de Descartes sur l'eucharistie sont à rechercher dans la première explication, celle-ci donnant satisfaction à Arnauld. À l'inverse, la seconde explication représente une « excursion[217] » accidentelle dans le terrain de la théologie spéculative.

Tels sont les principaux camps qui s'affrontent vigoureusement à propos de l'explication cartésienne du mode de présence : d'ailleurs, la première impression des lettres à Mesland dans lesquelles elle est contenue interviendra seulement au XIXe siècle, par l'abbé J. A. Émery (1732-1811) dans ses *Pensées de Descartes sur la religion et la morale*, en 1811, puis par F. Bouillier (1813-1899), en 1868, dans son magistral ouvrage *Histoire de la Philosophie cartésienne.*

Il s'ensuit que la diffusion clandestine des Lettres à Mesland provoque une querelle eucharistique qui marque, pour reprendre le mot employé par V. Cousin et F. Bouillier, la « persécution du cartésianisme », s'étendant des années 1660 au début du XVIIIe siècle : nous pouvons synthétiser celle-ci en plusieurs étapes. En premier lieu, il faut souligner le rôle décisif du Père Honoré Fabri, pour lequel Descartes avait exprimé le peu d'estime qu'il lui portait. Nous l'avons relevé, Fabri avait reçu l'explication du mode de présence par l'entremise de celui dont il est

216 Gouhier, Henri, *op. cit.*, p. 72.

217 Nous empruntons le terme à un article de S. Nadler qui, dans le domaine de la recherche anglophone, retrace les étapes de la postérité de la seconde explication, s'ajoutant aux travaux francophones, que nous avons cités, provenant de F. Bouillier, d'H. Gouhier, de J.-R'Armogathe, et de S. Agostini. Nadler, Steven M. « Arnauld, Descartes and Transubstantiation : Reconciling Cartesian Metaphysics and Real Presence », *in Journal of the History of Ideas*, 49, 1988/2, p. 238 : "Descartes's conjectures in those letters may be unfortunate excursions into speculative theology, and they may have been misused by other Cartesians, but for Arnauld they did not represent Descartes's considered position on transubstantiation".

le protégé, le P. Bertet, qui la tenait de Clerselier. Fabri désapprouve fortement l'explication du mode de présence et prononce une censure *privatim* qu'il adresse à Clerselier[218]. Il dénonce la contradiction entre l'eucharistie et les vues cartésiennes sur l'étendue et les formes substantielles et incrimine la conception selon laquelle l'eucharistie implique l'union de l'âme du Christ au pain. Or, Fabri jouit de relations puissantes. Grand pénitencier à Rome, il entretient une étroite amitié avec le cardinal F. Albizzi (1593-1684), juge au Saint-Office. Les « intrigues » du Père Fabri, suivant le mot d'Arnauld repris par Baillet[219], portent alors leurs fruits[220]. Le 20 novembre 1663, les principales œuvres de Descartes[221] sont mises à l'Index, *donec corrigantur* (jusqu'à correction). Cette précision est interprétée de façon ambivalente, certains estimant qu'elle équivaut à une condamnation absolue, nullement affaiblie (Arnauld, Bouillier), alors que d'autres au contraire jugent qu'elle ne

---

218 Pour consulter ce texte, *cf.* Sortais, Gaston, « Le cartésianisme chez les jésuites français au XVIIe et au XVIIIe siècle », *in Archives de philosophie*, vol. VI, cah. 3, 1929, p. 51.

219 Baillet, Adrien, *op. cit.*, Livre VIII, Chap. IX, p. 967.

220 Gouhier, Henri, *Cartésianisme et augustinisme au XVIIe siècle*, Paris, Vrin, 1978, p. 75-76 : « Le P. Fabri, si l'on en croit Arnauld et dom Vinot, intrigua pour obtenir, en 1663, le décret de la Congrégation de l'Index inscrivant dans l'*Index librorum prohibitorum* les Œuvres latines et françaises de Descartes *donec corrigantur* ». L'intervention du P. H. Fabri dans l'interdiction des œuvres cartésiennes revêt d'ailleurs une part de complexité si l'on prête attention non seulement au fait qu'il tire parti de certains principes cartésiens dans sa propre philosophie naturelle, mais qu'en outre il rejette les formes substantielles sur le plan physique, celles-là mêmes qu'il reproche à Descartes d'avoir éliminées dans l'optique de l'eucharistie. Fabri désolidarise le rejet des formes substantielles du maintien des accidents réels, l'un étant imposé par la raison, l'autre par la foi. *Cf.* ROUX, Sophie, « La philosophie naturelle d'Honoré Fabri (1607-1688) », *in Les Jésuites à Lyon*, Édité par E. Fouilloux, Bernard Hours, Lyon, Presses de l'ENS-LSH, 2005, p. 88-90.

221 Voici la liste des œuvres condamnées, certaines étant transcrites de façon erronée : *De Prima Philosophia in qua Dei existentia, et animae humanae a corpore distinctio demonstrator. Cui adjunctae sunt variae objectiones doctorum Virorum cum responsionibus Auctoris. Amstelodami 1650 ; Notae in programma quoddam, sub finem anni 1654 in Belgio editum, cum hoc titulo : Explicatio mentis humanae, sive de Anima rationali, ubi explicatur quid sit, et quid esse possit ; Epistola ad Petrum Dinet Societatis Jesu per Franciam praepositum Provincialem ; Epistola ad celeberrimum virum Gisbertum Voesium, in quo examinantur duo libri nuper pro Voesio. Ultraiecti simul editi. Primus de Confraternitate Mariana, Alter de Philosophia Cartesiana ; Passiones animae, libellus Gallice ab eodem auctore conscriptus, nunc autem in exterorum gratiam latina civitate donatus ad H. D. M. I. V. L. Amstelodami 1650.* La liste se termine par une mention générale : *Eiusdemque Auctoris Opera Philosophica.* Les *Principes* et le *Discours* n'étant pas mentionnés parmi les ouvrages censurés, serait-il possible de considérer que cette liste renvoie à l'une des trois éditions des *Œuvres de Descartes* éditées par L. Elzevier (1650, 1656, 1656-1658), comprenant l'édition latine des *Principes* et du *Discours* avec les *Essais* (sans la Géométrie) et quelques écrits polémiques issus de la *Correspondance.*

change rien dans la lecture des œuvres cartésiennes (Baillet). L'un des prétextes majeurs de la condamnation est, avec le *cogito*, la cosmologie et l'atomisme[222], l'hétérodoxie de certains des principes cartésiens avec la transsubstantiation eucharistique[223] : l'élimination des formes substantielles, la négation des accidents réels et l'assimilation de l'étendue à l'essence de la matière sont notamment mises en cause en tant qu'elles entravent le dogme.

Si elle ne possède pas de force juridique en France, la censure romaine fragilise la philosophique cartésienne et attise les soupçons du pouvoir royal et des Universités. Les polémiques eucharistiques entées autour de Descartes, convoquant aussi bien la première que la seconde explication, conduisent alors à l'interdiction, prononcée par Louis XIV (1638-1715) en 1667, de son éloge funèbre lorsque ses cendres sont rapatriées en France de Suède. De même, durant la seconde moitié du XVIIe siècle, l'enseignement de la philosophie cartésienne est proscrit dans nombre d'Universités. Dès 1662, l'Université de Louvain la rejette, arguant son caractère pernicieux pour la jeunesse catholique. En France, un ordre verbal du roi, proclamé par l'archevêque de Paris F. de Harlay, vise Descartes sans le nommer : il stipule l'obligation d'enseigner la philosophie aristotélicienne et d'exclure toute opinion obscurcissant l'explication des mystères. La faculté des arts de l'Université de Paris parvient à obtenir la condamnation de la philosophie cartésienne en 1691, ce qu'elle avait déjà tenté de faire dès 1671[224]. Les Jésuites la prohibent également, avec les Pères de l'Oratoire, en 1678 et 1706 ; les Universités de Caen et d'Angers sont aussi le théâtre de dissensions à propos de Descartes. Sur ce point, la récusation générale des principes

222 Concernant cette compréhension atomistique de la physique cartésienne, accusée de perpétuer la philosophie de Démocrite, *cf.* Roux, Sophie, « Descartes atomiste ? », in E. Festa et R. Gatto éd., *Atomismo e continuo nel XVII secolo*, Naples, 2000, p. 211-273.

223 Les documents propédeutiques à la condamnation, consistant dans les rapports du somasque S. Spinula (ultérieurement évêque de Savona) et du carme déchaussé G. Tartaglia (Johannes Augustinus a Natiuitate), sont consultables depuis l'ouverture des Archives du Saint-Office. *Cf.* Armogathe, Jean-Robert, Carraud, Vincent, « La première condamnation des Œuvres de Descartes, d'après des documents inédits aux Archives du Saint-Office », *in Nouvelles de la République des lettres* (Naples), 2001-II, p. 103-137.

224 Pour les textes de ces condamnations, le lecteur pourra se reporter à Ariew, Roger, « Quelques condamnations du cartésianisme : 1662-1706 », *in Bulletin cartésien XXII, Archives de Philosophie*, 57 (1994), p. 3-5. *Cf.* aussi McCLAUGHLIN, Trevor, « Censorship and defenders of the cartesian faith in mid-seventeenth century France », *in Journal of the History of Ideas*, vol. XL, n° 4, octobre-déccembre 1979, p. 563-581.

cartésiens, prononcée par les Jésuites du Collège de Clermont en 1665, est paradigmatique de la lutte anticartésienne, au sein de laquelle l'eucharistie représente un motif prégnant : « Pour ne pas dire plus, l'hypothèse cartésienne doit donner mauvais goût aux mathématiques, à la philosophie et à la théologie. À la philosophie parce qu'elle renverse tous ses principes et idées que le sens commun a acceptés pendant bien des siècles ; aux mathématiques, parce qu'elle est appliquée à l'explication des choses matérielles, qui sont d'un autre genre, non sans un grand dérangement de l'ordre ; à la théologie, parce qu'il semble qu'il découle de l'hypothèse que (i) trop [de phénomènes] sont attribués au concours fortuit des corpuscules, ce qui favorise l'athée ; (ii) la forme substantielle n'est pas nécessaire pour l'homme, ce qui favorise l'impie et le dissolu ; (iii) *il n'est pas possible de convertir le pain et le vin en sang et corps du Christ dans l'Eucharistie, ni déterminer ce qui est détruit dans cette conversion, ce qui favorise les hérétiques*[225] ». Pour répondre à cette hostilité, traduisant pour ses détracteurs le caractère subversif de la philosophie cartésienne pour la foi catholique, des cartésiennes mettent en place des stratégies de défense. Celles-ci se situent sur plusieurs niveaux, recourant soit à la satire, soit à l'apologie, laquelle convoque notamment la proximité entre Descartes et Augustin, concourant à l'instauration d'un « cartésianisme augustinisé » : citons l'*Arrêt burlesque* de N. Boileau (1636-1711)[226], le plaidoyer d'Arnauld en faveur de Descartes, datant de 1670 (ou 1671), intitulé *Plusieurs raisons pour empêcher la censure ou la condamnation de la philosophie de Descartes* (ou *Mémoire sur les sollicitations que fait M. Morel pour obtenir un arrêt qui condamne toute autre philosophie que celle d'Aristote*)[227]. Nous pouvons aussi convoquer le certificat de conversion de la Reine Christine en 1654, présenté par les partisans de Descartes lors de ses obsèques en 1667, pour témoigner de sa catholicité quatre ans après la mise à l'Index de ses œuvres : dans ce certificat, la Reine désigne Descartes comme l'un des grands artisans de son cheminement l'ayant conduite à

225 Ce texte, originellement mentionné par H. Oldengurg dans une Lettre à Boyle (*The Correspondence of Henry Oldenburg*, vol. II, Madison, Hall et Hall, 1966, p. 35), est cité par Ariew, Roger, « Critiques scolastiques de Descartes : le cogito », *in Laval théologique et philosophique*, 53(3), 1997, p. 590.

226 Albou, Philippe, « L'Arrêt burlesque de Boileau, Gui Patin et l'Académie Lamoignon », *in Histoire des sciences médicales*, t. XXVIII, N° 1, 1994.

227 La défense d'Arnauld est d'autant plus singulière qu'il adopte, comme nous l'avons évoqué, une attitude spécifique concernant l'explication du mode de présence.

embrasser la foi catholique[228]. Le document paraît destiné, non pas tant à retracer un itinéraire intérieur, qu'à réhabiliter la piété de Descartes devant les attaques qu'il subit. À l'eucharistie s'ajoute, parmi les facteurs de la persécution du cartésianisme, le jansénisme, courant né avec la parution posthume de l'*Augustinus* en 1640 de C. Jansen (1585-1653), dont la Compagnie de Jésus est le plus farouche adversaire. Descartes est alors d'autant plus combattu qu'il est rapproché par les Jésuites du jansénisme, non seulement par l'adhésion factuelle de jansénistes à sa philosophie, mais également par la proximité qu'ils repèrent entre les principes cartésiens et ceux dont les jansénistes se réclament : Descartes revendique une parenté avec Augustin, affirme le primat du sujet sur la Tradition, là où les jansénistes, sur la base d'Augustin, repoussent l'autorité de Rome pour faire valoir la relation personnelle du fidèle avec Dieu. La juxtaposition des accusations ciblant l'eucharistie et le jansénisme expliquent l'intensité des débats, en tant qu'elle concourt à faire du cartésianisme un danger pour la paix de l'Église et un fauteur de troubles politiques.

Cependant, cette guerre anticartésienne, mêlant le pouvoir religieux et civil, n'entrave pas l'influence croissante exercée par les principes cartésiens, notamment ceux physiques rattachés au mécanisme : parallèlement à leur persécution, ils se déploient victorieusement au détriment de ceux de la scolastique, tant dans les enseignements dispensés en Universités que dans les cercles intellectuels de la France et des Provinces-Unies. Le siècle de Louis XIV paraît alors rétrospectivement comme celui d'un triomphe de Descartes indissociable de sa persécution : si celle-ci s'estompe progressivement, celui-ci se juxtapose néanmoins, à la fin du XVIIe siècle et à l'orée du suivant, à sa chute, sous le poids d'attaques émanant du champ philosophique. G. W. Leibniz et I. Newton (1643-1727) dans le domaine physique, J. Locke dans celui de l'épistémologie, partent de la philosophie cartésienne tout en la prenant pour cible :

---

228 Le texte du certificat est donné par Bouillier, Francisque, *op. cit.*, v. 1, p. 463-464 : « Nous, etc., certifions que le sieur Descartes a beaucoup contribué à notre glorieuse conversion, et que la Providence s'est servie de lui et de notre illustre ami, le sieur Chanut, pour nous en donner les premières lumières, en sorte que sa grâce et sa miséricorde achevèrent ensuite de nous faire embrasser les vérités de la religion catholique, apostolique et romaine, que le sieur Descartes a toujours constamment professée, et dans laquelle il est mort avec toutes les marques de la vraie piété que notre religion exige de ceux qui la professent. En foi de quoi nous avons signé les présentes et y avons fait apposer notre sceau royal ».

ces assauts contribueront alors à la mutation du cartésianisme qui se disséminera sous des formes diverses.

REGARD CRITIQUE SUR L'EXPLICATION CARTÉSIENNE : UNE ORTHODOXIE EN QUESTION

La postérité évoquée dans ses grandes lignes, il importe se pencher sur les problèmes de conformité avec le dogme suscités par l'explication cartésienne, installant un contraste entre la première explication et la seconde dans leur orthodoxie. Nous pouvons en retenir quatre.

Tout d'abord, en insistant sur la présence de l'âme du Christ, qui informe le pain et le transforme en son corps, l'explication cartésienne altère quelque peu le sens des canons tridentins : l'explication tend à assimiler transformation et changement substantiel, là où le dogme implique seule l'idée d'une conversion substantielle ; elle accentue la présence de l'âme alors que le concile de Trente professe que cette dernière est présente seulement par concomitance. Le corps du Christ est premier dans le concile, alors qu'il semble comme second dans l'explication cartésienne, en tant que le rôle central est accordé à l'âme, par laquelle le corps est rendu présent. Il s'ensuit qu'il ne saurait être question, d'un point de vue catholique, de faire procéder la présence du corps du Christ de celle de son âme : Descartes souligne que l'âme du Christ informe le pain et le transforme en son corps, ce qui n'est pas le sens de la conception catholique de la transsubstantiation où le pain est changé en corps du Christ, auquel son âme est jointe par concomitance. Cette concentration autour de l'âme du Christ tend d'ailleurs à inverser la fonction des paroles sacramentelles répétées par le prêtre. Selon la perspective tridentine, celles-ci ont pour office de changer toute la substance du pain en celle du corps du Christ, alors qu'elles ont pour effet, dans l'explication cartésienne, de faire descendre l'âme pour médiatiser un tel changement, perçu comme une transformation, et rendre son corps présent. Dans un cas, par la force des paroles de la consécration, le pain est converti en corps du Christ, alors que dans l'autre, l'âme du Christ descend pour être jointe au pain et, en vertu des principes instaurés, le transformer en son corps. À ce titre, l'explication déplace le sens de la transsubstantiation, dans la mesure où l'on passe de la conversion substantielle du pain en corps du Christ à l'information du pain par l'âme du Christ, opérée par la force des paroles de la consécration, dont suit la transformation de celui-ci en son corps : « la transsubstantiation porte directement sur la substance du corps, elle n'est pas l'infusion transformante d'une âme[229] ». La difficulté générée par la primauté accordée à l'âme se prolonge également eu égard au sens conféré aux paroles prononcées par le Christ, celui-ci étant, selon la perspective catholique, non « ceci est mon âme », mais « ceci est mon corps[230] ». Descartes a apporté un commentaire à celles-ci, en montrant comment elles renvoient, en réalité, à l'union – cartésienne – de la matière du pain à l'âme du Christ : par un tel commentaire, esquissant la possibilité d'un nouveau rapport au christianisme, l'explication cartésienne assume la place prééminente occupée par l'âme du Christ, mais prend en charge les difficultés qui lui sont associées.

Or, une telle primauté attribuée à l'âme du Christ, problématique dans l'articulation avec le dogme, engendre deux autres difficultés, touchant à la modalité même de la présence du corps du Christ. À trop insister sur l'union du pain à l'âme, l'explication cartésienne fait naître un doute quant à la modalité de la présence du corps du Christ : l'accent mis sur l'union du pain avec l'âme du Christ ne finit-il pas par réduire la présence du Christ à celle de son âme, au point que l'explication tendrait insidieusement vers une forme de présence spirituelle du Christ, culminant dans la doctrine eucharistique de J. Calvin ? Rappelons que le Réformateur définit une troisième voie entre Luther – qui maintient la présence réelle du corps du Christ, mais jointe à celle du pain – et Zwingli – qui prend l'eucharistie comme un mémorial de la Passion – : la présence du Christ est spirituelle au sens où elle procède de l'Esprit Saint. Dans le sacrement, le Christ est spirituellement offert au fidèle au sens où ce dernier le reçoit dans la foi et non charnellement[231]. Cette objection d'un calvinisme déguisé, à son apogée dans le pamphlet

229 Tilliette, Xavier, *Philosophies eucharistiques de Descartes à Blondel*, *op. cit.*, p. 21.

230 *Cf.* Roguet, Aimon-Marie, *in Somme théologique*, Tome Premier, L'eucharistie, 3a, Questions 73-78, Traduction française par A.-M. Roguet, Paris, Éditions du Cerf, 1960, Notes explicatives, note 56, p. 311 : « la formule consécratoire est : "Ceci est mon corps" et non pas : "mon âme" ». *Cf.* également Armogathe, Jean-Robert, *op. cit.*, p. 18-76.

231 Millet, Olivier, *in* J. Calvin, *Institution de la religion chrétienne*, Édition critique par O. Millet, Tome II, Genève, Droz, 2008, Notice du Chapitre XII, p. 1328 : « Il propose, pour dépasser les limites de chacun des deux partis protestants en présence, une solution complexe et nuancée, que l'on peut résumer ainsi : il y a dans la cène une présence réelle du Christ, mais une présence toute spirituelle, c'est-à-dire communiquée par le Saint-Esprit, et non véhiculée par le pain et le vin ».

intitulé *Sentiments de Monsieur Descartes* (1680) du Jésuite L. le Valois (pseudonyme L. de la Ville), n'est toutefois pas recevable. Descartes serait partisan d'une présence spirituelle si sa conception de l'union était elle-même spiritualiste, au point de verser dans une sorte de dualisme, ce qui n'est pas le cas. De surcroît, mentionnons l'écart entre Descartes et Calvin sur le plan de la théologie sacramentaire qui rend dénuée de fondement cette objection. Le seigneur du Perron ne verse jamais dans une position de relation de signe à chose signifiée où il ferait du pain le signe du corps du Christ, position condamnée par le concile[232] : écartant tout rapprochement avec le calvinisme[233], Descartes souscrit entièrement à la conception catholique de l'eucharistie, en soutenant le dogme de la présence réelle et la thèse de la transsubstantiation, tout le sens de son entreprise étant d'articuler ses principes avec ceux-ci[234].

Si l'objection d'un calvinisme larvé ne tient pas, la difficulté engendrée par la primauté accordée à l'âme se répercute toutefois sur la question de savoir ce que le fidèle reçoit au saint Sacrement, beaucoup plus profonde : « l'âme de Jésus-Christ informe la matière de l'hostie, afin d'être reçu par les hommes, et de s'unir plus étroitement à eux[235] ». Or, qu'est-ce que le fidèle reçoit au Saint-Sacrement ? L'âme ou le corps du Christ ? L'union de l'âme au pain semble entraîner, selon les principes cartésiens, qu'il reçoit les deux dans la mesure où l'âme du Christ informe le pain et le transforme en son corps. Mais le corps n'est pas figuratif et prend son identité de l'âme du Christ, de sorte qu'il est corps du Christ parce

232 Denzinger, Heinrich, *Symboles et définitions de la foi catholique*, Concile de Trente, Canons sur le saint sacrement de l'eucharistie, Can. 1, *op. cit.*, p. 443/1651 : « Si quelqu'un dit que dans le très saint sacrement de l'eucharistie ne sont pas contenus vraiment, réellement et substantiellement le Corps et le Sang en même temps que l'âme et la divinité de notre Seigneur Jésus-Christ et, en conséquence, le Christ tout entier, mais dit qu'ils n'y sont qu'en tant *que dans un signe ou en figure ou virtuellement* : qu'il soit anathème » [mots soulignés par nous]

233 Descartes, Lettre au Père Mersenne du 13 novembre 1639, t. 2, p. 149 : « Pour celui qui dit que je vais au prêche des Calvinistes, c'est bien une calomnie très pure ».

234 Tel sera le point de vue d'Arnauld qui estimera infondée l'accusation de calvinisme à l'encontre de Descartes. *Cf.* Gouhier, Henri, *Cartésianisme et augustinisme au XVIIe siècle*, *op. cit.*, p. 136 : « D'abord, le philosophe ne met pas en question l'essentiel, c'est-à-dire ce qui est article de foi : la présence réelle du corps du Christ sous les apparences du pain comme de son sang sous les apparences du vin. Le philosophe est donc du bon côté dans la querelle qui oppose les catholiques aux calvinistes pour qui le corps du Christ est simplement représenté par le pain et son sang représenté par le vin, la transsubstantiation étant remplacée par une relation de signe à chose signifiée ».

235 Descartes, Lettre au Père Mesland du 9 février 1645, p. 550.

qu'il est informé par cette dernière. Dans cette perspective, la question reste entière : que reçoit le fidèle au Saint-Sacrement selon l'explication cartésienne ? Que signifie recevoir un corps non figuratif informé par son âme ?

Ensuite, unir le pain à l'âme du Christ est-il suffisant pour changer toute la substance du pain en celle du corps du Christ ? L'union n'achoppe-t-elle pas, *a contrario*, sur un résidu de la substance du pain, position qui fait l'objet d'un anathème dans le concile de Trente, lequel enseigne que toute la substance du pain disparaît ? L'explication cartésienne n'échoue-t-elle pas à rendre compte d'une véritable transsubstantiation, incluant seulement une consubstantiation, au sens où le pain informé par l'âme du Christ subsisterait en tant que pain : « Plus grave est en réalité le soupçon que, par l'opération des paroles de la Consécration, le pain devienne le corps du Christ tout en restant pain[236] ». La permanence d'un résidu de la substance du pain rapprocherait, et ce en dépit de leurs différences, Descartes de Luther. Cette objection, formulée par la postérité, se retrouve par exemple dans un fragment elliptique de B. Pascal (1623-1662), lequel consacre une virulente critique à l'explication cartésienne. Selon Pascal, cette dernière ne parvient pas, par ses principes (l'union du pain avec l'âme du Christ), à rendre compte d'une véritable transsubstantiation, mais tend à admettre qu'une partie du pain subsiste. Unir un fragment de matière à l'âme ne saurait suffire à le transformer totalement en corps du Christ, en tant qu'il en est seulement une partie : le pain ne disparaît pas totalement à la suite de la consécration, mais coexiste avec le corps du Christ[237].

---

236 Tilliette, Xavier, *Philosophies eucharistiques de Descartes à Blondel*, *op. cit.*, p. 21.

237 Pascal, Blaise, *Pensées*, Fragment 512, Texte de l'édition Brunschvicg, Paris, Garnier, 1948, p. 201 : « Elle [l'hostie] est toute le corps de Jésus-Christ, en son patois [dans son langage], mais il ne peut dire qu'elle est tout le corps de Jésus-Christ. L'union de deux choses sans changement ne fait point qu'on puisse dire que l'un devient l'autre : ainsi l'âme étant unie au corps, le feu au bois, sans changement. Mais il faut un changement qui fasse que la forme de l'une devienne la forme de l'autre, ainsi l'union du Verbe à l'humanité. Parce que mon corps sans mon âme ne ferait pas le corps d'un homme, donc mon âme, unie à quelque matière que ce soit, fera mon corps. Il ne distingue la condition nécessaire d'avec la condition suffisante : l'union est nécessaire, mais non suffisante. Le bras gauche n'est pas le droit. L'impénétrabilité est une propriété des corps. Identité *de numero* au regard du même temps exige l'identité de la matière. Ainsi, si Dieu unissait mon âme à un corps à la Chine, le même corps, *idem numero*, serait à la Chine. La même rivière qui coule là est *idem numero* que celle qui court en même temps à la Chine ». Pascal conteste le rôle dévolu à l'union : unir une portion de matière indéterminée à une âme ne

Deux lectures sont possibles de cette objection. D'un côté, nous pouvons y résister en vertu des principes établis par Descartes. Souvenons-nous ici de l'expérience de pensée concernant la subsistance des particules du pain et du vin dans nos organes à la suite de leur assimilation. Or, nous avions établi précisément que cette permanence n'était possible que si nous n'avions point d'égard à l'union de ces particules avec l'âme : le pain ingéré demeure du pain tant que nous ne considérons pas son union avec l'âme. Aussitôt qu'elles sont unies à l'âme, les particules du pain et du vin consommées sont changées en des parties de mon corps et de mon sang : elles ne sont plus du pain et du vin. Autrement dit, l'union introduit un changement de substance en tant que le pain est changé en une partie de mon corps : le pain ne subsiste pas comme pain dans l'union avec l'âme. Il y a transsubstantiation naturelle. Il en va de même pour le pain et le vin eucharistiques : leur union avec l'âme du Christ les transforme en corps et sang du Christ, de sorte qu'ils ne subsistent pas, après la consécration, comme pain et vin. À cet égard, Descartes échappe lui-même, dans les termes mêmes de son explication, à l'accusation de la consubstantiation aux détours d'une allusion. Selon les principes qu'il a établis, il ne saurait y avoir une permanence de la substance du pain. Le pain n'est pas co-présent avec le corps du Christ dans la mesure où son union avec l'âme du Christ produit un changement de substance. Le pain que je consomme, uni à mon âme, n'est plus du pain, devenant une partie de mon corps par assimilation ; de même, le pain informé surnaturellement par l'âme du Christ, rendue présente par les paroles de la consécration, n'est plus du pain. C'est l'argument auquel J. Laporte recourt pour écarter cette objection : « "Si nous n'avions point d'égard…" : donc, puisque, comme il se doit, nous y avons égard, nous devons dire que ce n'est plus du pain et du vin[238] ».

Dans son explication, Descartes ne laisse rien filtrer en faveur de la consubstantiation : il élabore ses principes de manière à ce qu'ils s'accordent avec le dogme catholique. En outre, rappelons que l'auteur a renoncé à intégrer l'étendue par souci d'éviter les difficultés qu'elle occasionne, au nombre desquelles figure la consubstantiation. L'intention cartésienne est sauvegardée : l'auteur n'est pas partisan de la consubstantiation.

---

saurait suffire à la transformer en un corps humain tout entier dans la mesure où l'union elle-même nécessite, dans la constitution de l'individu humain, un corps organisé.

238 Laporte, Jean, *op. cit.*, p. 417, note 1.

L'objection d'un résidu de la permanence du pain réclame, pour être saisie dans toute sa portée, d'interroger la pertinence philosophique même des principes employés par l'auteur : c'est l'ontologie soutenant l'union qui peut être interrogée. Considéré sur ce plan, le soupçon qui pèse sur l'explication cartésienne peut être discuté : comment l'union d'un fragment de matière à une âme pourrait-elle permettre de le changer en un corps humain tout entier ? Comment accorder à l'union avec l'âme du Christ une efficacité transformante telle que, lorsqu'elle informe la matière du pain, elle le transforme totalement en corps du Christ ? Autrement dit, comment l'union d'un fragment de matière à l'âme du Christ pourrait-elle entraîner un changement de substance total, tel que la substance du pain disparaisse ? À l'inverse, une partie de la substance du pain ne demeure-t-elle pas inexorablement dans l'union avec l'âme du Christ ?

L'explication cartésienne rencontre une autre difficulté, tout autant essentielle, à travers la question de savoir si le corps du Christ présent dans l'eucharistie est le même que celui qui est au Ciel. L'union du pain avec l'âme du Christ permet-elle de le transformer en véritable corps du Christ : l'explication cartésienne de l'union aboutit-elle à un corps composé de pain et de l'âme du Christ ou au véritable corps du Christ, celui-là même qui est né de la Vierge, qui a souffert, qui est mort sur la Croix, qui est Ressuscité et qui est au Ciel ? L'union du pain avec l'âme du Christ permet-elle de penser que l'unité numérique du pain disparaît entièrement au profit de celle du corps du Christ, de manière à faire surgir le véritable corps du Christ[239] : « l'identité numérique avec le corps né de la Vierge – *Ave verum corpus natum* –, avec le corps glorieux, est-elle sauvegardée[240] ? ». À l'inverse, le pain informé par l'âme du Christ ne conserve-t-il pas son unité numérique, de telle sorte que de cette union peut dériver un corps composé de la matière du pain et de l'âme du Christ, mais non le véritable corps du Christ ? En ce sens, l'union laisserait planer un doute : le corps du Christ présent dans l'eucharistie est-il le même que celui qui est au Ciel ? Soulignons l'importance que revêt la thématique de la vérité du corps du Christ

---

239 Telle est l'objection du Père H. Fabri (1608-1688), relatée par Armogathe dans son ouvrage (Armogathe, Jean-Robert, *op. cit.*, p. 75) : « Si Dieu unissait l'âme d'un homme à un rocher, il n'en ferait pas pour autant un corps humain : l'entité du rocher demeurerait ».

240 Tilliette, Xavier, *Philosophies eucharistiques de Descartes à Blondel*, *op. cit.*, p. 22.

dans la perspective catholique. Le dogme catholique exige que le corps présent lors de l'eucharistie soit le *même* sur la Croix, dans les Cieux et sur les autels. L'enjeu se rapporte à la valeur « propitiatoire » (*cf.* 1743 selon Denzinger) de l'eucharistie : c'est parce que le Christ est véritablement présent sous les hosties que l'eucharistie confère la grâce et détient un pouvoir salvifique. Rappelons à ce sujet que l'eucharistie est également, dans la perspective catholique, un sacrifice : c'est un sacrifice visible non sanglant répétant celui de la Croix, qui scelle une nouvelle Alliance, dont le Christ est tout à la fois la victime et le don, au cours duquel il nous offre son propre corps et son propre sang sous les espèces du pain et du vin.

Une partie de la postérité a reproché à l'explication cartésienne de mettre au jeu, par l'union, non pas le vrai corps du Christ, mais un corps formé de pain, l'arrière-fond du débat étant la théorie de l'individualité, en se demandant qui de la matière ou de la forme l'assure. Citons par exemple les *Dissertations théologiques* de l'abbé J.-J. Duguet (1649-1733)[241]. Qu'en est-il ? Là encore, les principes explicatifs employés par Descartes sont organisés de telle sorte que le corps présent soit le vrai corps du Christ, celui-là même qui est au Ciel, en vertu du rôle conféré à l'union avec l'âme dans l'unité numérique du corps humain : l'âme du Christ étant unique, l'union de la matière du pain à l'âme du Christ transforme celui-ci en vrai corps du Christ. À cet égard, selon les principes érigés par Descartes, serait contenu dans l'hostie, le seul et vrai corps du Christ, en vertu de la présence de son âme, opérée par les paroles de la consécration. La difficulté requiert, pour être mesurée, d'interroger une fois encore les principes explicatifs. Il s'agit de savoir si l'union du pain avec l'âme du Christ jouit d'une efficacité transformante à même, non plus ici d'entraîner la disparition de la substance du pain, mais de changer l'unité numérique du pain en celle du corps du Christ, de manière à faire surgir le véritable corps du Christ : comment l'union

241 Prete, Antonella del, « Explications sur le mystère de l'Eucharistie suivant les principes de la philosophie de Descartes », *in Le doute philosophique : philosophie classique et littérature clandestine*/ [dossier thématique établi par G. Artigas-Menant et A. McKenna ; avec la collab. de M. S. Seguin], Paris, Presses de l'Université de Paris-Sorbonne, 2002, p. 230-231 : « l'union de l'âme du Christ avec plusieurs corps eucharistiques, estime l'auteur, ne satisfait pas un des points fondamentaux du dogme, à savoir l'identité du corps du Christ sur la croix, dans les cieux, et sur les autels. Par conséquent, cette chair, n'étant pas la même que celle qui a souffert pour nous, ne saurait pas nous sauver ».

de l'âme du Christ avec le pain pourrait-elle le changer en vrai corps du Christ, celui-là même qui a été livré au Calvaire, qui est Ressuscité et qui est monté au Ciel ? De cette union ne dérive-t-il pas plutôt un corps constitué de la matière du pain et de l'âme du Christ, mais non le véritable corps du Christ ? En outre, la difficulté touchant l'efficacité transformante s'accroît si l'on porte attention à la nature singulière du corps du Christ. Si les principes cartésiens valent pour un corps humain, qu'en est-il pour le corps du Christ, qui est un corps Ressuscité et Glorieux : comment l'union d'un fragment de matière à l'âme du Christ peut-elle engendrer sa transformation en un corps Glorieux et Ressuscité ?

Remarquons que les deux difficultés repérées découlent, non pas tant du rôle de l'union dans les rapports entre l'âme et le corps, mais de la manière dont Descartes l'étend à toute portion de matière. Le fait que l'âme assure l'unité numérique du corps humain et occupe le rôle d'un principe d'individuation est tout à fait recevable philosophiquement. En revanche, le raisonnement cartésien interpelle quand il est étendu à toute portion de matière : l'union de l'âme à une portion de matière suffit-elle à le changer totalement en un véritable corps humain tout entier ? C'est l'efficacité transformante de l'union qui, tout en représentant le plus grand intérêt sur le plan ontologique, pose question, et suscite des difficultés en l'appliquant l'eucharistie : évite-t-elle la permanence d'un résidu de la substance du pain et garantit-elle la présence du vrai corps du Christ ?

Enfin, la dernière difficulté réside dans une lacune théologique : Descartes ne mentionne pas la divinité du corps du Christ, alors que, selon le dogme catholique, celle-ci est présente, en vertu de l'union hypostatique. Le Christ est présent, selon le concile de Trente, en tant que vrai Dieu et vrai homme, ce qui pose la question de la pertinence philosophico-théologique des principes cartésiens : les principes exposés concernant l'union de l'âme et du corps, la première conférant son unité numérique au second, valant pour l'homme, peuvent-ils s'appliquer de la même manière pour le Christ, habité par une double nature tout en demeurant une seule personne ? L'union de l'âme et du corps est-elle identique dans la personne du Christ comme dans la personne de tout être humain ? Comment comprendre l'union de l'âme et du corps dans un être au sein duquel l'humanité s'ajoute à sa divinité, qui plus est mort sur la Croix, Ressuscité et monté aux Cieux ?

L'absence de la divinité fait résonner la lacune théologique de l'explication cartésienne : non seulement Descartes fait dériver dans son explication la présence du corps du Christ de celle de son âme, mais il passe sous silence celle de sa divinité. Il s'ensuit que l'explication confronte à une profonde difficulté par rapport à la modalité de la présence du Christ, interrogeant ce que le fidèle reçoit au saint Sacrement. Avec qui le fidèle communie-t-il dans le sacrement, sachant que l'explication met en jeu un corps non figuratif, résultant de l'information du pain par l'âme du Christ, sans savoir s'il s'agit du vrai corps du Christ ou d'un corps composé du pain et de l'âme du Christ, et tout en tenant compte du fait que la divinité n'est pas évoquée ? Descartes ne se penche pas dans son explication sur la réflexion christologique à laquelle l'eucharistie invite[242]. Deux options se présentent. D'un côté, ne pas faire grief à Descartes de cette absence d'indication christologique, en se souvenant que l'explication cartésienne est un essai, livrant seulement un échantillon de la théologie cartésienne. L'auteur n'élabore pas une théorie eucharistique complète, de nombreuses questions n'étant pas abordées. Il revient aux théologiens de profession de compléter son explication, en tenant compte justement de la christologie – ce que fera Desgabets qui se référera à l'union hypostatique et s'emploiera aussi à résoudre le problème lié à l'étendue. De l'autre, on pourrait estimer que l'absence de la divinité pourrait traduire un nœud problématique concernant le Dieu cartésien : la conception catholique de l'eucharistie étant liée avec la doxologie, en tant qu'elle engage la doctrine trinitaire, l'absence de la divinité pourrait traduire une tension plus large qui concerne l'articulation entre le Dieu cartésien et la trinité. L'approche rationnelle à laquelle Descartes obéit prétend s'élever au « vrai Dieu » : le Dieu de la philosophie, découvert par son idée comme infini, incompréhensible, créateur, providentiel, tout en suscitant une relation d'amour, entend s'assimiler au Dieu de la révélation chrétienne. Mais certains principes qui sous-tendent le discours rationnel sur Dieu s'entrechoquent avec le dogme de la trinité, comme en témoigne la thèse de la libre création des

242 Cette thématique renvoie à la question théologique de savoir, en dehors de toute perspective confessionnelle, qui est présent au Saint Sacrement : est-ce le corps du Christ dans sa divinité ou dans son humanité ? Est-ce le corps Incarné, Ressuscité ? Autrement dit, le corps présent dans l'eucharistie est-il celui-là même qui est mort sur la Croix et qui est ressuscité ? Nous indiquons ces questions pour signaler la richesse théologique de la thématique de la modalité de la présence du Christ.

vérités éternelles : celle-ci soulève un problème relatif à la production du Verbe, repéré par Mersenne, mais que Descartes a, semble-t-il, volontairement passé sous silence[243]. Pourrait-on voir alors dans l'omission de la divinité du Christ dans l'explication eucharistique une difficulté métaphysique plus générale, qui touche à la manière dont le Dieu cartésien, découvert et aimé par la raison, se déploie dans une dimension chrétienne tout en détenant des répercussions sur certaines vérités révélées, engageant notamment un modèle christologique hétérodoxe ? Nous annonçons seulement cette question, en tant qu'elle fait appel au discours métaphysique cartésien sur Dieu, que nous traiterons ailleurs.

Retenons que la question de savoir si la vérité du corps du Christ est conservée par l'explication cartésienne constitue, avec le grief de subsistance du pain, les deux principales difficultés suscitées par l'explication cartésienne dans sa conformité avec le dogme, et qui lui seront adressées historiquement par la postérité[244]. Ces deux difficultés majeures enfantées par l'explication cartésienne se recoupent. Elles tiennent finalement à la base argumentative même de l'explication cartésienne en tant qu'elles procèdent de la primauté accordée à l'union avec l'âme du Christ et interrogent son efficacité transformante : unir le pain à l'âme du Christ permet-il de changer *toute* la substance du pain en celle du *vrai* corps du Christ, en tant que vrai Dieu et vrai homme ? L'union n'achoppe-t-elle pas au contraire sur un résidu de la substance du pain, tout en aboutissant à un corps composé de pain et de l'âme du Christ et non au véritable corps du Christ ?

---

243 Descartes, Lettre au Père Mersenne du 6 mai 1630, t. 1, p. 265-266 : « Ce que vous dites de la production du Verbe ne répugne point, ce me semble, à ce que je dis ; mais je ne veux pas me mêler de Théologie, j'ai peur même que vous ne jugiez que ma philosophie s'émancipe trop, d'oser dire son avis touchant des matières si relevées ».

244 Bouillier, Francisque, *op. cit.*, v. 1, p. 450 : « Le grand grief théologique contre l'explication au Père Mesland, c'est qu'elle laissait subsister la substance du pain et du vin en la faisant seulement animer par l'âme de Jésus-Christ, sans qu'ils fussent changés au vrai corps de Jésus-Christ. À la première explication de Descartes, on avait objecté que ce n'était pas le pain qui se changeait en corps de Jésus-Christ, mais son corps en pain ; à la seconde, on objecta que c'était le pain qui devenait le corps de Jésus-Christ, sans aucun changement réel et physique, et par le seul fait de l'union avec Jésus-Christ ».

CONCLUSION

À l'issue de notre parcours sur la théorie eucharistique cartésienne, dont notre lecteur pourra avoir une vue d'ensemble, une double conclusion s'impose. Une concernant l'explication cartésienne du mode de présence exposée dans les lettres à Mesland, puis une autre sur le sens de notre enquête consacrée à la théorie eucharistique cartésienne.

SYNTHÈSE DE LA SECONDE EXPLICATION

Le mode de présence est introduit à la faveur d'une demande de Mesland, interrogeant la notion d'étendue dans son articulation avec le dogme catholique de la présence réelle. Descartes feint de refuser de satisfaire à cette sollicitation. Dans le même temps, il exprime de façon voilée son désir d'inciter son interlocuteur à lui demander une semblable explication pour la lui délivrer en privé. Se sentant en confiance avec le Jésuite, qu'il estime et à qui il accorde un rôle stratégique dans la diffusion de sa philosophie, Descartes accepte de communiquer son explication de la modalité de la présence du Christ à l'aune de ses principes philosophiques. Il place celle-ci sous le registre de l'hypothèse, lui confère une portée apologétique, tout en fixant sa nature confidentielle. L'explication se situe exclusivement du point de vue du principe de l'union de l'âme et du corps, « clef de l'énigme[1] » de la présence du Christ au Saint Sacrement : l'auteur omet volontairement l'étendue, au regard des difficultés qu'elle suscite. L'explication est solidaire d'une théorie inédite de l'union de l'âme et du corps, qui apporte une réponse, cruciale du point de vue de l'histoire de la philosophie, au problème

1 Laporte, Jean, *op. cit.*, p. 413.

cartésien de l'individualité. Nous avons insisté sur la valeur cartésienne de cette théorie, qui ne se retrouve pas par la suite sans être contredite. L'explication est divisée en deux parties. Prenant pour point de départ l'équivocité du terme corps, Descartes érige l'âme en principe d'unité numérique du corps humain : celui-ci demeure le même, en dépit des altérations reçues, en raison de son union substantielle avec l'âme, qui tient lieu de principe d'individuation. Or, précisément, Descartes étend également à toute portion de matière son raisonnement sur l'union, qui se voit octroyée une efficacité transformante : un fragment de matière est susceptible de devenir un corps humain tout entier, un et en quelque façon indivisible, sitôt qu'il est uni avec l'âme. Dans un second moment, l'auteur développe une analogie entre l'assimilation d'une nourriture – la digestion – et l'eucharistie, la première tenant lieu de transsubstantiation naturelle alors que la seconde est assimilée à une transsubstantiation surnaturelle. La nutrition sert d'analogie pour rendre compte de l'eucharistie, un tel procédé marquant la démarche rationaliste empruntée par Descartes. Ce dernier applique alors ses principes sur l'union à l'eucharistie, en soutenant que tout le miracle eucharistique consiste dans l'union de l'âme du Christ aux particules du pain et du vin, non par assimilation naturelle, mais de façon surnaturelle, en vertu des paroles de la consécration : informés par l'âme du Christ, le pain et le vin sont, en vertu des principes cartésiens, changés en corps et sang du Christ. La modalité de la présence du Christ au Saint-Sacrement est alors éclaircie. Descartes parachève son argumentation en relevant le caractère non-figuratif du corps du Christ, dont les membres ne sauraient être présents, qui ne sont pas nécessaires à l'intégrité du corps humain : le pain joint à l'âme du Christ est transformé en vrai corps du Christ, lequel n'est pas compris sous le registre de l'étendue et de la figure.

Nous avons été attentif aux problèmes suscités par l'explication cartésienne du mode de présence dans sa conformité au dogme catholique. Celles-ci gravitent autour de la nature de l'opération en jeu, présentée comme une transformation, et de la primauté accordée à l'âme du Christ : le dogme met en jeu une conversion substantielle et professe la présence par concomitance de l'âme du Christ. Mesland lui-même cible le caractère problématique de la place de l'âme dans l'explication cartésienne, à travers l'objection du *triduum mortis*. De l'explication dérive une série de difficultés, se rapportant à l'efficacité transformante de l'union : résidu de la substance du pain, thématique de la vérité du corps du Christ, absence de la divinité du Christ.

Ces difficultés méritent d'être prises au sérieux et de ne pas être écartées d'un revers de main, sous prétexte qu'elles entraveraient la conformité de l'explication cartésienne avec le dogme catholique[2]. Toutefois, nous avons souligné que les difficultés ne sont pas en tant que telles dans le texte. Descartes organise ses principes en sorte qu'ils ne contredisent pas l'enseignement de l'Église : l'accusation d'un résidu de la substance du pain est écartée par l'analogie avec la transsubstantiation naturelle[3] et la question de la vérité du corps du Christ est résolue par le rôle conféré à l'âme dans l'unité numérique du corps humain. Aussi ces difficultés ne coïncident-elles pas avec une part d'hérésie. Elles présupposent d'interroger la pertinence philosophico-théologique des principes mis en œuvre par Descartes dans son explication. L'explication réclame de se demander si l'union jouit d'une efficacité transformante suffisante pour assurer la présence du vrai corps du Christ et garantir une conversion substantielle totale – disparition de la substance du pain. Une telle interrogation requiert d'interroger préalablement l'efficacité transformante de l'union en tant que telle, concernant n'importe quel fragment de matière : l'opération consistant à unir tel fragment de matière à l'âme est-elle opérante pour le changer en un corps humain tout entier et assurer son unité numérique ? C'est par conséquent l'efficacité transformante adjugée à l'union qui, tout en marquant la prise de position ontologique centrale de l'explication, mérite d'être interrogée sur le plan philosophique. Ce sont les doutes éventuels accompagnant cette réflexion philosophique qui se répercutent sur le plan théologique, en interrogeant la présence du corps du Christ résultant de l'union de son âme au pain. Sur ce point, les difficultés suscitées par l'explication cartésienne font également vaciller l'approche rationaliste à laquelle

2 J. Laporte rejette trop vite ces difficultés sous prétexte justement qu'elles feraient tendre l'explication cartésienne vers une part d'hérésie. Laporte, Jean, *op. cit.*, p. 417 : « Luthéranisme, Calvinisme, à tous égard hérésie ». Nous sommes seulement à moitié d'accord avec le commentateur : les orientations protestantes données à la théorie eucharistique cartésienne procèdent d'une mauvaise compréhension de l'union. Mais les difficultés suscitées par l'explication restent entières lorsqu'on interroge la pertinence philosophico-théologique de l'union, du point de vue notamment de son efficacité transformante.

3 Rappelons d'ailleurs que Descartes avait lui-même porté cette accusation contre la conception thomasienne de l'eucharistie reposant sur les accidents réels.

elle obéit, reposant sur un procédé analogique. Descartes emprunte les principes relatifs à l'union, élaborés pour l'homme, pour rendre compte de la présence du Christ au Saint Sacrement. Ce procédé est-il possible : de tels principes peuvent-ils s'appliquer pour le corps glorieux et ressuscité du Christ, lequel est, selon la perspective catholique, pleinement homme et pleinement Dieu ?

De telles difficultés sont malgré tout utiles : elles illustrent que l'explication du mode de présence mobilise des enjeux divers, relevant de l'ordre de l'histoire de la philosophie (la question de la valeur proprement cartésienne de la conception de l'union et la thématique de l'individualité dans le système cartésien), de la philosophie en tant que telle (le rôle conféré à l'âme dans l'unité numérique du corps humain et surtout, sur le plan ontologique, l'efficacité transformante de l'union, lorsque l'âme est jointe à tout fragment de matière) et de théologie (la capacité de l'union du pain à l'âme du Christ à entraîner un changement total de substance et à rendre présent le vrai corps du Christ, et l'application de l'union au corps glorieux et ressuscité du Christ). À ce titre, l'explication ne saurait confiner Descartes à un rôle de théologien, qui lui demeure étranger. Nous pensons que Descartes va plus loin dans la seconde explication, puisqu'il se confronte au mode de présence, placé dans le champ théologique, et envisage le contenu du miracle, consistant à unir surnaturellement le pain à l'âme du Christ par les paroles de la consécration. Mais, ne franchissant pas les bornes de la philosophie, il reste philosophe, y compris dans la seconde explication : il joue le rôle d'un philosophe chrétien, se situant à la frontière du philosophique et du théologique. En effet, Descartes ne prononce jamais sur le sens théologique de l'eucharistie : la participation des sacrements dans la vie du fidèle et la valeur salvifique de l'eucharistie ne sont pas abordées. Délaissant l'eucharistie comme sacrifice non sanglant répétant celui de la Croix, il se concentre sur celle-ci en tant que sacrement et demeure dans le cadre d'une démarche expliquant, sur la base de ses principes, le comment, jamais le pourquoi, même concernant le mode de présence. La seconde explication ne remet pas en cause l'homogénéité de la pensée cartésienne, participant de son économie d'ensemble[4].

4 Notre position, que nous voulons nuancer, rejoint, dans l'esprit, celle de J. Laporte, même si ce dernier semble parfois ne pas prendre en compte les enjeux de la seconde explication. Laporte, Jean, *op. cit.*, p. 418 : « Pas un instant, à propos de l'Eucharistie

Aussi, en dépit de notre bienveillance pour Descartes, il convient de reconnaître que la seconde explication ne saurait être tenue pour entièrement orthodoxe. J. Laporte conclut, de manière prématurée à nos yeux, que « la seconde explication cartésienne satisfait pleinement aux *desiderata* du dogme comme de la science[5] ». Les difficultés énumérées *supra* font obstacle à une telle conclusion. Pour autant, l'explication ne recouvre pas non plus une part d'hérésie. Descartes met l'accent sur le statut de son explication, façon « assez commode pour éviter les objections des hérétiques qui disent qu'il y a de l'impossibilité et contradiction à ce que l'Église croit[6] ». Celle-ci demeure une hypothèse – dont la portée apologétique est aussi stratégique –, susceptible d'être perfectionnée, tant philosophiquement que théologiquement[7], de sorte que les difficultés qu'elle rencontre ne sauraient remettre en cause la conciliation des principes philosophiques cartésiens avec la foi catholique : « Pour l'explication de la façon dont Jésus-Christ est au Saint Sacrement, il est certain qu'il n'est nullement besoin de suivre celle que je vous ai écrite, pour l'accorder avec mes principes[8] ».

Dès lors, l'étude de l'explication cartésienne du mode de présence permet de conférer une relative complétude à notre enquête consacrée à la théorie eucharistique cartésienne. Nous avons recensé l'existence de deux explications, portant sur deux questions repérées par Descartes au sein de l'eucharistie, la permanence des espèces et la modalité de la présence du corps du Christ. Chaque question impliquée dans l'eucharistie renvoie à un principe fort de la philosophie cartésienne : d'un côté, le refus des qualités réelles et l'inséparabilité des modes à l'égard de leur substance obligent Descartes à se confronter à la transsubstantiation eucharistique ; de l'autre, sa conception de l'étendue comme essence des corps et la réduction de celle-ci à l'extension locale le conduisent, sollicité par Mesland, à se prononcer sur le mode de présence. Aussi chaque

---

non plus que d'aucun autre dogme, il n'entreprend, quoi qu'on en ait dit, d'édifier une "théologie nouvelle". Pas un instant, il ne dépasse les bornes qu'il s'est prescrites, et qui le confinent dans un rôle de philosophe chrétien, apologiste aux occasions, jamais théologien à la manière scolastique ».

5 Laporte, Jean, *op. cit.*, p. 417.

6 Descartes, Lettre au Père Mesland du 9 février 1645, p. 546.

7 L'Abbé Émery dans les *Pensées de Descartes sur la religion et la morale* (1811) donne un jugement similaire dans son Introduction aux Lettres adressées au Père Mesland.

8 Descartes, Lettre au Père Mesland de mai 1645, p. 569.

explication prend-elle place dans une période précise de l'œuvre cartésienne tout en s'articulant autour d'une notion essentielle – superficie, union avec l'âme du Christ – : la superficie est appelée à tenir lieu de l'équivalent de l'espèce tridentine, rendant possible la permanence des apparences sensibles du pain et du vin alors que leur substance n'est plus, changée en celle du corps et du sang du Christ ; l'union substantielle est censée rendre possible, à la faveur de son efficacité transformante, la présence du vrai corps et du vrai sang du Christ sous les espèces du pain et du vin, dans un sens non figuratif.

À la lueur de ces deux explications, il appert que l'eucharistie est une question qui traverse l'ensemble de la philosophie cartésienne, dont elle est partie prenante : l'intérêt cartésien pour l'eucharistie commence en 1630, se développe en 1644 et 1645 et se clôt progressivement, dès le début de l'année 1646 pour se refermer définitivement en 1648. Il est saisissant de noter le rapport de ces deux explications, homogènes et complémentaires, mais fortement distinctes : elles ne possèdent pas la même valeur dans leur orthodoxie, ne revêtent pas le même statut, tout en partageant une ambition apologétique commune qui s'intensifie de la première à la seconde. Un clivage se dessine également dans le sort réservé aux deux explications cartésiennes de l'eucharistie. L'une est publiée du vivant de l'auteur, tout en suscitant l'approbation de certains théologiens : à l'exception de quelques voix, elle n'est pas contestée, étant même célébrée par certains dans sa conformité au dogme ; l'autre, tenue secrète jusqu'à sa mort, ne connaît pas d'accueil favorable : sa diffusion clandestine sera à l'origine d'une violente polémique eucharistique, son orthodoxie étant âprement débattue.

APPORT DES DEUX EXPLICATIONS SUR LE RAPPORT AU CHRISTIANISME

Les deux explications sont décisives pour notre enquête, non dans leur éventuelle stricte conformité avec le dogme catholique, mais dans la manière dont elles cristallisent le projet d'un accord de la raison et de la foi, dont avons fait le fil rouge de cet essai, en systématisant, au titre d'hypothèse, un terme employé par Descartes lui-même. Une telle hypothèse se voit vérifiée à l'issue de notre parcours : la philosophie cartésienne est traversée par l'exigence de mettre au jour que les principes qu'elle instaure de façon autonome, s'accordent, mieux que celle d'Aristote, avec les vérités de la foi chrétienne. Nous rejoignons F. Alquié lorsqu'il affirme : « Il me paraît que le grand problème qui s'est toujours posé à Descartes est le suivant : comment mettre d'accord la religion et la science[9] ». Et ce « problème » culmine dans l'eucharistie, l'enjeu étant pour Descartes de ne renoncer ni à la physique mécaniste, renversant les qualités sensibles, excluant les accidents réels, rejetant les causes finales, et identifiant l'étendue comme essence de la substance corporelle, ni à la doctrine catholique de l'eucharistie : superficie et union substantielle sont vouées à (r)établir une harmonie entre ces deux sphères, la première notion rendant intelligible la permanence des propriétés sensibles et l'invariance de la sensation, l'autre instaurant la possibilité rationnelle de la vérité de la présence réelle du Christ.

Les deux explications revêtent par conséquent un intérêt philosophique majeur, contribuant à préciser les termes dans lesquels Descartes envisage le rapport raison-foi. D'une part, parce qu'elles font appel uniquement aux ressources de la raison, elles montrent, en un sens, un approfondissement de la zone frontière de la métaphysique, en tant que, outre les attributs divins et l'immortalité de l'âme, la philosophie reçoit aussi la charge d'expliquer l'eucharistie selon ce qui relève de la raison : appréhendant le sort des espèces, elle approche ensuite la modalité de la présence, sans envisager le salut. D'autre part, les deux explications révèlent le sens pluriel de l'accord entre raison et foi, engageant deux modalités d'articulation de la philosophie cartésienne avec le christianisme. L'explication du sort des espèces témoigne d'une première signification de l'accord en cherchant à établir une « orthodoxie catholique » en

9 Alquié, Ferdinand, « Expérience ontologique et déduction systématique dans la constitution de la métaphysique de Descartes », *in DESCARTES*, *op. cit.*, p. 27 : « Il me paraît que le grand problème qui s'est toujours posé à Descartes est le suivant : comment mettre d'accord la religion et la science. En son siècle, ces deux conceptions du monde s'opposent d'une manière tragique, et nombreux sont les écrits qui prennent le parti de la science contre la religion ou de la religion contre la science. Descartes était l'élève des Jésuites qui se posaient ce problème avec beaucoup de vigueur. Il semble que, comme eux, il voit avec peine les uns négliger par ferveur les vérités de la science, et d'autres s'enthousiasmer pour la science sans apercevoir toutes les vérités que la religion renferme. Lui-même veut garder et placer, chacune en son plan, toutes ces vérités ».

dehors du modèle aristotélico-thomiste. Descartes s'emploie à « accommoder » ses principes à l'enseignement de l'Eglise qui détient l'autorité première. Il part du dogme, qu'il transpose toutefois dans les termes de sa nouvelle philosophie, cette transposition pouvant générer des difficultés dans le sens des concepts employés (substance, espèce). Mais il reste que la volonté cartésienne n'est pas d'éclairer philosophiquement le dogme, mais d'y ajuster ses principes, lesquels permettent en retour de le justifier rationnellement en lui apportant un gain de rationalité.

La seconde explication, tout en s'inscrivant dans la continuité du rapport au christianisme impliqué dans la première, laisse entrevoir quelques déplacements : l'autorité de l'Église est toujours présente, mais n'est plus aussi prégnante dans l'élaboration de l'explication ; de même, l'exigence d'une conformité textuelle avec le concile ne transparaît plus, l'orthodoxie de l'explication étant elle-même sujette à caution, présupposant d'interroger la pertinence philosophico-théologique des principes cartésiens. Surtout, un autre rapport au christianisme se fait jour à travers le prisme du commentaire des paroles de la consécration livré dans la seconde explication : celui-ci substitue la philosophie au magistère comme clé herméneutique des paroles du Christ « Ceci est mon corps ». La philosophie leur attribue un sens spécifique, selon les principes relatifs à l'union, dessinant les contours d'un Christ cartésien : Descartes établit que le Christ, en prononçant ces termes, vise l'union, cartésienne, du pain à son âme, en vertu de laquelle advient la présence de son corps. Fixant le sens des paroles du Christ, la philosophie s'approprie également le privilège de garantir leur opérativité, en vertu de celle qu'elle s'arroge elle-même : l'efficacité transformante attribuée philosophiquement à l'union fonde l'efficacité sacramentelle des paroles de la consécration. Ce commentaire livre les linéaments d'une seconde signification de l'accord, qui ne se donne plus à voir comme une conformité au dogme, mais met en jeu un « investissement philosophique » du christianisme. La philosophie se fait plus ambitieuse : elle confère, à l'aune de ses principes, une intelligibilité propre à l'eucharistie, sans la recevoir de l'autorité de l'Église ; elle devient partie prenante de l'« office » eucharistique, auquel elle contribue en conférant à l'union une efficacité transformante qui se présente comme le socle de la performativité des paroles de la consécration. Pour autant, la raison ne devient pas le critère de vérité de la foi : elle lui assigne, à travers la conciliation qu'elle poursuit, son propre niveau de compréhension, sans envisager le salut, qui demeure le point d'interaction entre les sphères. Néanmoins, il importe de mesurer que ce second rapport au christianisme est davantage préfiguré que totalement mis en œuvre : le commentaire des paroles de la consécration, faisant surgir d'irréductibles points de tension riches de sens, demeure toutefois tributaire de l'autorité de l'Église, en tant qu'il s'inscrit dans l'horizon d'une interprétation littérale des paroles consécratoire, faisant signe vers le dogme de la présence réelle.

De fait, l'eucharistie contribue à penser à nouveaux frais les approches sur le christianisme de Descartes, à la faveur des deux modalités d'articulations qu'impliquent les deux explications qui lui sont consacrées, reflétant une signification variante de l'accord : un écart sépare l'orthodoxie catholique manifestée dans la première explication et l'investissement philosophique du christianisme transparaissant dans la seconde. Cette différence dans la modalité d'articulation exprime la richesse de la philosophie cartésienne et constitue l'apport central de notre essai.

Comment rendre raison de cette pluralité ? Il est difficile de la justifier selon une perspective entièrement argumentative, de par l'absence d'indices clairs. Une première tentative d'explication serait de mobiliser la période et le contexte textuel. L'explication du sort des espèces prend place dans la période de 1638-1642, et intervient dans des ouvrages publiés, au contact d'auteurs catholiques. L'explication du mode de présence, confectionnée au cours d'échanges avec un Jésuite, s'inscrit dans le cadre de lettres destinées à demeurer confidentielle tout en étant plus tardive. Appartenant à la période dite de maturité de l'œuvre, elle s'appuie sur les développements connus par celle-ci, notamment ceux accordés à l'union, laquelle est à nouveau enrichie à l'occasion de l'eucharistie. Aussi, nous avons insisté sur l'écart méthodologique qui sépare le premier du second modèle d'articulation. Précisément, nous pensons que la meilleure manière d'expliquer la polysémie de l'accord mis en œuvre par la philosophie avec le christianisme serait d'en appeler, sur la base de cette différence méthodologique, à la « puissance » de la philosophie qui se laisse apprécier dans les deux cas mais de façon ambivalente : d'un côté, celle-ci s'éprouve dans sa capacité à demeurer à l'intérieur des limites posées par l'enseignement de l'Église. Descartes conforme les principes établis par la raison avec celui-ci, en recourant notamment à un travail de transposition. De l'autre, cette puissance se mesure à la manière dont la philosophie produit du sens lorsqu'elle rencontre des objets partagés par la théologie, comme ici l'eucharistie. Convoquer la « portée de la philosophie » comme critère d'explication du sens pluriel de l'accord recherché serait une manière de maintenir que la philosophie cartésienne reflète l'homme catholique que Descartes a été, mais l'outrepasse également, tant elle fait système. Il s'ensuit qu'il n'y a pas au sens propre « deux Descartes », en tant qu'il est toujours mu par l'exigence d'une conciliation de son système avec le christianisme. Mais l'auteur évolue, percevant autrement la modalité de celle-ci. D'un côté, il se donne pour tâche d'accommoder ses principes aux vérités enseignées par l'Eglise ; de l'autre, il érige sa philosophie en instance de compréhension d'objets sur lesquels porte aussi la foi. Une question s'impose alors : l'auteur a-t-il eu conscience de la polysémie de son rapport au christianisme ? S'il est assuré à présent que l'accord entre sa philosophie et le christianisme se trouve au cœur de sa pensée, Descartes a-t-il lui-même perçu les différentes modalités du sens de celui-ci ? Cette question est délicate, de par le manque d'indications textuelles, obligeant à formuler des simples conjectures : la seule que nous pouvons prudemment formuler regarde la manière dont le commentaire des paroles de la consécration, inséré pour répondre aux réserves de Mesland, dénote une audace sans précédent, attestant un rôle plus grand de la philosophie, dont Descartes ne pouvait que s'apercevoir. Cependant, nous accordons à cette question un intérêt seulement subsidiaire, et préférons nous en tenir au déploiement progressif de l'ambition de la philosophie. C'est l'accroissement de la puissance des principes philosophiques cartésiens qui constitue, pour nous, l'élément déterminant, rendant compte de l'émergence de ces deux significations : que Descartes ait eu conscience ou ait été dépassé par la portée de ses principes, c'est celle-ci qui demeure l'élément moteur de l'évolution de son rapport au christianisme.

Partant, la théorie eucharistique contribue à célébrer le versant religieux de la pensée philosophique cartésienne, en tant qu'elle s'est intéressée à « la chose du monde la plus sacrée[10] » de l'époque, au centre des enjeux confessionnels. Il serait possible de garder de notre essai le portrait d'un philosophe catholique et apologète, s'employant à préserver par ses principes la vérité du dogme contre les protestants : A. Baillet

10 Lettre d'Arnauld à Descartes du 3 juin 1648, *in Correspondance avec Arnauld et Morus*, Introduction et notes par G. Lewis, Paris, Vrin, 1953, p. 67.

oriente son propos en ce sens, faisant correspondre à la catholicité de sa religion l'exemplarité de sa vie. Il rejoint le témoignage donné par le Père François Viogué[11]. L'abbé Emery s'appuie également sur ces sources pour dresser une description exaltée de la *Vie religieuse de Descartes*, qu'il place en préface de ses *Pensées de Descartes sur la religion et la morale* (1811) : il y fait l'éloge tant de son respect des sacrements que de son attitude emplie de dévotion au crépuscule de sa vie. Celle-ci traduit, selon de nombreux documents concordants, une résignation à la providence divine, « dans une tranquillité digne de l'innocence de sa vie[12] ». La sérénité de l'auteur est vantée par les dernières paroles que Clerselier lui prête, citées par ses soins dans sa préface des *Lettres* de Descartes (1664), en indiquant les tenir directement de son beau-frère Chanut : « Ça, mon âme, il y a longtemps que tu es captive ; voici l'heure que tu dois sortir de prison, et quitter l'embarras de ce corps ; il faut souffrir cette désunion avec joie et courage ». Son obéissance à la volonté de Dieu est louée par le témoignage de Chanut : terriblement affaibli par la maladie, levant les yeux au ciel pour manifester sa volonté de recevoir la dernière bénédiction de la part de l'aumônier (le P. Viogué), Descartes se retire « content de la vie, satisfait des hommes, plein de confiance en la miséricorde de Dieu, et passionné pour aller voir à découvert, et posséder une vérité qu'il avait recherchée toute sa vie[13] ». Toutefois, un tel portrait de Descartes est loin de nous satisfaire sur le plan philosophique : c'est pourquoi nous le mentionnons, afin de mieux faire ressortir notre position. D'une part, ce qui relève du catholicisme de l'auteur mérite d'être nuancé, pour deux raisons. Les récits de la fin de sa vie s'inscrivent dans un contexte qui dépasse le cadre biographique, en tant qu'ils viennent réhabiliter une figure éprouvée par les polémiques. Les dernières paroles de Descartes restituées par Clerselier illustrent toute la part d'interprétation qui sous-tend ces portraits aux accents panégyriques. Elles juxtaposent une dimension chrétienne et platonicienne, au point de faire comparaître

11 Lettre du Père F. Viogué, cité par A. Baillet, *op. cit.*, p. 989 : « pendant qu'il fut en santé (or il y fut toujours, excepté neuf jours avant sa mort) il ne manqua jamais d'assister tous les dimanches et Fêtes à la Sainte Messe ; à la prédication ; et l'après-dîner à Vêpres. Il s'est confessé et a communié avec grands sentiments de la religion chrétienne, apostolique et romaine, et avec beaucoup d'édification des assistants. Tout cela est bien contraire aux bruits que l'on a fait courir de lui, et montre clairement qu'il était bon catholique ».

12 Baillet, Adrien, *op. cit.*, Livre VII, Chap. XXI, p. 867.

13 *Ibid.*

Descartes comme un « Socrate chrétien[14] » en montrant comment sa piété tranche avec les calomnies qui attaquent sa mémoire en le faisant passer pour un hérétique ou un libertin. Or, nous savons que Descartes ne considère nullement le corps comme la prison de l'âme, dont celle-ci serait délivrée par la mort : l'âme se sépare du corps dès lors que le cœur perd sa fonction vitale[15] et que l'unité du corps est altérée[16]. En outre, la sincérité de la foi d'un auteur, certes corroborée par des textes de Descartes ou de cartésiens – Arnauld, Malebranche, par exemple –, ne peut néanmoins être établie avec certitude, tant il est difficile de scruter l'intimité de celui-ci. D'autre part, la composante apologétique des explications cartésiennes ne doit pas être perçue trop vite comme l'expression du catholicisme de l'auteur en tant qu'elle peut être rapportée à une dimension stratégique, eu égard au dessein de favoriser la victoire de la philosophie nouvelle sur la scolastique.

Aussi importe-t-il davantage de retenir de notre essai la structure de la philosophie cartésienne, qui dépasse le problème de l'homme Descartes : ce dernier aurait pu avoir été un pieux catholique sans que ses principes philosophiques ne cherchent à s'agencer au christianisme ; réciproquement, un tel agencement peut bien indiquer la foi d'un auteur mais il n'en détermine aucunement la teneur. L'économie interne d'une pensée recèle davantage d'intérêt pour saisir l'identité d'un philosophe. À la lumière de l'eucharistie, la philosophie cartésienne se présente, dans toute sa modernité et sur des bases philosophiques qui lui sont propres, en constant dialogue avec le christianisme, en recherchant un accord avec celui-ci, selon une démarche qui évolue, laissant transparaître deux modalités d'articulation entre raison et foi. Tel est le message essentiel, qui sera accentué par un second volet prenant la suite directe du présent essai : tourné vers la morale, qui succède à la thématique eucharistique, celui-ci approfondira le rapport de la philosophie cartésienne au christianisme en se concentrant sur la seconde modalité d'articulation qui sera pleinement impliquée.

---

14 Gouhier, Henri, *Cartésianisme et augustinisme au* XVII*e* *siècle*, *op. cit.*, p. 53.

15 Descartes, *Passions de l'âme*, Première Partie, art. 6 (Quelle différence il y a entre un corps vivant et un corps mort »), p. 955 : « La mort n'arrive jamais par la faute de l'âme ».

16 *Ibid.*, art. 5 (« Que c'est erreur de croire que l'âme donne le mouvement et la chaleur au corps »), p. 954 : « l'âme ne s'absente, lorsqu'on meurt, qu'à cause que cette chaleur cesse, et que les organes qui servent à mouvoir le corps se corrompent ».

Dès lors, notre essai se conclura sur la richesse philosophique de l'eucharistie : si elle est le sacrement roi, nourrissant la foi du fidèle, elle est pour le lecteur cartésien l'aiguillon lui montrant la complexité de la relation qu'entretient la philosophie de Descartes avec la religion chrétienne. L'eucharistie constitue ainsi la première pierre apportée à l'édifice, dont notre enquête pose les jalons, consistant à insuffler un nouveau souffle à la problématique du « christianisme de Descartes ». S'intéresser à cette dernière permet de mesurer l'actualité immarcescible de la pensée cartésienne, au regard des questions inépuisables qu'elle offre à ses lecteurs contemporains. De celles-ci, chacun peut s'en repaître inlassablement.

BIBLIOGRAPHIE

ŒUVRES DE RENÉ DESCARTES[1]

Œuvres philosophiques, textes établis, présentés et annotés par F. Alquié, 3 vol., Paris, Garnier, 1963, 1967, 1973, réédition par D. Moreau, 2010 .

Correspondance, de 1618-1637, Lettres établies, présentées et annotées par F. Alquié, Tome 1.
Correspondance, de 1643 à 1650, Lettres établies, présentées et annotées par F. Alquié, Tome 3. *Méditations Métaphysiques*, Tome 2.
Correspondance, de 1638 à 1642, Lettres établies, présentées et annotées par F. Alquié, Tome 2.
Discours de la Méthode, Tome 1.
La Géométrie, Tome 1.
Le Monde, Tome 1.
Les Météores, Tome 1.
Les Olympiques, Tome 1*La Dioptrique*, Tome 1.
Lettre-Préface de l'édition française des *Principes de la Philosophie*, Tome 3.
Méditations Métaphysiques, Objections et Réponses, Tome 2.
Notae in programma quoddam, Tome 3.
Passions de l'âme, Tome 3.
Principes de la Philosophie, Tome 3.
Règles pour la direction de l'esprit, Tome 1.

Correspondance avec Élisabeth, et autres lettres, Introduction, bibliographie et chronologie de Jean-Marie Beyssade et Michelle Beyssade, Paris, GF Flammarion, 1989.

1 Pour rappel, nous avons cité les *Œuvres* de Descartes en nous référant principalement à l'édition de F. Alquié. Nous nous sommes également appuyés ponctuellement sur l'édition des *Œuvres* de Descartes par C. Adam et P. Tannery (éd.), Paris, Vrin, 1964-1974.

L'Entretien avec Burman, Édition, traduction et annotation par J. M. Beyssade, Paris, P. U. F., 1981.

Lettre à Voet, in René Descartes et Martin Schoock : la querelle d'Utrecht, Textes établis, traduits et annotés par Th. Verbeek, Paris, Les impressions nouvelles, 1988.

SOURCES PRIMAIRES

ARISTOTE, *Catégories*, Présentations et traductions par M. Crubellier, C. Dalimier et P. Pellegrin, Paris, GF Flammarion, 2007.

ARISTOTE, *De l'âme*, Traduction et présentation par Richard Bodéüs, Paris, GF Flammarion, 1993.

ARISTOTE, *La Métaphysique*, Traduction et notes par J. Tricot, Paris, Vrin, 2000.

ARISTOTE, *L'Éthique à Nicomaque*, Nouvelle traduction avec introduction, notes, et index par J. Tricot, Paris, Vrin, 1997.

ARNAULD, Antoine, *Examen du Traité de l'essence du corps contre Descartes*, Paris, Fayard, 1999.

ARNAULD, Antoine, *Des vraies et des fausses idées*, Paris, Fayard, 1986.

ARNAULD, Antoine, *Œuvres de Messire Antoine Arnauld, Docteur de la maison et société de Sorbonne*, Deux volumes, Bruxelles, Culture et Civilisation, 1964-1967.

ARNAULD, Antoine, Quatrièmes Objections aux Méditations Métaphysiques, *in DESCARTES, Œuvres Philosophiques*, édition de F. Alquié, Tome 2, Paris, Garnier, 2010.

ARNAULD, Antoine, et Nicole (Pierre), *La Perpétuité de la foy de l'Église catholique touchant l'Eucharistie. Avec la réfutation de l'Écrit d'un ministre contre ce Traité. Divisé en trois parties*, Quatrième édition, À Paris, chez Charles Savreux, 1666.

AUGUSTIN, *Œuvres*, 85 Vol., Bibliothèque augustinienne, Paris, Desclée de Brouwer, 1936.

BAILLET, Adrien, *Vie de Monsieur Descartes*, Paris, Éditions des Malassis, 2012.

BAYLE, Pierre, *Recueil de pièces curieuses concernant la philosophie de Monsieur Descartes*, Nachdr. der Ausg. Amsterdam, Desbordes, 1684 / mit einer Einl. hrsg. von Andreas Scheib, Hildesheim : Olms, 2011.

DENZINGER, Heinrich, *Symboles et définitions de la foi catholique*, traduit par J. Hoffmann, Paris, Cerf, 1996.

DESGABETS, Dom Robert, *Œuvres Philosophiques inédites*, Introduction par G. Rodis-Lewis, Texte établi et annoté par J. Beaude, Amsterdam, Quadratures, 1983.

DESGABETS, Dom Robert, *Critique de la critique de la Recherche de la vérité*, Paris, Vrin, 1675.

FÉDÉ, René, *Méditations Métaphysiques de l'origine de l'âme, sa nature, sa béatitude, son devoir, son désordre, son rétablissement et sa conservation*, Édition présentation et notes par J.-C Bardout, Paris, Vrin, 2009.

FÉDÉ, René, *Théologie métaphysique divisée en sept méditations*, Cologne, Platon Le Divin, 1705.

LA FORGE, Louis, *Œuvres Philosophiques*, Avec une étude bio-bibliographique, ed. présentée par P. Clair, Paris, P. U. F., 1974.

LEMAIRE, Pierre, *Le Cartésianisme chez les bénédictins. Dom Desgabets*, Paris, Alcan, 1901.

MALEBRANCHE, Nicolas, « Réponse de… à une lettre d'un de ses amis touchant le livre de M. De la ville, suivi d'un Mémoire pour expliquer la possibilité de la transsubstantiation », *in P. Bayle, Recueil de pièces curieuses concernant la philosophie de Monsieur Descartes*, Nachdr. der Ausg. Amsterdam, Desbordes, 1684 / mit einer Einl. hrsg. von Andreas Scheib, Hildesheim : Olms, 2011.

MALEBRANCHE, Nicolas, *La recherche de la Vérité*, Deux Volumes, Présentation, édition et notes par J.-C Bardout, Paris, Vrin, 2006.

MALEBRANCHE, Nicolas, *Traité de l'amour de Dieu, in MALEBRANCHE, Œuvres*, Édition la pléiade, Tome 2, Paris, Gallimard, 1992.

MALEBRANCHE, Nicolas, *Traité de la nature et de la grâce*, Paris, Vrin, 1958.

PASCAL, Blaise, *Pensées sur la religion et sur quelques autres sujets*, Texte de l'édition Brunschvicg, Paris, Garnier, 1948.

PASCAL, Blaise, *Prière pour demander à Dieu le bon usage des maladies, in Œuvres Complètes*, Édition de L. Lafuma, Paris, Seuil, 1963.

ROHAULT, Jacques, *Entretiens sur la philosophie par M. Rohault, Dediez à Son Altesse Sérénissime Monsieur le Prince*, Paris, 1671.

THOMAS D'AQUIN, *Somme contre les Gentils*, V. Aubin, C. Michon, D. Moreau (éd.), 4 vol., Paris, GF Flammarion, 1999.

THOMAS D'AQUIN, *Somme Théologique*, Paris, Cerf, 1984.

VALOIS, Louis le, *Sentiments de M. Descartes touchant l'essence et les propriétés des corps, opposez à la doctrine de l'Église, et conformes aux erreurs de Calvin, sur le sujet de l'Eucharistie. Avec une dissertation sur la prétendue possibilité des choses impossibles. Par Louis de la Ville*, Paris, Estienne Michallet, 1680.

VARIGNON, Pierre, « Démonstration de la possibilité de la présence réelle du corps de Jésus-Christ dans l'Eucharistie conformément au sentiment des catholiques », *in* J. Vernet, *Pièces fugitives sur l'eucharistie*, Genève, Marc-Michel Bousquet et compagnie, 1730.

LITTÉRATURE SECONDAIRE

ADAM, Michel, *L'eucharistie chez les penseurs français du dix-septième siècle*, Hildesheim-New York, Georg Olms Verlag, 2000.

AGAMBEN, Giorgio, *Opus Dei, Archéologie de l'office, Homo Sacer, II, 5*, Traduit de l'italien par M. Rueff, Paris, Seuil, 2012.

AGOSTINI, Sigried, *Claude* Clerselier, *editore e traduttore di René Descartes*, par Siegrid Agostini, Tome II, Lecce, Conte Editore, 2007.

ALEXANDRESCU, Vlad, *Croisées de la modernité. Hypostases de l'esprit et de l'individu au XVIIe siècle*, Bucarest, Zeta, 2012.

ALQUIÉ, Ferdinand, *La découverte métaphysique de l'homme*, Paris, P.U.F., 1950.

ALQUIÉ, Ferdinand, *Descartes, L'homme et l'œuvre*, Introduction, Paris, Hatier-Boivin, 1956.

ALQUIÉ, Ferdinand, *Leçons sur Descartes (1954)*, Paris, La Table ronde, 2005.

ARIEW, Roger, *Descartes and the Last Scholastics*, Cornell Univ. Press, 1999, with a second, expanded edition, *Descartes among the Scholastics* (Brill Academic, 2011).

ARMOGATHE, Jean-Robert, *Theologia cartesiana. L'explication physique de l'Eucharistie chez Descartes et Dom Desgabets*, La Haye, Martinus Nijhoff, 1977.

ARMOGATHE, Jean-Robert, « La vérité des Écritures et la nouvelle physique », *in Le Grand siècle et la Bible*, sous la direction de J. –R. Armogathe, Paris, Beauschesne, 1989.

AZOUVI, François, *Descartes et la France*, Paris, Fayard, 2002

BARDOUT, Jean-Christophe, Marion, Jean-Luc, « Philosophie cartésienne et théologie. Distinguer pour mieux unir », *in Philosophie et théologie à l'époque moderne*, Tome III, Volume dirigé par J.-C. Bardout, Paris, Cerf, 2010.

BEYSSADE, Jean-Marie, *Descartes au fil de l'ordre*, Paris, P. U. F., 2001.

BITBOL-HESPÉRIÈS, Annie, *Le principe de vie chez Descartes*, Paris, Vrin, 1990.

BLUMENBERG, Hans, *La légitimité des temps modernes*, Paris, Gallimard, 1999.

BOUILLIER, Francisque, *Histoire de la philosophie cartésienne, Troisième Édition, Deux Volumes, Paris, 1968, troisième édition, Bruxelles, Culture et Civilisation, 1969.*

BRÉHIER, Émile, *Histoire de la Philosophie*, Tome 1, Antiquité et Moyen Âge, Paris, P.U.F., 1931, 1991(6^e^ édition).

BRÉHIER, Émile, « Y a-t-il une philosophie chrétienne ? », *in Revue de Métaphysique et de Morale*, Numéro 38, Avril-Juin 1931.

BRITO, Emilio, *Philosophie moderne et christianisme*, 2 Volumes, Leuven, Peeters, 2010.

BUZON, Frédéric de, et Kambouchner, Denis, *Le vocabulaire de Descartes*, Paris, Ellipses, 2002.

CAHIERS DE ROYAUMONT, *Descartes, Actes du colloque de Royaumont*, Paris, Les éditions de Minuit, 1957.

CARRAUD, Vincent, « Descartes et l'Écriture sainte », *in L'écriture sainte au temps de Spinoza et dans le système spinoziste*, GRS, Paris, Publications de la Sorbonne, 1992.

CAVAILLÉ, Jean-Pierre, « Les libertins, l'envers du grand siècle », *in Libertinage et philosophie au XVIIe siècle*, Volume Septième, publié par A. McKenna et P. F. Moreau, Publications de l'université de Saint-Étienne, 2003.

COTTINGHAM, John, *Cartesian reflections. Essays on Descartes's philosophy*, Oxford university Press, Oxford, 2008.

DEVILLAIRS, Laurence, « Le Dieu de Descartes : augustinisme et philosophie » *in* H. Laux, et D. Salin, *Dieu au XVIIème siècle*, Paris, Éditions Facultés jésuites de Paris, 2002.

DEVILLAIRS, Laurence, *Descartes et la connaissance de Dieu*, Paris, Vrin, 2004.

DEVILLAIRS, Laurence, « Le Dieu de Descartes », *in Les philosophes et la question de Dieu*, Sous la direction de L. Langlois et Y.-Ch. Zarka, Paris, P. U. F., 2006.

DUMEIGE, Gervais, *Textes doctrinaux du magistère de l'Église sur la foi catholique*, Traduction et présentation de G. Dumeige, Paris, Éditions de l'Orante, 1969.

ELDERS, Léo, J., *La métaphysique de saint Thomas d'Aquin, Dans une perspective historique*, Paris, Vrin, 1994.

FAYE, Emmanuel, *Philosophie et perfection de l'homme : De la Renaissance à Descartes*, Paris, Vrin, 1998.

GARBER, Daniel, *La physique métaphysique de Descartes*, Traduit de l'américain par S. Bornhausen, Paris, P. U. F., 1999.

GARDEIL, Henri-Dominique, Initiation à la philosophie de saint Thomas *d'Aquin*, Tome IV, Métaphysique, Paris, Les Éditions du Cerf, 1966.

GASPARRI, Giuliano, *Il cartesianismo di René Fédé : dalle « Méditations Métaphysiques » (1683) alla « Théologie Métaphysique » (1705)*, Firenze, Leo S. Olschki, 2002.

GILSON, Étienne, *La liberté chez Descartes et la théologie*, Paris, F. Alcan, 1913, reimpr., Paris, Vrin, 1987. La philosophie et la théologie, Paris, Fayard, 1960.

GILSON, Étienne, *Index scolastico-cartésien*, Paris, F. Alcan, 1913, reimpr., Paris, Vrin, 1979.

GILSON, Étienne, *Introduction à l'étude de saint Augustin*, Paris, Vrin, 1929, Deuxième édition, 1643, 2003.

Gilson, Étienne, *L'esprit de la philosophie médiévale*, Paris, Vrin, 1943, réédition 1969.

GILSON, Étienne, *Études sur le rôle de la pensée médiévale dans la formation du système cartésien*, Paris, Vrin, 1951.

GILSON, Étienne, *Introduction à la philosophie chrétienne*, Paris, Vrin, 1960, réédition 2007.

GILSON, Étienne, « Commentaire historique du Discours de la Méthode », *in René Descartes. Discours de la Méthode.* Texte et commentaire par E. Gilson, Quatrième Édition, Paris, Vrin, 1967.

GONZALES, Solange, « La digestion : modèle de la circulation et circulation du modèle, de Descartes à Diderot », *in Libertinage et philosophie au XVIIe siècle* : [journée d'étude]. 10, Science et littérature à l'âge classique/ org. par Laurence Rauline, Saint-Étienne, Publications de l'université de Saint-Étienne, 2008.

GOUHIER, Henri, *La pensée religieuse de Descartes*, Paris, Vrin, 1924, Deuxième édition, 1974, 2006.

GOUHIER, Henri, *La philosophie et son histoire*, « Digression sur la philosophie à propos de la philosophie chrétienne », Paris, Vrin, 1947.

GOUHIER, Henri, *Essais sur Descartes*, Paris, Vrin, 1949.

GOUHIER, Henri, *Bergson et le Christ des Évangiles*, Paris, Fayard, 1961.

GOUHIER, Henri, *La pensée métaphysique de Descartes*, Paris, Vrin, 1972, réédition 1999.

GOUHIER, Henri, *Trois essais sur E. Gilson : Bergson, la philosophie chrétienne, l'art*, Paris, Vrin, 1993.

GOUHIER, Henri, *Cartésianisme et augustinisme au XVIIème siècle*, Paris, Vrin, 1978.

GOUHIER, Henri, *L'anti-humanisme au XVIIè siècle*, Paris, Vrin, 1987.

GOUHIER, Henri, *Trois essais sur E. Gilson : Bergson, la philosophie chrétienne, l'art*, Paris, Vrin, 1993.

GREISCH, Jean, *Le Buisson ardent et les lumières de la raison*, Trois Volumes, Paris, Cerf, 2002.

GRIMALDI, Nicolas, *Études cartésiennes : Dieu, le temps, la liberté*, Paris, Vrin, 1996.

GUENANCIA, Pierre, *L'intelligence du sensible*, Paris, Gallimard, 1998.

GUÉROULT, Martial, *Descartes selon l'ordre des raisons*, 2 Volumes, Paris, Aubier, 1953, seconde édition 1976.

HALLYN, Fernand, *Descartes : dissimulation et ironie*, Genève, Droz, 2006.

JANOWSKI, Zbigniew, *Index Augustino-Cartésien*, Paris, Vrin, 2000.

JOLY, Bernard, *Descartes et la chimie*, Paris, Vrin, 2011.

KOBAYASHI, Michio, *La philosophie naturelle de Descartes*, Paris, Vrin, 1993.

KOLESNIK-ANTOINE, Delphine, *L'homme cartésien, La « force qu'a l'âme de mouvoir le corps ». Descartes, Malebranche*, Rennes, Presses Universitaires de Rennes, 2009.

KOLESNIK-ANTOINE, Delphine, *Qu'est-ce qu'être cartésien ?*, sous la direction de D. Kolesnik-Antoine, Lyon, ENS Éditions, 2013.

KOYRÉ, Alexandre, *Essai sur l'idée de Dieu et les preuves de son existence chez Descartes*, Paris, Édition E. Leroux, 1922.

KOYRÉ, Alexandre, *Du monde clos à l'univers infini*, traduit de l'anglais par Mme R. Tarr, Paris, P. U. F., 1962.

LAPORTE, Jean, *Le rationalisme de Descartes*, Paris, Vrin, 1950.

LAYMON, Ronald, « Transubstantiation : Test Case for Descartes's Theory of Space », *in Problems of Cartesianism*, Ed. Th. Lennon, J. M. Nichols et J. W. Davis, Bibliothèque nationale du Québec, McGill-Queen's University of Press, 1982.

LEDUO-FAYETTE, Denise, *Le regard d'H. Gouhier : Actes du colloque du CEPF, 29-31 mai 1996*, Paris, Vrin, 1999.

LEFÈVRE, Roger, *La structure du cartésianisme*, Lille, Publications de l'Université de Lille III, 1978.

LEROY, Maxime, *Descartes, le philosophe au masque*, Paris, Éditions Rieder, 1929.

MALBREIL, Germain, « *Le* livre de M. de la Ville, Malebranche et Bernier », *in Gassendi et l'Europe, 1592-1792 : actes du colloque international de Paris « Gassendi et sa postérité (1592-1792) » (Sorbonne, 6-10 octobre 1992)*, Études réunies par S. Murr, Paris, Vrin, 1997.

MARION, Jean-Luc, *Sur la théologie blanche de Descartes*, Paris, P.U.F., 1981.

MARION, Jean-Luc, *Sur le prisme métaphysique de Descartes*, Paris, P.U.F., 1986.

MARION, Jean-Luc, « The Essential incoherence of Descartes' Definition of Divinity », *Essays on Descartes' Meditations*, A. Rorty, Berkeley, University of California Press, 1986.

MARION, Jean-Luc, *Questions cartésiennes*, Tome 1, « Méthode et métaphysique », Paris, P.U.F., 1991.

MARION, Jean-Luc, *Questions cartésiennes*, Tome 2, « Sur l'ego et sur Dieu », Paris, P.U.F., 1996. Dieu sans l'être, Paris, P.U.F., 2002.

MARION, Jean-Luc, *Sur la pensée passive de Descartes*, Paris, P. U. F., 2013.

MEHL, Édouard, « La physique cartésienne et l'interprétation de la Genèse », *in Lire et interpréter, Les religions et leurs rapports aux textes fondateurs*, Sous la direction d'A.-L. Zwilling, Genève, Labor et Fides, 2013.

MOREAU, Denis, *La philosophie de Descartes*, Paris, Vrin, 2016.

MOUY, Paul, *Le développement de la physique cartésienne (1646-1712)*, Paris, Vrin, 1934.

NDIAYE, Aloyse Raymond, *La philosophie d'A. Arnauld*, Paris, Vrin, 1991.

PELLEGRIN, Pierre, *Dictionnaire Aristote*, Paris, Ellipses, 2007.

PRETE, Antonella del, « Explication sur le mystère de l'Eucharistie suivant les principes de la philosophie de Descartes », *in Le doute philosophique : philosophie classique et littérature clandestine/* [dossier thématique établi par G. Artigas-Menant et A. McKenna ; avec la collab. de M. S. Seguin], Paris, Presses de l'Université de Paris-Sorbonne, 2002.

RENARD, Alexandre, *La querelle sur la possibilité de la philosophie chrétienne*, Paris, Éd. École et Collège, 1941.

RENARD, Alexandre, *Le problème de la philosophie chrétienne*, Paris, P. U. F., 1949.

ROBINET, Antoine, *Descartes. La lumière naturelle : intuition, disposition, complexion*, Paris, Vrin, 1999.

RODIS-LEWIS, Geneviève, *L'individualité selon Descartes*, Paris, Vrin, 1950.

RODIS-LEWIS, Geneviève, *L'œuvre de Descartes*, Paris, Vrin, 1970.

RODIS-LEWIS, Geneviève, *L'anthropologie cartésienne*, Paris, P. U. F., 1990.

RODIS-LEWIS, Geneviève, *Le développement de la pensée de Descartes*, Paris, Vrin, 1997.

ROUX, Sophie, « La nature de la lumière selon Descartes », *in Le siècle de la lumière*, Textes réunis par C. Biet et V. Jullien, Paris, ENS Éditions, 1997.

SANHUÉZA, Gabriel, *La pensée biologique de Descartes dans ses rapports avec la philosophie scolastique : le cas Gomez-Péreira*, Paris, L'Harmattan, 1997.

SEIDENGART, Jean, *Dieu, l'univers et la sphère infinie*, Paris, Albin Michel, 2006.

SIMON, Gérard, « La théorie cartésienne de la vision », *in Descartes et le Moyen-Âge : Actes du colloque organisé à la Sorbonne du 4 au 7 juin 1996 par le Centre d'histoire des sciences et des philosophies arabes et médiévales à l'occasion du quatrième centenaire de la naissance de Descartes*, édités par J. Biard et R. Rashed, Paris, Vrin, 1997.

STAQUET, Anne, *Descartes et le libertinage*, Paris, Hermann, 2009.

TILLIETTE, Xavier, *Philosophies eucharistiques, De Descartes à Blondel*, Paris, Cerf, 2006.

TEXIER, Roger, *Descartes physicien*, Paris, l'Harmattan, 2008.

TRAPNELL, William H., *The Treatment of Christian doctrine by philosophers of natural light form Descartes to Berkeley*, *Studies on Voltaire and the Eighteenth Century*, Oxford, The Voltaire foundation, 1988.

VOUGA, François, *Une théologie du Nouveau Testament*, Genève, Labor et Fides, 2001.

WATSON, Richard A., *The Breakdown of Cartesian metaphysics*, Ed. Th Lennon, J. M. Nichols et J. W. Davis, Kingston-Montreal, 1982.

WENDEL, François, *Calvin. Sources et évolution de sa pensée religieuse*, Paris, P. U. F., 1950, deuxième édition, Genève, Labor et Fides, 1985.

ARTICLES

AGOSTINI, Sigried, « La circulation des lettres sur l'eucharistie. Le "cas" du père Mesland », *in DesCartes et DesLettres. "Epistolari" e filosofia in Descartes e nei cartesiani, a cura di F. Marrone*, Firenze, Le Monnier, 2009.

ALEXANDRESCU, Vlad, "Descartes and Pascal on the Eucharist", *in Perspectives on science*, 2007, 15/4.

ANCA, Vasiliu, « Le mot et le verre. Une définition médiévale du diaphane », *in Journal des savants*, 1994, N° 1.

ARIEW, Roger, « Quelques condamnations du cartésianisme : 1662-1706 », *in Bulletin cartésien XXII, Archives de Philosophie*, 57 (1994).

AUGER, Léon, « La controverse entre Morin et Descartes sur la matière subtile », *in Revue d'histoire des sciences et de leurs applications, 1950*, Tome 3, N° 3.

BLONDEL, Maurice, « Le Christianisme de Descartes », *in La revue de métaphysique et de morale*, Tome IV, No. 4, 1896.

CARRAUD, Vincent, Verdon, Renaud, « Remarques circonspectes sur la mort de Descartes », *in Revue du dix-septième siècle*, n° 265, 2014/ 4.

DOBERT, Aurélien, « Scepticisme ou renoncement au dogme ? Interpréter l'eucharistie aux XIIIe et XIVe siècles », *in Chôra, Revue d'études anciennes et médiévales*, 6, 01/2008.

GONZALEZ, Solange, « Varignon et la transsubstantiation/Varignon and transsubstantiation », *in Revue d'histoire des sciences*, 2005, Tome 58, N° 1.

ISOLLE (J.), « Un disciple de Descartes : Louis de la Forge », *in Le XVIIe siècle*, 1971, n° 92, p. 98-131.

JULLIEN (V), « Descartes-Roberval, une relation tumultueuse/Descartes-Roberval : a tumultuous relationship », *in Revue d'histoire des sciences*, 1998, Tome 51 n° 2-3.

McCLAUGHLIN, Trevor, « Censorship and defenders of the cartesian faith in mid-seventeenth century France », *in Journal of the History of Ideas*, vol. XL, n ° 4, octobre-déccembre 1979, p. 563-581.

NADLER, Steven M., « Arnauld, Descartes and Transubstantiation : Reconciling Cartesian Metaphysics and Real Presence », *in Journal of the History of Ideas*, 49, 1988/2.

RABACHOU, Julien, *L'individualité de la substance chez Thomas d'Aquin, Deux explications concurrentes, in* « Trans-paraître », *La substance*, Paris, Éditions de la Transparence, Janvier 2009.

SALMAN, Dominique, « La conception scolastique de la physique », *In Revue néo-scolastique de philosophie*, 39e année, Deuxième série, N° 49, 1936.

SORTAIS, Gaston, « Le cartésianisme chez les jésuites français au XVIIe et au XVIIIe siècle », *in Archives de philosophie*, vol. VI, cah. 3, 1929.
TAKEDA, Hiroki, « La définition de la lumière chez Descartes : à l'éclairage de la correspondance avec Morin », *in Osaka University Knowledge Archive*, 2011.

INDEX NOMINUM

INDEX RERUM

TABLE DES MATIÈRES

IMPRIM'VERT®

Achevé d'imprimer par Corlet Numéric,
Z.A. Charles Tellier, Condé-en-Normandie (Calvados). N° d'impression : 157991
Imprimé en France